MANAGEMENT
THEORIES AND METHODS

21世纪管理类核心课程教材

管理学

理论与方法

（第二版修订）

包国宪 吴建祖 雷 亮 编著

蘭州大學出版社

图书在版编目(CIP)数据

管理学:理论与方法 / 包国宪,吴建祖,雷亮编著. —2 版. —兰州:兰州大学出版社,2008. 11(2020. 9 重印)
ISBN 978-7-311-01435-3

Ⅰ. 管… Ⅱ. ①包… ②吴… ③雷… Ⅲ. 管理学
Ⅳ. C93

中国版本图书馆 CIP 数据核字(2008)第 164201 号

策划编辑 陈红升
责任编辑 郝可伟 陈红升
封面设计 张友乾

书　　名 管理学
——理论与方法(第二版修订)
作　　者 包国宪 吴建祖 雷 亮 编著
出版发行 兰州大学出版社 (地址:兰州市天水南路 222 号 730000)
电　　话 0931-8912613(总编办公室) 0931-8617156(营销中心)
0931-8914298(读者服务部)
网　　址 http://press. lzu. edu. cn
电子信箱 press@lzu. edu. cn
印　　刷 兰州人民印刷厂
开　　本 787 mm×1092 mm 1/16
印　　张 24. 75(插页 4)
字　　数 496 千
版　　次 2009 年 2 月第 2 版修订
印　　次 2020 年 9 月第 21 次印刷
书　　号 ISBN 978-7-311-01435-3
定　　价 36. 00 元

再版前言

本书初版至今已整整十年了。十年来，承蒙专家和读者的厚爱，本书得到了广泛使用并获得各方面的认可和好评。此次再版，在结构和内容上都做了较大调整。首先，本书在结构的编排上，遵循了通行的按管理职能组织内容的原则。具体地讲，本书的主干部分是计划、组织、领导、控制和创新这五大管理职能。其次，我们增加了有关管理研究方法的内容，目的是让学生能够掌握管理学研究方法的基本内容、要求和步骤，为他们学习和研究管理学提供有效的方法论指导，这是本书的重要特点之一。最后，考虑到非管理专业读者的需要，我们增加和扩充了一些章节，包括决策、战略与战略管理、人力资源管理等。这些章节的内容对于管理专业的同学来说，会在后续的专业课中深入学习，但对于非管理专业的同学来说，我们希望他们通过这些章节的学习，能够较为全面地了解和掌握管理学的基本理论和知识。

本书的内容较多，不可能在一学期讲完，因此教师应该首先选择主干的内容重点讲解，然后针对不同的授课对象，根据需要有选择地讲授其它有关章节，并注重结合管理学的理论前沿问题和实践中的新问题组织教学。

本书每章都附有案例，学生可以在教师的指导下，通过案例分析，加深对所学管理理论的理解和掌握。此外，在书后我们提供了一些推荐阅读的书目，以便读者通过阅读和学习，进一步领悟管理学的内涵和真谛，体会管理学的魅力，激发学习和研究管理学的热情和兴趣。

本书由包国宪教授提出总体编写思路后，包国宪、吴建祖、雷亮共同研究拟定编写大纲并分章撰写，最后由包国宪和吴建祖负责统稿。在本书的编写过程中，得到了兰州大学管理学院师生的大力支持和帮助，也得到了兰州大学出版社社长崔明教授和陈红升编辑的帮助指导，在此表示诚挚的谢意。

本书的结构安排和内容取舍，是编者对管理学理解的一种体现，注定要受编者知识结构和对管理学理解的局限，加之编写时间紧迫，书中错误和纰漏难免，恳请广大读者和专家给予批评指正。我们欢迎任何形式的批评和建议，我们的联系邮箱：wujianzu@gmail.com。

本书的基本内容和框架如下图所示：

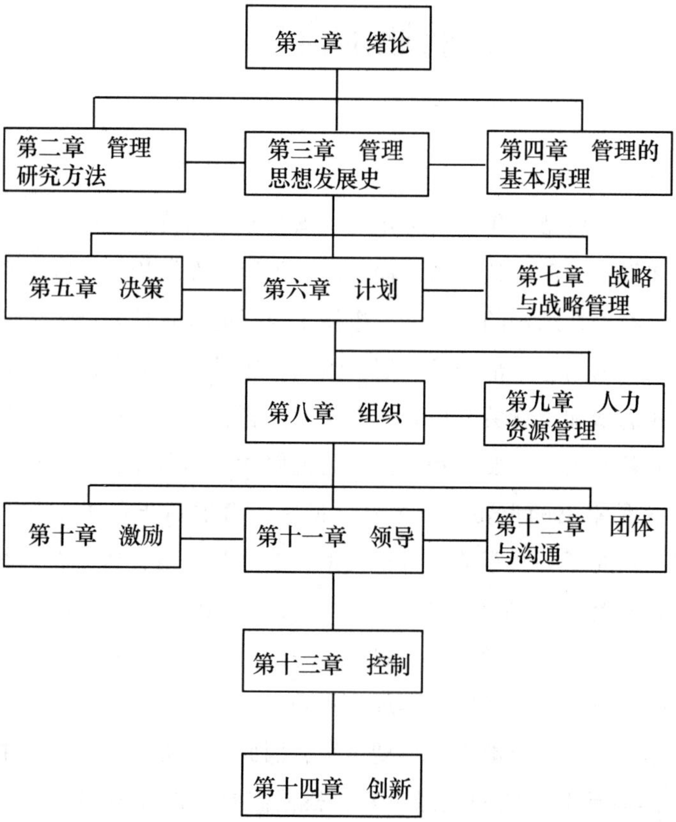

编　者
2008 年 9 月 6 日
于兰州大学管理学院

第一版前言

现代管理的理论与方法是管理学科的重要内容。通过这部分内容的学习，不但教给读者以知识，更能教给读者以获取管理知识、掌握管理技能的方法。据此目的，我们编写了这本《管理学——理论与方法》，以作为大专院校有关专业学生的管理学课程教材，也可供国家公务员、工商管理人员进修、自学使用。

本书内容按照一般管理学理论与方法的体例进行了浓缩，吸收了最新研究成果，这样可使读者用较短的时间对管理理论与方法的内容有全面的了解。全书内容为十二章，大纲由包国宪、钟占国拟定，包国宪、钟占国、王军宏、吴敏、黄建奎、曾海波分章撰写后，由包国宪、钟占国统稿。

在本书写作过程中，我们参考了国内外几十部管理学教材和著作，吸收了近年来的最新理论成果。对此，我们向有关作者、专家表示真诚的谢意。

现代管理的理论与方法是管理学科中理论性与实践性都很强的一部分内容。因此，如何把理论与我国的实际结合起来是一个很大的难题，本书在这方面做了些探索。但由于作者水平有限，疏漏、不当之处在所难免，恳请广大读者和专家学者批评指正。

编　者
1998 年 4 月 8 日
于兰州大学

目　录

第一章　绪论

学习目标

1. 掌握管理的定义、特性和目标。
2. 理解管理者的层次和管理技能。
3. 掌握管理的各职能及其之间的关系。
4. 理解组织环境对组织的作用和影响。

自从有了人类的共同劳动，管理实践就开始了，管理活动已经存在了几千年。管理是人类各项活动中最重要的活动之一。纵观人类社会的历史不难发现，管理是小到家庭，大至国家的各种组织由弱变强或由强变弱的根本。大量实践说明，一个组织，在其它条件不变的情况下，不同的领导班子和不同的管理方式可以完全改变其原有状态，既可能使之起死回生，也可能令其一败涂地。在讨论人类社会赖以发展的资源及人类活动的组织时不可能离开管理。尽管有效的管理无法直接创造自然资源，但它可以有效地利用自然资源，用较少的资源做更多的事情。正是从这个意义上，我们说管理是一种基础国力，管理科学是兴国之道。

管理是一类特殊的人类社会实践活动，是任何组织生存和发展所必需的。管理因对象的不同而具有特殊性，但其概念、原理、职能、要素和过程等具有显著的普遍性。本章主要阐述管理的概念、管理的基本问题以及目标和职能。

第一节　管理的概念

一、管理的定义

对管理研究的角度不同，给管理下的定义也不一样。按照《世界大百科全书》的定义,“管理就是对工商企业、政府机关、人民团体以及其它各种组织的一切活动的指导。它的目的是要使每一行为或决策有助于实现既定的目标”。这就是说,管理的概念,涉及广泛的领域,政府、企业、科研机构、学校、军队、医院等,凡是人群共同活动的组织,都需要管理,以指导人们完成和达到共同的目的。西方的管理学者对管理的理解具有代表性的主要有以下几种。

“科学管理之父”弗雷德里克·泰罗认为,管理就是确切地知道你要别人去干什么,并使他们用最好的办法去干。

“现代经营管理之父”亨利·法约尔认为,管理就是实行计划、组织、指挥、协调和控制。

哈罗德·孔茨认为,管理就是设计和保持一种良好环境,使人在群体里高效率地完成既定目标。

彼得·德鲁克认为,管理是一种实践,其本质不在于“知”而在于“行”;其验证不在于逻辑,而在于成果;其唯一权威是成就。管理学是一种实用学科而不是纯理论学科。从这点上讲,管理学可与医学、法学、工程学相比。管理追求的不是知识,而是成就,其实践以知识和责任两者为基础。

斯蒂芬·罗宾斯在其《管理学》一书中提出,管理是指同别人一起,或通过别人使活动完成更有效的过程。

诺贝尔经济学奖得主赫伯特·西蒙认为,管理就是决策。在西蒙看来,管理者所做的一切工作归根结底是在面对现实和未来、面对环境与员工时不断做出各种决策,使组织的一切都可以不断运行下去,直到获得满意的结果,实现令人满意的目标要求。

管理的概念是一个历史的范畴,在我国古代,“管”是“管辖、控制”的意思,体现着权力的归属;“理”是“治理、处置”的意思,体现的是实现目标的过程。“管”和“理”连在一起,就表示在权力的范围内,通过对人和事的控制和治理以实现组织目标的过程。

我国学者周三多综合多家之言,把管理定义为:管理是社会组织中,为了实现预期目标,以人为中心进行的协调活动。这个定义包括了五个方面的观点:一是管理的目的是为了实现目标,没有无目标的管理,也不可能实现无管理的目标;二是管理的本质是协调,包括组织要素、管理过程、管理决策等都需要协调,才能实现管理有序;三是协调产生于社会组织中,这是管理的基础;四是协调的中心是人,在要素协调中,有诸如人与物的关系、物与物的关系、人与人的关系,所有这些关系最终都表现为劳动之间的关系,也是人与人之间的关系,同时在所有这些关系的协调中,人将发挥中心作用;五是协调方法是多种多样的。

综合前人的定义,我们从管理职能的角度将管理定义为:管理就是在特定环境下,对组织所拥有的资源进行有效的计划、组织、领导和控制,以达到既定的组织目标的过程。管理首先是一个实现组织目标的过程,也就是说,管理的最终目的是实现组织的目标；其次，为了实现组织的目标，我们需要有效实施计划、组织、领导和控制以有效整合和利用资源；最后，任何管理活动都是在一定的环境或情境中进行的，换句话说，管理是环境或情境依赖的，这一点不同于自然科学。

二、管理的特性

1. 管理的二重性

管理的二重性即与生产力相联系的自然属性和与生产关系相联系的社会属性。管理之所以具有二重性是因为其对象——社会生产过程本身就具有双重属性。我们知道，任何社会生产都是在一定的生产方式下进行的，生产过程既是物质资料的再生产过程，同时也是生产关系的再生产过程，这就决定了对生产过程所进行的管理相应地具有双重属性。

关于管理的自然属性，我们可以从以下三方面理解：管理是人类社会活动的客观要求。管理思想的发展可追溯到人类最初试图通过集体劳动来达到目标的年代。人类的任何社会活动，都需要组织协调，如果没有这种组织协调，生产要素就难以优化组合，经济的各个活动就不能正常进行，社会劳动过程就会发生中断和混乱，社会文明就难以继续，社会进步就无从谈起。管理作为一种独立的社会职能，是社会分工的产物。生产力水平较低，社会分工不发达，生产活动在较小的社会单位中完成，此时管理尚不足以形成独立的职能，随着人类社会的进步和经济的发展，管理作为一门专门职能从整个社会分工中分化出来，经济越发达，专门管理人员的作用就显得越重要。管理就是生产力。一个国家、一个地区、一个组织，其生产力的发达程度不但取决于其各种资源的质量和数量，更取决于其组合程度和有效利用程度，取决于人力资源的开发利用，这些都依赖于管理。因此，管理是合理组织生产过程，使劳动对象、劳动手段和劳动力得以有效组合形成生产的必要条件。综上所述，管理是适应共同劳动的需要而产生的，是社会劳动过程的普遍形态，只要进行社会化大生产，就必然要进行管理，它反映了社会劳动过程的一般要求，是各种不同生产方式下一系列经验和科学方法的总结。这就是说，管理的自然属性取决于生产力发展水平和劳动的社会化程度，不取决于生产关系，因而它是管理的一般属性。

管理的社会属性是指与生产关系相联系的特性。管理的社会属性取决于社会生产关系的性质，与生产力发展的水平无关。劳动的社会结合方式不同，管理的社会性质也就不同。管理的社会属性是管理的特殊属性，它表现为劳动过程的特殊历史形态，为某种生产方式所特有。管理都是在一定的社会形态下，受到政治、法律及体制的影响。管理本来就是人们为了达到某种目标而进行的活动，是适应一定生产关系要求而产生的，具有维护和巩固生产关系，实现特定目的的功能，它始终是为生产资料占有者服务，是生产资料所有者实现其生产目的的一种手段。资本主义生产关系下的管理从来都是为资本家服务的，具有剥削性和资本独裁性，正如马克思所说“资本家的管理，不仅是一种由社会劳动过程的性质产生的并属于社会劳动过程的特殊职能；它同时也是剥削社会劳动过程的职能，因而也是由剥削者和他所剥削的对象之间不可避免的对抗性决定的”。社会主义的管理是实现社会主义生产目的的重要手段。生产资料公有制的性质决定了社会主义管理是为国家和人民的利益服务的，具有公有性，反映着国家、集体和个人的经济关系，反映着人民当家作主的社会特征。

管理的自然属性和社会属性反映了管理特性的两个方面，两者是二位一体，是统一的、互补的，不能截然分割。片面强调任何一方面都可能导致管理的失败，任何社会关系下，任何组织任何情况下均是如此。但对不同的管理，自然属性和社会属性的反映程度不同，如技术管理、企业管理较政府管理、社会管理更多地反映了其自然属性。在实际管理中我们一定要很好地把握管理的这两个方面，既要注意适应现代化大生产的要求和我们现阶段的经济发展水平，合理组织生产力；又要重视社会属性的要求，重视社会主义生产目的和民主管理的性质，尊重劳动者的意志和切身利益，通过维护管理社会主义的生产关系，促进社会主义企业生产力的发展。在实际工作中我们一定要很好地把握管理的这两个方面，在实际管理工作中遵循管理的规律和性质。

为了很好地把握这一点，在实际管理工作中，必须掌握好管理的具体特点：

（1）一般性：管理学是从一般原理、一般情况的角度对管理活动和管理规律进行研究，不涉及管理分支学科的业务与方法的研究。

（2）综合性：这是由管理问题的复杂性、方案的可选性、对象的多元化、视角的多维化、方法手段的多样化及结果的不唯一化决定的。

（3）实践性：也称实用性，管理首先是一种实践，管理学所提供的理论与方法都是实践经验的总结与提炼，管理是否成功，实践是检验的唯一标准。同时管理的理论与方法又必须为实践服务，才能显示出管理理论与方法的强大生命力。

（4）时代性：社会导向、科技经济发展水平都对其产生深刻影响。

（5）历史性：管理学是对前人的管理实践、管理思想和管理理论的总结、扬弃和发展，割断历史，不了解前人对管理经验的理论总结和管理历史，就难以很好地理解、把握和运用管理学。

（6）文化伦理性：管理具有一定的文化、民族特点，并与一定的文化风俗紧密相连。

2. 管理的其它特性

（1）动态性

管理活动的动态特征主要表现在这类活动需要在变动的环境与组织中进行，需要消除资源配置过程中的各种不确定性。由于各个组织所处的客观环境与具体的工作环境不同，各个组织的目标与所在的行业不同，从而导致每个组织资源配置的不同。管理活动的动态性意味着，管理不是停留在书本上的静态的知识，它是现实实践中的具体操作，是一个不断变化的动态过程，因此不存在一个处处成功的、标准的管理模式。

(2) 科学性

管理的动态性并不意味着管理活动没有科学规律可循。管理活动可以分为两大类：一是程序性活动；二是非程序性活动。程序性活动是指有章可循、照章运作便可取得预期效果的管理活动。所谓非程序性活动则是指无章可循、需要边运作边探讨的管理活动。这两类活动可以相互转化。实际上，现实中的程序性活动很多是由先前的非程序性活动转化而来的，这种转化的过程就是人们对管理规律性的科学总结，体现了管理的科学性。

(3) 艺术性

由于管理对象分别处于不同环境、不同行业、不同的产出要求、不同的资源供给等条件下，对每一个具体的管理对象而言，没有一个唯一的完全有章可循的模式，从而造成了具体管理活动的成效与管理主体管理技巧发挥的大小相关性很大。管理主体对管理技巧的运用和发挥，体现了管理活动的艺术性。艺术性更多地取决于人的天赋与直觉，是一种感性的东西，管理有时就是一种感性的活动。

(4) 创造性

管理既然是一种动态活动，对每一个具体的管理对象没有一种唯一的完全有章可循的模式可以参照，那么要想达到既定的组织目标，就需要有一定的创造性。换句话说，管理的创造性根植于动态性之中，与科学性和艺术性相关，正是由于这一特性的存在，使得管理创新成为必要。

(5) 经济性

资源配置是需要成本的，因此管理具有经济性。首先，管理的经济性反映在资源配置的机会成本上，管理选择一种资源配置方式是以放弃另一种资源配置方式为代价而取得的，这里有个机会成本的问题。其次，管理的经济性反映在管理方式方法上的成本比较，因为众多可帮助进行资源配置的方式方法中，其所费成本不同，所以如何选择就有个经济性的问题。最后，管理是对资源有效整合的过程，因此选择不同资源供给和配比，就有成本大小的问题，这是经济性的另一种表现。

管理的上述五个特性是相互关联的，是管理性质的五个不同方面的反映，其相互关系可用图 1-1 表示。

三、管理的目标

管理是人类的一种有意识、有目的的活动，具有明显的目的性，任何管理都具有一定的目的，没有目的的行为或活动是不能称为管理的，目的性是管理区别于其它行为或活动的特性。了解管理的目标对我们认识管理的本质是非常

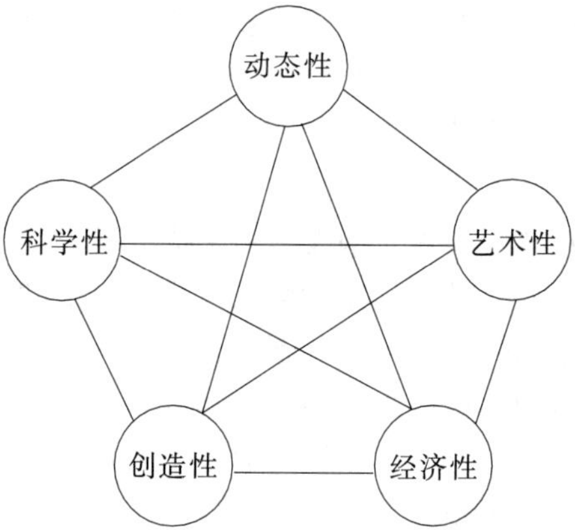

图 1-1　管理特性相互关系图

必要的。

管理的目标就是有效地实现组织的目标，创造出最大的效益，即以最小的资源获得最大的效果。管理者应该创造一种环境，使人在这个环境中，以最小的投入获得最大的产出。正如美国的彼得·德鲁克在《有效的管理者》一书中所说："管理者的职责在于求取工作的有效性。"

对管理目的的看法大体上分这样三个阶段：20 世纪 30 年代以前，管理主要是对工业企业的管理。在这一时期，对管理目标的权威观点是"为了获取更多的利润"，管理学家认为，企业为本身获得了最大的利润也就是为社会获得了最大的利益。第二阶段是从 20 世纪 30 年代到 40 年代，在这个阶段绝大多数的管理者都认为企业管理的目的是调解雇主和工人之间的矛盾。如泰罗认为，管理的主要目的应该是使雇主实现最大限度的利益，同时也使每个员工实现最大限度的利益。后来，随着管理科学的发展，管理科学所研究的对象已经不再限于工业企业了，而是包括工业企业在内的各类组织，如医院、学校、军队、政府等。由于不同组织要解决的实际问题不同，所追求的目的也不同，如企业管理是为了追求经济效益；科技管理主要是为了追求出成果、出人才；军事管理是为了提高部队的战斗力；政府管理是为了提高办公效率，更好地为公民服务。管理目标的提法也有了改变，认为管理的目标是为了提高劳动或工作的效率。

第二节　管理者

一、谁是管理者

在组织中从事管理活动的全体人员都是管理者，即在组织中担负计划、组织、领导、控制等工作，以实现组织目标的人。换句话说，如果一个人所从事的工作是管理过程的全部或一部分，则称其为管理者。作为组织成员的个体，或者成为管理者，或者成为被管理者，或者二者兼之。

管理者在组织中工作，但并非在组织中工作的每一个人都是管理者。为简单起见，我们可将组织的成员分为两种类型：操作者和管理者。操作者直接从事某项工作或任务，不具有监督其他人工作的职责。例如，汽车装配流水线上的装配工人；快餐店中的服务员；银行前台的柜员等，这些人都是操作者。相反，管理者是指挥别人活动的人。管理者也可能同时承担某些操作职责，例如，保险理赔监督主管除了负责监督办事人员的工作外，还可能承担一部分办理保险理赔的业务职责。作为一个管理者，一定要有下属，这是管理者区别于操作者的重要特征。

二、管理者的层次

管理工作在组织的各个层次展开，按照不同的管理层次，我们将管理者划分为高层管理者、中层管理者和基层管理者。这三个层次的管理者的任务和职责随组织不同而变化，这取决于组织的规模、技术和其它因素。

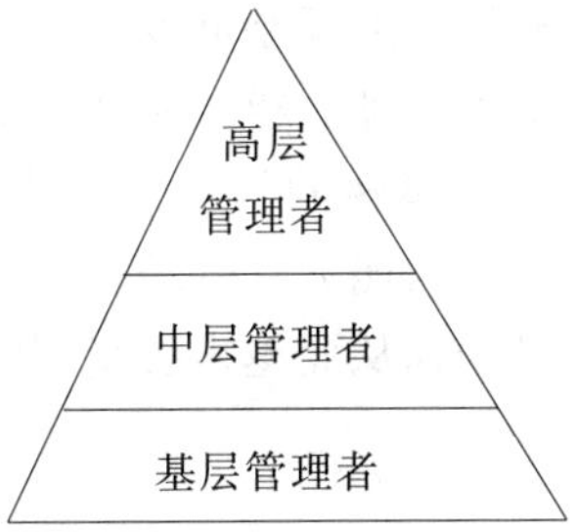

图 1–2 管理者的层次

高层管理者在管理者中所占的比例较小，其主要职责是制订和评价组织的目标、战略和政策；评价不同部门的总体绩效，保证各部门之间的合作；选择重要人员；就涉及全局的问题或项目与下级管理者磋商等。高层管理者对外代表组织的“官方”身份，如董事长、总裁、首席执行官、总经理等。中层管理者人数较多，如车间主任、部门经理等，其主要职责是将高层管理者制订的战略和政策付诸实践；制订中期计划和长期计划，供高层管理者审查；考评和控制下属的绩效；建立部门政策；选择和招募员工等。基层管理者人数最多，负责确定详细的作业计划；分配工作和任务；监督和管理组织的日常运作；考评下属的工作等。需要说明的是，基层管理者一般还要从事许多非管理工作。

三、管理者的技能

1. 技术技能

技术技能是指与特定专业领域有关的知识和能力。一般而言，所处的管理层次越低，对技术技能的要求越高。一般来说，管理者没有必要使自己成为所有领域的专家，因为他们可以借助有关专业人员解决技术性问题。但他们需要了解或初步掌握相关领域的基本技术知识，否则他们将很难与其所主管的组织内的专业人员进行有效的沟通和交流，从而无法对其所管辖的业务范围内的各项管理工作进行具体的指导。

2. 人际关系技能

人际关系技能是指处理与他人（包括个人和团体）关系的能力。管理最主要的任务是对人的管理，这就要求管理者必须具有识别人、任用人、团结人和调动人的积极性以实现组织目标的能力。对于各个层次的管理者来说，人际关系技能都同样重要。管理者不仅要处理好与下属的关系，学会影响和激励下属的工作，还要处理好与上级、同事之间的关系，学会说服上级，与同事有效合作。

3. 概念技能

概念技能是指对模糊的、不明确的复杂问题进行分析，明确问题的本质和问题的根源，确定问题的关键变量，理解变量与问题之间的关系，从而使问题清晰化的能力。概念技能是对问题进行思考和推理的能力。概念技能是一种将组织视为一个整体，对组织所面临的复杂问题建立起适当的分析框架，设想组织如何适应外部环境变化的能力，即分析、判断和决策能力。具体地讲，概念技能包括把握全局的能力，理解事物的相互关联性从而识别关键因素的能力，权衡备选方案优劣及其内在风险的能力。管理者所处的层次越高，其面临的环境和问题越复杂，越无先例可循，从而越需要高超的概念技能。管理层次与管理技能的关系如图 1–3 所示。

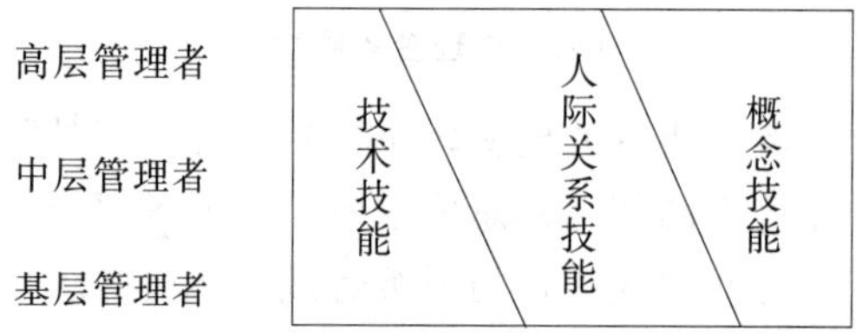

图 1–3　管理者层次与管理者技能的关系

《孙子兵法·计篇》有云："将者，智信仁勇严也。"这可以理解为古人对管理者素质和技能的要求。具体地讲，"智"要求管理者具备专业知识、生活常识和人生阅历；"信"要求管理者自信于己，施信于人，取信于民；"仁"则要求管理者体恤下属，以己推人，给人机会；"勇"要求管理者勇于冒险，敢于说不，勇于认错；"严"要求管理者严于律己，严格要求，赏罚分明。

第三节　管理的职能

管理过程学派的创始人亨利·法约尔在1916年发表了著名的著作《工业管理与一般管理》，对管理的具体职能加以概括和系统论述，提出了管理的五大职能，即计划、组织、指挥、协调、控制。后来许多管理学者对管理职能从不同的角度进行研究，出现了不同的学派。但从总体上看，只是繁简不同，表述不一，并没有实质上的差异。本书采用我国管理学者周三多的观点，即管理包括计划、组织、领导、控制、创新五种职能。

一、管理职能的基本内涵

1. 计划职能

计划是一项最基本的管理职能，它广泛存在于各种组织的管理活动中。要完成组织的任务首先必须要组织中的每个人理解组织的总体目标和一定时期的目标，以及完成目标的方法。要使组织成员的努力有成效，一定要使他们明白组织期望他们完成的是什么，这是计划工作的职能。计划实际上就是关于组织成员“应该做些什么、如何做、什么时候做及由谁去做”的具体规定，是为实现组织目标、执行组织决策而进行组织、准备和具体安排的过程。

2. 组织职能

现代组织理论认为：一方面，组织结构影响和决定着组织的目标和功能；另一方面，组织是由人形成的，人与人之间互相发生关系才能使组织的目标得以实现。组织职能是指管理者根据既定目标，对组织中各种要素及人们之间的相互关系进行合理安排的过程，简言之，就是建立组织的物质结构和社会结构。

3. 领导职能

领导职能是指组织的各级管理者利用各自的职位权力和个人影响力去指挥和影响下属为实现组织目标而努力的过程，是管理者带领、指挥和激励下属，选择有效的沟通渠道，营造良好的组织氛围实现组织目标的过程。有效的领导要求管理者在合理的制度环境中，针对组织成员的需要和行为特点，运用适当的方式，采取一系列措施去提高和维持组织成员的工作积极性。

4. 控制职能

所谓控制就是使计划按预定轨迹运行的管理活动。人们在执行计划的过程中，由于受到各种因素的干扰，常常使实践活动偏离原来的计划。为了保证目标及为此而制订的计划得以实现，就需要对管理过程进行控制，即要按既定的目标、计划，对企业生产经营活动过程中各方面的实际情况进行检查和考察，发现差距，分析原因，并采取措施予以纠正，使工作能按原计划进行，或根据客观情况的变化，对计划作适当的调整，使其更符合实际。控制需要借助于定量的分析方法，更需要管理者的经验和灵感。

5. 创新职能

由于科学技术迅速发展，社会经济活动空前活跃，市场需求瞬息万变，社会关系也日益复杂，每位管理者每天都会遇到新情况、新问题。如果因循守旧、墨守成规，就无法应付新形势的挑战，也就无法实现组织的目标。许多组织和管理者成功的关键就在于创新。在互联网、全球化、知识经济时代和组织之间跨边界合作的新时代管理环境背景下，创新是管理目标实现的关键，是管理的灵魂。

二、管理职能之间的关系

每项管理工作都是围绕管理目标，从计划开始，经过组织、领导和控制。各管理职能之间相互关联、交叉和渗透，构成一个管理循环（如图 1–4）。通过计划职能，明确组织的目标与方向；通过组织职能，建立实现目标的手段；通过领导职能，把个人的工作与所要达到的集体目标协调一致；通过控制职能，检查计划的实施情况，保证计划的实现，而控制的结果可能导致新的计划，开始又一轮新的管理循环。创新在整个管理循环中处于轴心的地位，成为推动管理循环的原动力。管理的这几个职能的综合运用，归根结底是为了实现组织的目标，提高组织的绩效。

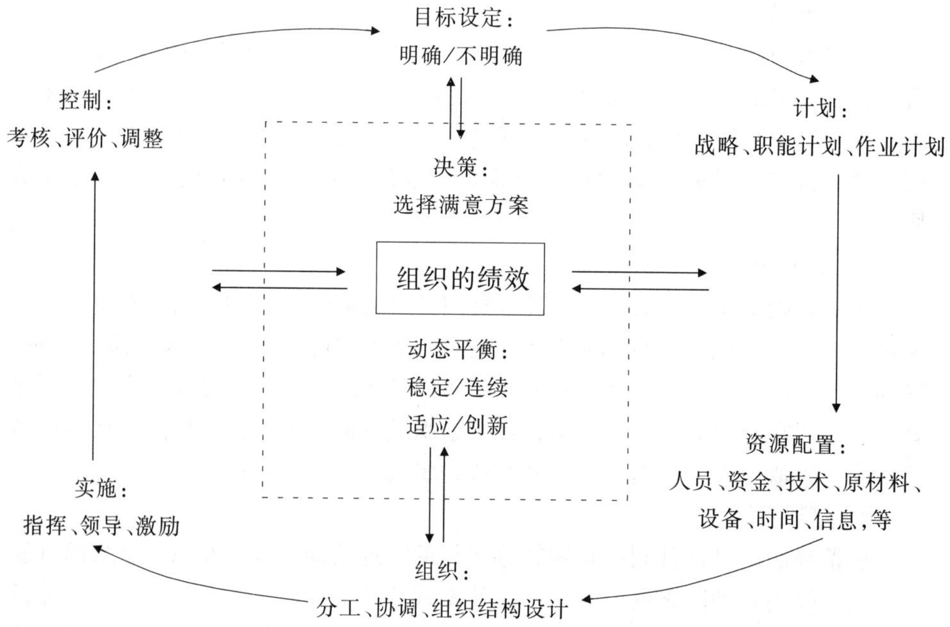

图 1–4　管理职能之间的关系

第四节 管理的环境

管理者在做计划时，既要考虑本组织内部的关系，又要考虑本组织之外的社会成员的需要和期望，及对外部环境中的物质资源、人力资源、技术和其它方面的需要。管理者必须从不同程度上考虑影响外部环境的各种因素和力量，他们不能改变这些影响力量，只能适应它们，同时对可能影响企业运营的外部力量加以确定、评估并做出反应。外部因素对企业的制约性影响在国际管理方面更为重要。企业处于社会之中，企业的生存和发展与社会方方面面有着密切的联系，企业的管理者应对自己企业所处的外部环境进行分析和研究，分析环境形势的变化对企业的影响，以便采取正确的对策、措施。

一、组织与环境的关系

环境是指事物存在、发展的周围条件和状况。系统管理理论认为，组织与环境之间是相互作用的，组织是一个既受环境影响又影响环境的开放系统，是所有外部环境系统中的一个子系统。组织需要从外部环境系统中获取所需的资源，既有的资源又受外部环境的制约和影响，同时组织也反过来影响外部环境。

1. 外部环境对组织的影响

首先，外部环境是一个组织生存的载体，组织离不开环境。其次，外部环境为组织活动及生存和发展提供必需的资源。以企业为例，企业经营所需的各种资源要从生产资料市场、能源市场、资金市场、劳动力市场等获取。离开这些市场，企业经营便会成为无源之水、无本之木。与此同时，企业生产出来的产品和服务也要在市场上出售。通常来讲，有什么样的外部环境就会造就什么样的组织。最后，环境的变化，对不同的组织来说可能是机会也可能是威胁，组织需要对此做出分析，抓住机会，消除威胁。

2. 组织对外部环境的影响

一般来说，组织对外部环境的影响有两种方式：一种是被动和消极地适应环境，即完全按照环境的特点和要求来调整自己的行为内容和行为方式，利用自身条件去适应现实环境，而不对外部环境有任何影响和改变；另一种是主动并积极地适应环境，即组织尽可能地多掌握有关环境的信息和情报，通过科学地分析和预测环境因素及其发展变化趋势，并采取积极主动的措施，在顺应环境变化的同时，改造和创造环境。

二、组织外部环境的特性

1. 复杂性

外部环境的复杂性是指构成组织外部环境的因素既有经济和技术因素，又有政治、社会和文化因素。在这些因素中，既有对组织直接发生影响的，又有间接发生影响的；既有一种因素对组织发挥重要作用的情况，也有多种因素同时对组织发挥重要作用的情况。因此，组织必须全面分析各种因素的影响，特别是着重分析那些对组织影响重大的环境因素，并及时做出正确的反应，才能掌握各种活动的主动权。

2. 不确定性

外部环境的不确定性是指组织的外部环境总是处在不断变化的过程中，组织难以事前预知这种变动。在不确定的环境中，组织的决策面临极大的挑战，只有很好地理解和利用不确定性，才能做出正确的决策，实现组织的目标，提高组织的绩效。特别是在科学技术快速发展、全球化潮流不可阻挡的背景下，复杂性和不确定性是当今管理所面临的两大难题和挑战。

3. 互动性

外部环境的互动性不仅指组织外部环境的各种因素之间客观上存在着相互依存、相互制约的关系，同时也意味着外部环境的复杂性和不确定性交织在一起对组织产生影响。各种环境因素的相互作用使得人们有时很难看清环境到底会发生什么样的变化。

三、组织外部环境的内容

1. 政治和法律环境

一个国家的政治和法律直接影响到企业的管理政策。它的稳定性也直接影响到企业长期计划的制订。政治与法律属于上层建筑领域，它们相辅相成，互为因果关系。政治与法律环境由当权的政府构造，企业必须在既定的法律构架下从事生产和经营。一般来说，政治环境是指制约和影响组织的各种政治要素及其运行所形成的环境系统，包括一国的政治体制、政党制度、政策、政治气氛等诸多因素；法律环境是指与组织相关的一系列法律规范以及这些法律规范的制定和实施机构，同时也包括与此相关的社会法律意识。

2. 经济环境

经济环境是指影响组织生存与发展的社会经济状况，包括宏观和微观经济环境。企业所在国家或地区的宏观经济环境从总体上影响企业经营和发展。这些因素有经济增长及其周期性、通货膨胀与就业、资本与货币市场以及外汇管制等方面。微观经济环境主要指市场环境。市场是企业外部环境的主要部分。企业不仅要分析和研究与之密切相关的产出需求市场、投入（原材料、燃料、动力、劳动力、土地及资金）的供应市场，同时也要研究企业所处的市场竞争环境。

3. 社会文化环境

社会文化环境是指一个社会的价值观念、风俗习惯、社会成员接受教育的程度等因素。置身于一定的社会文化环境中的组织，必然要受到其影响和制约。因此，组织应当充分认识社会文化的作用和作用方式，强化组织的社会文化环境意识，建设具有自己特色的组织文化。

4. 技术环境

技术环境是指一个企业所在国家或地区的技术水平、技术政策、新产品的开发能力以及技术发展的动向等。技术的影响体现在新产品、新机器、新工具、新材料和新服务上。来自技术的益处就是取得更高的生产率，更高的生活水平，更多的休闲时间和更加多样化的产品。企业要想在市场上立于不败之地，就应该注重自身技术、设备的更新，尽可能采用最新技术，生产出受社会欢迎的新产品。作为一个管理者，尤其是企业高层决策人士，必须留意企业外部的技术环境，了解当前新技术发展的趋势，使企业处于新技术领先位置，至少不能失去竞争能力。

本章提要

★管理就是在特定环境下，对组织所拥有的资源进行有效的计划、组织、领导和控制，以达到既定的组织目标的过程。

★管理具有二重性，即与生产力相联系的自然属性和与生产关系相联系的社会属性。

★管理作为人类的一项活动，具有动态性、科学性、艺术性、创造性和经济性这五个特性。

★管理的目标就是有效地实现组织的目标，提高组织的绩效。

★在组织中从事管理活动的全体人员都是管理者，按照不同的管理层次，我们将管理者划分为高层管理者、中层管理者和基层管理者。

★管理者需要具备技术技能、人际关系技能和概念技能。

★管理包括计划、组织、领导、控制、创新五种职能。各管理职能之间相互关联、交叉和渗透，构成一个管理循环。

★组织与环境之间是相互作用的，组织是一个既受环境影响又影响环境的开放系统。

本章思考题

1. 结合你自己的理解谈谈什么是管理。

2. 你认为管理者应该具备哪些基本技能?
3. 如何理解管理的各职能之间的联系?
4. 影响管理的环境有哪些? 各有什么作用?

本章案例

任正非和他的华为公司

华为技术有限公司（以下简称“华为”）成立于1988年，目前是全球领先的网络及通信设备供应商之一，其全球客户超过300家电信运营商，其中22家位列全球电信运营商50强。华为的产品已经进入90多个国家。截至2005年6月，华为全球共有30000多名员工。

华为的产品包括无线产品、网络产品、增值服务以及移动和固定终端。目前，华为的很多产品都处于全球领先地位，成为对思科等国际知名企业有力的挑战。

华为的矩阵形组织架构包括事业部和地区公司。事业部和地区公司均为利润中心。华为的决策机构包括三部分：公司执行委员会、高层管理委员会与公司职能部门，其中高层管理委员会包括战略规划委员会、人力资源委员会、财经管理委员会。目前，华为的股份全部为员工拥有。

1978年，已经是团级干部的任正非退伍转业。几年后，40多岁的他来到了中国最早的经济特区深圳，在打了两年工后于1988年创立了华为公司。成立之初，公司主要代理香港的HAX交换机。当时，中国的电话网使用的基本都是外国设备。交换机的高额利润很快吸引了大批新的竞争者，仅深圳市就出现了100多家代理公司。到20世纪80年代后期，中国出现了200多家国营交换机厂家，但规模很小、技术落后，尽管价格很低，也只能卖给酒店和厂矿等小客户。

华为公司立志开发自己的产品，并从一开始就强调技术的重要性。20世纪90年代初，国产交换机主要面向农村市场，2000门交换机容量已经足够，但华为并不满足，公司决心开发万门交换机，进军城市市场。为此华为投入了公司的全部资源，甚至不惜以20%的高利率融资。在耗费了上亿元的投资和一次次的失败后，华为终于在1994年研制成功了大型交换机C&C08。这一执著体现了《华为基本法》中的“压强原则”：在关键成功要素和选定的战略成长点上，以超过竞争对手的强度配置资源。要么不做，要做就极大地集中人力、物质和财力，实现重点突破。

窄带电话网包括电话网、信令网、同步网和管理网四大块，其中处于制高点的信令网至关重要。最初国内一般使用的是北电网络和阿尔卡特的STP设备。华为决心再次挑战难关。1996年底，华为首台STP在银川成功投入运营，信息产业部召开了现场会，各省电信管理局都到场了。很快，除了国家骨干网外，各省均采用了华为的STP设备。借此，华为跃居为全球少数几家能生产STP设备的厂家之一。1997年，邮电部移动通信局招标建立自己的信令网，最终华为和阿尔卡特各中标1/2。

华为创业初期效法了毛泽东“农村包围城市”的战略，选择了跨国公司无暇顾及的县城为突破口。例如，爱立信只有3~4个人负责盯黑龙江的本地网，华为却派出200多人常年驻守。销售人员从基层做工作，通过各种方法鼓动基层电信部门领导试一下华为的产品，以性能打动客户，逐渐打开了市场。

《华为基本法》第二十二条将公司的经营模式总结为：

抓住机遇，靠研究开发的高投入获得产品技术和性能价格比的领先优势，通过大规模的席卷式的市场营销，在最短的时间里形成正反馈的良性循环，充分获取“机会窗”的超额利润。不断优化成熟产品，驾驭市场上的价格竞争，扩大和巩固在战略市场上的主导地位。

随着企业规模的扩大，任正非开始关注如何建立有效的管理体系。1997年，IBM对当时华为的管理现状进行了全面诊断：缺乏准确、前瞻的客户需求关注；反复做无用功，浪费资源，造成高成本；没有跨部门的结构化流程，各部门都有流程，但部门流程之间靠人工衔接，运作过程割裂；组织上存在本位主义、部门墙，各自为政，造成内耗；专业技能不足，作业不规范，依赖英雄，而这些英雄的成功难以复制；项目计划无效，项目实施混乱，无变更控制，版本泛滥。

基于此，公司决定聘请IBM为华为设计产品开发（IPD）和供应链管理系统。1997年，公司聘请了HAY GROUP设计公司人力资源体系，建立了绩效考核与技能认证体系。从1998年起，HAY开始为华为培养适应全球化的领导者。此外，PWC为华为设计了财务管理系统，德国Fraunhofer Gesellschaft为公司设计了生产品质管理体系，华为还引进了ORACLE的ERP系统。任正非说：“我们进行持续管理变革，就是要建立一系列以客户为中心、以生存为底线的管理体系，摆脱企业对个人的依赖。”

《华为基本法》强调了持续管理变革的重要性：我们不单纯追求规模上的扩展，而是要使自己变得更优秀。因此，高层领导必须警惕长期高速增长有可能给公司组织造成的脆弱和隐藏的缺点，必须对成长进行有效的管理，在促进公司迅速成为一个大规模企业的同时，必须以更大的管理努力，促使公司更加灵活和更为有效。

和多数中国企业一样，华为有一个非常强势的领导人。任正非以理想主义和军人般的铁腕掌控着华为。虽然创业时条件极为艰苦，任正非仍然胸怀大志，并以“中华有为”之意命名华为。任正非脾气暴躁，即使对高层管理人员仍动辄就骂。任正非又是一个非常有感情的人，听到雄壮的革命歌曲甚至会泪流满面。任正非非常自律，他在华为的持股仅5%左右。2000年，常务副总裁李一男辞职，任正非非常自责，主动把自己的薪水从A级降到C级。任正非的姐妹和女儿都在华为工作，但都把名字改掉了，以免其特殊身份影响工作。

任正非受毛泽东的影响很深，他的许多经营战略都来自毛泽东的革命理论。例如，“农村包围城市，逐步占领城市”的市场战略，“集中兵力、各个击破”的压强原则等。任正非将他的员工称为“同志”，将他的经理称为“干部”，华为的办事处称为“前线”。此外，任正非还模仿毛泽东的做法在员工中发起群众运动（战前总动员和革命歌曲大合唱）和思想政治教育。1998年，华为年底大合唱歌曲的内容是：雄赳赳气昂昂跨过太平洋，去欧洲进美洲奋战在非洲，华为好儿女艰苦勤奋斗，平等真诚华为精神振全球！

（资料来源：王建铆等编：《中欧案例经典》，中信出版社，2006）

讨论题

1. 作为管理者，任正非的哪些素质和技能对华为的成长最为关键？
2. 华为公司为什么要聘请IBM为其改善业务流程？
3. 华为公司的管理工作中哪些是属于计划、组织、领导和控制职能的？

第二章　管理研究方法

学习目标

1. 掌握什么是科学的方法。
2. 了解管理研究的特性和类型。
3. 掌握管理研究的基本要素。
4. 掌握管理研究的过程及步骤。

第一节　概论

一、科学及科学研究

科学的目标是追求真理，解释并且预测自然和社会现象。从科学方法中得到的真理要求同时包含逻辑和证据，二者相辅相成，缺一不可。没有证据的逻辑或没有逻辑的证据只是科学方法的一半。科学创造知识而非应用知识。科学不能解决关于某一研究领域（如干细胞研究）好坏或某一研究方法（如定性或定量）优劣的争执。科学研究独立于政策制订或应用方面的考虑。科学的目标是对现象（如全球变暖、传染病等）寻求理解、解释并且预测，以便通过政策决策，使知识能被用于控制或改变这些现象。

诠释理论、寻求事实、将事实与理论匹配是科学的三个主要活动。规范科学是实证科学，即数据、证据或观察是支持理论的必要组成部分。科学的出发点可以是观察，也可以是理论。基于共同范式的研究遵守同样的科学实践准则和标准。在基本准则和标准上达成一致并且忠于它们，是科学的必要条件和一直所坚持的要求。范式涉及对真理或现实的不同假设，而科学范式是基于看待现实的现代观点。科学范式决定了分析难题时对主题、理论、工具和方法的选择。当现存的方法和理论不能对现象提供满意的解释或理解时，新的理论和方法将会出现，它们可能是新范式的开始。库恩将一种范式代替另一种范式定义为科学的演进。

凡是科学的理论，都一定有被事实推翻的可能性，但却没有被事实推翻。也就是说，科学的理论一定是可以被证伪的。这一点非常重要。为了更好地理解可证伪性对于科学的理论的重要性，我们举两个例子：一是特殊理论；二是同义反复。特殊理论是指只能解释一种或几种特殊现象，缺乏一般性解释功能的理论。例如，我们可以说：当员工具有强烈的利他精神，丰裕的物质生活，并且工作能给他带来充分的乐趣时，金钱对员工的工作绩效没有影响。这个理论被证伪的机会很小，但不是好的理论，因为它太特殊，缺乏一般性的解释功能。同义反复（tautology，也称套套逻辑）是指在任何情况下也不可能是错的理论。不可能错，是因为完全没有内容。例如，我们可以说：四足动物有四只脚。这个说法不可能错，但没有任何内容，只是一种同义反复。特殊理论内容太多了，而同义反复则没有内容。所以科学的理论，一定是在特殊理论与同义反复之间。

二、管理研究的特性

与其它科学研究不同的是，管理研究受研究对象的主观性和所处的管理情境的制约和影响，这使得逻辑思维受阻，导致科学研究在管理学科中应用的局限性。

首先，管理者在管理过程中离不开形象思维，而且在许多时候，形象思维比逻辑思维更重要。例如，感觉、直觉、意愿和下决心的能力，这些都是优秀的管理者具备的特征，它不能通过数学公式推导出来，也很难用统计方法归纳出来。所以，发现、辨识和解决各种涉及管理者行为的管理问题，重在运用形象思维进行个性分析而难以用科学方法抽象出共性。这是管理研究的特性，或者说难点。

其次，任何管理问题都是情境依赖的，管理研究离不开具体的情境。情境一词英文为 context，在语言学、文学、历史学研究中均受重视。语言学中有语义和语境之分，语义研究文句本身即着重 text，而语境即 context，则要求把握上下文和字里行间的含义，以至文句陈述的情景。借鉴语言学、文史研究中“文本”和“语境”的概念，可更看清管理研究与自然科学、工程技术研究的差异。自然科学和工程科学着重于“文本”或“本体”，只研究系统（对象）的主体，按一定边界将本体和环境分离开来。例如，力学使用隔离体的概念，本体系统和外界联系则用受力符号来表示。控制论用输入、输出和黑箱来描述一个系统，视输入为外部环境给系统施加的作用，着重研究以传递函数表示的系统本体特性。力学和控制系统研究都可以在实验室进行，在设定条件下得出的试验结果，基本上可与现实相符，即使像航空、航天飞行，都可根据试验结果，预先对火箭发射、运载工具的飞行轨迹做出精确的判断。

管理系统要复杂得多，人们无法将系统本体和环境隔离处理。管理离不开人的因素,决策者在自己的知识结构引导下，对系统主体的输出做出判断，而系统本体和决策者又总处在某种工作环境之中。思维模式和工作环境构成了所研究系统的管理情境，它是系统本体所处的主客观背景。管理系统的输入、处理、输出和反馈都与主客观背景融合为一体，难以像工程技术系统那样做到系统本体和环境在一定条件下隔离处理。系统本体和情境不可分，不研究情境难以深明管理系统的真谛。于是，管理领域中，每个研究对象、事件、系统本体都和特定的情境组合，千姿百态，具备独特的个性。而这正是艺术的特征。任何艺术作品，个性、特性愈鲜明，则价值愈大。反之，数学、自然科学则讲求共性，概括层次愈高、愈抽象则价值愈大。管理学科的发展，从泰罗的科学管理到运筹学、系统工程等，各种现代管理理论基本上是遵循科学研究方法，用逻辑思维抽象出管理领域中的规则、模型、共性，所欠缺的是借鉴艺术研究的思路，从形象思维角度来研究管理系统中的个性、特征。以至迄今为止的管理理论和方法还回答不了许多现实管理问题，特别是高层管理者的决策行为。管理情境问题的探索可能有助于弥补管理理论和实践之间的差距。

三、管理研究的类型

按照论证的途径，管理研究可分为两大类：理论研究和实证研究。这里的实证研究（empirical study）更准确的说法应该是经验论证或经验研究，以区别于经济学中与规范研究相对应的实证研究（positive research）。实证研究和理论研究分别反映归纳法和演绎法的思维方式。

另外一种分类方法是将研究分为定量研究（quantitative research）和定性研究（qualitative research）。在管理研究中，定量研究是指运用统计方法、数学模型、计算机仿真等进行的研究；而定性研究则包括案例分析、实地研究、访谈等。二者的区别如表 2-1 所示。

表 2-1 定量研究和定性研究

定量研究	定性研究
测量客观的事实	建构管理现实、文化意义
焦点是变量	焦点是互动的过程、事件
信度是关键	真实是关键
价值中立	价值判断无处不在
不受情境影响	受情境影响
多个个案、受试者（样本）	少数个案、受试者
统计分析、数学模型	主题分析
研究者保持中立	研究者置身其中

第二节　管理研究的基本要素

管理研究包含一些基本要素，比如概念、构念、变量、假设、命题、理论、推理和分类的方法等。这些要素就如同构成建筑物的砖块、基石、支柱、连接件等，是建立管理理论大厦所必不可少的。

一、概念、构念与变量

1. 概念

如果把作为研究成果的理论比做一台机器，那么概念就好比零件，把若干个概念按一定的关系组织起来就成为命题，而理论则是若干命题按一定关系组成的体系。

概念与命题是从形式逻辑的角度研究人们思维的过程。在研究的科学方法论中，与概念和命题相对应的是变量和假设，一切研究都始于变量，依据变量提出假设，围绕假设进行检验，拒绝或接受假设，最终推进理论创新。清晰地定义所用概念，严密地确定概念所对应的变量，是达到研究目的、产生高质量研究成果所必需的基础工作。

人们在认识过程中，把所感觉到的事物的共同特点抽象出来，加以概括，就成为概念。概念是思维的基本形式之一，反映客观事物的一般的、本质的特征。内涵和外延是概念所有的逻辑特征。内涵是概念对事物的本质的反映，例如，市场这个概念是对市场的本质——一定时间、一定空间条件下商品的交换——的反映。外延是概念对事物的范围的反映。市场的概念范围包括以交换商品类别划分的商品市场、劳动力市场和人才市场、金融市场、外汇市场、资本市场以及以交割方式划分的现货市场和期货市场等。

概念有实体概念、性质概念和关系概念之分。实体概念是反映各种具体事物的概念，例如，市场、员工、车辆等。性质概念是反映具体事物的各种性质的概念，例如，紧缺、尴尬、成长等。关系概念是反映具体事物之间的各种关系的概念，例如，提拔、购并、优于等。

2. 构念

在研究中，人们除了使用从可感觉的具体事物抽象出来的概念外，还使用另一类概念，这样的概念其所指的特征不能直接观察到，只能在前一类概念的基础上进一步抽象产生。例如，消费者购买电视机的满足感。什么是满足感？问若干个消费者会得到一些不同的答案。有人会说“价格便宜我很满足”，也有人会说“产品质量好我很满足”，还有人会说“在购买时售货员既不过分热情，又能不厌其烦地讲解和展示产品性能，我对他的服务态度很满足”。满足感这个概念，人人都能说出点感觉来，但又一下子说不清楚，说不完整，更表达不准确。作为消费者个人，随其满足哪几项就可以了，但作为家用电器营销研究，就不允许轻率从事。为了把满足感这个概念表达明白，就需要使用一系列可以直接感觉的概念，例如价格、耐用性、安全性、易操作性和外观美感等，还应该有购买过程中店员的服务态度和店方允诺的保修保退条件。像这样根据研究需要构建出的更为一般的概念称为构念（construct）。

构念有以下几个特征：

(1) 构念是研究者构造出来的；

(2) 构念是抽象的、不可直接观察的；

(3) 构念是与理论和模型相联系的；

(4) 构念是清晰而明确的。

3. 变量

变量原本是数学名词，指可以改变其数值的量。变量是概念和构念在定量分析架构中的对应形式。管理研究的科学方法必须使用变量语言。例如，如果只说“市场份额很小”、“顾客满意度很高”、“企业组织机构对生产效率影响很大”之类的文字型叙述语言，那么信息接收者对所说的事项还是没有清晰的了解，很难想象这样的信息对于科学决策有何帮助。如果希望用于支持决策，就必须给出市场份额的百分比、顾客满意度计量值和企业组织机构形式与生产效率之间的关联系数。这就是使用变量语言。

变量就是概念的具体化，反映了概念在具体形态上的变异性。变异性可由量值和差异来体现。变量既是为了对概念进行定量分析而设定，就应该便于测度。尽管概念的定义对其内涵和外延都作了严格的界定，但并非所有概念的定义都方便测度。因为测度时需要人使用具体的工具来操作，如果不加以明确而只凭对概念的理解，就会出现因人而异、因时而异的情况，最终造成测度的数据不准。

二、假设、命题和理论

1. 假设

假设亦称假说，它是对未知的客观事物所作的尚未经过实践检验的假定性设想或说明。换言之，假设是有待检验的尝试性判断。例如，研究者对“每周四天工作制”和“单位工时生产率”这两个概念的关系进行思考，认为“引入每周四天工作制将导致办公工作单位工时生产率的提高”，这就是一个假设。围绕这一假设的证实或证伪，就成为一项研究主体。

假设是探究客观真理的桥梁。因为人们通过调查所掌握的客观事实，是检验假设的最重要的依据。在检验过程中，原有的假设可能被不断地修改、补充和完善，人们的认识也就越来越接近实际，直到最后发现真理或进一步发展真理。这说明，在探求真理的道路上，假设是一种不可缺少的工具或桥梁。检验假设、修改假设、完善假设的过程，实质上就是发现真理和发展真理的过程。

2. 命题

假设是有待验证的命题，而命题是人们对观察资料经过思考做出判断的结果。命题是对两个或两个以上概念间关系的陈述。命题的语言表达形式是一个非真即伪的陈述句。

3. 理论

理论是一组结构化的概念、定义和命题，用来解释和预测现实世界的现象。理论由三个要素组成：(1) 概念框架；(2) 说明各种特性或变量之间关系的一组命题；(3) 相关的实践和理论背景。一个新理论并非指发现个别新概念或命题，更不是使用一两个时髦的新名词，而是若干新的概念和命题的组合，也可能是若干新的概念与原有的概念和命题组合在一起，使得原来未曾发现的现象之间的关联的连通。

假设和命题的内涵和表达形式是一样的，只是假设尚待论证和验证。研究却更看重假设，新理论的出现源于提出新的假设，新的假设经过验证便和若干已有的命题一起形成一种新的理论。

三、推理

推理是从命题出发，逻辑地推出另一个命题。推理过程涉及一组结构化的命题，这组命题常分两类：前提和结论。如果一个命题是以同一推论框架中其它命题为基础衍生而来的，则此命题称为此推理中的结论，而其它命题为此结论提供证据和理由，称为前提，这是从逻辑学的角度而言的。从数学角度，前提和结论相应地称为证据和假设，控制论的术语是输入和输出，医疗诊断推理用的是症状和病症。所有前提、证据、输入和症状等都属推理者原有的或当前观测到的事实。运用这些知识推导出结论、假设、输出或病症的过程便是推理过程。

推理分归纳和演绎两类。归纳推理指从具体事实到抽象理论的过程，从数据和证据出发推出结论。事实支持结论，而结论解释事实，归纳出结论是一个推理上的飞跃。演绎推理则是指从抽象理论到具体事实的过程，它的结论必然能从前提推衍出来，如前提为真则结论为真。演绎常可理解成归纳的逆向思维。演绎从一般到具体，从解释到事实，而归纳从具体到一般，从事实到解释。

事实上，在研究过程中经常要综合运用两种推理方法。当观测到一项事实并产生“为什么”的疑问时，归纳推理出现，人们将提出一种初步的解释（假设），如果能解释面临的事实或事件则假设合理。至于是否能解释这个事实或事件，根据是否正确，又要凭借演绎思维。

研究过程将从理论开始，或者从观察开始。从理论开始的研究被认为是演绎的检验假设的研究（deductive hypotheses testing study），而从观察开始的研究被认为是归纳的建立理论的研究（inductive theory building study）。

检验假设的研究遵循图 2-1 右半部分的流程。首先，通过逻辑演绎的方法，理论被转变成假设，假设是对研究问题的暂时性回答，它们包括可测量的构念，而不是测量指标本身。例如，Westphal （1999）对 CEO 与董事会的社会关系对公司绩效的影响感兴趣。与这个研究问题相关的理论有两个：一是代理理论；二是社会资本理论。基于代理理论，Westphal 假设社会关系降低了董事会的监督职能；基于社会资本理论，他假设这样的社会关系增强了董事会的建议职能。他也假设两个职能都与公司绩效正相关。

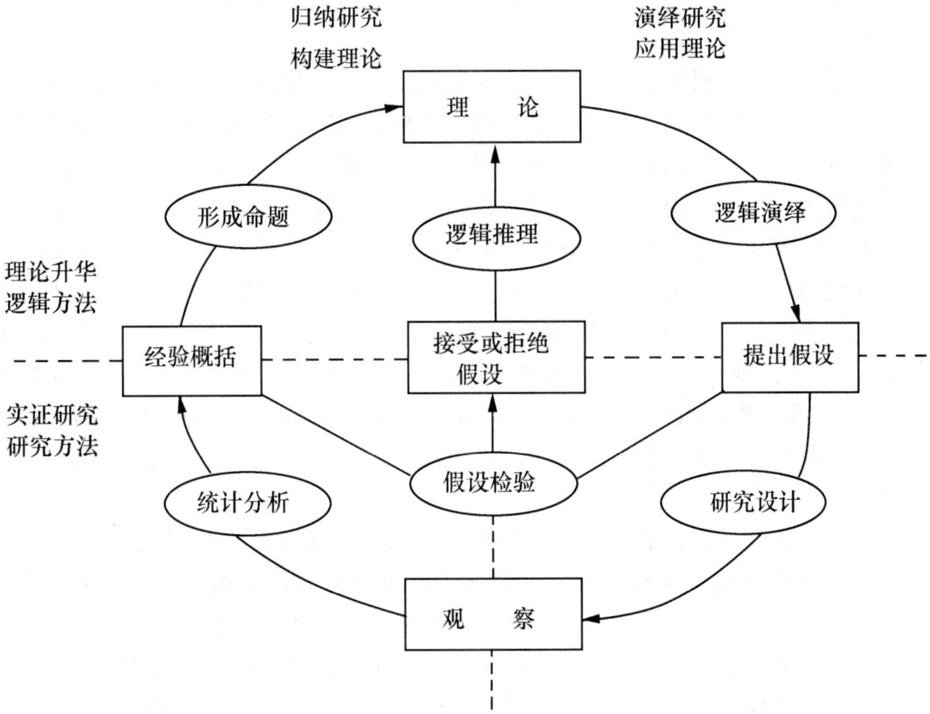

图 2-1 科学过程的要素

接下来，假设将指导研究设计，这部分工作主要包括确定研究要求的数据或观察资料、用于数据收集的工具、记录数据的量表以及检验假设的适当的样本。这样做以后，假设被转化成观察。我们还是以 Westphal （1999）的研究为例。他的研究要求他收集关于董事会的监督职能和建议职能的数据、CEO 和董事会的关系以及公司绩效的数据。虽然战略管理领域的一些研究常常使用二手数据库，如：COMPUSTAT， 而 Westphal 也的确使用了这样的二手数据来测量 CEO 与董事会关系和公司绩效，但他同时也使用调查问卷作为数据收集的方法之一，因为董事会职能在现有的数据库中无法得到。由于他的研究问题与所有有董事会的上市公司都有关，他从美国工业和服务业公司的福布斯 1000 指数中选择随机样本。

接下来，通过测量、样本归纳、参数估计，观察被转换成实证概括。在

Westphal（1999）的研究中，基于收集到的数据，他提供了描述性的归纳，如平均数、标准偏差和相关系数。然后，他对这些数据进行回归分析，并且为他所假设的每一组关系进行参数估计。通过估计符号和参数的大小，他能将观察转化成实证的概括。

最后，检验假设的一致性，做出接受或拒绝假设的决策，这就是通过逻辑推断对理论进行实证、修改或反对的过程。Westphal（1999）使用从前面的步骤中得到的估计参数来检验假设。的确，他发现参数是统计显著的，而且，参数的符号与假设一致。因此，他的假设得到支持，代理理论和社会资本理论都得到证实。

通过观察资料的收集，从理论开始来证实或拒绝假设的过程被称为演绎的方法。演绎研究的结果是证实或拒绝一组构念之间的假设关系。这些结果被用来改进理论，如果调查不能完全回答提出的问题，可以建议更多的研究。

研究也可以从观察开始，以理论结束。当研究者不能找到或形成一种理论来解释疑难或研究问题时，这类研究是合适的。这时研究者是在从事归纳的建立理论的研究。它可以形成理论和命题，这些理论和命题对困惑或问题提供可能的解释或回答。这个过程遵循图 2-1 的左半部分的流程。由于从现有的理论中找不到解释，建立理论的研究从观察开始。例如，Corley 和 Gioia（2004）开始探索组织身份改变（organizational identity change）的时候，对于这个主题只有概念上的认识。因此，他们使用一个组织的分拆过程的案例研究来探索该主题。

接下来就是通过测量、样本归纳、参数估计来收集观察资料、进行分析，并且将其转换成实证概括。第一眼看来，该过程同样应用在假设检验研究当中。但是，在假设检验研究当中，数据分析通常使用定量统计方法，并且实证概括被用来检验假设，导致假设被接受或被拒绝。在理论建立研究当中，数据分析使用定性分析技术，例如内容分析。在 Corley 和 Gioia（2004）的研究当中，他们对访谈数据和公司文件进行了内容分析，产生了实证概括中的一阶编码和二阶编码。

最后，实证概括通过形成概念、形成命题和命题排列转换成理论。从生产的编码中，Corley 和 Gioia（2004）形成了抽象的构念，并且建立了解释组织身份改变过程的过程模型。基于该模型，他们提出了用于未来实证检验的命题。

这个过程就是归纳法。归纳研究结果是解释疑难的具有洞察力的理论观点，并形成新的暂定的真理。研究者对最初提出的研究问题的可能回答往往是新的构念和新的命题。新的理论能在未来用于解决相似的或相关的问题。

检验假设的数据收集方法包括调查问卷（邮件、网络、电话或访谈）实验（大环境下）、准实验（组织中）以及二手数据（财务、生产和人事记录）。归纳法通常涉及定性数据，如访谈、参与性或非参与性的观察、现有文件的分析。案例研究方法包括这些方法的结合。

如图 2-1 所示，我们发现归纳法位于循环的左边，演绎法位于循环的右边。循环的上半部分指逻辑的方法，或称其为通过归纳和演绎逻辑实现理论化的过程。下半部分指实证方法，或称其为在研究方法的帮助下从事研究。

四、分类

概念的构成包括内涵和外延两方面。内涵指概念所反映事物的特有属性，定义就是界定概念的内涵。外延指具有概念所指特有属性的事物，分类则是辨明概念外延的逻辑方法。科学研究中对关键概念既要赋予清晰的定义，同时也离不开对概念外延的探讨，探讨外延是研究深入的途径和标志。

从分类规则来看，往往能发现层次不清或分类依据不一或相互混淆等毛病。而分类规则是分类过程必须遵守的基本规则，也是检查某项分类是否正确的规则。

分类规则主要有四种。

1. 完备性

划分出来的种的总和，应当等于属概念的外延。这就是说，任何一个隶归于“属”类的项目都属于一个“种”项，而种项之和应系“属”的完备集合，不能让有些属于“属”项之事物被遗漏，违反这条规则的错误叫子项不完备错误。例如，把海分为陆缘海、陆间海和岛间海，既没有超出海的外延又包括了海的所有可能的种。这就是说，陆缘海、陆间海和岛间海已将“海”的概念外延概括无遗。分类所设置的项目必须足以穷尽所分对象，如果图书馆藏的哲学书有西洋、印度和中国的哲学，便需将哲学书分为三类。在生物学中，如果发现新种，原有的分类不足以涵盖它，便需要创一新种，这就是为了满足分类必须完备之要求。

2. 准则唯一性

每一层次的分类只应有一个分类准则。例如，我们要对人类分类，可依其肤色来分，如果高兴的话，也不妨依其高矮来分。但是，每一种分类，在同一层次上只可用一个准则，如果采用两个以上的准则，那么便形成跨越分类。跨越分类，为科学研究工作的一大忌。我们对人进行分类时，如果按肤色分，又同时按高矮分，那么便分出“高白种人”、“矮白种人”、“高黑种人”、“矮黑种人”等，这就不合适。

3. 种的独立性

根据种差划分出来的各个种项应互不相容或称全异关系。如果任何一个被分类的对象既属于一个种项又属于另一个种项，便会引起混乱。违反了这条分类规则的错误，叫做子项相容错误。如果被分类对象之间相关，并非独立，也是一种相容错误。例如，不能将白菜和蔬菜分为一类。

4. 分类中不得跳跃逻辑等级

此规则虽非绝对必要，但违背它会使分类丧失其严谨性和直观性。分类层次不一致的情况下，容许一部分进行到下个层次，而另一部分不再分下去，但不能把不同层次的分类压缩到一个层次。

第三节 管理研究的过程

研究常被认为是一个过程，即一组在一段时间内逐步进行的活动。之所以这么认为是因为研究花费时间且需要思考。认知是逐步获得的，随着时间的推移还会不断得到修正和改变。图 2-2 描述了典型的管理研究过程或循环。

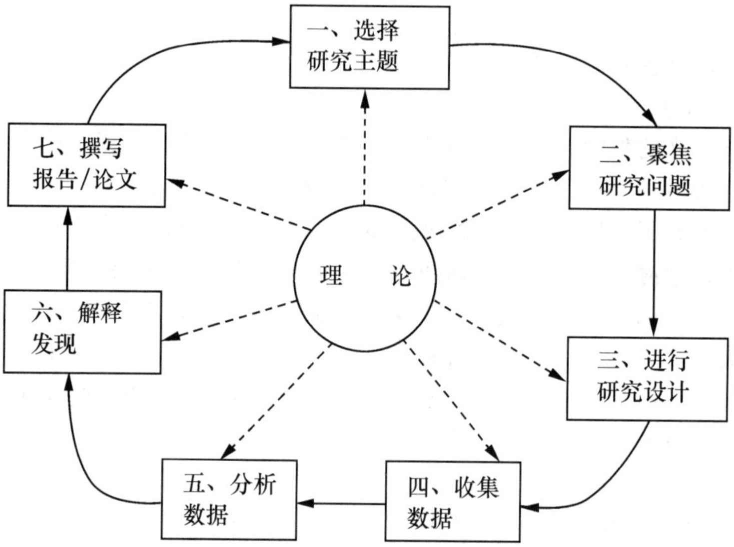

图 2-2 管理研究过程

一、选择研究主题

管理研究的过程开始于研究者选择一个研究主题，即被研究的现象或论题。例如，我们可能对企业如何组织自己的活动、如何开展研发或企业如何进入国际市场感兴趣。选择研究主题有两个原则：一是重要性，即选择的主题要值得研究，具有实践和理论意义；二是创新性，即我们要能够在所选择的主题上有所贡献和创新。研究主题不是要研究的问题，它通常比要研究的问题更广泛，也更具一般性，比如，“什么组织结构是最有效的?”就是一个研究主题而不是一个要研究的问题。研究主题的确定主要取决于研究者的研究方向和兴趣。

二、聚焦研究问题

从一般的研究主题转到要研究的问题时，一个更具体的问题就产生了。例如，你可能会问（在查阅了有关文献之后）：“采用层级结构的公司其创新能力比那些采用有机组织结构的公司小吗？”由此可见，要研究的问题是一个需要回答的问题。当我们明确了想知道什么，它们与现有知识是怎样联系的，我们就有了明确的要研究的问题。

研究问题的来源包括：

（1）个人的观察和深度思考；

（2）个人对研究的专注热情；

（3）阅读文献；

（4）与他人交流。

聚焦研究问题一般包括以下几个方面的内容：

1. 确定分析单位

聚焦研究问题的第一步是确定分析单位。确定分析单位实际上是为研究划分一定范畴。管理研究的分析单位可以是个体、群体、组织、社区等。个体（individual）是社会经济活动的基本单位。作为企业管理研究分析单位的个体，包括企业内部的高层管理者、中层管理者和普通员工、企业外部的消费者、商品和服务供应者、竞争企业的管理者及员工、政府官员、中介组织人员等。群体（group）指按照一定联系方式结合在一起的人群，或者指具有一定共同特征的个人的集合。例如，在企业内部，中层管理者群体、技术人员群体、青年职工群体、单身职工群体等都可以作为分析单位。组织（organization）指具有共同目标和正式分工的群体，企业、学校、政府机构、社会团体都是研究意义上的组织。组织特征包括组织规模、组织方式、管理方式、组织行为、组织规范等。社区（community）指按地理区域划分的社会经济单位，如乡村、城镇、城市，乃至任何一级行政区域或经济区域。对社区不仅要关注其人口、社会、政治、经济、法律、科技、文教等方面，还要关注其地理、环境、自然资源等条件。由于企业总是存在于一定的社区之中，并与该社区和其它社区打交道，因此必须把社区列入企业研究的视线内。

2. 问题辨析

问题辨析是对分析单位要素的细化，以便确定研究主题和假设。从选题逻辑上看，对分析单位的研究无非有下列几种：①某分析单位（不）具有某属性特征；②甲分析单位与乙分析单位在特定属性上（不）存在差异，或者说甲分析单位的某属性强（弱）于乙分析单位的同一属性；③某分析单位的甲属性与乙属性（不）存在关联；④某分析单位的甲属性是乙属性变化的原因。这些认识的规范表述就是假设的提出。

在问题辨析时要对分析单位有明确的界定，并且将之贯彻到整个论文写作过程中。切忌在写作中发生分析单位的错位，如由个人扩大到群体、组织，或者由某群体、组织横跨到其它群体、组织。此外，研究群体、组织和社团时采集数据可以取自个人，汇总后计算出特征数量，此时需要注意这些数量只用于描述群体、组织和社区的分布特征，不要拿它们去描述个人的特征。例如，一个服务产品概念在高收入阶层占比例较大的某市 A 小区得到了比中低收入阶层占绝对比重的城市 B 小区更强的认同，不能简单得出结论，说高收入阶层比中低收入阶层更认同该服务产品概念，因为分析单位是 A 区和 B 区，而非高收入阶层和中低收入阶层，因为认同程度的不同可能是由收入水平引起的，也可能是其它因素引起的，如由本地传统居民与外来居民不同文化背景引起的。

3. 文献回顾

任何研究问题的提出和辨析都要以一定的文献回顾为基础。同生活中的其它领域一样，在我们尝试自行解答一个问题之前，最好先找出别人已经知道了什么。文献回顾基于以下两个假设：知识是累计起来的，以及我们从他人的成果中学习并在他人的成果基础上建立起我们自己的研究。科学研究是许许多多相互分享研究成果的研究者，以共同体的力量追求知识的集体努力。

文献回顾随其广度和深度而有所不同。不同类型的回顾有不同的目标，着重于满足文献回顾的四个目标之一：

(1) 说明对某一知识体系熟悉的程度，并且建立研究者对该研究领域的信用。一篇文献回顾可告诉读者，研究者了解某个领域中的研究，并知道哪些是主要的议题。一篇好的文献回顾能够增加读者对研究者专业能力和背景的信任。

(2) 呈现前人研究的路线，以及目前的研究与前人研究有何关系。一篇文献回顾提纲挈领地告诉读者有关某个问题研究的发展方向，并呈现出知识的发展过程。一篇好的文献回顾会列出研究计划的学术情境，说明其与某个知识体系的相关性。

(3) 整合并概括某个领域内已知的事物。一篇文献回顾会汇聚各种不同的研究结果，并进行综合分析。一篇好的文献回顾，要指出前人研究中赞同或反对什么，以及还有哪些问题尚待解决。研究者收集到目前已知的内容，指出未来研究发展的方向。

(4) 向他人学习并刺激新想法的产生。一篇文献回顾告诉读者其他学者已经发现的事物，这样研究者便可以从他人的研究中获益。一篇好的文献回顾指出目前研究的误区，并提出重新研究的建议和假设，指出值得仿效的程序、技术和研究设计，以便研究者能更好地聚焦假设，并获得新的启发。

文献回顾的方式和方法很多，概括起来，有以下六种：

(1) 研究回顾：增加读者的信心。

(2) 背景回顾：把某项特定的研究放在较大的范围来看。

(3) 历史回顾：追溯某个议题历年来的发展。

(4) 理论回顾：比较不同理论如何探讨某项议题。

(5) 整合性回顾：概述在某个时点上对某个议题的了解。

(6) 方法论回顾：指出各项研究在方法论上有何不同之处。

4. 提出研究假设

聚焦研究问题的最终目标是提出相关的研究假设。提出假设要充分考虑到以下四个方面的要求：

(1) 假设以现有理论为基础。假设应该是现有理论的扩展或继续。不可能离开现有理论的支持去孤立地研究某项假设。

(2) 假设绝不是纯主观的猜测或任意的虚拟，它必须以一定的客观事实为依据，而不能与已知的客观事实相矛盾。

(3) 假设需要明确地表述变量之间的关系，这包括清晰地界定自变量、因变量，明确因变量与自变量之间的关系。提出假设忌讳使用界定不清或含糊、歧义的语言。

(4) 假设必须是可以验证的。即假设必须可以被实践证实或证伪，而不能是一个无法被实践检验的虚幻的设想或说明。在提出假设时，对于变量的测度、数据的采集和分析方法与技术都应该是事先有底的。在方法和技术上不能验证的假设对于研究没有意义。

研究假设一般是多层次的。从选题逻辑上看对分析单位的核心研究构成假设，这个假设是最高层次的假设。为了支持这个假设，往往需要对若干较为具体的假设进行论证；而一些较低层次的假设还需要更低一层的假设来支持。这一系列多层次的假设就构成了假设树。较低层次的假设设计的内容较为具体，也更有利于直接进行观测、验证，因而也有可能取得新发现。构建假设树的过程，就是研究由主题步步深入，向可观测、验证的思想和素材逼近的过程，也就是创新点的“搜索”和“挖掘”过程。假设树，不仅要完整地存在于研究者的大脑里，也需要明示在论文的前导部分，以利于读者对研究思路的明确把握。

三、进行研究设计

研究设计主要包括变量设计和抽样方法选择两个方面。

1. 变量设计

在使用理论解释一个令人困惑的现象时（如实证检验一个理论），我们将构念转换成变量。变量是以一定尺度变化来反映构念的指标。例如，两类变量或指标能用于测量“承诺”这一构念。一个是“心理指标”，如“员工想继续留在组织中的程度”（从 1 到 7 变化的态度量表，1 表示弱，7 表示非常强烈）；另一个是“行为指标”，如“缺勤总次数”，次数越小，员工对组织的承诺越强。对构念的测量和变量化，是管理研究中最重要也最有挑战性的工作之一。

实证模型中一般包含三类变量：自变量、因变量和控制变量。自变量，也叫解释变量，是因变量的假定的原因；因变量也叫被解释变量。自变量是先行变量，因变量是结果变量。自变量影响因变量或者使因变量发生改变。控制变量对因变量有影响但其影响需要被消除。理论上，自变量和控制变量都是因变量的先行变量。自变量是我们所关心的变量，而控制变量是我们不想要但不能完全消除的先行变量。

2. 抽样

样本质量决定了研究结论的适用性或可推性（generalizability），样本选择是研究工作中很重要的环节，花费许多精力和时间从事一项研究，如果得出的结论适用范围很小，没有“共性”，则是一种浪费，设想研究工作结果只适用于此时、此地，其他人不能用于彼时、彼地，新知识将无法产生。

样本的最主要特点是它的代表性，即代表总体特性的程度，不同的抽样方法会有不同程度的总体代表性。科学研究和管理研究中常由于操作困难（即可行性问题）而不得不降低对代表性的要求，如医药研究中，用动物代替人作为样本，管理研究中也有类似问题。

无论采用何种抽样方法，抽样基本步骤如下：

（1）界定总体：研究总体的界定指确定基本构成单位及其时空范围，亦即确定调查对象的内涵、外延及数量。

（2）确定样本规模：包括确定样本所含个体数目和选择样本的具体方法。

（3）抽样：抽样常用方法有四种：随机抽样、分层随机抽样、聚类抽样和系统抽样。

四、收集数据

根据研究设计，我们确定收集哪些数据以及如何收集这些数据。按照数据的来源和它们与研究者的关系，分为一手数据和二手数据。

一手数据一般具有以下几个特征：

（1）数据由研究者训练和委托的研究助理（或者机构）直接收集；

（2）数据直接用于研究者自己的研究项目；

（3）在数据收集过程中研究者常与研究对象发生直接接触。

一手数据的收集方法包括问卷法、访谈法、实验法、实地调查等。

与一手数据相对应，二手数据则一般具有如下特征：

（1）原始数据是他人（或机构）收集的；

（2）原始数据的收集是为了其它目的；

（3）研究者在使用二手数据时，通常不与研究对象发生直接接触。

例如，我们常见的上市公司数据、专利数据、工业企业普查数据、世界银行提供的国家和城市年鉴数据等，都属于具有上述特征的二手数据。

五、分析数据

对数据的分析主要围绕前面的假设展开，即数据分析的核心内容是检验研究假设。

1. 数据处理

数据分析的第一步是数据处理。数据处理是将原始观测数据转换成清晰、规范的数字、代码，供后续定量分析使用。例如问卷法，原始数据为答案中的“√”或“○”等符号，数据处理主要是编码和分类，将这些符号和答案内容转换为代码，然后归类。数据处理完毕后，所有待分析的数据都要有条不紊地存储在计算机内。每个变量的各种属性都由不同代码表示，一个变量的所有数据都存在于一个文件中，编制一份代码本记录各个变量的文件名称及属性代码。

数据分析是从实际观测数据中发现变量的特征、变化规则以及变量之间关联的过程。统计技术是管理研究中被普遍采用的数据分析方法。统计技术应用在数据分析中有两个目的：描述和推断。相应地，数据分析内容包括描述统计和推断统计。描述统计寻求一种对众多观测数据简明的数学表达方式，而推断统计则是在描述统计的基础上检验研究假设。

2. 描述统计

描述统计用数学语言表述一组样本的特征或者样本各变量间关联的特征，用来概括和解释样本数据。众多观测数据的含义往往不能从单个的观测数据中显现出来，描述统计则将众多数据融合为一体，对这些数据集合形成新的认识。比如，问一位大学生学习成绩如何，他可以回答每门课程考试成绩是多少，一旦课程门数增加，如在十门以上，各门课程有不同成绩，询问者就很难得出这位大学生成绩的总体印象，描述统计就是要找出一种简便的方法，对十几门课程的成绩给出总体评价。

描述统计在寻求数据集合含义的同时，却不可避免地带来缺点，如忽略了个体数据的含义。比如，这位大学生十几门课程的平均成绩为 78 分，可以标志其学习成绩的总水平为“良”，但此平均成绩却不可能反映出某门课程的成绩特别好，如 95 分，或某门课程特别差。不过，这并不影响描述统计的价值。为了弥补信息缺失，可以从不同视角进行描述统计。如所在班级平均成绩的排名，按课程成绩排名等。综合不同视角的描述统计便可得出这位大学生成绩较全面的图像。

3. 统计推断

管理研究和社会科学研究绝大部分都采用样本研究，从较大的研究对象总体中抽样收集数据。访谈法中挑选有代表性的人员交谈，问卷法寄发有限的问卷，文本分析法分析若干报纸的文章等，都是通过抽样进行研究。然而研究者不是为了研究样本而研究样本，不会局限于精确地描述样本本身，最终目的是要通过样本判断样本所在的总体的特性，将样本研究中的发现作为推论总体的基础，从样本研究中找到的特性如前所述的聚中、异中和关联的指标，是否真正能代表研究者最终关心的研究总体的特性，这是统计推断所关注和力图解决的问题。

简而言之，统计推断是一套有清晰逻辑程序的统计计算，对于从样本观测值得出的发现，做出是否适用于总体的判断。发现亦即研究的结果，这些结果不外乎以下几方面的内容：

(1) 假设中的自变量和因变量之间有无关联?
(2) 这种关联的趋向和形式如何?
(3) 这种关联的强度如何?
(4) 这种关联从统计意义来说是否称得上显著?
(5) 这种关联是否是因果关系?

自变量的属性值变化引起因变量的属性值发生变化，说明两变量间存在相关。例如发现一种现象，某个企业的职工年龄越大，请事假或旷工的次数越少，这就表明“年龄”和“出勤率”这两个变量相关。一旦确定两者相关以后，相关的趋向和形式便成为研究者关心的问题。趋向指正相关或负相关，本例中年龄大则出勤率高，为正相关。完全可能存在另一种相关，年龄大，出勤率低，成为负相关。两种结果性质就不一样。相关形式指出勤率是随年龄这个自变量线性增长，还是对数或指数等其它增长形式。关联强度的判断则是指观测值中有多大比例的因变量属性变化值可从自变量的属性值来解释。如果只有很少的观测值表现出这种关联，便称为弱关联；绝大部分都显示出来，则是强关联。然而，何种程度算强，何种程度算弱，不是靠主观判断，而要用统计语言来推断。

研究者从观测数据中发现的关联有可能是偶然发生的随机现象，用样本所显示的这种关联来描述总体便不精确，统计技术用统计显著性来检验所观测到的关联是随机性的还是系统性的原因。如果处理的是样本数据，则要计算目标总体不出现样本所显示的关联的概率，如果此概率表明总体存在此关联的可信度太低，则样本观测结果的重要性便要打折扣。即使处理的是非样本数据，也存在统计显著性问题，因为所显示的观测结果也可能是由于随机性的因素而产生。

自变量和因变量之间存在关联并非表明自变量就是因，因变量就是果，这涉及许多因素和主观判断。推断统计虽涉及因果辨析问题，但难以做出明确判断，因果辨析一般属于实证研究之后机理分析的内容。

可见，数据分析的内容主要围绕变量间关联的存在性、趋向和形式、强度和统计显著性四个方面。描述统计已涉及存在性、趋向和形式的内容，推断统计则主要回答统计显著性问题。

六、解释发现

我们需要从数据分析的结果中得出结论，并解释这些发现的理论和现实意义。结果和结论不同，结果描述的是数据处理和分析的结果，并与研究假设进行比较。尽管分析结果是围绕研究者的假设展开的，但对结果的描述要避免主观的讨论，要摆事实、数据和论据，强调论证过程的客观和科学性。而结论不同，它是研究者对研究结果的看法和讨论。同样的研究结果，不同的研究者可能引申出不同的结论。

如何从研究结果中得出研究结论，这是决定研究成败和水平高低的重要一环。一般来说，好的研究结论首先在逻辑上与前面的研究假设和研究结果是相连的，研究结果对研究假设的接受（或拒绝）是得出研究结论的前提和基础，不能随意发挥。其次，要说明研究成果的理论和实践意义。理论意义强调对现有理论的贡献和创新，而实践意义则强调对管理实践的指导和启发意义。最后，研究结论的得出要与前面的文献回顾呼应，强调对现有文献的贡献，同时对进一步的研究做出展望。

七、撰写报告/论文

最后，我们要将研究成果撰写为学术报告或论文，并选择适当的方式发表和公布于众。在撰写研究报告/论文前，我们应该考虑其目的和阅读对象。研究论文一般包括摘要、引言、文献综述、理论与假设、研究方法、数据处理及结果、结论等。不同的期刊和机构对于研究报告/论文格式的要求可能有所不同，研究者要根据自己研究成果的去向遵循具体的要求。

本章提要

★凡是科学的理论，都一定有被事实推翻的可能性，但却没有被事实推翻。也就是说，科学的理论一定是可以被证伪的。

★与其它科学研究不同的是，管理研究受研究对象的主观性和所处的管理情境的制约和影响，这使得逻辑思维受阻，导致科学研究在管理学科中应用的局限性。

★按照论证的途径，管理研究可分为两大类：理论研究和实证研究。另外一种分类方法是将研究分为定量研究和定性研究。

★研究者根据研究需要将构建出的更为一般的概念称为构念。

★假设亦称假说，它是对未知的客观事物所作的尚未经过实践检验的假定性设想或说明。命题是人们对观察资料经过思考做出判断的结果。理论是一组结构化的概念、定义和命题，用来解释和预测现实世界的现象。

★管理研究过程包括以下步骤：选择研究主题、聚焦研究问题、进行研究设计、收集数据、分析数据、解释发现、撰写报告/论文。

本章思考题

1. 为什么不可能错的理论不是科学的理论？
2. 什么是构念？
3. 管理研究过程包括哪几个步骤？

本章案例

阅读下列文献，写出文献阅读笔记（三篇选一）：

[1] Westphal J. D. Collaboration in the Boardroom: Behavioral and Performance Consequences of Ceo-Board Social Ties [J]. The Academy of Management Journal, 1999, 42(1): 7-24.

[2] Corley K. G., Gioia D. A. Identity Ambiguity and Change in the Wake of a Corporate Spin-Off[J]. Administrative Science Quarterly, 2004, 49 (2): 173-208.

[3] 孙锐，王乃静，石金涛. 中国背景下不同类型企业组织创新气氛差异实证研究[J]. 南开管理评论，2008，11(2)：42-49.

阅读笔记的具体内容包括：

1. 研究主题：本文主要研究什么问题，用 1~3 句话概括即可。

2. 研究假设：本文提出了哪些研究假设？对每个假设以及各假设之间可能的关系进行说明。

3. 研究方法：本文提出了哪些构念（construct）？这些构念是如何测量的？有哪些变量？数据是怎么来的？采用了何种数据处理方法？

4. 研究发现：本文的主要结论及其意义是什么？

此外，请思考如下问题：

1. 本文包含了哪些管理研究的基本要素？

2. 请试着还原并描述本文的研究过程。

（说明：上述文献请到 JSTOR 数据库或“中国期刊网”下载。）

第三章　管理思想发展史

学习目标

1. 了解管理理论产生和发展的主要历程。

2. 掌握科学管理理论、管理过程理论、行政组织理论及人际关系学说的主要思想及其代表人物。

3. 掌握管理丛林时期的各个代表理论及现代管理理论的新发展。

4. 用有关理论解释并初步处理管理实际问题。

管理，是人类走向文明的伴生物，管理实践和人类社会发展的历史一样悠久，自从有了人类历史就有了管理。因为人是社会动物，人们所从事的生产活动和社会活动都是集体进行的，要组织和协调集体活动就需要管理。

人类社会的发展历史反映了生产力发展的历史。人类管理思想的演进始终和人对自然的认识水平、对工具的使用水平以及生产方式的组织水平结合在一起，这三个方面中任何一方的巨大进步，都会使管理思想得到重大发展，而管理思想的每一次发展，又会极大地促进生产力发展，并使之成为人类社会发展的基本动力之一。

因而，回顾管理学的形成与发展，了解管理先驱对管理理论和实践所做的贡献，以及管理活动的演变和历史，这对每个学习管理学的人来说都是必要的。

第一节　早期管理思想

人类社会形成以后，在面对最原始的来自自然界的各种环境的生存压力时，在各种活动中产生了“群体”的概念，他们发现群体联盟要比个人单枪匹马更易于生存,于是,组织便自然而然地产生了。而自从有了有组织的活动,就产生了管理活动。通过对一定环境下管理活动的开展,管理经验的积累总结,便形成了早期较零散的一些管理思想。

一、中国早期管理思想

中国是世界上历史最悠久的四大文明古国之一,在其各个历史发展时期,都蕴涵着丰富的管理思想。有些管理思想是先于西方几千年提出的,有些管理思想至今还具有借鉴意义。

1. 治国思想

追溯至公元前200多年,秦朝就形成了与现代中国国土相近的统一国家,在以后两千多年的漫长历史长河中,中国经历了数百次的改朝换代,历史统治者都对辽阔的国土和众多的人口进行了有效的控制与管理,许多思想已成为管理国家的准则,如“行仁德之政”、“令顺民心”、“从民所欲,去民所恶习”等。

2. 富有辩证法思想的“经权观”管理思想

我国古代管理思想普遍贯穿着经权观,“经”指“变中不易的常理”,即管理中普遍的稳定的原则,“权”指“应变的权宜”,即根据时空和势态变化而不断改变着的方法和策略。这种经权观要求“执经达权”,即根据普遍的管理原则和事物运动的客观规律来选择和确定合适的管理策略和方法,最后达到管理目标;同时要求“通权达变”,即根据不断变化的情势而随时调整自己的管理方式,“穷则变,变则通,通则久”,德治礼治的恒久之道正是由于不断的变通才得以持久、得以实现的。

3. 《孙子兵法》

我国古代的军事典籍中蕴藏着大量的战略管理思想,这已成为今天军事乃至企业经营战略管理的重要思想宝藏。在《孙子兵法》中,孙子着重指出了战略谋划的重要性。他强调事前必须周密分析条件,充分考虑“道”、“天”、“地”、“将”、“法”这“五事”,做到“凡此五者,将莫不闻,知之者胜,不知者不胜”。在“五事”的基础上,还要探求和对比敌我双方的强弱优劣,称为“七计”。这里所说的“道”,就相当于我们现在的管理目标,“天”和“地”相当于时机和环境,“将”指有能力的管理者,“法”则相当于制度、纪律、组织。“法”即是经营学中的经营管理能力。这些思想堪称人类智慧的结晶,对今天的各项管理工作都有着重要的参考价值。

4. “天人合一”的整体和谐观管理思想

古代管理思想是以整体和谐观为基础的,也就是把管理作为一个统一的整体的过程,促使社会与自然、管理系统与外部环境以及管理组织内各种组成之间达到最佳和谐,把管理的各个要素和功能组成一个统一的有序结构。

我国古代管理思想的灵魂是和谐观。它以追求管理系统的协调、和谐、稳定为目标,在生产管理上实现“天人合一”;在社会管理上实现“天下一家”;

在人事管理上实现“知行合一”和“情理合一”。和谐观使管理不仅表现为一种科学的理性操作，更是一种人们所创造的理想境界。管理的最高境界是“无为而治”，一个组织中的成员都能自发地按照规范和要求办事，自觉地发挥自己的力量，维护组织的宗旨和荣誉，这就是孔子所说的“从心”，孟子所说的“天时不如地利，地利不如人和”。

二、外国早期管理思想

1. 早期的管理实践

西方文化起源于希腊、罗马、埃及、巴比伦等文明古国，他们在公元前6世纪左右就建立了高度发达的奴隶制国家，在文化、艺术、哲学、数学、物理学、天文学、建筑等方面都对人类做出了辉煌的贡献。埃及金字塔、罗马水道、巴比伦空中花园等伟大的古代建筑工程堪与中国的长城并列为世界奇观。这些古国在国家管理、生产管理、军事、法律等方面也都曾有过许多光辉的实践。

但在这一阶段，人们并没有很好地对管理实践进行系统的研究和规律性的总结。真正关注并较好地研究有关管理的活动，起源于18世纪英国的工业革命。18世纪下半叶的工业革命导致了机器取代人力，加速了资本的快速积累和企业规模的日益扩大，而企业组织的发展导致了对效率与效益的关注、技术与工具的需求等，这也促使了对管理的研究。其中，对后期管理理论的形成与研究有较大影响的代表性人物有詹姆斯·斯图亚特、亚当·斯密、罗伯特·欧文和查尔斯·巴贝奇。

2. 早期的管理思想及其代表人物

(1) 詹姆斯·斯图亚特

分工是生产和工厂制度的一个主要支柱。最早研究分工的是詹姆斯·斯图亚特爵士（1712—1780）。斯图亚特是英国重商主义后期的重要代表人物，他在1767年出版的代表作《政治经济原理研究》中，阐述了货币流通的一般规律，主张国家全面干预经济生活，并先于亚当·斯密提出劳动分工的概念，论述了工人由于重复操作而获得灵巧性，指出了工作研究方法和刺激工资的实质。同时，他还指出了管理人员和工人之间的分工问题，并指出机器代替工人的劳动不会使工人失业，反而会有更多的就业机会。

(2) 亚当·斯密

亚当·斯密（1723—1790）是英国古典的经济学体系的建立者，他最主要的代表作《国民财富的性质和原因的研究》（也称《国富论》）于1776年出版，该书的问世，标志着资本主义商品经济理论体系的构筑完成。全书以资本主义财富为中心，对资本主义的商品经济做了全面而系统的分析，并且还涉及许多关于管理思想的论述，其中最具深远影响的是他的劳动分工理论和“经济人”观点。

①分工问题

亚当·斯密特别强调分工带来的经济利益，他认为分工在管理上对于提高劳动生产率有三个好处：一是分工可以使劳动者的技术熟练程度很快地提高；二是分工可以使每个人专门从事某种作业，可以减少从一项工种转到另一项工种所失去的时间；三是分工可以使专门从事某项作业的劳动者经常改革劳动工具和发明机器。

亚当·斯密所讲的分工有两种：一种是按产品分工，即专业分工；另一种是按工种分工，即职业分工。他同时提出生产合理化这一重要的管理概念，并且指出，劳动是国民财富的源泉，而提高劳动者的素质是国民财富增长的根本。

②“经济人”观点

亚当·斯密认为，经济现象是具有利己主义的人们的活动所产生的，如果能够刺激他们的利己心，使之有利于他人，要达到目的就容易得多了。“请给予我所需要的东西吧，同时你也可以得到你所需要的东西。”这种“经济人”的观点，正是资本主义生产关系的反映，它对于资本主义管理的实践和理论的发展有着突出的意义。

(3) 罗伯特·欧文

罗伯特·欧文（1771—1858）是19世纪初英国著名的空想社会主义者，同时也是一位成功的企业家。他通过一系列实验，提出在生产中要重视人，要缩短工人的工作时间，提高工人工资，改善工人住房和生产条件，认为重视人的作用和尊重人的地位可以使工厂获得更多的利润。欧文开创了在企业中重视人的地位和作用的先河，因此有人称他为“人事管理之父”。

(4) 查尔斯·巴贝奇

查尔斯·巴贝奇（1792—1871）是英国的一位天才数学家、发明家和科学管理的先驱者。他在1837年出版的《论机器和制造业的节约》一书中，对劳动分工的好处和主管人员对设备、物质、人力使用上的具体管理技术等都进行了较为全面的论述。此外，他还提出了通过建立一种利润分享制度，来正确处理工厂主与工人间的利益分配问题，使工人除固定工资外，还可以得到企业利润奖金与合理化建议奖金，从而建立起劳资双方的和谐关系。

这些先哲们的思想源于当时特定的历史条件，虽然这些管理思想还不系统、不全面，没有形成专门的管理理论和学派，但是对促进生产及为后来的管理学理论的形成奠定了坚实的基础。

第二节　古典管理理论

早期管理思想实际上是管理理论的萌芽，管理理论比较系统的建立是在19世纪末20世纪初，这个阶段所形成的管理理论称为“古典管理理论”，它可以分为科学管理理论和组织管理理论。其主要理论成就有：1. 美国泰罗等人以研究工厂内部生产管理为重点，以提高生产效率为中心，提出了生产组织方法科学化和生产程序标准化方面的科学管理理论；2. 法国的法约尔等人以企业整体为对象，以组织管理为核心，提出了关于管理职能和管理原则的一般管理理论；3. 德国的韦伯等人以组织结构为对象提出了行政组织理论。

一、科学管理理论

19 世纪末期，产业革命的产生和扩散导致了社会生产力的迅速提高，随之而来的不仅是机器大工业的产生和普及，更重要的是一大批产业工人的出现。由于工业的快速发展，企业的生产和销售规模越来越大，市场迅速扩张，竞争日益加剧，使得企业管理工作日益复杂，对管理的要求越来越高。而之前的工厂管理，是建立在经验和主观臆断基础上的，不仅管理凭工厂主个人的经验，而且生产方法、工艺制订以及人员培训也都是凭个人经验进行的。工厂主为了赚取更多的利润采用的手段不外乎延长绝对劳动时间或增加劳动强度。随着工人阶级的成长壮大，工厂主的这些做法激起了工人们越来越强烈的反抗，劳资双方矛盾加剧，工人们要求缩短工作时间、降低劳动强度、增加工资的呼声越来越高。这就迫使工厂主不得不放弃单靠延长劳动时间、增大劳动强度来提高利润的做法，进而考虑如何提高劳动生产率和管理水平以促进生产发展的问题。这些都迫切需要一套系统的管理理论和科学的管理方法与之适应。尽管早期的管理思想有其科学的一面，但毕竟比较零散，没有系统化，工厂主不可能完全认识到怎样进行管理才能既解决劳资关系问题，又不减少所获取的剩余价值，以增强自己的竞争力。因此，如何改进工厂和车间的管理成了迫切需要解决的问题。当时许多工程师和管理实践家都在进行这方面的探索。美国的弗雷德里克·温斯特·泰罗是其中最有成就的人物之一，后人将他尊称为“科学管理之父”。

1. 泰罗其人

弗雷德里克·温斯特·泰罗（Frederick W. Taylor，1856—1915）出生于美国费城的一个富有的律师家庭，中学毕业后考上哈佛大学法律系，但不幸因眼疾而被迫辍学。1875 年，泰罗进入费城的一家机械厂当学徒。1878 年学徒期满转入费城米德维尔钢铁厂当了一名普通工人。由于他的勤奋和努力工作，在以后的 6 年的时间中就从一名工人逐步升为职员、机工、机工班长、总技师和总工程师，并在这期间获取了机械工程的学位。在米德维尔钢铁厂的实践中，他感到当时的企业管理当局不懂得用科学方法进行管理，不懂得工作秩序，不懂得劳动节奏和疲劳因素对劳动生产率的影响；同时工人缺少训练，没有正确的操作方法和适用的工具，工作场地的布置也杂乱无章，这些都大大地影响了劳动生产率。为此，他从 1880 年开始了对工人操作动作研究、时间研究和金属切削研究等工作，系统地研究和分析工人的操作方法和劳动所花时间，逐步形成了科学管理理论。1890—1893 年期间，他在一家制造纸板纤维的制造投资公司担任总经理。1893—1898 年期间，他开始独立从事工厂管理咨询工作。1898—1901 年期间，他受雇于宾夕法尼亚的伯利恒钢铁公司做咨询工作，在那里进行了著名的“搬运生铁块试验”和“铁锹试验”。1901 年以后，他用大部分时间从事写作、讲演，宣传他的一套企业管理理论“科学管理——泰罗制”，为科学管理理论在美国和国外传播做出了贡献。1906 年，他出任美国机械工程师协会主席。1915 年 3 月因病去世。在他的墓碑上刻着：科学管理之父弗雷德里克·温斯特·泰罗。

泰罗在管理方面的主要著作有《车间管理》（1903）和《科学管理原理》(1911)。在他的代表作《科学管理原理》一书中所阐述的科学管理理论，使人们认识到了管理是一门建立在明确的法规、条文和原则之上的科学，它适用于人类的各种活动，从最简单的个人行为到经过充分组织安排的大公司的业务活动。

2. 科学管理理论的主要观点

（1）科学管理的根本目的——谋求最高工作效率。

提高劳动生产率是泰罗创立科学管理理论的出发点，是泰罗确定科学管理的原理、方法的基础。

（2）达到最高工作效率的重要手段——用科学的管理方法代替旧的经验管理。

泰罗认为管理是一门科学，在管理实践中，仅靠经验管理是行不通的，应该使一切科学化、制度化，这才是提高管理绩效的关键。

（3）实施科学管理的核心问题——要求管理人员和工人双方在精神上和思想上进行一次彻底的改变。

泰罗指出科学管理是一场重大的精神变革，要求工厂的工人树立对工作、对同事、对雇主负责任的观念；同时也要求管理人员增强责任观念，以达到双赢的目的，即工厂盈利更多，工人的工资增加，工厂主的利润也增加。

3. 科学管理理论的主要内容

泰罗在管理方面的代表著作有：《计件工资制》（1895 年）、《车间管理》（1903 年）和《科学管理原理》（1911 年）。在这些著作中，泰罗提出了以下主要的管理思想：

（1）工作定额原理

泰罗认为，科学管理的根本目的就是提高劳动生产率。当时，工人们之所以“磨洋工”，是由于雇主对工人一天究竟能做多少工作心中无数，而且工人工资太低，多劳也不多得。为了发掘工人们劳动生产率的潜力，就要制订出有科学依据的工作量定额。为此,首先应该进行时间和动作研究。

时间研究就是研究人们在工作期间各种活动的时间构成，它包括工作日写实与测时。

工作日写实是对工人在工作日内工时消耗情况按照发生的顺序进行记录，

以便了解工人在某一特定工时内所做的工作，然后加以分析，保留必要工时，去掉不必要工时，从而更充分地利用时间。比如：某位工人在工作时间内，进行工作准备用了多长时间，干活用了多长时间，聊天用了多长时间，满足自然需求用了多长时间，停工待料用了多长时间，清洗机器用了多长时间等，都可以通过工作日写实清楚地记录下来，然后加以分析，保留必要工时，去掉不必要工时。

测时则是以单独的某项工作为对象，按操作步骤实地研究每道工序所消耗的时间。一般是总结先进工人的操作经验，推广先进的操作方法，确定合理的工作结构，为制订工作定额提供参考。

动作研究就是研究工人干活时动作的合理性，其目的是比较分析工人工作时身体各部位的动作，去掉多余动作，改善必要动作，达到提高劳动效率的目的。

1898 年，泰罗在伯利恒钢铁公司进行了一项很有名的试验。他看到该公司搬运铁块的工作量非常大，有 75 名搬运工人负责这项工作，每个铁块重 92 磅，尽管每个工人都十分努力，但工作效率并不高，每人每天平均只能把 12.5 吨的铁块搬上火车。泰罗经过认真的观察分析最后计算出，一个好的搬运工每天应该能够搬运 47 吨，而且不会危害健康。他精心地挑选了一名工人开始试验，对这位工人发出指示，如搬起铁块、开步走、放下铁块、坐下休息等。到了下班时间，这名工人如期地把 47.5 吨的铁块搬上了火车。同时该工人的工资也从原来的 1.15 美元涨到 1.85 美元。之后，泰罗将此标准推广到其他工人。

(2) 能力与工作相适应原理

所谓能力与工作相适应原理，即主张一改工人挑选工作的传统，而坚持以工作挑选工人，每一个岗位都挑选第一流的工人，以确保较高的工作效率。

挑选第一流的工人包括两个方面：一方面是该工人的能力最适合做这种工作；另一方面是该工人必须愿意做这种工作，而不是被强迫去做这种工作。

要根据人的能力和天赋把他们分配到相应的工作岗位上去，而且还要对他们进行培训，教会他们科学的工作方法，激发他们的劳动热情。

(3) 标准化原理

标准化原理是指工人在工作时要采用标准的操作方法，而且工人所使用的工具、机器、材料和所在工作现场环境等都应该标准化，以利于提高劳动生产率。

泰罗曾做过这样一项试验。早先，铲运工人每天上班时都是拿着自己家的铲子到工厂干活的，这些铲子大小各异，参差不齐。泰罗观察一段时间之后发现，这样做是十分不合理的。因为每天铲运的物料是不一样的，有铁矿石、煤粉、焦炭等，在体积相同时，每铲重量相差很大。根据这项试验所得到的结论，泰罗依据不同的物料设计了几种规格的铲子，以后工人上班时都不自带铲子了，而是根据物料情况从公司领取特制的标准铲子。这种做法大大提高了生产效率，这是工具标准化的典型例子。

(4) 刺激性的工资报酬——差别计件工资制

所谓差别计件工资制，就是按照工人完成其定额的情况而采取不同的工资率。即：如果工人完成或超额完成定额，就按比正常单价高出25%计酬，不仅超额部分，而且定额内的部分也按此单价计酬。如果工人完不成定额，则按比正常单价低20%计酬。

(5) 计划职能和执行职能相分离原理

泰罗认为，职能的分工是科学管理的基本原则之一。提出管理部门要按科学的规律来制订计划，把从事计划职能的人称为管理者，负责执行计划职能的人称为劳动者。

与泰罗同时代的对管理改革做出过贡献的还有亨利·甘特、吉尔布雷斯及他的妻子、福特等，泰罗及其他同期先行者的理论和实践构成了“泰罗制”。“泰罗制”着重解决的问题是用科学的方法提高生产现场的生产效率问题。

4. 对泰罗的科学管理理论的评价

(1) 泰罗科学管理的贡献

泰罗在历史上第一次使管理从经验上升到科学。泰罗科学管理的最大贡献在于泰罗所提倡的在管理中运用科学方法和他本人的科学实践精神。泰罗科学管理的精髓是用精确的调查研究和科学知识来代替个人的判断、意见和经验。

讲求效率的优化思想和调查研究的科学方法。泰罗科学管理理论的核心是寻求最佳工作方法，追求最高生产效率。他和他的同事创造和发展了一系列有助于提高生产效率的技术和方法，如时间与动作研究技术和差别计件工资制等。

(2) 泰罗科学管理的局限性

首先，泰罗对工人的看法是错误的。泰罗的科学管理是以工人是“经济人”为前提的，认为工人的主要动机是经济的，工人最关心的是提高自己的金钱收入；认为工人是很笨拙的，对作业的科学化完全是无知的，工人的一举一动只能严格按照管理者的指示去做，只能服从命令和接受工资。

其次，泰罗的科学管理仅重视技术的因素，不重视人群社会的因素。他所主张的专业分工、管理与执行分离、作业科学化和严格的监督等，加剧了对工人的剥削。

最后，“泰罗制”仅解决了个别具体工作的作业效率问题，而没有解决企业作为一个整体如何经营和管理的问题。

5. 其他的贡献者

科学管理的中心人物泰罗创立了科学管理理论体系，在这一理论体系的建立中做出了贡献的不仅仅是泰罗一个人，而是一个群体。他们为丰富科学管理的内容，传播科学管理的原理做出了极为重要的贡献，其中以卡尔·乔治·巴思、亨利·劳伦斯·甘特、吉尔布雷思夫妇和亨利·福特最为突出。

卡尔·乔治·巴思（1860—1939）是泰罗最早、最能干也是最亲密的助手，泰罗对巴思有着极高的评价，在其著作中曾多次谈到巴思，并把巴思说成是一位“能解决很难解决的问题的人”。巴思在数学方面有较深的造诣，在数学计算方面给泰罗提供了极大的协助。比如巴思在泰罗前期工作的基础上，设计出了一个著名的计算尺，并利用计算尺在进行金属切削试验时解决了大多数金属切削问题和工具标准化问题。直到泰罗去世以后，巴思仍利用他的计算尺来不断推动泰罗的科学管理。管理史学家雷恩称巴思是泰罗“最最正统的”门徒。

亨利·劳伦斯·甘特（1861—1919）曾是泰罗在米德维尔钢铁公司和伯利恒钢铁公司的亲密合作者，他最著名的贡献是设计了甘特图。这是一种用线条表示的计划图表，其中一轴表示时间，另一轴表示工作计划及目前的进度，这种图现在常被用来编制进度计划。甘特的另一贡献是提出了“计件奖励工资制”，即除了支付日固定工资外，超额完成定额的，超额部分以计件方式发给奖金，完不成定额的，只能拿到日固定工资部分。这种制度使工人有收入保障，从而激发了其工作积极性。甘特的代表作是《工业的领导》（1916年）和《工作组织》（1919年）。

吉尔布雷思夫妇在管理思想发展史上就像居里夫妇在核物理发展史上一样显得光彩夺目。弗兰克·吉尔布雷思（1868—1924）被人们称为“动作研究之父”，而他的夫人利莲·吉尔布雷思（1878—1972）被称为“管理学的第一夫人”，他们在工作研究和工作简化方面做出了突出的贡献。吉尔布雷思夫妇最著名的研究是砌砖动作研究，他们通过对动作的研究来消除砌砖时不必要的手部与身体的动作，从而使工人的劳动效率提高了两倍多。同时他们还把动作研究推广到其它行业，并通过对动作的拍摄进行分析，保留应该的动作，剔除多余的动作，并重新制订出一系列动作的先后次序和速度大小，最后制订出标准的操作程序。他们的动作研究比泰罗的研究更细致和广泛。其研究成果集中反映在1911年出版的《动作研究》一书中。

亨利·福特（1863—1947）是大规模生产的第一位倡导者。他将泰罗的单工序动作研究的思想应用到整个生产过程，采用大规模流水作业方式，将“产品标准化、工序标准化、工人操作标准化和工具标准化”应用于流水线，结果大获成功，极大提高了劳动效率，降低了成本。

科学管理在20世纪20年代，经过管理先驱者们的努力，基本上发展成熟了。这一划时代的科学管理运动，大大促进了生产力的发展，对资本主义的发展和稳定起到了非常重要的作用。然而，随着社会的进步和生产力的发展，科学管理的局限性也逐步暴露出来，科学管理与其它管理理论一样不可能解决所有管理问题。

二、组织管理理论

在泰罗与他的追随者们逐渐把科学管理理论塑造成形的同时，欧洲组织管理理论的奠基者、开创者亨利·法约尔和马克斯·韦伯也在形成他们的理论。组织管理理论着重研究的是管理职能和整个组织结构。

1. 法约尔的一般管理理论

(1) 法约尔其人

亨利·法约尔（Henri Fayol，1841—1925）出生于法国一个资产阶级家庭。从1866年起法约尔一直担任高级管理职务，在这一点上与泰罗不同，泰罗是以普通工人身份进入工厂的，因此，两人研究管理的领域和侧重点也不相同。法约尔把企业作为一个整体进行研究，主要研究现代企业的经营管理。又由于法约尔一直倡导管理的普遍性，故其管理理论又被称作一般管理理论，他的管理理论发表在1916年法国工业协会的刊物上，于1925年出版的《一般管理与工业管理》一书是他的代表作。法约尔被后人称为“管理过程理论之父”和“现代经营管理理论之父”。

(2) 一般管理理论的内容

a.关于经营和管理的关系

法约尔首次区分了经营和管理，认为这是两个不同的概念。他认为经营是一个大概念，是对企业全局性的管理，而管理包括在经营之中，是经营的一项职能。通过对企业全部活动的分析，指出企业无论大小，无论是简单还是复杂，每一种“经营”都包括六种活动：

①技术性的活动——企业的生产、制造和加工等工作。

②商业性的活动——企业的采购、销售和交换等工作。

③财务性的活动——企业资金的取得与控制。

④安全性的活动——企业保护企业财产和人员的工作。

⑤会计性的活动——企业的财产清点、资产负债表制作、成本分析、统计等工作。

⑥管理性的活动——包括企业的计划、组织、指挥、协调和控制五项职能。计划就是探索未来和制订行动方案；组织就是建立企业的物质和社会双重结构；指挥就是使企业人员发挥作用；协调就是连接、联合和调节所有的活动与力量；控制就是注意一切是否已按计划执行。

法约尔认为，上至企业领导人，下至普通职工都或多或少地从事这六种经营活动。只是一般工人更侧重于技术活动，而高层领导则更多地从事管理活动。企业或组织越大，其领导人从事的管理活动也越多。

b. 法约尔的十四条管理原则

法约尔根据自己多年的工作经验提出了著名的14条管理原则。

①劳动分工。实行专业化分工可以提高效率，但专业化的分工要适度，不是分得越细越好。

②权力与责任。权力与责任是互为依存、互为因果的。权力就是指挥和要求别人服从。而责任则是随着权力而来的奖罚。责任是权力的孪生物，凡权力行使的地方，就有责任。

③纪律。任何组织要有效地工作必须有统一的纪律来规范人的行为。他认为：纪律的实质是遵守公司各方达成的协议。

④统一命令。无论对哪一件工作来说，一个员工只应接受一位上级的命令。双重甚至多重命令是冲突的根源。

⑤统一领导。对于力求达到同一目标的全部活动，只能有一个领导人和一套计划。只有这样，资源的应用与协调才能实现同一目标。

注意：不要把统一命令原则和统一领导原则混同起来。统一领导原则讲的是组织机构设置的问题，即人们通过设置完善的组织机构来实现一个社会团体的统一领导。统一命令原则讲的是组织机构设置以后运转的问题，即当组织机构建立起来以后，在运转的过程中，通过统一命令来发挥人员的作用。统一命令不能离开统一领导而存在，也就是说没有统一领导，就不可能有统一命令，但是有统一命令，也不一定能保证统一领导。

⑥个人利益服从集体利益。在一个企业中，个人或个人利益不能置于企业利益之上。做到当个人利益与集体利益发生冲突时，优先考虑集体利益。

⑦人员的报酬。报酬必须公平合理，尽可能使职工和公司双方满意。合理的报酬可以增加员工的积极性，不合理的报酬方式会损害员工的积极性。

⑧集中。这条原则主要讨论了管理的集权与分权的问题，是一个尺度问题，问题在于找到适合于该企业的尺度。对于小型企业，可以由上级领导者直接把命令传到下层人员，所以权力就相对比较集中；而在大型企业里，在高层领导者与基层人员之间，还有许多中间环节，因此，权力就比较分散。

⑨等级链。也称为“法约尔跳板”，是法约尔一般管理理论中的重要观点之一，是 14 项管理原则中的核心原则之一。法约尔认为，为了进行有效的管理，需要在组织中建立等级制度，等级制度就是从最高权力机构层层延伸直至最基层管理人员的领导系列。为了既能维护统一命令原则，又能避免这种信息的延误和失真问题，法约尔提出了“跳板”原则。如图 3–1 所示。

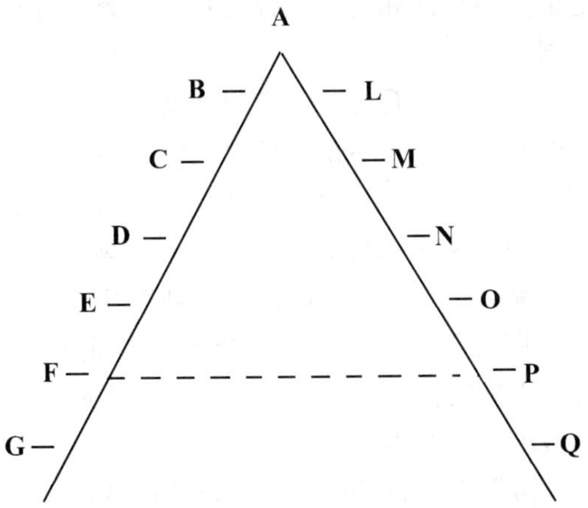

图 3–1　法约尔跳板

他解释，若按正常的权力路线，工头 F 要和 P 联系，必须通过 E 层层上报至 A，再由 A 通过 L 层层下达给 P，这样有可能造成信息延误。因此 F 和 P 可直接联系。但是必须事先取得各自的上级 E 和 O 的同意并且在联系后立即汇报他们所商定的事情，这就是“法约尔跳板”。

⑩秩序原则。每个人都有他自己的位置，每个人都在他自己的位置上。也就是“合适的人在合适的位置上”。

⑪公平。“公平”原则就是“善意”加“公道”。公道是执行已订立的协定。“公平”就是“公道”原则加上善意对待职工。在对待所属人员时，应该特别注意他们希望公平、希望平等的愿望，这样下属容易感到公平。当员工感到不公平时，容易产生不满，降低工作积极性。

⑫保持人员的稳定。对于企业来说关键是要掌握好人员流动的合适尺度，保持企业中人员工作的稳定性与适应性。一个企业存在 10%~20%的员工流动率是正常的，但是超过了 20%就会给企业造成影响。

⑬首创精神。在工作中发挥自己的才智，提出具有创造性的想法或发明就是人们的首创精神，它是刺激人们努力工作的最大动力之一。

⑭团结精神。一个企业全体成员的和谐与团结是这个企业发展的巨大力量，领导者有责任尽一切可能保持和巩固企业内部人员的团结。

这就是法约尔提出的 14 条管理的基本原则，法约尔认为，原则是灵活的，可以适应一切需要，问题在于懂得如何去使用这些原则，这是一门很难掌握的管理艺术。领导者要充分运用自己的智慧、经验与判断力去运用这些原则。

c. 管理的五项职能

法约尔管理思想的另一个重要贡献是提出了管理的组织要素，即管理的五项职能。法约尔认为，管理的基本职能包括计划、组织、指挥、协调和控制。

①计划职能：法约尔特别强调了计划职能的重要性，他主张任何组织要达到预定的目标都首先应有科学的计划。管理人员应尽可能准确预测企业未来的各种势态，确定企业的目标和完成目标的步骤，既要有长远的指导计划，也要有短期的行动计划。

②组织职能：在法约尔看来，组织职能就是为了使组织机构达到预定目标提供所需一切条件的活动。它不仅包括组织的结构、各种活动和相互关系的规章制度以及职工的招募、评价、考核、培训等，也包括对物质资源的组织搭配。法约尔特别强调了组织结构必须贯彻“统一领导”和“统一命令”原则，同时指出组织的效率取决于其成员的素质和创造性。

③指挥职能：即对下属的活动给予指导，使企业的各项活动互相协调配合。法约尔认为，指挥的任务是在组织机构建立之后，设法使这些组织发挥作用，使所有人员做出最大的贡献。

④协调职能：协调企业各部门及各个员工的活动，指导他们走向一个共同的目标。协调和指挥的主要区别在于前者主要是要保证组织中各部门的努力相

一致，组织活动与企业目标相一致，而后者涉及较多的是上级与下级人员之间的指导关系问题。

⑤控制职能：法约尔认为，控制就是确保实际工作与规定的计划、标准相吻合，其目的是发现错误、改正错误和防止重犯错误，使管理活动的周期得以完成，以便在以后的管理周期中予以改进。控制应是全面的，包括对人、对物和对各项活动的控制。法约尔强调控制工作的关键主要有：一是必须及时进行控制工作，并附之以奖惩措施；二是执行控制的部门应具有高度责任感，保持客观、独立和公正；三是保证控制的统一性，避免越权控制。

d. 倡导管理教育

法约尔认为管理能力可以通过教育来获得，“缺少管理教育”是由于“没有管理理论”，每一个管理者都按照他自己的方法、原则和个人的经验行事，但是谁也不曾设法使那些被人们接受的规则和经验变成普遍的管理理论。通过管理教育，可以提升管理人员的管理能力，造就管理人才，促进企业的良性发展，因此应尽快地建立管理理论，推广管理教育。

(3) 对法约尔“一般管理理论”的评价

法约尔“一般管理理论”的主要贡献有两点：一是研究了管理的一般性(普遍性)，特别是对管理要素和管理的原则系统地加以概括，为管理理论的形成构筑了一个科学的理论框架；二是提出了管理教育的必要性，法约尔认为对管理知识的需要是普遍的，尤其是对企业的中上层领导人。

同样，法约尔“一般管理理论”的局限也有两点：一是他的管理原则缺乏弹性，以至于有时实际管理工作者无法完全遵守；二是法约尔只考察了组织的内在因素，没有考察组织同周围环境的关系，缺乏具体性。

2. 韦伯的行政组织理论

(1) 韦伯其人

马克斯·韦伯（Max Weber，1864—1920）是19世纪末20世纪初德国著名的社会学家和经济学家，是科学管理理论在德国的代表人。他出生在德国一个富裕家庭，长期在柏林、慕尼黑等大学担任教授，对社会学、宗教学、经济学、政治学有深入研究。他处的时代，正是欧洲工业从家庭手工业向资本主义工厂企业过渡的时代。欧洲工业在客观上需要一种合理的组织形式来适应这种变化。针对这一情况，他提出了行政组织理论。由于他是最早提出一套比较完整的行政组织体系理论的人而被称为“组织理论之父”。韦伯对管理理论的贡献主要是提出了理想的行政组织体系，这集中反映在《社会组织与经济组织》一书中。

(2) 韦伯的行政组织理论的主要内容

a. 关于权力的理论

韦伯曾在他的著作中指出有三类权力：

①合理和法定的权力。它指的是依法任命并赋予行政命令的权力。对这种

权力的服从是在依法建立的一套等级制度下对确认的职务和职位的权力的服从。

②传统式权力。它是以古老的、传统的不可侵犯性和执行这种权力的人的地位的正统性为依据的。

③神授的权力。它是指这种权力是建立在对个人的崇拜和迷信的基础上的。

他认为这三种权力当中，只有合理和法定的权力是行政性组织的基础，因为这种权力能保证经营管理的连续性和合理性，能按照才干来选拔人才，并按照法定程序来行使权力，这是保证组织健康发展的最好的权力形式。

b. 理想的行政组织体系的特点

①明确的分工。把各种工作分成简单、例行和明确的任务，明确规定每一个人的权力和责任。

②自上而下的等级系统。组织内的每个职位和职务都按权力等级进行安排，自上而下形成等级指挥系统，下级接受上级的控制和监督。

③人员的使用。组织成员根据职务的要求，通过考试或培训来挑选，每个职位上的人员必须称职，同时也不能任意免职。

④组织中人与人之间的关系。组织中工作人员的关系是一种不受个人感情影响的关系，完全以理性准则为指导。这种公正不倚的态度不仅适用于组织内部而且适用于组织同顾客之间。

⑤职业管理人员。管理人员应当是专职的，管理人员有固定的薪金和明文规定的升迁制度。

⑥遵守规则和纪律。管理人员在执行职务中，必须严格遵守组织中的规则和纪律。

(3) 对韦伯的“行政组织理论”的评价

韦伯认为高度集中的、理性的行政组织体系最符合理性原则，是达到目标、提高劳动生产率的最有效的形式，在精确性、稳定性、纪律性和可靠性等方面都优于其它组织，适用于一切组织。韦伯的这一理论也是对泰罗、法约尔理论的一种重要补充，是古典管理理论的重要组成部分。

韦伯的“行政组织理论”的局限性主要有以下几点：

首先，由于过分强调组织形式的作用，极端不尊重人格，完全忽视了组织成员间不拘形式的相互交往的关系和感情作用，使人与人之间的关系趋向淡泊。

其次，过分重视成文的法律制度，完全忽视了管理活动应根据环境的变化而灵活地进行。用死板的规章制度处理一切生动的事物，各项决策都受规章制度所束缚，必然限制成员的创造性、主动性，并且容易造成上下之间的敌对情绪，从而难以高效地达到组织的目标。

最后，长期实行这样的只注意形式的高度的组织化，不仅使成员的行为刻板，谨小慎微，组织缺乏弹性、僵化，而且往往会使组织成员颠倒组织目标与规章制度的关系，把尊重规章制度变成目的，而认不清组织的真正目标。

三、古典管理理论评析

古典管理理论由泰罗、法约尔和韦伯试图从三个不同的角度，即个人、组织和社会来解答整个资本主义社会宏观和微观的管理问题，为资本主义解决劳资关系、生产效率、社会组织等方面的问题，提供了管理思想的指导和科学的理论、方法。

古典管理理论是人类历史上第一次以科学方法来探讨管理问题取得的成果，具有重大的历史贡献，其贡献表现在：

1. 古典管理理论确立了管理学是一门科学；

2. 古典管理理论建立了一套有关管理理论的原理、原则、方法等理论，对今天的企业管理仍然有着巨大的指导作用；

3. 古典管理理论是现代管理理论的基础，古典管理理论所要解决的问题也是现代管理理论要解决的问题，所以古典管理理论对现代管理理论的研究仍然具有很强的指导和借鉴作用。

然而，古典管理理论不能摆脱当时历史条件的限制，也存在一些缺点：

首先，古典管理理论对人性的研究没有深入进行，对人性的探索仅仅停留在“经济人”的范畴之内；

其次，古典管理理论对组织的理解是静态的，对企业发展环境考虑得很少；

最后，古典管理理论的着重点是放在管理客观存在的内部，即所研究的是生产部门的内部，把如何提高生产效率作为管理的目标。

第三节　行为科学理论

古典管理理论的建立为当时生产力的发展和社会的进步提供了有力的理论基础。但随着社会的不断进步和发展，人们发现古典管理理论并不能解决实践中所遇到的一切问题，尤其是对于人的研究，古典管理理论涉及得非常少，而在管理实践中大量的问题是和人有关的，其“经济人假设”也受到了很多质疑。为了解决这一问题，发展出更加符合人性的管理理论，许多心理学家加入了管理研究的行列，逐渐地，管理研究的前沿与中心，都从古典管理理论转到了行为科学理论上。

一、行为科学产生的历史背景

1. 行为科学的提出

行为科学产生于20世纪20~30年代。它正式被命名为行为科学是在1949年美国芝加哥的一次跨学科的科学会议上，讨论了应用现代科学知识来研究人类行为的一般理论。会议给这门综合性的学科定名为“行为科学”，并于1953年在芝加哥大学成立了行为科学研究所。

2. 行为科学产生的历史背景

第一次世界大战以后，生产力的进一步发展导致了社会矛盾的又一次加剧。

首先，生产力的发展推动了社会经济的全面发展，其最突出的表现是企业规模的进一步扩大和社会分工的更加专业化。

其次，随着泰罗科学管理方法的实施，工人所得到的报酬比以前有所提高，工人的经济状况有所改善，金钱刺激和严格控制正在失去原有的作用。

最后，随着资本主义的发展，逐渐形成了一整套民主制度，民众的民主意识日益增强，这使得主张严格控制的科学管理在实践中日益遭到工人的强烈反对。在这种情况下，一些管理学家、社会学家和心理学家开始从社会学和心理学角度来研究集中的管理问题，来探讨如何调动员工的积极性和主动性。于是，行为科学这一崭新的管理学派应运而生。

如果说，泰罗的科学管理是管理思想发展史上的第一次飞跃，是管理的革命，那么，行为科学的出现可以说是管理思想发展史上的第二次飞跃，是管理的第二次革命。泰罗制的“科学管理”理论把人看成“经济人”，而行为科学把人看成“社会人”，即影响工人生产效率的因素除了物质条件外，还有人的工作情绪。行为科学是一门研究人类行为规律的科学。

二、霍桑试验和梅奥的人群关系理论

行为科学的发展是从人群关系理论开始的，人群关系理论的代表人物是梅奥。

1. 梅奥其人

乔治·埃尔顿·梅奥（George Elton Mayo，1880—1949）是澳大利亚籍的美国行为科学家，从1926年开始在美国任教。梅奥在心理学、逻辑学、医学、哲学等方面均有较高造诣，加上他运用心理疗法的成功经验，这些对他以后的研究工作都起了很大的帮助作用。在其代表作《工业文明的人类问题》一书中，梅奥总结了亲自参与的霍桑试验及其试验的成果，提出了一种新的管理理论——人群关系理论，从而为行为科学的发展做出了巨大贡献。

2. 霍桑试验

霍桑试验是在1924至1932年，以哈佛大学教授梅奥为首的一批学者在美国芝加哥西方电气公司所属的霍桑工厂进行的一系列试验的总称，其目的是找出工作条件对生产效率的影响，以寻求提高劳动生产率的途径。霍桑试验是人群关系理论研究的开端，它包括以下四个阶段：

(1) 照明试验

照明试验的目的是研究照明情况对生产效率的影响。在开始实验前，专家小组以泰罗科学管理作为指导思想，他们认为，工作的物理环境是影响工作效率的主要因素之一，所以，他们决定做此试验。

试验时，专家把12名女工分为两组，每组6人，分别叫做“控制组”和“试验组”，控制组的照明条件不变，而试验组的照明条件可以改变。当试验组的照明度增加时，该组产量如预期的开始增加；当工人要求更换灯泡时，而实际只给他们更换了一个同样亮度的灯泡时，产量也在继续增加，与此同时，控制组的产量也在不断提高。研究者预先设想，在一定范围内，生产效率会随照明强度的增加而增加，但实验结果表明，增加和减少照明强度都可以提高效率，照明度的改变不是效率变化的决定性因素，而另有未被掌握的因素在起作用，于是他们决定继续进行研究。

(2) 继电器装配工人小组试验

研究小组选择了5位女装配工和一位划线工，把他们安置在单独的一间工作室内工作。另外，研究小组还专门指派了一位观察员加入这个工人小组，他专门负责记录室内发生的一切。

实验过程中，研究小组分期改善工作条件并观察工作条件对生产效率的影响。比如：增加休息时间，公司负责供应午餐和茶点，缩短工作时间，实行每周五天工作制，实行团体计件工资制等。这个装配小组的女工们在工作时间可以自由交谈，观察人员对她们的态度也非常和蔼。这些条件的变化使产量不断上升。在实行了这些措施的一年半以后，研究小组决定取消公司供应的午餐和茶点，每周仍然工作六天，结果产量仍然维持在高水平上。

最后，研究小组得出的结论是：监督和指导方式的改善能促使工人改变工作态度、提高产量。因此，研究者决定进一步研究工人的工作态度及可能影响工人工作态度的其它因素，这是霍桑试验的一个转折点。

(3) 大规模访问交谈

为了解决上述问题，研究者决定进行大规模访问交谈。他们共花了两年时间对两万名职工进行了访谈，以便了解和研究职工对公司领导、保险计划、升职、工资报酬等方面的态度。

最初采用事先设计好的问答式访问，后来采用自由交谈方式，工人们通过交谈得以大大地发泄胸中的闷气，并提出了一些建议而这些建议也被公司采纳，工人们的工作态度大为转变。

通过这项研究发现，影响生产力最重要的因素是工作中发展起来的人群关系，而不是待遇及工作环境，每个工人的工作效率不仅取决于自身而且还受到周围同事的影响。

(4) 对接线板接线工作室的研究

为了进一步研究和证实第三阶段的结论，研究者决定进行此项研究。研究小组把九个接线工、三个焊接工、两位检查员放在一起工作，经过六个多月的观察，得出如下结论：

首先，工人对“合理的日工作量”有自己的规定并低于企管人员规定的标准。公司确定的工作定额是每天要焊接 7312 个接点，但工人们仅完成 6000~6600 个接点，这是他们自己确定的非正式标准。一旦完成这个数量，即使还有许多时间，他们也自动停工，不再多干。工人们说：“假如我们的产量提高了，公司就会提高工作定额，或者造成一部分人的失业。”还有的工人说：“工作不要太快，才能保护那些工作速度较慢的同事，免得他们受到管理阶层的斥责。”

其次，工人对不同级别的上级持不同态度。把小组长看做小组的成员，对于小组长以上的上级，级别越高，越受工人的尊敬，工人对他的顾忌心理也越强。

最后，在正式组织中存在着小团体即非正式组织，每个非正式组织都有独特的行为规范，谁要加入这个非正式组织，就必须遵守这些规范。非正式组织内成员如果违反这些规范，就要受到惩罚。

研究小组在霍桑工厂进行的这四个阶段的试验，虽然经历了八年时间，但是获得了大量的第一手资料，为人群关系理论的形成以及后来的行为科学的发展打下了基础。

3. 梅奥人群关系理论的主要内容

(1) 企业的职工是社会人

科学管理的基础是把人当成“经济人”，认为金钱是刺激人们工作积极性的唯一动力。霍桑试验则证明人是一个社会人，影响人们劳动积极性的因素，除了物质方面的以外，还有社会和心理方面的因素，而且每一个人都有自己的特点、不同的需求等。因此，应该把职工当作不同的个体来看待，当作社会人来对待，而不应将其视作无差别的机器或机器的一部分。

(2) 企业中实际存在一种“非正式组织”

非正式组织和正式组织是相对应的概念。正式组织是两个或两个以上的个人为了实现共同的目标组合而成的有机整体。古典管理理论仅注意正式组织的问题,比如组织结构、职权划分、规章制度等。

非正式组织是伴随着正式组织的运转而产生的，是正式组织的一些成员，由于工作性质相近，对一些具体问题认识基本一致，在性格、业余爱好以及感情相投的基础上，形成了一些被其他成员共同接受并遵守的行为规则的组织。维系非正式组织的往往是情感和关系。

梅奥等人认为，不管承认与否，非正式组织都是存在的。它与正式组织相互依存，而且会通过影响工人的工作态度来影响企业的生产效率和目标的实现。因此，管理人员应该正视这种非正式组织的存在，利用非正式组织为正式组织的活动和目标服务。

(3) 新型的领导能力在于提高职工的满足程度

新型的领导方法主要是要组织好集体工作，采取措施提高士气，促进协作，使企业的每个成员能与领导真诚持久地合作。

4. 对梅奥人群关系理论的评价

梅奥的人群关系理论克服了古典管理理论的不足，奠定了行为科学的基础，为管理思想的发展开辟了新的领域，他的管理措施大致可以归纳为以下六点：

(1) 强调对管理者和监督者进行教育和训练，以改变他们对工人的态度和监督方式。

(2) 提倡下级参与企业的各种决策，以此来改善人群关系，提高职工士气。

(3) 加强意见沟通，允许职工对作业目标、作业标准和作业方法提出意见，鼓励上下级之间的意见交流。

(4) 建立面谈和调解制度，以消除不满和争端。

(5) 改变干部的标准。重视管理干部自身的人群关系以及协调人群关系的能力。

(6) 重视、利用和倡导各种非正式组织。

梅奥的人群关系理论的局限性主要体现为以下三点：

第一，过分强调非正式组织的作用。非正式组织并非经常地对每个人的行为有决定性的影响，经常起作用的仍然是正式组织。

第二，过多地强调感情的作用，似乎职工的行动主要受感情和关系支配。事实上，关系好不一定士气高，更不一定生产效率高。

第三，过分否定经济报酬、工作条件、外部监督、作业标准的影响。事实上，这些因素在人们的行为中仍然起着重要的作用。

三、行为科学学派的主要理论

随着时间的推移，梅奥的霍桑试验及其结论的影响逐步扩大。许多管理学家、社会学家和心理学家从行为的特点、行为和环境、行为的过程以及行为的原因等多种角度开展对人的行为的研究，形成了一系列的理论，使行为科学成为现代西方管理理论的一个重要流派。其主要理论有：

1. 马斯洛的需要层次理论

亚伯拉罕·马斯洛（A. H. Maslow，1908—1970）是一位著名的心理学家，在心理学方面发表了许多文章，其在管理学上的主要贡献是提出了人类的基本需要等级论，即需要层次理论，1943 年出版的《人类的动机理论》一书是他在这方面的代表作。

马斯洛把人的各种需要归纳为五大类，这五大类需要是互相作用的，按其重要性和发生的先后次序，分别是生理需要、安全需要、感情和归属需要、受人尊重的需要和自我实现的需要。

马斯洛的需要层次理论包含两个基本论点：第一，人是有需要的动物，其需要取决于他已经得到了什么，尚缺少什么，只有尚未满足的需要能够影响行为，也就是说，已经得到满足的需要不能起激励作用；第二，人的需要都有轻重层次，某一需要得到满足后，另一个需要才出现。

2. 奥尔德弗的ERG理论

克莱顿·奥尔德弗（Clayton Alderfer）在马斯洛提出的需要层次理论的基础上，进行了更接近实际的研究，提出了一种新的人本主义需要理论。奥尔德弗认为，人们共存在三种核心的需要，即生存（Existence）的需要、相互关系（Relatedness）的需要和成长发展（Growth）的需要，因而这一理论被称为ERG理论。

E：生存的需要。这是最基本的需要，与人们基本的物质生存需要有关，它包括马斯洛提出的生理需要和安全需要。

R：相互关系的需要。指人们对于保持重要的人际关系的要求。这种社会和地位的需要的满足是在与其它需要相互作用中形成的，它们与马斯洛的社会需要和自尊需要分类中的外在部分是相对应的。

G：成长发展的需要。它表示个人谋求发展的内在愿望，包括马斯洛的自尊需要分类中的内在部分和自我实现层次中所包含的特征。

这三种需要并不都是与生俱有的，有的需要（如关系和发展的需要）是通过后天学习才形成的，而且人的需要并不一定严格地按照由低到高的次序进行，而是可以越级的。另外，当人高一级的需要得不到满足的时候，人们就退一级来寻求自己的需要，所以管理人员应该了解职工的不同需要，以便激励和控制职工的行为，实现组织目标。

3. 赫茨伯格的双因素理论

美国心理学家弗雷德里克·赫茨伯格（Frederick Herzberg）在1959年《工作与激励》一书中提出双因素理论。

（1）保健因素：如工作环境与工作条件、与同事的关系、与上下级的关系、工作的安全状况等。这类因素与人的不满情绪有关。如果满足了保健因素方面的需要，员工就不会产生消极情绪，但保健因素需要的满足也不会起积极的激励作用；如果没有满足这些需要，则员工会产生不满情绪。

（2）激励因素：如工作的挑战性、工作的成就感、工作的性质、职位的提升、责任感等。这类因素与工作内容本身有关。激励因素需要的满足，可以产生积极的激励作用；如果没有满足激励因素方面的需要，员工也不会产生消极情绪。

通过以上分析可知，激励因素是以工作为中心的，而保健因素则与工作的外部环境相关，是保证工作完成质量的基本条件。

4. X、Y、Z理论

管理离不开人，而人又是千差万别的，所以管理是一项十分复杂的工作，难处在于如何准确地把握人的本性。对人的本性的认识是一个逐步深化的过程，同时要靠管理者在实践中不断探索和提炼。这方面研究的代表性成果有麦格雷戈的X理论、Y理论，洛尔施和莫尔斯的超Y理论以及威廉·大内的Z理论。

(1) 麦格雷戈的X理论和Y理论

社会心理学家道格拉斯·麦格雷戈（Douglas McGregor， 1906—1964）在进行大量研究的基础上，于1957年提出两大类可供选择的关于人性的两个理论观点——X理论和Y理论。

X理论对人性的假设是：

①人生而好逸恶劳，所以常常逃避工作；

②人生而不求上进，不愿负责，宁愿听命于人；

③人生而以我为中心，漠视组织需要；

④人习惯于保守，反对改革，把个人安全看得高于一切；

⑤只有少数人才具有解决组织问题所需要的想象力和创造力；

⑥缺乏理性，易于受骗，随时被煽动者当作挑拨是非的对象，做出一些不适宜的举动。

基于以上假设，管理者常采取“胡萝卜加大棒”的管理方法。即认为要实现组织的最终目标，就必须采取以强制性为主的措施，处罚多于奖励，把人看成是赚钱的机器，认为人是“经济人”。因此，基于此假设下的管理根本无激励可言。

与X理论相反，Y理论对人性的假设是：

①人并非是生性懒惰的，要求工作是人的本能；

②一般人在适当的鼓励下，不但能接受而且追求承担责任，逃避责任并非是人的天性，而是经验的结果；

③人都愿意发挥自己的才能和创造性；

④恰当的激励手段能发挥人的工作潜力和工作积极性。

基于以上假设，管理者采取的管理方式应以激励为主，奖励多于惩罚，鼓励下属参与组织的决策，并有意识地创造条件，以使员工的个人潜能得到充分的发挥。

可见，X理论和Y理论的差别在于对工人的需要看法不同，因此相应采用的管理方法也不相同。

(2) 洛尔施和莫尔斯的超Y理论

在麦格雷戈提出X理论和Y理论之后，美国的乔伊·洛尔施（Joy Lorsch）和约翰·莫尔斯（John Morse）提出了超Y理论。他们选了两个工厂和两个研究所作为试验对象，分别采用X理论和Y理论实施管理，试验结果发现采用X理论的单位和采用Y理论的单位都有效率高和效率低的情况，可见Y理论不一定在任何情况下都比X理论好。由此，他们提出了超Y理论，其主要观点是：对不同的人应该采取不同的管理方式，对不同的环境也应该采取不同的管理方式，此外，工作的性质、员工的素质也影响到管理理论的选择，不同的情况应采取不同的管理方式。

(3) 威廉·大内的 Z 理论

美国管理学家威廉·大内（William Ouchi）在研究分析了日本的企业管理成功经验之后，结合美国企业管理的实例，提出了他所设想的 Z 理论。他认为一切企业的成就都离不开信任、敏感和亲密，因此，他主张以坦白、开放和沟通作为基本的原则来实行民主管理。这一理论还主张鼓励职工参与管理，注重培训职工多方面的工作技能，强调融洽上下级关系，使职工在工作中得到满足，心情愉快；并要求长期雇佣职工，不因经营不佳而解雇职工；还力主基层管理人员有权修正上级的错误指令，依靠职工的集体力量，提出联合方案解决问题。Z 理论的产生，受到了各国管理学界的重视，成为对西方各国影响较大的管理理论。

四、行为科学理论评析

行为科学理论的出现，弥补了古典管理理论的不足，为管理学科的进一步发展输入了强大的动力，可以说是对管理思想的一次革命，它适应了生产力发展的要求，缓和了紧张的劳资关系，大大提高了劳动生产率。

然而从现在的眼光来看，行为科学理论在对管理问题的系统论述上存在一定的局限性，表现在以下几个方面：一是过于强调人的作用，忽视了经济技术等方面的考虑；二是过分强调非正式组织的作用；三是过多地强调感情逻辑而忽视效率逻辑。

尽管行为科学理论有以上缺点，但对当时的社会和后来的经济、管理方面都做出了重大的历史贡献。其贡献主要表现在以下几个方面：

首先，行为科学的出现缓和了 20 世纪 20 年代末~30 年代初的美国经济危机中的劳资关系；

其次，行为科学是管理科学中的一个重要内容和重要方面；

最后，行为科学的研究成果对今天的企业管理仍有巨大的现实指导作用，特别是在人力资源管理上。

行为科学学派的管理理论和管理思想以及管理实践都产生了深远的影响，行为科学本身也仍在不断地发展。

第四节　现代管理理论

一、现代管理理论的主要学派

现代管理理论是继古典管理理论、行为科学理论出现之后，西方管理理论和思想发展的第三个阶段。它是在前两个阶段的基础上，充分吸收了现代科学技术、适应现代市场经济环境而不断创新所形成的学派体系（特指二战以后出现的一系列学派）所创立的理论。与前两个阶段相比，这一阶段的最大特点是：学派林立，新的管理理论、思想、方法不断涌现，出现了“百家争鸣”的局面。这种现象曾被美国著名的管理学家孔茨（H. Koontz）称为“管理的丛林”。孔茨认为当时林林总总的重要管理学派共有11个，他们是：管理过程学派、经验主义学派、人际关系学派、群体行为学派、社会系统学派、社会技术系统学派、管理科学学派、决策理论学派、系统管理学派、权变理论学派、经理角色学派。

1. 管理过程学派

管理过程学派又叫管理职能学派、经营管理学派。这个学派在西方是继古典管理理论学派和行为科学学派之后影响最大、历史最久的一个学派。这个学派把管理看做是一个过程，无论从理论基础还是从研究方法上来看，这种观点和自然科学的研究方法有些相似，因而它的科学性比较容易被人们所接受，目前在现代管理理论中占有相当重要的地位。这一学派的开山鼻祖是法约尔，当代最著名的代表人物是哈罗德·孔茨（Harold Koontz）。管理过程学派吸收其他管理学家的思想和主张，不断丰富各项管理职能的内容，具有广泛的影响。

管理过程学派的主要特点是将管理理论同管理人员所执行的管理职能，也就是管理人员所从事的工作联系起来。他们认为，无论组织的性质多么不同（如经济组织、政府组织、宗教组织和军事组织等），组织所处的环境多么不同，但管理人员所从事的管理职能却是相同的，管理活动的过程就是管理的职能逐步展开和实现的过程。因此，管理过程学派把管理的职能作为研究的对象，他们先把管理的工作划分为若干职能，然后对这些职能进行研究，阐明每项职能的性质、特点和重要性，论述实现这些职能的原则和方法。管理过程学派认为，应用这种方法就可以把管理工作的主要方面加以理论概括并有助于建立起系统的管理理论，用以指导管理的实践。

2. 经验主义学派

经验主义学派又称为经理主义学派、经验管理学派，这一学派以向西方大企业的经理提供管理当代企业的经验和科学方法为目标。经验主义学派的主要代表人物有：彼得·德鲁克（Peter F. Drucker）、欧内斯特·戴尔（Ernest Dale）、艾尔弗雷德·斯隆（Alfred Sloan）、亨利·福特（Henry Ford）、威廉·纽曼（William Newman）等。

经验主义学派认为管理学就是研究管理经验，认为通过对管理人员在个别情况下成功的经验和失败的教训的研究，会使人们懂得在将来相应的情况下如何运用有效的方法解决管理问题。因此，这个学派的学者把对管理理论的研究放在对实际管理工作者的管理经验、教训的研究上，强调从企业管理的实际经验而不是从一般原理出发来进行研究，强调用比较的方法来研究和概括管理经验。

3. 人际关系学派

这个学派的基本思想是，组织中的各项工作总是通过人去完成的，因此，必须把人与人之间的关系作为中心来研究管理问题。这个学派的学者重点研究个人、个人动机（人的行为的动因）、人际关系。他们认为处理好人际关系是管理者应该掌握的一种技巧；有的则认为管理就是领导，把管理者都笼统地看做是领导者；有的着重研究人的行为与动机间的关系，以此来探讨激励和领导问题。

这个学派的最早代表人物是梅奥教授，其代表作是《工业文明中人的问题》。其它著名的理论有马斯洛的“需要层次理论”、赫茨伯格的“双因素理论”、布莱克和莫顿的“管理方格理论”等。

4. 群体行为学派

该学派与人际关系学派关系密切，甚至易于混同。该学派以社会学、人类学和心理学为基础，注重研究组织中群体的行为，包括群体的文化、行为方式和行为特点等。大到公司、政府、医院等社会机构，小到一个小组团体，这些群体都属组织范畴，所以群体行为学派也常被称作组织行为学派。

群体行为学派最早的代表人物也是梅奥教授。20 世纪 50 年代，美国管理学家克理斯·阿吉里斯（Chris Argyris）提出的“不成熟—成熟”理论，也是群体行为学派的一个代表理论。群体行为学派对群体行为的研究和分析，对管理的研究和实际工作有很大的指导作用，但不应把它作为管理工作的全部内容。

5. 社会系统学派

社会系统学派从社会学的观点来研究管理，认为社会的各级组织都是一个协作的系统，进而把企业组织中人们的相互关系看成是一种协作系统。这种思想可以追溯到意大利的社会学家维尔弗雷多·伯雷托和 20 世纪 20 年代的美国女学者福莱特。社会系统学派的创始人是美国管理学家切斯特·巴纳德(Chester Barnard，1886—1961)。

社会系统学派认为，组织是一个合作系统，是“二人或二人以上，用人类意识加以协调而成的活动或力量系统”。组织系统能否继续存在主要取决于：一是协作的效果；二是协作的效率；三是协作目标要适应协作环境。

巴纳德认为，作为正式组织的协作系统，不论其规模大小或级别高低，都包含以下 3 个基本要素：

（1）协作的意愿。协作意愿指的是组织成员为达到组织目标而愿意相互协作的愿望。

(2) 共同的目标。共同的目标是达到协作意愿的必要前提，没有共同的目标协作的意愿是发展不起来的，没有共同的目标，组织成员就不知道要求他们提供何种努力，同时也不知道自己能从协作劳动的结果中得到何种满足，从而不会进行协作活动。

(3) 信息的沟通。组织的共同目标和不同成员的协作意愿只有通过信息沟通才能相互联系，形成动态过程。没有信息沟通，不同成员对组织的目标就不可能有共同的认识和普遍的接受；没有信息沟通，组织就无法了解组织成员的协作意愿及其强度，也无法将不同成员的努力形成协作劳动。因此，组织的存在及其活动是以信息沟通为条件的。

社会系统学派对经理人员提出的具体要求是：一是制订并维持一套信息传递系统，这是经理人员的基本职能；二是采取各种方式，使得组织中每个成员都能做出重要贡献；三是阐明和确定组织目标，并为目标的实现而确定计划。

6. 社会技术系统学派

这是一个较新的管理学派，人们通常把这一学派的创立归功于英国的特里斯特（E. L. Trist）及其在美国塔维斯托克研究所的同事。他们通过对长壁采煤法生产问题的研究，认为在管理中只分析社会系统是不够的，还需要研究技术系统对人的影响。在解决采煤生产率问题的过程中，他们发现技术系统（机器设备和采掘方法）对社会系统有很大的影响。因此，必须把社会系统和技术系统结合起来考虑，而管理者的一项主要任务就是要确保这两个系统相互协调。

此学派的大部分著作集中于生产和办公室工作等研究上，此外，分析技术系统与人以及与工作的紧密联系也是它的一个重点，因而它也特别注意工业工程、人—机工程等方面的问题。

这个学派虽然还没有把他们的思想与管理的全部理论结合起来研究，但是首先把组织作为一个社会系统和技术系统的综合系统进行研究，不仅对企业中某些作业方面的管理大有裨益，而且其中也包含了许多其它方面的管理知识。

7. 管理科学学派

管理科学学派，也称计量管理学派、数量学派，埃尔伍德·斯潘赛·伯法(Elwood S. Buffa)、霍勒斯·利文森（Horace C. Levencon）等是西方管理科学学派的代表人物。这个学派认为，解决复杂系统的管理决策问题，可以用电子计算机作为工具，寻求最佳计划方案，以达到企业的目标。管理科学其实就是管理中的一种数量分析方法。它主要用于解决能以数量表示的管理问题。其作用在于通过管理科学的方法，减少决策中的风险，提高决策的质量，保证投入的资源发挥最大的经济效益。

从管理科学的名称看来，似乎它是关于管理的科学。其实，它主要不是探求有关管理的原理和原则，而是依据科学的方法和客观的事实来解决管理问题，并且要求按照最优化的标准为管理者提供决策方案，设法把科学的原理、方法和工具应用于管理过程，侧重于追求经济和技术上的合理性。

管理科学学派认为组织是由“经济人”组成的一个追求经济利益的系统，同时又是由物质技术和决策网络组成的系统。组织是一个追求经济利益的系统，它和系统科学学派有着紧密的联系。组织是由作为操作者的人同物质、技术、设备所组成的有机系统。组织是一个决策的网络模型，对于管理决策来说，其决策具有结构性，并组成网络，这样就可以应用计算的模型来进行决策。

管理科学学派借助于数学模型和计算机技术研究管理问题，重点研究的是操作方法和作业方面的管理问题。现在管理科学也有向组织更高层次发展的趋势，但目前完全采用管理科学的定量方法来解决复杂环境下的组织问题还面临着许多实际困难。管理科学学派一般只研究生产的物质过程，注意管理中应用的先进工具和科学方法，不够注意管理中人的作用，这是它的不足之处。

8. 决策理论学派

第二次世界大战后，随着现代生产和科学技术的高度分化与高度综合，企业的规模越来越大，特别是跨国公司不断地发展，这种企业不仅经济规模庞大，而且管理十分复杂。同时，这些大企业的经营活动范围超越了国界，使企业的外部环境发生了很大的变化，面临着更加动荡不安和难以预料的政治、经济、文化和社会环境。在这种情况下，对企业整体的活动进行统一管理就显得格外重要了。决策理论学派就是在这样的历史背景下发展起来的一门新兴的管理学派。该学派是以社会系统论为基础，吸收了行为科学、系统论的观点，运用电子计算机技术和运筹学的方法而发展起来的一种理论学派。

决策理论学派的主要代表人物是曾获 1978 年度诺贝尔经济学奖的赫伯特·西蒙（Herbert Simon）以及詹姆斯·马奇（James G. March）。

决策理论学派的理论主要有以下几个要点：

（1）决策贯穿管理的全过程，决策是管理的核心。西蒙指出组织中经理人员的重要职能就是做决策。他认为，任何作业开始之前都要先做决策，制订计划就是决策，组织、领导和控制也都离不开决策。

（2）系统阐述了决策原理。西蒙对决策的程序、准则、程序化决策和非程序化决策的异同及其决策技术等作了分析。西蒙提出决策过程包括四个阶段：搜集情报阶段；拟定计划阶段；选定计划阶段；评价计划阶段。这四个阶段中的每一个阶段本身就是一个复杂的决策过程。

（3）在决策标准上，用“令人满意”的准则代替“最优化”准则。以往的管理学家往往把人看成是以“绝对的理性”为指导，按最优化准则行动的理性人。西蒙认为事实上这是做不到的，应该用“管理人”假设代替“理性人”假设，“管理人”不考虑一切可能的复杂情况，只考虑与问题有关的情况，采用“令人满意”的决策准则，从而可以做出令人满意的决策。

（4）一个组织的决策根据其活动是否反复出现可分为程序化决策和非程序化决策。经常性的活动的决策应程序化以降低决策过程的成本，只有非经常性的活动，才需要进行非程序化的决策。

9. 系统管理学派

系统管理学派是运用系统科学的理论、范畴及一般原理，全面分析组织管理活动的理论学派，其主要的代表人物是美国的弗理蒙特·卡斯特（F. E. Kast）和罗森茨威克（J. E. Rosenzweig）等人。

系统管理学派的主要理论要点是：组织是一个由相互联系的若干要素组成的人造系统；组织是一个为环境所影响并反过来影响环境的开放系统。组织不仅本身是一个系统，它同时又是一个社会系统的分系统，它在与环境的相互影响中取得动态平衡。组织同时要从外界接受能源、信息、物料等各种投入，经过转换，再向外界输出产品。

20 世纪 60 年代是系统管理理论的鼎盛时期，但到了 20 世纪 70 年代“权变热”逐渐代替了“系统热”。

10. 权变理论学派

权变理论学派是 20 世纪 60 年代末 70 年代初在美国经验主义学派基础上进一步发展起来的管理理论。其代表人物是钱德勒（Alfred Chandler）、琼·伍德沃德（Joan Woodward）、弗雷德·卢桑斯（Fred Lathans）等人。

权变理论学派认为，在企业管理中要根据企业所处的内外条件随机应变，没有什么一成不变、普遍适用的“最好的”管理理论和方法。权变管理就是依托环境因素和管理思想及管理技术因素之间的变数关系来确定的一种最有效的管理方式。该学派是从系统观点来考察问题的，它的理论核心就是通过组织的各子系统内部和各子系统之间的相互联系，以及组织和它所处的环境之间的联系，来确定各种变数的关系类型和结构类型。它强调在管理中要根据组织所处的内外部条件随机应变，针对不同的具体条件寻求不同的最合适的管理模式、方案或方法。

权变理论在提出以后的几十年内，其理论价值和应用价值日益为管理实践所证实，故而得到了越来越多的人的支持，成为具有重大影响的管理学派之一。

11. 经理角色学派

这一学派主张对经理人员的实际工作情况进行考察，以便发现他们在现实工作中的活动规律，并以此纠正纯粹的管理理论所造成的理解偏差。该学派的主要代表人物是加拿大的亨利·明茨伯格，他根据自己和别人对管理者实际活动的研究，认为管理者执行了十种职能或扮演了十种不同的角色。1973 年出版的《经理工作的性质》是明茨伯格的主要代表作，也是经理角色学派最早出版的经典著作。

二、现代管理理论的新发展

到 20 世纪 90 年代，在知识经济和信息化的驱动下，管理手段出现了新变化，管理理论也出现新的发展趋势。

1. 知识管理理论

20 世纪下半叶，特别是 90 年代以来，美国企业的发展出现了一些新的现象：信息技术广泛应用于企业的生产经营过程；网络化成为企业组织结构调整的突出原因；全球化成为影响和制约企业发展的一个重要环境变量；知识正在成为企业管理的主要资源。无论是以物为核心的管理，还是以人为核心的管理，抑或以文化为核心的管理，它们都是管理学上的彼此不断的升级。到了知识经济初见端倪的当今时代，管理的根本性变革不是以机器和分工为基础，而是以人的知识和能力为基础；不是以占有自然资源（物质资源和能源）为基础，而是以占有人力资源为基础，知识成了管理的核心。

知识管理的研究最早始于美国。20 世纪 90 年代中期，知识管理蓬勃发展。目前，知识管理已经不仅仅局限于理论上的探讨，而开始进入实用化阶段。

知识管理是指对一个企业集体的知识与技能的捕获，并把这些知识与技能分布到能够帮助企业实现最大产出的任何地方的过程。具体地说，就是通过对组织知识资源的开发和有效利用以提高组织创新能力，从而提高组织创造价值能力的管理活动。可见，以知识为核心的知识管理包括两个不可分割、紧密联系的方面：其一是对知识进行管理，知识是管理的主要对象；其二是运用知识进行管理，知识是管理的主要手段。

(1) 知识管理的内容

知识管理可分为人力资源管理和信息管理两个方面。人力资源管理是知识管理的核心内容，人力资源管理就是一种以“人”为中心，将人看做是最重要资源的现代管理思想。

农业经济时代，土地是生产力的第一要素，劳动者被等同于没有思想的物体，是被另外一些掌握土地的人所利用的工具。工业经济时代，资本成为生产力的第一要素，劳动者作为生产力的组成要素之一，受到资本拥有者的重视，但拥有资本的管理者希望劳动者像机器一样听话。后工业经济时代，智力资本对经济增长的贡献率不断提高，管理者意识到人是一种重要的资源，不仅仅是被利用,而是可以通过合理的配置、有效激励、系统培育、激发潜能等手段使人力资源价值得到最大限度的挖掘与发挥。在这个阶段，更多的还是强调对人的有效管理与控制。

知识经济时代，智力资本成为促进生产力发展的第一要素。管理者需要充分认识到，人作为智力资本的拥有者，与生产力的其它要素存在明显的差别：人追求自我实现、自我发展。智力资本的拥有者逐渐发展成为管理的主体，管理者的角色应从管理控制逐渐转向引导和帮助。它包括对企业人力资源个体、团队甚至整个企业组织的知识、技能、智商与情商的管理。

良好的信息管理是实现有效的知识管理的基础。信息管理可分为三个层面：最底层的是通信网络，用来支持信息的传播；第二层是高性能计算机服务器，这是存取信息、数据的关键环节之一；第三层是信息库、数据库系统层，它是信息管理系统的关键层。对于组织来说，知识管理的实施在于建立激励员工参与知识共享的机制，培养组织创新和集体创造力。

(2) 知识管理的特点

知识管理的特点主要有：

①知识管理重视对组织成员进行精神激励。组织成员拥有不断创新和创造新的有用知识的能力，他们是组织知识创新的主体。因此，采取恰当的激励机制就显得尤其重要，它不仅注重物质激励，更注重精神激励——一种新型的精神激励，即赋予组织成员更大的权力和责任，使其更好地发挥自觉性、能动性和创造性。

②知识管理重视知识的共享和创新。未来组织间的竞争取决于整体创新能力，所以，有效的知识管理要求把集体知识共享和创新视为赢得竞争优势的支柱，创造一种组织知识资源能够得到共享和创新的环境，其目的是通过知识的更有效利用来提高个人或组织创造价值的能力。

③知识管理强调运用知识进行管理。传统管理是经验管理，而经验只是知识中的一个层次。管理科学产生后，管理的知识也是不完整的、有失偏颇的。在知识管理中，管理的知识应当是完整的、全面的、有机统一的，它要求管理者能够掌握并在管理过程中综合地运用各种相关知识，使得管理活动卓有成效。将知识视为组织最重要的战略资源，把最大限度地掌握和利用知识作为提高竞争力的关键。

(3) 知识管理的实施

知识管理的实施主要应注意以下几个方面：

①设立知识总监。设立知识总监或主管的目的是要在没有先例可循的情况下能够熟练地丰富、支配和管理不断发展的知识体系，以便有效地运用集体的智慧提高应变和创新能力。例如，可口可乐、通用电器等公司都设立了知识主管。

②要从市场和客户那里获得信息和知识。从市场和客户那里获得信息和知识，是实施知识管理的重要途径。因为对未来的预测建立在时下隐约可见的星点迹象之上，而这些迹象总是体现在客户的需求和愿望之中。此外，通过给客户提供超越业务范围相关知识的服务也是企业获得信息和知识的重要手段。

③要建立知识与信息的共享网络和知识联盟。知识与信息共享网络主要有两种：一是内部网；二是虚拟网。两者都具有众多的功能。例如，美国的波音公司通过建立虚拟网络，实现空军地勤的“无纸”开发。波音公司的员工无论在世界哪个角落都能使用相同的数据库。知识联盟有助于组织之间的学习和知识共享，使组织能够开展系统思考。

④要以知识创新为基础设立职位。这体现了知识时代独特的管理理念。发达国家的许多公司都开始实施知识创新管理规则，即根据员工知识创新的表现发放奖金和晋升职位。此外，美国的 IBM 公司、日本的各大公司等，还鼓励专业技术人员与管理人员进行岗位轮换，目的是使员工获得更多的有关公司的

整体化知识。

⑤要建立学习型组织。从国际范围来看，破除旧有的管理观念与思维模式的束缚，强调学习和“知识能力”的重要性，已成为各国管理理论界注视的中心。人们越来越意识到，知识将成为创造财富及其附加价值的主体；获取和应用知识的能力，也将成为企业核心竞争力的关键。知识社会的来临使得企业流程再造和学习型组织成为时代的热潮。

2. 学习型组织理论

彼得·圣吉（Peter M. Senge）1947 年出生于芝加哥，1970 年在斯坦福大学获航空及太空工程学士学位，之后进入麻省理工学院斯隆管理学院攻读博士学位，师从佛睿思特（Jay Forrester）教授，研究系统动力学整体动态搭配的管理理念；1978 年获得博士学位后，圣吉留在斯隆管理学院，继续致力于将系统动力学与组织学习、创造原理、认知学科、群体深度对话、模拟演练游戏相融合，从而发展出“学习型组织”理论。

作为研究成果的结晶，彼得·圣吉的代表作《第五项修炼——学习型组织的艺术与实务》于 1990 年在美国出版，该书于 1992 年荣获世界企业学会（World Business Academy）最高荣誉——开拓者奖，彼得·圣吉本人也于同年被美国《商业周刊》推崇为当代最杰出的新管理大师之一。

（1）五项修炼

学习型组织理论是以五项修炼为基础的，“五项修炼”的内容具体如下：

①自我超越。“超越”一词含有超过、胜过的意思。“自我超越”就是不断认识自己，认识外界的变化，不断赋予自己新的奋斗目标，突破过去，超越自己。这是一种学习和成长的“修炼”，也是学习型组织的精神基础。

②改善心智模式。心智模式是一种思维方式和行为模式，其往往是人们长期实践经验的总结。通常人们的一言一行都受到多年形成的固有的思维和逻辑的影响。比如说，由于外部环境和人们需求的急剧变化，今天越来越多的企业发现年复一年的传统做法已经不灵了，那些导致企业往昔成功的方法和手段在今天则成了企业失败的原因。所以，改善心智模式，就是改善认知模式，要求企业能够不断随着外部环境的变化适时调整甚至革新企业内部的习惯做法，只有人的思想和逻辑改变才能使行为发生根本的转变。

③建立共同愿景。愿景是期望的未来远景和愿望。建立共同愿景就是建立一个组织成员共同的远景和愿望，并以这个共同愿景感召全体组织成员，使之为这个愿景而奋斗。显然，共同的愿景是组织产生活力和勇气的源泉。

④团队学习。团队学习是发展团队成员整体合作与实现共同目标能力的过程，团队学习的主要形式为“深度汇谈”。彼得·圣吉将学习型组织的交谈称为深度汇谈。通过深度汇谈，组织内的成员可以互相帮助，进行沟通，建立共识，使集体思维变得越来越默契，使团队智商达到远远大于个人智商的目的。

⑤系统思考。作为整体的一部分，置身其中而想要看清整体的变化非常困

难，久而久之，也就形成了“见木不见林”的思考模式。系统思考的修炼就是要人与组织形成系统观察、系统思考的能力，以系统的观点、动态的观点观察世界，从而决定其正确的行动。

(2) 学习型组织的概念与特征

学习型组织理论认为，在新的经济背景下，企业要持续发展，必须增强企业的整体能力，提高整体素质。也就是说，企业的发展不能再只靠像福特、斯隆、沃森那样伟大的领导者一夫当关、运筹帷幄、指挥全局，未来真正出色的企业将是能够设法使各阶层人员全心投入并有能力不断学习的组织——学习型组织。

所谓学习型组织，就是指通过培养弥漫于整个组织的学习气氛、充分发挥员工的创造性思维能力而建立起来的一种有机的、高度柔性的、扁平的、符合人性的、能持续发展的组织。这种组织具有持续学习的能力，具有高于个人绩效总和的综合绩效。

学习型组织具有以下八个基本特征：

①组织成员拥有一个共同的愿景。组织的共同愿景（Shared Vision），来源于员工个人的愿景而又高于个人的愿景。它是组织中所有员工共同愿望的景象，是他们的共同理想。它能使不同个性的人凝聚在一起，朝着组织共同的目标前进。

②组织由多个创造性个体组成。在学习型组织中，团体是最基本的学习单位，团体本身应理解为彼此需要他人配合的一群人。组织的所有目标都是直接或间接地通过团体的努力来达到的。

③善于不断学习。这是学习型组织的本质特征。所谓“善于不断学习”，主要有四点涵义：一是强调“终身学习”，即组织中的成员均应养成终身学习的习惯，这样才能形成组织良好的学习气氛，促使其成员在工作中不断学习；二是强调“全员学习”，即组织的决策层、管理层、操作层都要全心投入学习，尤其是决策层，他们是决定组织发展方向和命运的重要阶层，因而更需要学习；三是强调“全过程学习”，即学习必须贯彻于组织系统运行的整个过程之中；四是强调“团队学习”，即不但重视个人学习和个人智力的开发，更强调组织成员的合作学习和群体智力的开发。

约翰·瑞定（John Redding）提出了一种被称为“第四种模型”的学习型组织理论。他认为，任何企业的运行都包括准备、计划、推行三个阶段，而学习型企业不应该是先学习然后进行准备、计划、推行，不要把学习与工作分割开，应强调边学习边准备、边学习边计划、边学习边推行。

④扁平式组织结构。传统的企业组织通常是金字塔式的，学习型组织的组织结构则是扁平的，即从最上面的决策层到最下面的操作层，中间相隔层次极少。它尽最大可能将决策权向组织结构的下层移动，让最下层单位拥有充分的自决权，并对产生的结果负责，从而形成扁平式组织结构。例如，美国通用电

器公司目前的管理层次已由 9 层减少为 4 层。只有这样的体制，才能保证上下级的不断沟通，下层才能直接体会到上层的决策思想和智慧光辉，上层也能亲自了解到下层的动态，汲取第一线的营养。只有这样，企业内部才能形成互相理解、互相学习、整体互动思考、协调合作的群体，才能产生巨大的、持久的创造力。

⑤自主管理。学习型组织理论认为，自主管理是使组织成员边工作边学习并使工作和学习紧密结合的方法。通过自主管理，可由组织成员自己发现工作中的问题，自己选择伙伴组成团队，自己选定改革进取的目标，自己进行现状调查，自己分析原因，自己制订对策，自己组织实施，自己检查效果，自己评定总结。

团队成员在自主管理的过程中，能形成共同愿景，能以开放求实的心态互相切磋，不断学习新知识，不断进行创新，从而增强组织快速应变、创造未来的能力。

⑥组织的边界将被重新界定。学习型组织边界的界定，建立在组织要素与外部环境要素互动关系的基础上，超越了传统的根据职能或部门划分的“法定”边界。例如，把销售商的反馈信息作为市场营销决策的固定组成部分，而不是像以前那样只是作为参考。

⑦员工家庭与事业的平衡。学习型组织努力使员工丰富的家庭生活与充实的工作生活相互促进，相得益彰。学习型组织支持每位员工充分地自我发展，而员工也以对组织的发展尽心尽力作为回报。这样，个人与组织的界限将变得模糊，工作与家庭之间的界限也将逐渐消失，两者之间的冲突也必将大为减少，从而能够提高员工家庭生活的质量，达到家庭与事业之间的平衡。

⑧领导者的新角色。在学习型组织中，领导者是设计师、仆人和教师。领导者的设计工作是一个对组织要素进行整合的过程，他不只是设计组织的结构和组织政策、策略，更重要的是设计组织发展的基本理念。领导者的仆人角色表现在他对实现愿景的使命感，他自觉地接受愿景的召唤。领导者作为教师的首要任务是界定真实情况，协助人们对真实情况进行正确、深刻的把握，提高他们对组织系统的了解能力，促进每个人的学习。

学习型组织有着它不同凡响的作用和意义。它的真谛在于：一方面学习是为了保证企业的生存，使企业组织具备不断改进的能力，提高企业组织的竞争力；另一方面学习更是为了实现个人与工作的真正融合，使人们在工作中活出生命的意义。

尽管学习型组织的前景十分迷人，但如果把它视为一帖“万灵药”则是危险的。事实上，学习型组织的缔造不应是最终目的，重要的是通过迈向学习型组织的种种努力，引导出一种不断创新、不断进步的新观念，从而使组织日新月异，不断创造未来。学习型组织的基本理念，不仅有助于企业的改革和发展，而且它对其它组织的创新与发展也有启示。人们可以运用学习型组织的基本理念，去开发各自所置身的组织，创造未来的潜能，反省当前存在于整个社会的种种学习障碍，思考如何使整个社会早日向学习型社会迈进，或许，这才是学习型组织所产生的更深远的影响。

本章提要

★本章主要介绍了中外早期管理思想的萌芽、古典管理理论、行为科学理论和现代管理理论，同时对现代管理理论的新发展进行了介绍，说明管理是一个不断深入和发展的领域。

★中外早期的管理思想虽然还不系统、不全面，但却是管理理论的萌芽，促进了生产的发展，为管理学的形成奠定了坚实基础。

★泰罗的科学管理理论着重研究生产作业效率的提高，特别是时间和动作研究、标准化、作业人员和管理人员的分工协调等方面，使管理在历史上真正由经验上升为科学，开创了现代管理理论的第一块里程碑。科学管理理论的其他贡献者还包括卡尔·乔治·巴思、亨利·劳伦斯·甘特、吉尔布雷思夫妇和亨利·福特等。

★在组织管理理论方面，法约尔和韦伯做出了重要的贡献。法约尔提出了适用于一切组织的企业经营和管理的管理五项职能和有效管理的 14 条原则；韦伯首创了一套完整的组织理论，即理想的行政集权制理论，成为了行政组织理论的基石。

★梅奥通过霍桑试验提出了人际关系学说，奠定了行为科学理论的基础；在此基础之上，马斯洛的需要层次理论、奥尔德弗的 ERG 理论、赫茨伯格的双因素理论及 X、Y、Z 理论丰富了行为科学理论，行为科学成为西方管理理论中的重要派别。

★第二次世界大战以后，世界各国重视管理的实践和研究，新的理论、思想和方法不断涌现，出现了“百家争鸣”的局面，孔茨将 1980 年前的管理学领域的理论归纳为 11 个学派。

★20 世纪 90 年代以后，在知识经济和信息化的驱动下，管理手段出现了新变化，管理理论也出现了新的发展趋势，影响较大的理论有知识管理理论、学习型组织理论等。

本章思考题

1. 简述中外早期管理思想，并对之进行简要评价。
2. 你认为产生于 20 世纪初的“科学管理”思想在现代社会中还具有实践

价值吗？具体体现在哪些方面？

3. 法约尔提出了哪些管理职能和哪14条管理原则？

4. 简述梅奥的人际关系理论的基本内容及其评价。

5. 霍桑试验中最重要的发现是什么？此发现对管理理论的发展有何贡献？

6. 简述管理过程学派、社会系统学派、管理科学学派、系统管理学派、经验主义学派、决策理论学派、权变理论学派等的基本观点及其评价。

7. 简述知识管理的内容和特点。

8. 何谓学习型组织？学习型组织的特征有哪些？

本章案例

福特汽车公司的“员工参与计划”

亨利·福特二世对于职工问题十分重视。他曾经在大会上发表了有关此项内容的讲演：我们应当像过去重视机械要素取得成功那样，重视人性要素，这样才能解决战后的工业问题。而且，劳工契约要像两家公司签订商业合同那样，进行有效率、有良好作风的协商。

亨利·福特二世说到做到，他启用贝克当总经理，来改变他在接替老亨利时，公司职员消极怠工的局面。首先贝克以友好的态度来与职工建立联系，使他们消除了怕被“炒鱿鱼”的顾虑，也善意批评他们不应该消极怠工，互相扯皮。为了共同的利益，劳资双方应当同舟共济。他同时也虚心听取工人们的意见，并积极耐心地着手解决一个个存在着的问题。贝克还和工会主席一道制订了一项“员工参与计划”，在各车间成立由工人组成的“解决问题小组”。

工人们有了发言权，不但解决了他们生活方面的问题，更重要的是对工厂的整个生产工作起到了积极的推动作用。兰吉尔载重汽车和布朗II型轿车的空前成功就是其中突出的例子。投产前，公司大胆地打破了那种“工人只能按图施工”的常规，而是把设计方案摆出来，请工人们“评头论足”，提出意见。工人们提出的合理化建议共达749项，经研究，采纳了其中的542项，其中有两项建议的效果非常显著。

在以前装配车架和车身时，工人得站在一个槽沟里，手拿沉重的扳手，低着头把螺栓拧上螺母。由于工作十分吃力，因而往往干得马马虎虎，影响了汽车质量，工人格莱姆说：“为什么不能把螺母先装在车架上，让工人站在地面上就能拧螺母呢？”

这个建议被采纳，既减轻了劳动强度，又使质量和效率大为提高。另一位工人建议，在把车身放到底盘上去时，可使装配线先暂停片刻，这样既可以使车身和底盘两部分的工作容易做好，又能避免发生意外伤害。

此建议被采纳后果然达到了预期效果。正因为如此，他们自豪地说："我们的兰吉尔载重汽车和布朗Ⅱ型轿车的质量可以和日本任何一种汽车一比高低了！"

为了把"员工参与计划"辐射开来，福特还经常组织由工人和管理人员组成的代表团到世界各地的协作工厂访问并传经送宝。这充分体现了员工参与决策的重要性。

一、团结一致共建福特

20世纪70年代到90年代，日本汽车大举打入美国市场，势如破竹。1978—1982年，福特汽车销量每年下降47%。1980年出现了34年来第一次亏损，这也是当年美国企业史上最大的亏损。

1980—1982年，三年亏损总额达33亿美元。与此同时工会也是福特公司面临的一大难题。十多年前，工会工人举行了一次罢工，使当时的生产完全陷入瘫痪状态。

面对这两大压力，福特公司却在5年内扭转了局势。原因是从1982年开始，福特公司在管理层大量裁员，并且在生产、工程、设备及产品设计等几个方面都作了突破性改革，即加强内部的合作性和投入感。

鉴于福特员工一向与管理层处于对立状态，对管理层极为不信任，因而公司管理层把努力团结工会作为主要目标。经过数年努力，将工会由对立面转为联手人，化敌为友，终于使福特有了大转机。目前，福特公司内部已形成了一个员工参与过程，员工投入感、合作性不断提高。福特现在一辆车的生产成本减少了195美元，大大缩短了与日本的差距。而这一切的改变就在于公司上下能够相互沟通；内部管理层、工人和职员改变了过去相互敌对的态度。领导者尊重关心职工，也因此引发了职工对企业的知遇之恩，从而努力工作促进企业发展。从福特二世和今朝重振雄风的事例中我们也可以得到许多关于职工管理的启示。

1. 尊重每一位职工

这个宗旨就像一条看不见的线，贯穿于福特公司管理企业的活动，同时也贯穿于企业领导的思想。这个基本信念对于其他任何企业领导来说都是不能忘记的，不但不能忘记，而且还应该扎扎实实地将它付诸实施。如果口是心非，受到惩罚的不是别人，只能是企业本身。

"生产率的提高，不在于什么奥秘，而纯粹是在于人们的忠诚，他们经过成效卓著的训练而产生的献身精神，他们个人对公司成就的认同感，用最简单的话说，就在于职工及其领导人之间的那种充满人情味的关系。"

这段话揭示出了这样一点："人是最宝贵的资源，对人尊重使工作成为一种新型的具有人性味的活动。爱你的职工，他会加倍地爱你的企业。"

尽管绝大多数经理都能够意识到人的重要性，但在现实中间并不是绝大多数的经理能真正地尊重人，尽管有些是他们无意识的行动。那么，怎样才算是尊重人呢？我们从福特公司所获得的巨大成功中，大致可以发现一些适合于所有企业的一般性原则。

①要使职工真正地感觉到自己是重要的。在人类社会中，每一个人都是重要的，在企业中也并不例外。因此，企业领导不论是在制订计划还是在日常的交往中，都必须发自内心地记住这一定义。并且要把这一定义处处体现在自己的行动上。

贝克经理在谈到自己对于职工的态度时说："当我每次看到某个人的时候，我都要一丝不苟地对待他们，使他们认识到自己的重要性。心不在焉只会给他们带来伤害。"

所以他在与工人相处时，都以友好、平等的态度来倾听他们的谈话，帮助他们解决各种困难。这样一来，职工们会以更加高昂的士气去进行工作。

俗话说得好，人心都是肉长的。一个感到别人对自己友好并尊重自己的人，是不会以怨报德的。这样一来，企业就会招揽更多的人才。一个会揽才的企业，总会比只知对财、物斤斤计较的企业兴旺发达的。

②要认真倾听职工意见。工作在装配线上的工人们由于天天与生产线接触，因而，往往比领导更熟悉生产情况，他们完全可能想到经理们所想不到的意见来提高劳动生产率。此时，领导是否能够倾听工人意见便至关重要。

如果当职工找你来谈关于公司生产经营等方面的建议，或其它有关企业事宜，而被你拒绝的话，则会使他（她）的自尊心受到伤害，而对工作感到心灰意冷，最终影响企业劳动生产率。特别是青年人，往往会因为受到上级的责难怀恨在心而怠工，生产次品来进行报复。

所以作为一个企业领导，即使不从人情的角度来考虑，也应当从企业经济效益得失的角度考虑，认真倾听职工的意见。士为知己者用，如果连坐下来听听对方的谈话都做不到，那就更谈不上使人才为你所用了。

③对每一位职工都要真诚相待，信而不疑。这与上面谈及的对高层领导人员用人不疑大胆放权是同出一辙，人与人之间最宝贵的是真诚。只有建立在彼此推心置腹、真诚相待、信而不疑基础上的友谊，才能经得起考验。管理人员要是真正尊重职工，就必须和职工建立起这种经得起考验的友谊。但要想到这一点，并不是一件很容易的事，这要求管理者无论身居何职都要坚持不耻下问，与部属间兄弟般相处。

福特公司曾经向职工公开账目，这一做法使职工大为感动。实际上这种做法对职工来说无疑产生了一种强大的凝聚力，它使职工从内心感到公司的盈亏与自身利益息息相关，公司繁荣昌盛就是自己的荣誉，分享成功使他们士气更旺盛，而且也会激起他们奋起直追的感情。这就是坦诚关系的妙用。

2. 全员参与生产与决策

这一点是福特公司在职工管理方法中最突出的一点。公司赋予了职工参与决策的权力，缩小了职工与管理者的距离，职工的独立性和自主性得到了尊重和发挥，积极性也随之高涨。“全员参与制度”的实施激发了职工潜力，为企业带来巨大效益。参与制不仅在福特公司，而且在美国许多企业，甚至世界各地使用和发展着。实践证明，一旦劳动者参与管理，生产效率将成倍提高，企业的发展将会获得强大的原动力。

“参与制”的最主要特征是将所有能够下放到基层的管理的权限全部下放。对职工报以信任的态度并不断征求他们的意见。这使管理者无论遇到什么困难，都可以得到职工的广泛支持。那种命令式的家长作风被完全排除。

同时，这种职工参与管理制度，在某种程度上缓和了劳资间势不两立的矛盾冲突，改变了管理层与工人阶级泾渭分明的局面，大大减轻了企业的内耗。

20 世纪 90 年代，是企业分权、授权与自由的时代，我们应该紧握时代的脉搏，给职工权力，赋予义务，获得更多的支持与帮助。

二、造就新一代汽车工人

人才是成就事业的支柱，没有人才就是空谈。在当今新技术革命中，世界各国之间，或一个国家各企业竞争的焦点已经集中在人才上。这里的人才不仅指高水平的专业人才，而且也有一大批作为生产基础的高素质职工队伍。所以福特公司期望在今后 10 年内更换 50%的工人，这些工作将由受过高等教育而又干劲十足的人担任。

当福特公司决定招聘工人时，应聘者蜂拥而至，远高于计划招聘人数。面对众多应聘者，福特公司采取了员工筛选法。应聘者参加了 3 个半小时的考试。这些考试包括数字、阅读技术材料并回答问题，在各种手艺测验中选择一项。随后在分数较高而且有扎实工作经验的 1000 名应聘者中进行初选。至少由两名公司员工对候选人进行面试，选择最有前途的求职者。最后，候选人还必须通过吸毒检查和体检，由医生确定，他们是否能胜任工作。

由于福特公司注意网罗受过更高教育的人员，因此其新工人的整体情况呈现受过高等教育人的比例上升的趋势。上过大学的约占 1/3，有 4 年本科学位的约占 4%，持中学毕业证书的人约占 97%，都高出原有工人的比例。

制造业现在也不像过去那样被人瞧不起，不少受过高等教育的人也乐意在组装线上拧螺丝。例如，威廉·沃德是一个获得历史学位的大学毕业生，却进入了福特公司的一个装配厂，虽然现在福特公司不指望雇佣的新工人都是大学毕业生，但他们在工厂不断发展之际无疑想招聘到一些可以节省培训和再培训费用的工人。

同时福特公司正大幅度裁减管理人员，让工人自己负起某种责任，好保证质量，重新改进生产程序和改进产品。无疑，在此方面，受到教育程度高的人具有一定优势。

受过更高教育的人进入福特公司显示着新一代美国汽车制造工人正在出现。对于造就新一代工人队伍这一方面，公开招聘、严格筛选是应该令我们注意的。公开招聘制度是对人事管理上的权力主义、官僚主义的一种冲击和抑制，也是对个人主动精神的激励。

从以上对福特公司人事管理的分析中，我们可以看到能否采用正确的用人之道是一个企业成败的关键所在，管理不善是最大的浪费，即使拥有最先进的科学技术，也不能发挥作用。所以我们必须从人力资本的观点看问题，组织和管理好人才，只有这样，才能保证我们的事业欣欣向荣。

（资料来源：http：//school.freekaoyan.com/xinjiang/xjife/zhaosheng/20060921/21721.shtml）

讨论题

1.“员工参与计划”体现了福特公司怎样的管理思想变化？

2. 你认为福特公司这样的管理方式会不会造成大家各执己见、思想不统一的局面？

第四章　管理的基本原理

学习目标

1. 掌握管理原理的特点。
2. 理解管理原理与管理原则的区别和联系。
3. 掌握系统原理、人本原理、责任原理和效益原理的主要内容。
4. 理解贯彻每个管理原理应遵循的主要管理原则。

管理原理是人们在长期的管理实践中对管理客观规律的认识和科学概括，反映了管理活动的本质内容，因此，对一切管理活动具有普遍的指导意义。

第一节　管理原理的特性和意义

一、管理原理的主要特性

1. 客观性

管理原理是对管理本质的表述，是对其客观规律的高度概括和总结。首先，管理原理反映的是管理获得本质和内在规律的客观存在性。其次，管理原理的客观性要求我们要不断深化对管理原理的认识，在各种管理工作中，避免主观主义、官僚主义和经验主义，强化管理原理的实际指导作用，以取得满意的管理效果。最后，管理原理是否概括得正确、准确，是否真正反映了管理的客观规律，管理活动是否符合管理原理，要用管理实践来检验。如果违反了管理原理，必然要受到客观规律的处罚，承担严重的后果。

2. 概括性

管理是一项复杂的系统工程，涉及领域广泛，要素繁杂，变量众多。管理原理反映物与物、人与物、人与人之间的关系，但并不是对每个要素、变量及关系所反映出来的规律性进行罗列和表述，而是在总结大量管理经验的基础上，舍弃不同组织之间方案的差别，对管理活动本质内容和重要方面经过高度综合和概括得出的具有普遍性、规律性的结论。所以说，管理原理不是一时一地的局部经验，而是被大量管理实践所证明而行之有效的普遍真理。

3. 稳定性

科技、经济、社会都在不断变化和发展，组织也在变化和发展。因此，管理的内容、方法和手段也要随之变化。管理原理也不是僵死的教条，一成不变的，也随之充实完善；但是这一过程是缓慢的，是一种历史的过程，是由它的客观性和高度概括性决定的。这就是管理原理表现出来的相对稳定性。正因为如此，管理原理才可能被人们正确认识和利用，对管理实践活动起到指导作用。

4. 系统性

管理原理的系统性包含两层含义：一是指管理的四大基本原理（系统原理、人本原理、责任原理和效益原理）的体系性；二是指四大原理反映了管理活动的系统特性。管理最主要的职能是对人、财、物为代表的管理要素配置和对责、权、利关系的协调。管理的系统原理、人本原理、责任原理、效益原理正是对管理工作实质内容及其基本规律的完整的科学分析和系统概括。通过四大基本原理，可以把管理的实质概括为：在系统内部，以人为本，通过确定责任，达到一定的效益。

二、管理原则

管理原则是以管理原理为依据考虑管理者、管理对象、管理环境及管理任务的要求而制订出来的进行管理活动应遵循的法则。它是用来规范、指导实际管理工作的，表现为组织的规章制度和各种规程。因此，管理原则具有具体性、可操作性、约束性等特性。同一原理，不同组织、不同管理者和管理对象，可能会制订出大不相同的管理原则。这说明，原则的制订，有一定的人为主观因素。管理原则的这种主观性，表现了组织的“个性”，组织的这种固定的特性就表现了组织的某种文化。因此，人们违反管理原则，就要受到组织的制裁和组织成员的反对。在实际工作中，我们既要认识到管理原理和原则的区别，又要高度重视它们之间的联系，要根据外部环境变化和管理实际要求来确定管理原则规范的广狭程度和规范的力度。例如，为了贯彻动态相关性原理和有序原理，就必须遵守开放的原则，但究竟开放程度该多大，要根据实际情况来确定。尽量使实际管理工作不但要符合管理的基本原理，而且要有利于管理原则的贯彻，这正是管理原则的作用。

三、研究管理原理的意义

研究管理原理主要有两个方面的意义：一是对管理实践的指导意义；二是

有助于管理科学体系的建立。

首先，研究管理原理，用管理的基本原理来指导管理实践，就可以提高管理工作水平，避免盲目性。实践证明，遵循管理原理，管理就有效，就成功；违反管理原理，就会引起混乱，甚至失败。这就要求我们对管理工作中的各个环节，各个方面，大到要进行决策、建立制度、制订规章，小至协调要素、关系，都要以管理原理为依据、为指南，提高管理工作的科学水平，以便在管理工作中不犯错误或少犯错误。

其次，研究管理原理，可以不断深化对管理本质和基本规律的认识和掌握。只有认识了管理的本质和基本原理，并在管理实践中很好地把握，才能掌握工作中的主动性，起到管理主体的主导作用，从而应付千变万化的管理环境，把管理工作做得井井有条。只有把对管理基本规律的认识和掌握与自己的管理经验结合起来，才能形成管理者的管理哲学，并提炼成管理艺术。这样，在复杂的管理问题面前，才能快捷地寻找到解决问题的途径、手段和方法，对管理的后果有一定预见性，并很好地解决问题，使管理的科学性和艺术性达到高度融合。

最后，管理科学的建立，既有赖于管理实践，也有赖于对管理规律的不断研究。只有在管理实践基础上，通过对管理原理的不断实践、认识的过程，才能建立起科学的管理体系。

第二节　系统原理

一、系统论和系统

系统论是指研究系统思想和系统方法的哲学理论，又称系统观。系统论是系统普遍存在性的哲学基础。系统论与控制论和信息论并称为“三论”（也称“老三论”，以区别于由耗散结构论、协同论和突变论构成的“新三论”）。

系统是指由若干要素以一定结构形式联结构成的具有某种功能的有机整体。系统一词，源于古希腊语，是由部分组成整体的意思。系统论的创始人贝塔朗菲强调，系统论的核心思想是整体观念。任何系统都是一个有机的整体，它不是各个部分的机械组合或简单相加。系统的整体功能是各要素在孤立状态下所没有的新质（整体大于部分之和）。分析和研究系统主要关注三个方面的关系：要素与要素、要素与系统、系统与环境。

各类系统，按人类干预的情况，分为自然系统和人工系统；按学科领域，分为自然科学系统、社会科学系统和思维科学系统；按范围，分为宏观系统和微观系统；按与环境的关系，分为开放系统、封闭系统和孤立系统。

二、管理系统

1. 管理系统的要素

考察管理活动不难发现，管理系统包括管理主体、管理对象、管理过程和管理目标四个方面的内容。这四个方面，就是管理系统的四大要素。管理主体指的是管理者，是管理系统的核心要素，对管理的运行起着主导作用；管理对象是管理的客体，是管理系统的重要要素，离开客体，管理就无从谈起；管理过程是管理主体与客体按照系统要求的一系列联系，这种联系是管理系统的生命；管理目标是管理目的的具体化，也是管理效果的预期，对管理系统起着导向作用。

管理系统的这四个要素根据情况还可以再分，每一个要素与管理系统一样，不但本身表现出系统性，而且与管理系统保持着某种联系，这种层次有序的联系，就是管理系统的结构。例如，国民经济系统的管理主体是政府，而政府又可以分为各级政府和政府的各个部门；管理客体是客观经济变量，这些变量又可以逐步分解至下级及企业；管理过程就是政府通过各种宏观调控手段，保持国民经济的正常运行并实现国民经济系统的目标，如保持一定的经济增长速度、通货膨胀率、失业率等在一定的限度内。管理的系统原理要求首先应设计一个符合系统规律的管理系统；其次，应采取有效手段，保持管理系统的正常运行。

2. 管理系统的特性

任何一个系统都有整体性、层次性、相关性和动态性的特性。生物系统是一种高级系统，除具有以上四个特性外，还具有目的性和环境适应性。而社会系统是更为高级的系统，它除具有一般系统的四个共性和生物系统特有的目的性和环境适应性外，还具有创造性。管理系统是一种社会系统。

具有目的性的系统称为目的性系统，如生物系统和社会系统。根据系统整体性可知，目的系统都有明确的总目的，系统中各子系统是为完成系统的既定目标协同工作的，如生物系统的总目的是生存和繁衍。人类社会系统是一个巨系统，共同目的就是与在自然的和谐共处中，求得人类的生存和发展。管理系统是个社会系统，其目的性就是通过管理主体的主导活动实现系统的各种目标。其创造性表现为两个方面：一是对环境的改造能力，它不但可以改造环境的生物系统和无机系统，而且可以改造环境的社会系统；二是通过对系统内要素的配置和协调，生产出更大的价值和新的功能来。这种协同增效的作用就是系统论中讲的系统功能，这是管理的生产力性质的主要表现。

三、系统原理的主要内容

1. 整体性原理

所谓的整体性原理，就是指系统各种要素之间的相互关系及要素与系统之间的关系以整体为主进行协调。就其目标来讲，要实现局部目标与整体目标、短期目标和长远目标的一致，在不一致的情况下，要遵守局部服从全局、短期服从长远的原则。就功能来讲，始终要把追求整体功能放在首位，牢记实现整体优化是管理系统最主要和最直接的目的。

整体性原理主要有三方面的内容：一是保持系统有机性，即要素和系统是不可分割的；二是系统整体功能不等于要素功能之和，这就是系统功能或功效不守恒定律；三是系统整体功能具有不同于个别要素所表现的新功能。

在贯彻整体性原理时，要坚持整分合原则和能级原则。

(1) 整分合原则

这是指在实现管理工作整体优化时，要对系统的整体性，如整体目标、整体功能、整体任务等有深入了解，而这要在科学分解的基础上才能做到，然后进行科学的组织综合。这就是整分合原则的含义。

从以上含义中可以看出，整分合原则的执行有三个必不可少的环节。一是整体把握。即对管理系统的整体及构成要素及其关系有深入了解，也要对其在社会大系统中的地位及联系，以及发展变化规律有深入了解，在此基础上，处理好整体与局部的关系。二是科学分解。所谓科学分解，就是把系统目标、任务运用系统分析方法进行分解，明确职责，制订规范，以便落实。在分解的基础上，进行合理分工，并建立相应的责任制。合理分工是有效协作的前提，是实现整体功能的必要条件，因此说这是整分合的关键环节。三是组织综合。综合是一种升华。组织综合是形成新的生产力的组织条件。任何系统，要实现放大功效并产生新的功效，就必须靠有力的组织综合。另一方面，组织综合也是实现系统正常运行和协调发展的组织保证。

(2) 能级原则

能级原则是指根据系统要求，首先要实现位置要素的优化。所谓位置要素的优化，一是指每个位置要素只要能保证发挥其位置功能即可，不可低，低则影响整体功能，亦无须高，高则是种浪费，具有破坏系统特定性之可能。二是指对系统要素，要按照其价值大小、功能类别等构成的能级放在必须放的位置上，做到人尽其才，物尽其用，从而实现位置要素的优化。这是一条非常重要的原则。

2. 动态相关性原理

任何系统都处在不断变化发展之中，系统状态是时间的函数，这就是系统的动态性。系统要素之间，要素与整体之间以及系统与环境之间的有机联系，就是系统的相关性。系统动态性取决于其相关性。系统的动态相关性的实质，就是解释要素、系统和环境三者之间的关系及对系统状态的影响。

动态相关性原理包括三个方面的内容。一是系统内部要素与要素之间的相关性。系统内相互联系的各要素之间相互作用，具体表现为相互制约和相互协同。相互制约减少了作用各方的自由度，相互协同会使作用各方形成自己本身所没有的功能。如果通过联系，使系统产生功能放大的效应，就叫做积极相关，反之叫消极相关。二是要素与系统整体的相关性。要素相互作用、联系形成系统结构，这是系统的中介。每个要素通过这个中介，与系统整体发生联系。结构越合理，每个要素在系统中的作用就发挥得越充分，系统的整体功能就会越好。反过来讲，正是由于要素是通过结构与系统整体发生联系的，所以，整体结构中一个要素的改变，就会影响相关要素发生变化，进而通过结构影响系统的整体发生变化。这就是常讲的“牵一发而动全身”。三是系统环境的相关性。即系统是环境的系统，环境是系统的环境，它们二者处在对立统一之中，系统的改变会引起环境的变化，环境的变化也要求系统与之适应。管理系统与环境相关性要求管理人员必须把系统看做开放系统，在环境与系统的相互作用中，研究环境与系统的功能关系、条件和系统目标之间的关系。

在贯彻动态相关性原理时，应遵守弹性原则和环境适应性原则。

(1) 弹性原则

弹性原则是指在管理活动中，要保持一定弹性或灵活性，以及时适应管理系统及其环境的各种变化，实现有效的动态管理。

实行弹性管理，是由现代管理的复杂性和动态性决定的。一是管理者面对的问题是极其复杂并常有明显的社会化特点。在管理中，要求通过广泛科学的调查研究和预测，尽可能多地掌握现在和未来对管理影响的因素，但即使如此，也不可能做到百分之百的掌握，这就要求管理的各项工作必须留有余地。二是对管理的主要因素、各种关系、各个环节的认识有个过程和深度，既要抓住主要因素，又不能忽视次要因素，必须统筹兼顾，综合平衡，要做到这一点，必须留有一点余地。三是系统是不断发展变化的，为了适应各种情况和对可能产生的结果做到有备无患，必须有多种方案，根据系统及环境变化选择出满意的方案。

在执行弹性原则时，要做到适当弹性和积极弹性，反对消极弹性。所谓适当弹性就是能适应变化发展要求而又不损害整体功能的弹性限度。如余地留得太小，难以应付发展变化；而留得太大，会造成浪费，损害整体功能。如定指标时，“头戴三尺帽，不怕砍一刀”；编制过多，引起机关臃肿、人浮于事等。所谓积极弹性，就是以整体优化为目的的弹性。常讲的管理中要“多一手”就是指此。所谓消极弹性，是以局部和短期利益为出发点进行的弹性管理，它必然要损及整体功能，如管理中“留一手”。

(2) 环境适应性原则

一是指要根据环境变化而调整系统关系，使之与环境相适应；二是指要改造环境，根据系统能力和要求对环境产生有利于系统发展和整体功能发挥的影响。坚持环境适应性原则，首先要构造一个开放系统。

3. 有序性原理

系统的有序性是指构成系统的诸要素通过相互作用，在时间和空间上按照一定的秩序组合和排列，由此而形成一定的结构。它决定系统特定的功能，表示系统结构实现系统功能的程度。

有序性原理的主要内容包括：首先，任何系统都有特定结构，结构合理则系统有序度高，功能就好，反之亦然，混乱是一种低度有序状态。其次，系统由低级结构转变为高级结构趋向有序，反之趋向无序。如学习过程就是低有序状态转向高有序状态；知识老化过程就是由高有序状态向低有序状态转变的过程；改革就是提高系统有序化的举措。最后，要实现并维持系统有序，前提条件是保持系统的开放，从环境中不断吸收物质、能量、信息，以抵制系统熵增。贯彻有序原理应遵守层次性原则和开放性原则。

(1) *层次性原则*

层次性是系统等级的划分，是系统结构的普遍存在形式。任何一个系统，系统中的任何一部分都是有层次结构的，不同层次有不同的功能。不同等级层次的系统之间相互联系、相互制约，处在辩证统一体中，低层影响高层，高层支配低层。但低层也不是被动的，它保持自己的相对独立性，对高层亦起重要支撑作用。在管理实践中，如果没有层次，就没有效率，严重时就会引起系统混乱。

(2) *开放性原则*

开放是系统有序的前提，对于一个封闭系统而言必然要走向混乱，甚至死亡。但这里要知道，开放只是系统有序的必要条件，而非充分条件。在开放中实现有序，还必须吸收有助于系统总熵减少的要素、能量和信息。如我国对外开放是必需的，但引进的东西必须是进步的、积极的。如常讲的让新鲜空气进来，但必须挡住苍蝇。要把增加开放度与提高组织有序度机能一致起来。总之，坚持与组织机制相适应的开放，才能达到系统预期的目的。

4. 反馈原理

管理中反馈是实现组织目的性的重要形式，也是一种重要的控制机制。就是把管理过程中的结果信息反馈给决策者和执行者，对系统的再输出发生影响，起到控制作用，以达到既定目的。有两种形式的反馈。一种叫负反馈，即通过反馈信息的影响，使系统偏离目标的运动收敛，趋于稳定状态。管理中多采取这种反馈形式。一种叫正反馈，即通过反馈信息的影响，导致系统偏离目标的运动加剧发散，使系统不稳定程度增大。正常管理中不使用这种反馈形式，只有要求组织进行巨大变革时才采取这种反馈形式。

在实际管理工作中，为了使反馈起到应有的作用，必须做到反馈灵敏、准确、适当。灵敏指的是及时收集各种反馈信息，及时进行处理并及时反馈；准确指收集到的信息要真实，反馈的部门、环节要准确，只有这样，才能达到有效控制，如问题出在决策层，反馈到执行层，作用就不大；适当指的是反馈作用要适当，如对通胀反馈，如果措施太激烈，可能会影响系统的功能，损及长远利益。

在贯彻反馈管理时，首先要坚持控制原则。这是反馈目的要求的，如无控制,反馈也无用，如提倡群众提意见、建议，而没有采纳，不对系统发生影响，反馈就是多余的。其次，要坚持闭合原则。这是实现反馈的手段，没有闭合就难以反馈，也就无从控制。管理的各个方面、各个环节都要闭合。如管理过程：决策→执行→监督（反馈）→决策。人事任免中任命→使用→监督（反馈）→再任命（晋升或降职等）。另外，由于系统的动态性特征，在还没得到反馈信息时，系统已发生很大变化，这时就要采取前馈手段，即在对系统状态预测的基础上，增加前馈手段对系统状态进行控制，以实现系统目标（如考虑到下一期通胀的增大可提前采取紧缩政策）。

第三节　人本原理

一、人本原理的含义

管理的人本原理是对以人为中心的管理思想和管理原则的总称。

管理思想发展的每一个阶段，其焦点之一就在对人的看法上。泰罗科学管理理论把人当成“经济人”，认为人的一切行为都是最大限度地满足自己的利益，工作动机是为了获得经济报酬。而以梅奥、马斯洛为代表人物的早期行为科学管理理论则把人当成“社会人”，认为人的社会性需求的满足往往比经济报酬更能激励人，人们不但有经济上的需要，更重要的是还有人际关系、社会交往等方面的需要。当代管理理论则把人当成所谓的“复杂人”，认为人是复杂的，所以需要也因人、因年龄、因地点、因时间的不同而不同，且随着各种变化而改变，人与人的关系也会改变。当代管理思想高度重视了人在管理中的重要作用和管理目的的本质，这也是人本原理的社会历史根源。

二、人本原理的内容要点

1. 人是管理系统的主体要素

人是管理活动的主体。管理活动是由人、财、物、技术、时间、信息这些基本要素相互作用的过程。而在这些要素中，只有人是管理的主体，其它要素都是管理的客体。当然，在一定意义上人也是管理的客体，但首先它是管理的主体。也就是说人是这些基本要素中的第一要素，也是最重要、起主导和决定作用的要素。但是，并非因人是管理的主体要素，就无需管理或使管理简单化，这样，管理的目标也不能实现。

激发人的工作热情是管理的首要问题。现代管理理论和大量管理实践都证明，对任何一个组织的管理，都要贯彻人本原理，而贯彻这一原理的首要问题是调动人的积极性、主动性。调动人的积极性要从人性出发，使用现代管理中的各种有效理论和方法，分析影响人的积极性发挥的因素，遵循人的思想活动的基本规律，切忌形式主义，搞假、大、空和搞运动、搞斗争，采取简单化方法。要做到出发点正确、分析入理、方法得当，并注意其思想的动态变化，采取权变的方法。

2. 人是一种特殊资源

生产的所有要素中，只有人这种要素在管理过程中具有创造作用，正如西方一管理学家讲的，一个单位的人力资源是它能有效运转的最大关键，也是最重要的资产。因此，每个组织在管理中，必须重视人的作用，做好人的工作，使这个特殊资源发挥特殊作用。

人力资源可以开发。人力资源开发的最主要的目的就是提高其生产力。对于一个单位来讲，人力资源开发的途径有两条：一是从人力市场上招聘到合适的人；二是通过教育、培训，挖掘人的潜能。另外，在日常工作中，采取激励等手段，提高人的工作主动性、积极性，也是对人力资源的开发。

加强人力资源管理。这里主要是指，一是有一个科学的人力资源计划和激励政策，保证组织所需要的人力资源有可靠保障，并能吸引到组织最为需要的人，而不至于使管理成本和产品成本上升过多；二是把组织的人做到合理使用，使人尽其才，才尽其用，最大限度地发挥其作用；三是组织发展，运用行为科学理论和方法，使组织成员态度、行为、价值观、信念和各自需求进行改变，有计划地从上到下提高组织效率。这是造成良好组织气氛的一种管理行为和努力。

3. 管理的终极目的是人的发展

这里所讲的人的发展主要指人性的发展。研究人性发展问题离不开关于人性的观点。关于人性的理论古今中外学者都有很多的论述。但探讨的问题主要有两个方面：人的本质和人性的改变。前者包括人性的善恶，后者研究人性是否可以改变、如何改变、其改变是否有限度。

关于人性本质方面的论述，主要有两大派，四种不同观点：一派叫严格主义派，包括性善论，如西方的卢梭、中国的孟子等；性恶论，其代表人物如西方的马基雅维里、叔本华，中国的荀子等。另一派叫融通主义派，包括人性亦善亦恶论，认为人性有两面，理性为善，欲性为恶，其代表人物有柏拉图、扬雄等；人性非善非恶论，如洛克说“人心原是一张白纸”，还有康德、黑格尔、杜威、王安石、王守仁等都是这种主张。另外，中国古代还有个特有的“性三品论”，代表人物是王充，认为人性有善、中、恶三等，因此有善人、中人和恶人三类，中人以上的性善，中人以下的性恶。

关于人性改变问题，认为人性不能改变和人性绝对可以改变属两个极端情况，这种结论难以成立。而公认结论是人性有改变的可能和限度，最有效的改变必须依据一定的条件。这种观点的西方代表人物是杜威，中国的孔子虽然没有讲性善性恶的问题，但他认为人性是可以改变的。同时道家、墨家和法家均认为人性是可改变的。

人性的发展标准不仅与人性论有关，而且有其时代特征。在封建社会，超经济的人身依附为人性中最普遍的现象，君臣之间、官民之间、夫妻之间、父子之间都是以人身依附为建立正常关系的准则，并以是否遵守这一准则作为评价人性是否完美的标准。与之适应，一切管理都是建立在一方完全无条件服从另一方的基础上。资本主义建立了以利己本性为基础的商品经济关系，资本和劳动力都是商品，但人身是自由的，等价交换和遵守“信用”成了资本主义人际关系的基本准则，并以能否遵守这一准则作为评价人性是否完美的标准。一切管理活动也都是建立在这个基础上。

根据马克思主义的理想，社会主义物质极大丰富，人们的思想觉悟极大提高，在人们的劳动和组织的管理活动中，实现了人的真正平等和自由，人们之间建立起了完全平等的友爱关系。一切为他人、为社会在人的全面发展中成为人性的主流，而人性的全面发展和最完美体现是管理的核心，也是管理的最终目的。

但是，我们现在还处在社会主义的初级阶段，人性的状况混乱复杂，有封建主义的等级思想，有资本主义的利己和拜金主义思想，也有民主思想和高尚的共产主义思想。这种复杂状况，要求管理者在充分认识人性的基础上，采取权变的管理方法，以更好地实现管理目标，促进各个层次的人性都有发展并朝着人类最完美的人性境界迈进。

三、贯彻人本原理的途径

1. 遵守动力原则和竞争原则

(1) 动力原则

管理的动力是管理活动持续而有效进行下去的合力。对于一个组织和个人来讲，需要是推动我们思考的动力，也是维持管理的动力。具体有：物质动力，如薪金、条件等；精神动力，如认可、受尊重、表彰等；工作动力，如兴趣、挑战性、创新，有利于爱好发挥和好奇心的满足等；结构动力，如在组织中的职位、权力，掌握的要素，获得信息的多少、及时程度等，如有些人宁肯在大公司、大机关少拿些报酬，而不愿去私人公司赚大钱，还有对未来的预期等。

总之，上述四种动力都是满足员工的某种需要的依据。在这四种动力中，前两种为基础动力，后两种为从属动力，因为结构动力和工作动力最终都是在物质和精神方面得到某种满足或有实现这种满足的预期后而产生的。

(2) 竞争原则

没有竞争就没有发展。但文明社会的竞争要以公开、平等、合法为前提。通过竞争，可以实现人力资源的有效配置，促进人性发展；但不正当竞争是扭曲人性的一种机制。

2. 让职工参与管理

如参加董事会、监事会，让更多人成为股东；让职工了解决策过程，并参与日常管理等。

3. 拓展人性发展的涵义

人性的发展是有层次、有内涵的，也受社会历史条件和组织文化等因素的限制。一种好的组织管理，都是以人为本的管理，而这种管理的终极目的是促进人性的发展，挖掘人的潜能。主要内容有：内部平等，团结友爱，竞争协作；担负一定的社会责任；提供良好服务和优质商品，真正树立顾客至上、服务第一的思想，树立管理就是为人的思想。

第四节　责任原理

一、责任原理的含义

管理过程就是追求责、权、利统一的过程。因此，研究管理中责、权、利三者之间的关系、责任对实现管理目的的影响以及实现责任原理要求的途径，就是责任原理所研究的问题。管理的最主要目的就是追求效益。要实现这三个目的必须开发人的潜能，要在合理分工的基础上明确规定每个部门和个人必须完成的工作任务并承担相应的责任。

职责是指特定职位应当承担的责任，是组织赋予部门或个人的，是组织维持其正常秩序的一种约束力。职责听起来很抽象，但实际上它是在数量、质量、时间、效益等方面对组织及组织成员行为规范的严格规定。表达职责的形式主要有条例、规程、合同等，职责是在合理分工的基础上确定的，因此，分工明确，职责才会明确。

权力是指为完成工作任务而授予的权力。实行任何管理都是对诸如人、财、物、信息等要素的配置。借助一定的权力才能实现真正的管理。

能力是完全负责的一个关键因素。管理能力是由科学知识、组织才能和实践经验三者构成的。科学知识主要指管理者实现有效管理所需要的诸如社会、经济、心理学等基本知识和诸如生产、技术管理方面的业务知识。组织才能指以处理人际关系为核心的对人、财、物关系的协调能力。实践经验主要是指以管理实践为主的实践经验。

二、责、权、利与能力的三角形关系

职责、权力、利益是三角形的三个边，是相等的（见图 4–1）。能力是等边三角形的高。在实际管理中，能力略小于职责，从而使工作富有挑战性。这样，管理者的能力与其所承担的职责相比，常有能力不够的感觉，会产生一种压力，从而促使管理者加强学习，不断学习新知识，并且可以发挥参谋、智囊的作用。使用权力时，会做到谨慎小心，工作本身就是工作的一种动力。当然，能力不能过小，以免承担不起职责所需要的能力。也有人认为，对于高层管理人员应是能力略大于职责，而对于中低层管理人员，能力略小于职责好些。

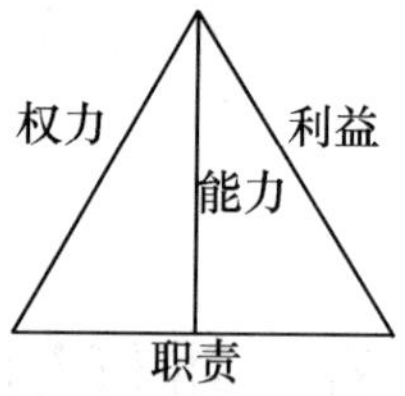

图 4-1 责权利的三角形关系图

三、贯彻责任原理的主要途径

1. 组织设计要合理

这是贯彻责任原理的基础和前提。在组织设计中，最主要的是职位设计、权责关系的确定和制订有关的规章制度。通过组织设计，可以确定、规范每一个职位的责任以及它与其它职位责任的关系。明确这个职位应该做什么、不应该做什么、要负什么责任，出现任何后果都能找到承担责任的部门、职位和个人。

2. 职责要明确，责任要到人

要根据组织设计确定的责任，分配到人并做出明确规定。第一是要做到职责界限清楚。实际工作中，有些责任界限容易搞清楚，有些就困难些。一般规律是工作职位离实体越近，职责越容易明确；工作职位离实体越远，职责越不容易明确。第二是职责的内容要具体，便于检查、考核、奖励。第三是职责中的联系和交叉。联系交叉中的职责要明确谁为主、谁为辅、谁负主要责任等内容。要注意职责划分中的“真空地带”，以防止许多事无人干。还要解决是否愿意完全负责的问题。是否完全愿意负责，主要是由风险与利益比较的结果决定。因此上级在划分职责时，还要考虑这个问题。

3. 授权要恰当

作为一个管理者，能力、精力、时间都是有限的，因此，许多工作要授权给下级去干。这里有两个问题必须清楚。一是要做到善于授权。这样，既为下级工作履行职责提供条件，可以调动下级的工作积极性；又可以使自己有足够精力、时间考虑大的、关键的问题。二是要做到授权恰当。太少，下级不好工作；太多，下级无法承担应负的责任，也容易失控，影响全局。

4. 加强考核并做到公正、及时奖惩

只有职责划分和权力行使，而没有完善的考核，这是管理中的开环管理，轻则使管理偏离目标，重则使组织失控，最终影响管理绩效。因此，加强考核是实现闭环管理的必不可少的环节，也是对工作人员进行奖罚的前提，只有考核准确，才可能做到奖罚公正。

奖罚是对工作成效的一种评价。因此，奖罚必须公正、及时。公正及时的奖罚，有助于提高人的积极性，挖掘每个人的潜能，从而提高管理成效。对做出成绩的工作人员进行及时奖励，可以使他们的积极性维持下去。在奖励时，要注意各种动力，使奖励能真正发挥应有的作用。在管理中，及时公正的奖罚是必要的。但要注意政策、注意方法、注意后果。总之，不管是奖还是罚，都要做到制度化、规范化，要做到公正和及时，要以提高管理绩效为出发点和归宿点。

第五节　效益原理

一、效益原理的基本含义

1. 效益原理的概念

在管理中，重视效益，追求效益，以最小的消耗和代价，获取最佳的经济和社会效益，这就是管理的效益原理的基本要求。

2. 效益原理在管理中的作用

管理的主要目的是创造出最大的效益。追求应有效益是组织生存和发展的前提条件。因此，学习和研究效益管理，可以使管理者在管理的各个方面、各个环节中都能自觉地运用效益原理来指导管理，检验管理成果，推动管理发展。

研究效益原理，可以使管理者全面理解效益的内涵，自觉做到经济效益和社会效益、长期效益和眼前效益的协调统一以及组织效益和个人效益的协调一致。

二、效益的概念

1. 效益、效果、效率的概念及关系

效果是指单位时间经过转换而产出的有用成果。效率是指单位时间所取得的效果的数量，反映了劳动时间的利用状况。效益是指有效产出与投入之间的一种比例关系。效益与效果和效率是相互联系又相互区别的概念。对于效果而言，有些有效益，有些无效益。只有被社会所接受的效果才是有效益的，如只有市场需要、能卖出去的产品才是有效果并有效益的；卖不出去的合格产品，只有效果而没有效益。

效率与效益也是有联系的，但实践中二者并非一致。如企业耗费大量资金进行技术改造，提高技术水平，从而提高了效率，但如果实际结果使单位产品生产的物质劳动消耗的增量超过了活劳动的减量，会导致生产成本增加；还有如产品生产规模过大、生产量超过市场需要而出现卖不出去的现象，这都是效率提高而效益降低的情况。一般情况下，有效益，必有效率，但个别情况，如石油、农业限产有效益，但无效率。

所谓经济效益，是以最小代价，创造出最大价值，获得最佳经济效益。它是对管理的经济目标实现程度从数量方面进行评价的依据。如社会生产的经济效益可用如下公式表示：

$$经济效益=\frac{劳动成果（符合社会需要的产品和服务总数）}{社会劳动和资源消耗及占用的总量}$$

这个公式说明，经济效益是以生产的物质技术联系为基础，反映了社会生产力的发展水平以及生产关系的性质和生产关系与生产力结合的状况。如公式的分子是生产目的的物质体现，分母是达到生产目的的手段。因此可以说，经济效益的实质是以尽量少的活劳动和物质消耗，生产更多的符合社会需要的产品。

所谓社会效益，是指劳动所产生的成果对社会产生的有用的和积极的影响程度和做出的贡献。可用下式表示：

$$社会效益=\frac{对社会的贡献（对社会产生有益作用的产品和服务总量）}{社会劳动和资源消耗及占用的总量}$$

这个公式也表明生产关系与生产力的结合状况，但更强调对社会的贡献。社会效益的核心，是必须对社会进步、经济发展带来积极影响，做出有益贡献。

经济效益和社会效益之间既有联系，又有区别。经济效益是社会效益的基础，社会效益是促进经济效益提高的重要条件。它们的主要区别是经济效益较社会效益直接、明显，容易计算，而要衡量计算社会效益就较困难。

管理实践中，坚持两种效益的统一观点，确立管理活动的效益观，把长远效益和眼前效益、局部效益和全局效益统一于经济效益和社会效益的协调统一之中。影响这个问题的因素很复杂、很多，但主体管理思想的正确与否是极其重要的。

2. 效益的评价

关于效益的评价，要注意两个方面的问题：一是评价的标准；二是评价的主体。虽然评价标准不是绝对的，但对于任何一个评价主体来讲，应尽量做到公正、客观，因为它的评价越公正、客观，对组织追求效益的动力就越大。因此，在评价前应分析各种条件，全面掌握情况，制订出科学、公正、合理的评价标准。

有了评价标准，就要选择评价主体。以下评价主体可供选择：首长评价，优点是权威性高，能较好地掌握全局，其评价对组织影响较大，不足的是难以做到具体、细致，这种评价与首长本身的价值观念、认识水平、能力、见识等有关；群众评价，优点是较为公正、客观，但占用时间太多，且与组织民主机制成熟程度、效益与群众结合的紧密程度有关；专家评价，优点是细致，技术性强，权威性较高，但容易忽视间接效益，这种评价与专家组织结构及结果的技术处理有关；市场评价，这与市场发育程度有关，市场发育越成熟，评价结果越客观、公正。

本章提要

★管理原理是人们在长期的管理实践中对管理客观规律的认识和科学概括，反映了管理活动的本质内容，具有客观性、概括性、稳定性和系统性等特性。

★管理原则是以管理原理为依据考虑管理者、管理对象、管理环境及管理任务的要求而制订出来的进行管理活动应遵循的法则。管理原则与管理原理既有区别又有联系。

★管理系统包括管理主体、管理对象、管理过程和管理目标四个要素。管理系统具有整体性、层次性、相关性、动态性、目的性、环境适应性和创造性等特性。

★系统原理包括整体性原理、动态相关性原理、有序性原理和反馈原理。

★人本原理是对以人为中心的管理思想和管理原则的总称。贯彻人本原理要坚持动力原则和竞争原则相结合。

★责任原理研究管理中责、权、利三者之间的关系，责任对实现管理目的的影响以及实现责任原理要求的途径。

★效益原理要求组织重视效益，追求效益，以最小的消耗和代价，获取最佳的经济效益和社会效益。效益、效率和效果三者之间既有区别又有联系。

本章思考题

1. 如何理解管理原理的主要特征及研究管理原理的意义？
2. 如何理解管理原理的系统原理及其主要内容？
3. 如何理解责任原理的责、权、利与能力的关系？

本章案例

管理理论真能解决实际问题吗?

海伦、汉克、乔、萨利四个人都是美国西南金属制品公司的管理人员。海伦和乔负责产品销售，汉克和萨利负责生产。他们刚刚参加过在某大学商学院的为期两天的管理培训班学习。在培训班里主要学习了社会系统理论、权变理论和一些有关与员工激励方面的内容。他们对所学的理论有不同的看法，现正展开激烈的争论。

乔首先说："我认为社会系统理论对于像我们这样的公司是很有用的。例如，如果生产工人偷工减料的话，就会影响到我们的产品销售。系统理论中讲的环境影响与我们公司的情况很相似。我的意思是，在目前这种经济环境中，一个公司会受到环境的极大影响。在油价暴涨时期，我们当时还能控制自己的公司。现在呢？我们要想在销售方面每前进一步，都要经过艰苦的战斗。这方面的艰苦，你们大概深有体会吧?"

萨利插话说："你的意思我已经知道了。我们的确有过艰苦的时期，但是我不认为这与社会系统理论之间有什么必然的内在联系。我们曾经在这种经济系统中受到过伤害。当然，你可以认为这与系统理论是一致的。但是我并不认为我们就有采用社会系统理论的必要。我的意思是，如果每个东西都是一个系统的话，而所有的系统都能对某一个系统产生影响的话，我们又怎能预见到这些影响所带来的后果呢？所以，我认为权变理论更适用于我们。如果你说事物都是相互依存的话，系统理论又能帮我们什么忙呢?"

海伦对他们这样的讨论表示有不同的看法。她说："对社会系统理论我还没有很好地考虑。但是，我认为权变理论对我们是很有用的。虽然我们以前亦经常采用权变理论，但是却没有认识到自己是在运用权变理论。例如，我有一些家庭主妇顾客，听到她们经常讨论关于孩子和如何度过周末之类的问题，从她们的谈话中我就知道她们要采购什么东西了。顾客也不希望我们逼他们买他们不需要的东西。我认为，如果我们花上一两个小时与他们自由交谈的话，那肯定会扩大我们的销售量。但是，我也碰到一些截然不同的顾客，他们一定要我向他们推荐产品，要我替他们在购买中做主。这些人也经常到我这里来走走，但不是闲谈，而是做生意。因此，你们可以看到，我每天都在运用权变理论来对付不同的顾客呢。为了适应形势，我们经常都在改变销售方式和风格，许多销售人员都是这样做的。"

汉克显得有些激动地插话说："我不懂这些被大肆宣传的理论是什么东西。

但是，关于社会系统理论和权变理论问题，我同意萨利的观点。教授们都把自己的理论吹得天花乱坠，他们的理论听起来很好，但是他们的理论却无助于我们的管理实践。对于培训班上讲的激励要素问题我也不同意。我认为，泰罗在很久以前就对激励问题有了正确的论述。要激励员工，就是要根据他们所做的工作给他们报酬。如果员工什么也没有做，就用不着付任何报酬。你们和我一样清楚，人们只是为钱工作，钱就是最好的激励。”

（资料来源：杨先举主编：《工商企业管理案例》，中国人民大学出版社，1994）

讨论题

1. 你同意谁的意见？他们的观点有什么不同？
2. 简评萨利关于社会系统理论的看法。你如何使萨利信服社会系统理论？
3. 你同意汉克关于激励问题的看法吗？说出你的理由。

第五章 决策

学习目标

1. 理解决策的含义、原则与依据。
2. 熟悉决策的分类。
3. 掌握决策的程序。
4. 掌握常用的定性决策方法及其实施步骤。
5. 掌握常用的定量决策方法及条件。

决策是管理的核心内容，是管理活动中最重要的一环。可以认为，整个管理过程都是围绕着决策的制订和组织实施而展开的。诺贝尔经济学奖得主西蒙也提出“管理就是决策”的观点，由此可见决策的重要性。

第一节 决策的含义、原则与依据

一、决策的含义

“决策”一词的英语表述为 decision-making，意思就是做出决定或选择。时至今日，对决策概念的界定不下上百种，但仍未形成统一的看法，诸多界定归纳起来，基本有以下三种理解：一是把决策看做是一个包括提出问题、确立目标、设计和选择方案的过程。这是广义的理解。二是把决策看做是从几种备选的行动方案中做出最终抉择，是决策者的拍板定案。这是狭义的理解。三是认为决策是对不确定条件下发生的偶发事件所做的处理决定。这类事件既无先例，又没有可遵循的规律，做出选择要冒一定的风险。也就是说，只有冒一定的风险的选择才是决策。这是对决策概念最狭义的理解。

以上对决策概念的解释是从不同的角度做出的，在本书中，我们采纳路易斯、古德曼和范特的定义，认为决策就是管理者识别并解决问题的过程，或者管理者利用机会的过程。

我们可以将这一定义做如下理解：

第一，决策的主体是管理者。管理者既可以单独做出决策，这样的决策称为个体决策；也可以是多个管理者组成的集体或小组共同做出决策，这样的决策称为群体决策。

第二，决策的本质是一个过程，这一过程由多个步骤组成。

第三，决策的目的是解决问题或者利用机会，也就是说，决策不仅仅是为了解决问题，有时也是为了利用机会。

二、决策的原则

决策遵循的原则是满意原则，而不是最优原则。对决策者来说，要想使决策达到最优，必须具备以下条件：

第一，容易获得与决策相关的全部信息；

第二，真实了解全部信息的价值所在，并据此拟定出所有可能的方案；

第三，准确预测每个方案在未来的执行结果。

但在现实中，上述条件往往得不到满足。这是因为：

其一，组织内外存在很多因素，它们都会对组织的运行产生不同程度的影响，但决策者很难收集到反映这一切情况的信息；

其二，对于收集到的有限信息，决策者的利用能力也是有限的，从而决策者只能制订数量有限的方案；

其三，任何方案都要在未来实施，而人们对未来的认识和影响都是十分有限的，从而决策时所预测的未来状况可能与实际的未来状况不一致。

因而，现实中的上述状况决定了决策者难以做出最优决策，只能做出相对满意的决策。

三、决策的依据

管理者在决策时离不开信息，必须以信息为依据。信息的数量和质量直接影响决策水平。这要求管理者在决策之前以及决策过程中尽可能地通过多种渠道收集信息，作为决策的依据。但这并不是说管理者要不计成本地收集各方面的信息。管理者在决定收集什么样的信息、收集多少信息以及从何处收集信息等问题时，要进行成本-收益分析。只有在收集的信息所带来的收益（因决策水平提高而给组织带来的利益）超过因此而付出的成本时，才应该收集信息。

因此，适量的信息是决策的依据，信息量大固然有助于决策水平的提高，但对组织而言可能不经济，而信息量过小则使管理者无从决策或导致决策收不到应有的效果。

第二节 决策的类型

依据不同的划分标准，决策可以分为许多类型，了解各种类型的决策，有助于管理者做出合理的决策。

一、长期决策与短期决策

按照决策影响的时间，可将决策分为长期决策与短期决策。

长期决策是指有关组织今后发展方向的长远性的重大决策，又称长期战略决策，如投资方向的选择、人力资源开发、组织规模确定等都属于长期决策。

短期决策是为实现长期战略目标而采取的短期策略手段，又称短期战术决策，如企业的日常营销、资源配置、物资采购、贮备等都是短期决策。

二、战略决策、战术决策和业务决策

按照决策的重要性，可将决策分为战略决策、战术决策和业务决策。

战略决策对组织而言最为重要，它直接关系到组织的发展，是解决全局性、长远性、战略性的重大问题的决策。一般多由高层管理人员做出。战略决策是企业经营成败的关键，它关系到企业生存和发展。决策正确可以使企业沿着正确的方向前进，提高竞争力和适应环境的能力，取得良好的经济效益。反之，决策失误，就会给企业带来巨大损失，甚至导致企业破产。

战术决策是为了实现战略决策、解决某一问题做出的决策，以战略决策规定的目标为决策标准，是指企业在实现战略经营目标、经营方向、经营规划等战略决策过程中，对具体经营问题、管理问题、业务问题、技术问题的决策。如企业原材料和机器设备的采购、生产和销售的计划、商品的进货来源、人员的调配等均属此类决策。战术决策一般由企业中层管理人员做出，战术决策要为战略决策服务。

业务决策是指企业为了解决日常工作中的业务问题，提高工作效率和经济利益所做出的决策。它属于局部性、短期性、业务性的决策，如工作任务的日常分配和检查、工作日程的安排和监督、岗位责任制的制订和执行等。这类决策一般由基层管理者进行。

三、群体决策和个人决策

按照决策的主体，可将决策分为群体决策和个人决策。

群体决策是为充分发挥集体的智慧，由多人共同参与决策分析并制订决策的整体过程，其中，参与决策的人组成了决策群体。群体决策的优点是能充分发挥集体智慧，集思广益，决策慎重，从而保证决策的正确性、有效性；缺点是决策过程较复杂,耗费时间较多。它适宜于制订长远规划、全局性的决策。

个人决策是由企业领导者凭借个人的智慧、经验及所掌握的信息进行的决策。决策速度快、效率高是其优点，适用于常规事务及紧迫性问题的决策；个人决策的最大缺点是带有主观和片面性，因此，对全局性重大问题则不宜采用。

四、程序化决策和非程序化决策

按照决策的重复性，可将决策分为程序化决策和非程序化决策。

程序化决策是指决策的问题是经常出现的问题，已经有了处理的经验、程序、规则，可以按常规办法来解决，故程序化决策也称为常规决策或例行性决策。如设备故障、现金短缺、产品质量缺陷等就属程序化决策。

非程序化决策是指决策的问题是不常出现的，没有固定的模式、经验去解决，要靠决策者做出新的判断来解决，非程序化决策也叫非常规决策。如企业开辟新的销售市场、商品流通渠道调整，选择新的促销方式等属于非程序化决策。

五、初始决策和追踪决策

从决策的起点看，可将决策分为初始决策和追踪决策。

初始决策也称为零起点决策，它是组织对从事某种活动或从事该种活动的方案所进行的初次选择。

随着初始决策的实施，组织环境发生变化，这种情况下对组织活动方向、内容和方式的重新调整就是追踪决策。因此，追踪决策是非零起点决策。

六、确定型决策、风险型决策和不确定型决策

按照决策问题所处条件不同，可将决策分为确定型决策、风险型决策和不确定型决策。

确定型决策是指决策过程中，提出各个备选方案，在确知的客观条件下，每个方案只有一种结果，比较其结果优劣做出最优选择的决策。确定型决策是一种肯定状态下的决策。决策者对被决策问题的条件、性质、后果都有充分了解，各个备选的方案只能有一种结果。这类决策的关键在于选择肯定状态下的最佳方案。

风险型决策是指在决策过程中提出各个备选方案，每个方案都有几种不同结果可以知道，其发生的概率也可测算，在这样条件下的决策，就是风险型决策。例如某企业为了增加利润，提出两个备选方案：一个方案是扩大老产品的销售；另一个方案是开发新产品。不论哪一种方案都会遇到市场需求高、市场需求一般和市场需求低几种不同可能性，它们发生的概率都可测算，若遇到市场需求低，企业就要亏损。因而在上述条件下决策，带有一定的风险性，故称为风险型决策。风险型决策之所以存在,是因为影响预测目标的各种市场因素是复杂多变的，因而每个方案的执行结果都带有很大的随机性。决策中，不论选择哪种方案，都存在一定的风险性。

不确定型决策是指这样一类的决策，在决策过程中提出各个备选方案，每个方案有几种不同的结果可以知道，但每一结果发生的概率无法知道。在这样条件下的决策就是不确定型的决策。它与风险型决策的区别在于：风险型决策中，每一方案产生的几种可能结果及其发生概率都知道，不确定型决策只知道每一方案产生的几种可能结果，但发生的概率并不知道。这类决策是由于人们对市场需求的几种可能客观状态出现的随机性规律认识不足，从而增大了决策的不确定性程度。

第三节 决策的过程

决策是一项复杂的活动，是一个提出问题、分析问题和解决问题的系统的动态过程，为了保证决策的正确性和可靠性，需要遵循科学的决策程序。一般而言，决策的过程包括七个基本的程序，如图 5-1 所示。

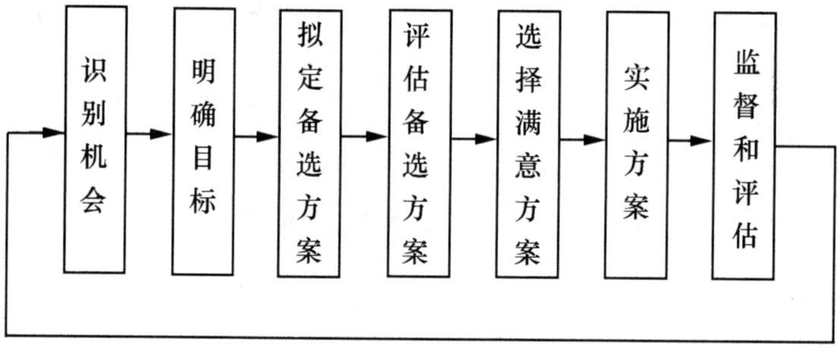

图 5-1 决策过程示意图

一、发现问题，识别机会

决策是为了解决一定问题而做出的，决策的目的是为了实现组织内部活动及其目标与外部环境的动态平衡，所以决策的前提条件一定是对问题的发现，决策的质量取决于对问题了解的准确程度。如果没有问题，则不需要决策，如果问题不明确，则难以做出正确的决策。所以认识并分析问题是最为重要也是最为困难的环节。

问题通常产生于“应然”与“实然”的差距。所谓“应然”，就是理论上讲应该达到的状态，“实然”则是实际出现的状态，这二者之间没有差别，则没有问题，有差别则说明出现了问题。而“实然”与“应然”均来自于大量的信息收集。一旦问题出现，则要从两个方面来进一步分析。首先，明确理论上应该出现的目标状态是什么，达到该状态必须具备哪些条件；然后，分析实际工作中出现问题的症状有哪些，为什么会出现这些症状，哪些症状是可以容忍的，哪些是需要解决的，需要解决的这些症状可不可以解决，哪些是企业自身可以解决的，哪些是必须借助于外部才可以解决的。理清了这些问题，才会有下一步该怎么办的思考。

同时，决策也是面向机会、识别机会的。机会是指当前的期望与之前没有的、潜在的更好状况之间的偏差。换句话话，决策者意识到某些决策可以使结果高于当前目标或者期望。

二、明确决策的目标

决策目标是组织根据找出的所要解决的问题，在进一步明确解决了该问题之后的结果应该是什么的基础上而设定的。目标的明确十分重要，因为同样的问题，目标不同，采取的决策方案可能就会不同。比如，若把目标分为长期目标、中期目标和短期目标，那么长期目标的决策通常采用战略决策方法，中期目标的决策常用战术性决策方法，而短期目标的决策则惯用业务决策方法。

三、拟定多个可行的备选方案

为了解决问题，实现既定的目标，管理者必须积极地寻找各种切实可行的方案，一般而言，找到的备选方案越多，决策的风险越小，决策的质量和正确率就越高。但是方案一般都不是显而易见的，需要决策者付出大量的努力和劳动才可能获得，而且为了提出更多更好的方案，仅凭决策者个人或少数人的经验与智慧远远不够，要充分调动他人的积极性和创造力，善于征询他人的意见。国外常通过头脑风暴法、德尔菲法、哥顿法等方法集思广益，收集富有创造性的方案。当然我们还应该牢记的是拟定的方案必须紧紧围绕所要解决的问题和决策的目标。

四、评估备选方案

这一步需要对前面拟定的所有方案逐一地进行评价，通常采用定量分析与定性分析相结合的评价方法。为了充分体现决策的科学性，降低经验主义的作用，应提倡通过多种定量化的分析手段的运用，实事求是，尊重数据，当然，定性分析方法在很多情况下也是必要的。

为了做好该步工作，第一，要明确决策的准则，体现决策者最关心的是哪些指标，如成本、收益、风险、可行性等；第二，运用一致的分析方法来分析每一个方案，所选择的分析方法要与决策者关心的指标体系相关；第三，比较每个方案的优劣程度，如每个方案满足指标的情况、达到目标的程度、存在的风险、得到的回报大小以及为得到此回报需付出的代价大小等。

五、选择满意方案

在对所有方案的优劣信息都清楚以后，决策者最终要从其中选择一个相对满意方案作为实施方案。这时经验和决策者对待风险的态度往往会起较大的作用。因为理论上讲通过计算选择一个满意程度最高的方案是非常简单的，但实践中往往这若干个方案的差别可能不是特别明显，或者说每个方案均有各自的优劣势，这个方案在某一方面较有竞争力，但在另一方面又显得欠缺，而另一方案可能正好相反。因此，到底如何取舍，有时取决于决策者的价值观、风险意识、审时度势的能力等。

六、实施方案

一旦做出了最终决策，就要付诸实施。实施决策，应当首先制订实施方案，包括在组织内部向全体成员宣布决策、解释决策、分配决策任务等，以取得大家的理解和支持，这是任何决策得以顺利实施的关键。因为尽管决策由决策者做出，但决策的实施是由广大组织成员共同完成的。在实施过程中通常要注意以下几个方面的要求：

(1) 制订相应的具体措施，保证方案的正确实施；

(2) 确保与方案有关的各种指令能被所有有关人员充分接受和彻底了解；

(3) 应用目标管理方法把决策目标层层分解，落实到每一个执行单位和个人；

(4) 建立重要的工作报告制度，以便及时了解方案进展情况，及时进行调整。

七、监督和评估

决策结果的正确与否是通过实践检验出来的，同时，在实践过程中，随着环境的变化有时需要对决策进行调整。因此建立完善的监督与信息反馈渠道对决策的顺利执行非常必要。通过有效的监督机制，可以保证决策执行的高效率和质量，通过信息反馈，可以及时纠正决策执行中的偏差，同时对已有的决策进行不断的修正和完善。

第四节　决策的方法

决策方法基本上可以分为两大类：定性分析法和定量分析法。但是，作为决策方案的评价和决定，都是同时运用定性方法与定量方法，将其结合起来做出判断，而不是单纯用一种方法就简单地做出判断。

一、定性决策方法

定性决策方法也称决策软技术，其实质在于它能最充分发挥人们的潜在能力和创造性，因而对解决因素比较复杂的综合性的决策问题起着重要的作用。常用的定性方法有头脑风暴法、德尔菲法、名义群体法。

1. 头脑风暴法

头脑风暴法 (Brain Storming) 又称智力激励法、自由思考法，是由美国创造学家阿历克斯·奥斯本于 1939 年首次提出并于 1953 年正式发表的一种激发性思维的方法。这种方法主要是通过有关专家之间的信息交流，引起思维共振，产生组合效应，从而导致创造性思维。通常是将对解决某一问题有兴趣的人集合在一起，在完全不受约束的条件下，敞开思路，畅所欲言。

头脑风暴法应遵守如下原则：

第一，庭外判决原则。对各种意见、方案的评判必须放到最后阶段，此前不能对别人的意见提出批评和评价。认真对待任何一种设想，而不管其是否适当和可行。

第二，欢迎各抒己见，自由鸣放。创造一种自由的气氛，激发参加者提出各种荒诞的想法。

第三，追求数量。意见越多，产生好意见的可能性越大。

第四，探索取长补短和改进办法。除提出自己的意见外，鼓励参加者对他人已经提出的设想进行补充、改进和综合。

头脑风暴法的目的在于创造一种畅所欲言、自由思考的氛围，诱发创造性思维的共振和连锁反应，产生更多的创造性思维。这种方法的时间安排应在 1~2 小时，参加者以 5~10 人为宜。

2. 德尔菲法

德尔菲法（Delphi Method）是在 20 世纪 40 年代由赫尔姆和达尔克首创，经过戈尔登和兰德公司进一步发展而成的。德尔菲这一名称起源于古希腊有关太阳神阿波罗的神话。传说中阿波罗具有预见未来的能力。因此，这种预测方法被命名为德尔菲法。1946 年，兰德公司首次使用这种方法用来进行预测，后来该方法被迅速、广泛采用。

德尔菲法依据系统的程序，采用匿名发表意见的方式，即专家之间不得互相讨论，不发生横向联系，只能与调查人员发生关系，通过多轮次调查专家对问卷所提问题的看法，经过反复征询、归纳、修改，最后汇总成专家基本一致的看法，作为预测的结果。这种方法具有广泛的代表性，较为可靠。

德尔菲法的具体实施步骤是：

第一，组成专家小组。按照课题所需要的知识范围，确定专家。专家人数的多少，可根据预测课题的大小和涉及面的宽窄而定，一般不超过 20 人。

第二，向所有专家提出所要预测的问题及有关要求，并附上有关这个问题的所有背景材料，同时请专家提出还需要什么材料。然后，由专家做书面答复。

第三，各个专家根据他们所收到的材料，提出自己的预测意见，并说明自己是怎样利用这些材料并提出预测值的。

第四，将各位专家的第一次判断意见汇总，列成图表，进行对比，再分发给各位专家，让专家比较自己同他人的不同意见，修改自己的意见和判断。也可以把各位专家的意见加以整理，或请身份更高的其他专家加以评论，然后把这些意见再分送给各位专家，以便他们参考后修改自己的意见。

第五，将所有专家的修改意见收集起来，汇总，再次分发给各位专家，以便做第二次修改。逐轮收集意见并为专家反馈信息是德尔菲法的主要环节。收集意见和信息反馈一般要经过三四轮。在向专家进行反馈的时候，只给出各种意见，但并不说明发表各种意见的专家的具体姓名。这一过程重复进行，直到每一个专家不再改变自己的意见为止。

第六，对专家的意见进行综合处理。

3. 名义群体法

名义群体法（Nominal Group Technique，NGT），又称名义团体技术、名义群体技术、名义小组法，是指在决策过程中对群体成员的讨论或人际沟通加以限制，但群体成员是独立思考的。像召开传统会议一样，群体成员都出席会议，但群体成员首先进行个体决策。

具体方法是，在问题提出之后，采取以下几个步骤：

首先，成员集合成一个群体，但在进行任何讨论之前，每个成员独立地写下他对问题的看法。

其次，经过一段沉默后，每个成员将自己的想法提交给群体。然后，一个接一个地向大家说明自己的想法，直到每个人的想法都表达完并记录下来为止(通常记在一张活动挂图或黑板上)。所有的想法都记录下来之前不进行讨论。

接着，群体开始讨论，以便把每个想法搞清楚，并做出评价。

最后，每一个群体成员独立地把各种想法排出次序，最后的决策是综合排序最高的想法。

名义群体法的主要优点在于，使群体成员正式开会但不限制每个人的独立思考，但是又不像互动群体那样限制个体的思维，而传统的会议方式往往做不到这一点。

二、定量决策方法

定量决策方法是根据已有的实际数据以及变量间的相互关系，建立一定的数学模型，然后通过运算，取得结果，进行判断。根据未来情况的可控程度，可把有关活动方案的决策方法分为确定型决策方法、风险型决策方法和不确定型决策方法三种。

1. 确定型决策方法

确定型决策亦称标准决策或结构化决策，是指决策过程的结果完全由决策者所采取的行动决定的一类问题，它可采用最优化、动态规划等方法解决。决策者在只存在一种自然状态（客观条件），而且对各种备选方案的结果均能确切了解的情况下做出决策。

为能在确切了解的情况下做出决策，确定型决策方法应具备以下四个条件：

一是存在着决策人希望达到的一个明确目标；

二是只存在一个确定的自然状态；

三是存在着可供选择的两个或两个以上的行动方案；

四是不同的行动方案在确定状态下的损失或利益值可以计算出来。

例如：某企业可向三家银行借款，但利率不同，分别为8%、7.5%和8.5%，企业需决定向哪家银行借款。很明显，向利率最低的银行借款为最佳方案。这就是确定型决策。此外，像企业中确定状态下的库存管理，生产日程计划或设备计划的决策都属于确定型决策。

常用的确定型决策方法有线性规划和量本利分析法等。

(1) 线性规划

线性规划是在一些线性等式或不等式的约束条件下，寻求目标函数的最大值或最小值的方法。主要用于解决两类问题：

①资源一定的条件下，力求完成更多的任务，取得更好的经济效益；

②任务一定的条件下，力求节省资源。

运用线性规划建立数学模型的步骤是：

首先，确定影响目标大小的变量；

其次，列出目标函数方程；

再次，找出实现目标的约束条件；

最后，找出使目标函数达到最优的可行解，即为该线性规划的最优解。

例如：某企业生产两种产品：桌子和椅子，它们都要经过制造和装配两道工序（有关资料如表5-1所示）。假设市场状况良好，企业生产出来的产品都能卖出去，试问何种组合的产品使企业利润最大？

表5-1　某企业的有关资料

	桌子	椅子	工序可利用时间/小时
在制造工序上的时间/小时	2	4	48
在装配工序上的时间/小时	4	2	60
单位产品利润/元	8	6	—

这是一个典型的线性规划问题。

第一步，确定影响目标大小的变量。在本例中，目标是利润，影响利润的变量是桌子数量 T 和椅子数量 C。

第二步，列出目标函数方程：$\pi = 8T+6C$。

第三步，找出约束条件。在本例中，两种产品在一道工序上的总时间不能超过该道工序的可利用时间，即：

制造工序：$2T+4C \leqslant 48$

装配工序：$4T+2C\leqslant 60$

除此之外，还有两个约束条件，即非负约束：

$$T\geqslant 0$$

$$C\geqslant 0$$

从而线性规划问题成为，如何选取 T 和 C，使 π 在上述四个约束条件下达到最大。

第四步，求出最优解——最优产品组合。通过图解法（如图 5-2 所示），求出上述线性规划问题的解为 $T^*=12$ 和 $C^*=6$，即生产 12 张桌子和 6 把椅子使企业的利润最大。

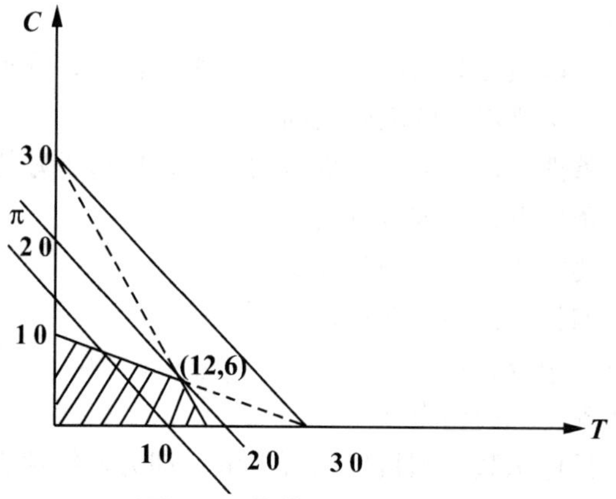

图 5-2 线性规划的图解法

(2) 量本利分析法

量本利分析法又称保本分析法或盈亏平衡分析法，是通过对企业产销量、生产成本、销售利润三者之间关系的分析，掌握盈亏变化的临界点（即保本点），掌握盈亏变化的规律，指导企业选择能够以最少的生产成本生产最多产品并可使企业获得最大利润的经营方案。

在量本利分析法中，为了方便分析，我们将产品的生产成本分为固定成本和变动成本两部分。其中，固定成本是指其总额在一定时期、一定业务范围内，不随产销量的变化而变化的成本，如厂房、设备的折旧费、租赁费等，而单位产品所分摊到的固定成本却随着产销量的增加（减少）而减少（增加）；变动成本是指其总额在一定时期、一定业务范围内，随着产销量的变化而呈正比例变动的成本，如直接材料、直接人工等。当然，固定成本和变动成本只是相对的概念，实际上，由于企业的生产经营能力和规模是不断变化的，一切费用都是可变的。

有两种方法可以帮助管理者找出企业的保本收入和保本产量水平，即图解法和公式计算法。

a. 图解法

图解法是用图形来描述一定条件下企业的销售收入、成本（可变成本与固定成本)、利润之间的关系，如图 5-3 所示。

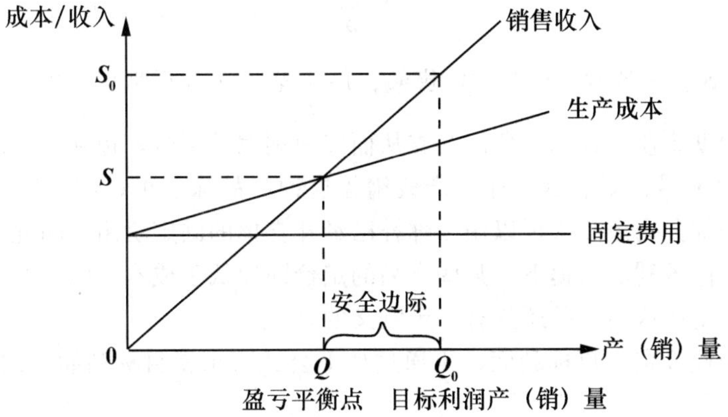

图 5-3 量本利分析

从图 5-3 中可以得出以下信息，供决策分析之用：

①保本产量，即销售收入曲线和生产成本曲线交点所对应的产量；

②各个产量上的销售收入；

③各个产量上的生产成本；

④各个产量上的利润，即各个产量上的销售收入与生产成本之差；

⑤各个产量上的变动成本，即各个产量上的生产成本与固定费用之差；

⑥安全边际，即方案带来的产量与保本产量之差（Q_0-Q）。

b. 公式计算法

就是利用数学公式来计算出保本产量和保本收入。

在这里，我们假设企业利润是销售收入扣除生产成本以后的剩余部分，同时假设企业的产量正好等于销量，那么，企业要获得利润，其前提是生产过程中的各项耗费都能得到补偿，也即销售收入至少必须等于生产成本，用公式来表示，即：

$$pQ=F+vQ$$

式中，p 表示产品销售单价；Q 表示产（销）量；F 表示固定成本总额；v 表示单位可变成本。此时，企业该种产品的产量（销量）称为保本产量（销量），企业取得的收入称为保本收入。企业可以在产品价格、固定成本总额和单位可变成本已定的条件下，确定产品的产销量至少应该达到多少数量才能使总收入与总成本达到平衡，即：

$$Q=\frac{F}{p-v}=\frac{F}{c}$$

式中，$p-v$ 是产品单价与单位可变成本的差额，称单位边际贡献，用 c 来表示；Q 在此时也可称为盈亏平衡点产（销）量。如上式等号两边同乘以 p，则可以得出盈亏平衡时的销售额：

$$S=\frac{F}{1-\frac{v}{p}}$$

式中，S 表示盈亏平衡时的销售额；$1-\frac{v}{p}$ 表示边际贡献率，指每单位销售收入可以帮助企业弥补固定费用开支从而实现利润的系数。边际贡献或边际贡献率如果大于零，则表示企业生产或销售这种产品除了可以将可变成本收回外，还有一部分剩余收入可以用于弥补已经开支掉的固定费用。因此，在企业能够实现总体盈利的前提下，某些产品的定价即使低于成本，但只要能够大于可变成本，生产这些产品还是有一定意义的。

如果企业设定了目标利润，则通过如下公式可求得目标利润下的产（销）量：

设目标利润为 R，则：

$$pQ=F+vQ+R$$

目标利润下的产销量为：

$$Q=\frac{F+R}{p-v}=\frac{F+R}{c}$$

目标利润下的产（销）量与盈亏平衡时的保本产（销）量之间的差额称为安全边际。

【例 5-1】某企业生产某种产品的固定成本总额为 30000 元，单位可变成本为 3 元/件，该产品的单价为 8 元/件。如果某方案带来的产量为 8000 件，问该方案是否可取？

解：以下分别用图解法和公式计算法来解例题。

（1）图解法。根据题意，固定成本总额 F=30000，总成本方程为 C=30000+3Q，销售收入方程为 S=8Q。根据方程式，可以绘制出固定成本总额曲线、总成本曲线和销售收入曲线，得出量本利分析图，如图 5-4 所示。

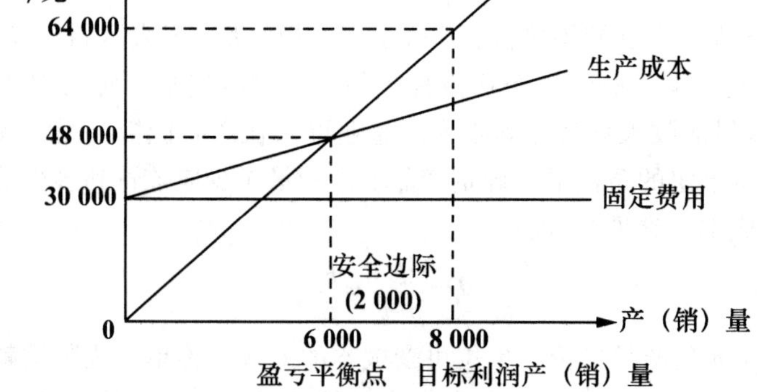

图 5-4 量本利分析

由图 5-4 可知，方案所带来产量（8000 件）大于盈亏平衡点的保本产量（6000 件），因此该方案可行。

（2）公式计算法。根据题意，可列方程求出保本产量：

$$pQ=F+vQ$$

即　$8Q=30000+3Q$　　　$Q=6000$（件）

或　$S=pQ=\dfrac{F}{1-\dfrac{v}{p}}$

即　$8Q=\dfrac{30000}{1-\dfrac{3}{8}}$

同样，$Q=6000$（件）

因为方案带来产量为 8000 件，大于保本产量 6000 件，因此可知方案可行。此时可进一步求出方案带来的利润：

$pQ=F+vQ+R$

$R=pQ-vQ-F=8\times8000-3\times8000-30000=10000$（元）

2. 风险型决策方法

风险型决策也叫统计型决策、随机型决策，主要用于人们对未来的情况有一定程度的了解和认识，但是又不能确切地肯定的情况。此时，方案在未来执行可能有几种情况（自然状态）出现，而决策者不知道哪种自然状态会出现，但能了解到共有几种可能的自然状态，并且可根据已掌握的资料推断各种自然状态出现的概率。风险型决策必须具备以下条件：

（1）存在着决策者希望达到的目标；

（2）有两个以上方案可供决策者选择；

（3）存在着不以决策者的意志为转移的几种自然状态；

（4）各种自然状态出现的概率已知或可估计出来；

（5）不同行动方案在不同自然状态下的损益值可以估算出来。

比较常用的风险型决策方法是决策树法。它是用树形图来描述方案在未来不同自然状态下的收益，并计算每种方案的期望收益，在此基础上进行比较和选择。

以下通过举例来说明决策树的原理及其应用。

【例 5-2】B 企业为了扩大某产品的生产，拟建设新厂。据市场预测，产品销路好的概率为 0.6，销路差的概率为 0.4。现有三种方案可供选择：

方案 1：新建大厂，需投资 450 万元。据预测，销路好时，每年可获利 150 万元；销路差时，每年亏损 40 万元。服务期为 10 年。

方案 2：新建小厂，需投资 200 万元。销路好时，每年可获利 65 万元；销路差时，每年仍可获利 40 万元。服务期为 10 年。

方案 3：先建小厂，2 年后销路好时再扩建，需追加投资 300 万元，服务期为 8 年，预计每年获利 115 万元。

如果不考虑货币的时间价值，B 企业应该采用哪种投资方案？

先画出该决策问题的决策树，如图 5–5 所示。

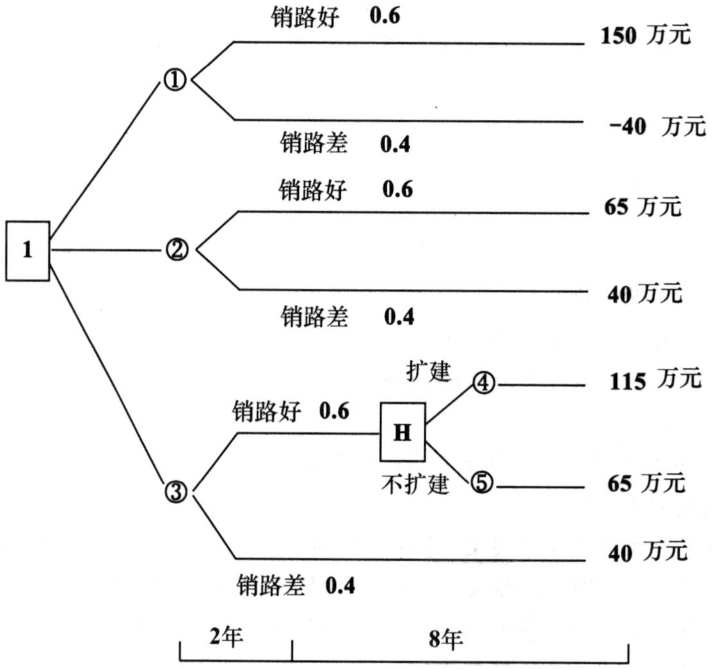

图 5–5 多阶段决策的决策树

图 5–5 中，矩形节点称为决策点；由决策点引出的若干条直线称为方案分枝，表示决策时可以采取的不同方案；圆形节点①、②、③称为自然状态点；从自然状态点引出的若干条直线表示方案在未来执行时可能遇到的各种自然状态，称为状态分枝或概率分枝。本图中自然状态有两种，分别是销路好和销路差两种情况。状态枝上（下）面的数字表示该种自然状态出现的概率，状态枝右端的数字表示方案在该种自然状态下取得的收益(损失)。根据这些已知条件可以得出各种方案的期望收益。

方案 1（节点①）的期望收益为：$[0.6\times150+0.4\times(-40)]\times10-450=290$ 万元。

方案 2（节点②）的期望收益为：$(0.6\times65+0.4\times40)\times10-200=350$ 万元。

方案 3 中，由于节点④的期望收益 620 万元（$115\times8-300$）大于节点⑤的期望收益 520 万元（65×8），所以销路好时，扩建比不扩建好。方案 3（节点③）的期望收益为：410 万元，即：$(0.6\times65\times2+0.6\times620+0.4\times40\times10)-200=410$ 万元。

因此，在三种方案中，方案 3 最好。

在上面例题中，为了简化计算，我们没有考虑资金的时间价值，而在实际中，多阶段的决策一般都是要考虑资金的时间价值的。

3. 不确定型决策方法

当决策者对未来的自然状态不能做出明确的估计，即不知道未来可能出现的情况有多少种，或者虽然能了解到未来可能出现的自然状态的数量，但却无法预测这些自然状态发生的概率，那么在评价比较方案时，就只能依据主观选择的一些原则来进行，而这些原则的选择在很大程度上取决于决策者对待风险的态度。因此，不确定型决策往往带有很大的主观性成分。根据决策者对组织外部环境及内部条件判断的乐观性程度，一般可以把不确定型决策方法分为大中取大法、小中取大法及最大后悔值最小法等。以下通过举例来分别介绍这些方法。

【例 5-3】某企业拟扩大某产品的生产。根据对未来一定时期内市场情况的预测，该产品的销售将呈现三种情况：销售好、销售一般、销售差。企业现提出三种扩大该产品生产的方案：A. 改进现有生产线；B. 收购一家同类小型专业企业；C. 新建厂房。根据预测，每种方案在不同销售情况下的收益如表 5-2 所示。问企业应选择哪种方案？

表 5-2 各方案在自然状态下的收益 单位：万元

自然状态 / 收益 / 方案	销售好	销售一般	销售差
A.改进生产线	1000	600	100
B.收购小企业	1500	900	-100
C.新建厂房	2000	800	-250

（1）大中取大法

如果决策者比较乐观，认为未来一定时期将会出现最好的自然状态，各种方案都可能会取得该方案的最大收益，那么决策时就可采用该方法。此时首先应该找出每种方案在各自然状态下的最大收益值，即方案在最好自然状态下的收益，然后将每种方案的最大收益值进行比较，选出在最好自然状态下能带来最大收益的方案作为最终执行方案。这种方法也称作“最大最大收益值法”。

例题中，在销路好的情况下，A 方案的（最大）收益为 1000 万元，B 方案的（最大）收益为 1500 万元，C 方案的（最大）收益为 2000 万元。经比较得知，C 方案的最大收益值最大，所以选择 C 方案。

（2）小中取大法

如果决策者比较悲观，认为未来一定时期将会出现最差的自然状态，各种方案都只能取得该方案的最小收益值，那么决策时可采用该种方法。此时，首先应找出每种方案在各自然状态下的最小收益值，即方案在最差自然状态下的收益，然后将每种方案的最小收益值进行比较，选择在最差自然状态下仍能带来最大收益（或最小损失）的方案作为最终执行方案。这种方法也称作“最小最大收益值法”。

例题中，在销路差的情况下，A 方案的（最小）收益为 100 万元，B 方案的（最小）收益为-100 万元，C 方案的（最小）收益为-250 万元。经过比较得知，A 方案的最小收益最大，所以选择 A 方案。

(3) 最大后悔值最小法

决策者在做出决策选定了某个方案并实施以后，如果将来发生的情况表明采用别的方案可能会取得最大的收益，那么决策者将会为此而后悔，因为企业遭受了机会损失。最大后悔值最小法就是力图让后悔值尽可能小的方法。采用该方法时，首先应计算每种方案在各自然状态下的后悔值（某方案在某自然状态下的后悔值=该自然状态下各方案的最大收益值-该方案在该自然状态下的收益），然后找出每种方案的最大后悔值，将每种方案的最大后悔值进行比较，选择最大后悔值最小的方案作为最终执行方案。

例题中，在销售好的情况下，C 方案（新建厂房）的收益值最大，为 2000 万元。如果未来市场果真是出现销路好的状况，而决策者也正好选择了这一方案，则就不会后悔，也即后悔值为 0。如果决策者选择的不是 C 方案，而是其它的方案，那就会产生后悔（因为后悔没有选择 C 方案）。如果决策者选择的是 B 方案（收购小企业），该方案在销路好的情况下能带来 1500 万元收益，那么会比 C 方案少带来 500 万元收益，此时后悔值为 500 万元。每种方案的后悔值计算如表 5-3 所示。

表 5-3　各方案在自然状态下的后悔值　　单位：万元

自然状态 / 后悔值 / 方案	销售好	销售一般	销售差
A.改进生产线	1000	300	0
B.收购小企业	500	0	200
C.新建厂房	0	100	350

从表中可以看出，A 方案的最大后悔值为 1000 万元，B 方案的最大后悔值为 500 万元，C 方案的最大后悔值为 350 万元，经过比较可以看出，C 方案的最大后悔值最小。所以，应该选择 C 方案作为最终执行方案。

本章提要

★决策，就是管理者识别并解决问题或利用机会的过程。决策的主体是管理者，决策的本质是一个过程，决策的目的是解决问题或利用机会。决策遵循满意原则，通过成本-收益分析，获取适量的信息作为决策的依据。

★决策依照不同的标准划分为不同的类型，有长期决策和短期决策；战略决策、战术决策和业务决策；群体决策和个人决策；程序化决策和非程序化决策；初始决策和追踪决策；确定型决策、风险型决策和不确定型决策等。

★决策的过程主要包括七个基本的程序：识别机会→明确目标→拟定备选方案→评估备选方案→选择满意方案→实施方案→监督和评价。

★决策的方法基本上有两大类：定性分析法和定量分析法。

★常用的定性分析法有头脑风暴法、德尔菲法和名义群体法。

★定量方法是根据已有的实际数据以及变量间的相互关系，建立一定的数学模型，然后通过运算，取得结果，进行判断。根据未来情况的可控程度，可将活动方案的决策方法分为确定型决策方法、风险型决策方法和不确定型决策方法。

本章思考题

1. 什么是决策？决策的类型有哪些？

2. 群体决策和个人决策的优缺点各是什么？

3. 简述决策的基本步骤及其内容。

4. 试比较确定型决策、不确定型决策和风险型决策的异同。

5. 某公司为了扩大生产经营业务，准备生产一种新产品。生产这种新产品有3种可行方案：

方案一是改造原有生产线；

方案二是从国外引进一条高效自动生产线；

方案三是按专业化协作组织“一条龙”生产。

三个方案的投资分别为50万元，30万元，10万元。未来市场需求情况无法知道，只能作大致估计高、中、低三种可能的需求量，并且这三种自然状态发生的概率也可估计，各方案的5年内年损益值情况见下表（单位：万元）。

方案 \ 损益值 \ 自然状态	对产品的需求		
	高 0.3	中 0.5	低 0.2
改造生产线	120	80	-20
引进生产线	80	60	10
协作生产	50	40	30

试用决策树法决策采用哪种方案最佳。

6. 国外某石油公司，为了从能源危机中获取巨额利润，试图对“从油母页岩中提取石油制品”这一事件进行决策。从目前国际形势看，石油价格可能有 4 种变动状态：①价格下降，低于现价（低价）；②价格上涨，高于现价(高价)；③现价不变；④出现“禁运”，价格猛涨（禁运）。

根据上述情况分析，公司做出在未来 10 年时间内开发油母页岩的 3 种策略：①集中力量研究该油的炼油过程，以降低成本；②边研究、边开发，两者结合，但开发仍按现有工艺进行，可能会有亏损；③按现有工艺尽快开发，风险更大。各方案的损益值见下表。

损益表　　　　单位：百万元

研究	边研究、边开发	应急开发	
低价	-50	-150	-500
现价	0	-50	-200
高价	50	100	0
禁运	55	150	500

讨论题

(1) 请分别按不确定型决策的三种方法做出方案选择。

(2) 以你自己的个人价值观来进行决策，你会选择哪一方案？为什么？

(3) 你如何看待决策中的风险性问题？请结合实例谈一谈。

本章案例

王厂长的会议

王厂长是佳迪饮料厂的厂长，回顾8年的创业历程真可谓是艰苦创业、勇于探索的过程。全厂上下齐心合力、同心同德、共献计策，为饮料厂的发展立下了不可磨灭的汗马功劳。但最令全厂上下佩服的还数4年前王厂长决定购买二手设备 (国外淘汰生产设备) 的举措。饮料厂也因此跻身国内同行业强手之林，令同类企业刮目相看。今天王厂长又通知各部门主管及负责人晚上 8 点在厂部会议室开会。部门领导们都清楚地记得4年前在同一时间、同一地点召开会议王厂长做出了购买进口二手设备这一关键性的决定。在他们看来，又有一项新举措即将出台。

晚上8点会议准时召开，王厂长庄重地讲道："我有一个新的想法，我将大家召集到这里是想听听大家的意见或看法。我们厂比起4年前已经发展了很多，可是，比起国外同类行业的生产技术、生产设备来，还差得很远。我想，我们不能满足于现状，我们应该力争世界一流水平。当然，我们的技术、我们的人员等诸多条件还差得很远，但是我想为了达到这一目标，我们必须从硬件条件入手——即引进世界一流的先进设备，这样一来，就会带动我们的人员、带动我们的技术等一起前进。我想这也并非不可能，4年前我们不就是这样做的吗？现在厂的规模扩大了，厂内外事务也相应地增多了，大家都是各部门的领导及主要负责人，我想听听大家的意见，然后再做决定。"

会场一片肃静，大家都清楚记得，4年前王厂长宣布他引进二手设备的决定时，有近70%成员反对，即使后来王厂长谈了他近3个月对市场、政策、全厂技术人员、工厂资金等厂内外环境的一系列调查研究结果后，仍有半数以上人持反对意见，10%的人持保留态度。因为当时很多厂家引进设备后，由于不配套和技术难以达到等因素，均使高价引进的设备成了一堆闲置的废铁。但是王厂长在这种情况下仍采取了引进二手设备的做法。事实表明这一举措使佳迪饮料厂摆脱了企业由于当时设备落后、资金短缺所陷入的困境。二手设备那时价格已经很低，但在我国尚未被淘汰。因此，佳迪厂也由此走上了发展的道路。

王厂长见大家心有余悸的样子，便说道："大家不必顾虑，今天这一项决定完全由大家决定，我想这也是民主决策的体现，如果大部分人同意，我们就宣布实施这一决定；如果大部分人反对的话，我们就取消这一决定。现在大家举手表决吧。"

于是会场上有近70%的人投了赞成票。

(资料来源：余敬主编：《管理学案例》，中国地质大学出版社，2000)

讨论题

1. 王厂长的两次决策过程合理吗？为什么？
2. 如果你是王厂长，在两次决策过程中应做哪些工作？
3. 影响决策的主要因素是什么？

第六章　计划

学习目标

1. 掌握计划及计划工作的含义、类型与层次体系。
2. 熟悉计划的编制过程。
3. 掌握计划编制的工具和方法。
4. 了解目标管理的产生背景、概念与特点。
5. 理解目标管理的理论依据、要素和基本内容。
6. 掌握目标管理的基本过程及其优缺点。

计划是管理过程中的一项基本职能，一切管理活动都离不开计划。管理的其它活动只有在计划确定了之后才能进行，并且都随计划和目标的改变而改变。计划工作是先于其它管理活动的工作，在管理工作中处于重要的地位。

计划通过将组织在一定时期内的活动任务分解给组织的各个层次、部门和个人，从而不仅为这些层次、部门和个人在该时期的工作提供了具体的依据，而且为实现预定的目标提供了保证。

第一节　计划工作概述

计划是一项最基本的管理职能，它广泛地存在于各种组织管理活动中，我们理应了解并掌握计划的含义、类型、计划与决策的关系、计划的层次体系等基本内容。

一、计划和计划工作的含义

“计划”与“计划工作”是两个不同的概念，“计划工作”表示动词意义上的计划内涵。计划（Plan），从名词意义上说，是指在计划工作所包含的一系列活动完成之后产生的结果。

计划工作（Planning）有广义和狭义之分。广义的计划工作是指制订计划、执行计划和检查计划的执行情况三个紧密衔接的工作过程。狭义的计划工作是指制订计划，也就是根据实际情况，通过科学的预测，权衡客观的需要和主观的可能，提出在未来一定时期内要达到的目标，以及实现目标的途径和方法。

本书中采用狭义的计划工作的概念，具体来说就是指组织根据环境的需要和组织自身的特点，通过科学的预测，确定组织在一定时期内的目标以及实现目标的最佳方法的工作过程。它包括限定组织的目标，为实现这些目标制订总体战略，并提出一系列派生计划，以综合和协调各项活动。作为一项完整的计划，计划的内容常用“5W1H”来表示，计划必须清楚地确定和描述这些内容：

Why——为什么做，即说明此计划制订的原因、意义及其重要性；

What——做什么，即明确一项计划的内容和具体的工作任务；

When——何时做，即规定计划中各项活动方案的进度表；

Where——何地做，即明确计划实施的地点和区域；

Who——谁去做，即确定该任务的执行部门和执行者，以便下一步进行组织落实；

How——怎么做，即指出实施计划的方法和措施等。

实际上，一个完整的计划还应包括控制标准和考核指标的制订，也就是说，让实施计划的部门和个人明确做成什么样，达到什么标准才能算完成计划。

二、计划工作的作用

“凡事预则立，不预则废”，这句话深刻地揭示了计划工作的重要作用。具体而言，计划工作的作用主要体现在以下四个方面：

1. 为组织成员指明方向，协调组织活动

计划的制订和执行综合协调了组织成员所做的各项努力，当组织所有成员了解组织的目标和为达到目标他们须做出什么贡献时，他们就能开始协调各自的活动，将各人的力量朝向组织目标的方向，这可避免缺乏计划导致的组织成员力量的内耗，从而有利于更有效地实现组织的目标。

2. 预测未来，减少变化的冲击

计划是面向未来的，它促使管理者展望未来，预见变化，考虑内外环境变化给组织带来的冲击，从而制订适当的对策，以减少组织活动中的种种不确定性，降低变化给组织带来的不利影响，甚至还能变不利为有利，抓住变化带来的机会。

3. 减少重复和浪费性的活动

计划工作明确了组织成员的活动目的和手段，避免了多项活动并行过程中出现的种种不协调现象，并可减少重复和浪费性的活动。

4. 设立目标和标准以利于控制

如果管理者不清楚要达到什么目标，也就无法判断是否达到了目标，正是由于在计划工作中设立了目标和标准，管理者才能在管理工作中将实际的绩效与目标进行比较，发现已经发生的偏差和可能发生的偏差，采取必要的纠偏行动。可以说，没有计划工作就无所谓控制。

三、计划工作的特征

虽然计划工作有以上这些作用，但为了更好地对计划工作进行认识，我们有必要了解计划工作的基本特征，其特征主要体现在以下五个方面：

1. 计划工作的目的性

任何组织或个人制订计划都是为了有效地达到某种目标。当然，在计划工作开始之前，这种目标还不十分具体，计划工作就是起始于这种不具体的目标。在计划工作过程的最初阶段，制订具体的、明确的目标是其首要任务，其后的所有工作都是围绕目标进行的。例如，某百货公司的经理希望明年的销售额和利润额有较大幅度的增长，这就是一种不明确的目标，为此就要制订计划，根据过去的情况和现在的条件确定一个可行的目标。比如，销售额增长20%，利润增长15%。这种具体的、明确的目标不是单纯主观愿望就能确定的，它要符合实际情况，要以许多预测和分析工作为基础。计划工作要使今后的行动集中于目标，要预测并确定哪些行动有利于达到目标，哪些行动不利于达到目标或与目标无关，从而指导今后的行动朝着目标的方向迈进。可以说，没有计划的行动或多或少都是一种盲目的行动。

2. 计划工作的首位性

计划工作相对于其它管理职能处于首位，管理的其它活动只有在计划确定了之后才能进行，并且都随计划和目标的改变而改变。此外，计划具有首位性的原因，还在于计划工作影响和贯穿于组织工作、人员配备、指导和领导工作、控制工作中。尤其是计划和控制之间，计划的首位性更加突出，计划为控制提供标准。没有计划指导的控制是毫无意义的。可以说，管理过程中的其它职能都是围绕计划而展开的，支持计划及其目标的实现，所以计划工作具有首位性的特征。

3. 计划工作的普遍性

计划工作的普遍性体现在，无论是什么组织，也无论是组织中哪个层次的管理者，要想实施有效管理，就必须做好计划工作。组织中的每一位管理者尽管职权和管理范围存在不同，但都要进行计划工作，只不过不同层次的管理者所从事的计划工作的侧重点和内容有所不同，高层管理者往往侧重于负责制订战略计划，而具体的计划由下级完成，较低层次的管理者偏重于作业计划。所以说，计划工作是全体管理人员的一项职能。

4. 计划工作的效率性

为确保实现目标，计划的任务就是要从众多方案中选择最优的资源配置方案，以求得合理利用资源和提高效率。也就是说，既要“做正确的事”又要

“正确地做事”。计划工作的效率，是以实现组织总目标和一定时期的目标所得到的利益，扣除为制订和执行计划所支付的成本和其它预计不到的损失之后的总额来测定的。简单地讲，效率这个概念就是指投入和产出之间的比率，但在这个概念中，不仅包括人们通常理解的按资金、工时或成本表示的投入产出比率，如资金利润率、劳动生产率和成本利润率等，还包括组织成员个人和群体的动机和态度这一类主观的评价标准，例如某项计划可行，但在实施的过程中，由于管理方式的不当，导致了组织内绝大多数员工的不满情绪，那么也就降低了计划的效率，管理的效果也大打折扣。

5. 计划工作的创造性

计划总是针对需要解决的新问题和可能发生的新变化、新形势而做出的，因而它也就成为一个创造性的管理过程。这就要求管理人员能够发挥主观能动性，敢于打破常规、勇于创新，针对本组织的实际情况，提出一些新思路、新观点和新措施，使计划符合客观实际，具有创造性。

四、计划的类型

依据不同的侧重点，我们可以将计划划分为不同的类型，常见的计划分类方法有以下几种：

1. 长期计划、中期计划和短期计划

根据时间的跨度，计划可以分为长期计划、中期计划和短期计划。

一般而言，把时间跨度为 5 年以上的计划称为长期计划；时间跨度在 1 年及 1 年以内的计划称为短期计划；时间跨度介于 1 年与 5 年之间的计划称为中期计划。

长期计划主要围绕发展方向和如何达到组织的长远目标两方面来制订，明确提出企业的经营目标、经营方针和经营策略等，绘制了组织长期发展的蓝图。

中期计划主要是协调长期计划和短期计划之间的关系，它来自于长期计划，但比长期计划更具体和详细，同时，它又是短期计划制订的依据。

短期计划非常详细，具体规定了组织的各个部门在目前到未来的各个较短的阶段，应该从事何种活动，从事该活动应达到何种要求，因而为组织成员提供了短期内行动的依据与准则。

每一个企业，既要制订长期计划，也要围绕长期计划制订一系列中、短期计划。长期计划与短期计划之间的关系应是“长计划，短安排”，即为了实现长期计划中提出的各项指标，必须制订相应的一系列中短期计划并加以落实，而中短期计划的制订又必须围绕长期计划中的各项目标展开。

2. 战略性计划与战术性计划

根据内容的广度，计划可以分为战略性计划与战术性计划。

战略性计划是指应用于整体组织的、为组织未来较长时期（通常为三年、五年甚至更长时期）设立总体目标和寻求组织在环境中的地位的计划。

战术性计划是指规定总体目标如何实现的细节的计划，其需要解决的是组织的具体部门或职能在未来各个较短时期内的行动方案，是战略性计划的具体化。

战略性计划具有全局性、指导性和长远性特点，战术性计划具有局部性、指令性和一次性特点；战略性计划侧重于确定组织宗旨、目标，战术性计划侧重于明确落实战略的各种措施和方法；战略性计划的目的是提高效益，战术性计划的目的是提高效率；战略性计划涉及整个组织，战术性计划则局限于特定的部门或活动。

3. 综合计划、部门计划和项目计划

根据计划的对象，计划可以分为综合计划、部门计划和项目计划。

综合计划是指具有多个目标和多方面内容的计划，它关联整个组织和组织中的许多方面。

部门计划是在综合计划的基础上制订的，它比较专一，仅局限于某一特定部门或某一特定的职能，如生产计划、财务计划、营销计划、人事计划等。

项目计划是针对组织的特定活动所作的计划。

4. 指令性计划与指导性计划

根据计划的明确程度和对执行者的约束力，计划可以分为指令性计划与指导性计划。

指令性计划是指由上级下达的具有行政约束力的计划，它规定了计划执行单位必须执行的各项任务，它不存在模棱两可，也没有容易引起误解的问题，其规定的各项指标没有讨价还价的余地。

指导性计划是由上级给出的一般性的指导原则，它提出重点，但并不把管理者限定在具体的目标或特定的行动路线上，具体如何执行具有较大灵活性的计划。指导性计划由于没有明确的要求，因而具有较好的灵活性，而且，由于指导性计划规定了一般性的指导原则，从而使其在多变的环境中具有较好的可控性，指导性计划的灵活性和可控性的优点正是指令性计划的局限所在。

5. 程序性计划与非程序性计划

根据计划的重复性，计划可以分为程序性计划与非程序性计划。

西蒙把组织活动分为两类：

一类是例行的重复出现的活动，对这类活动的决策称为程序化决策，也就是说有关这类活动的决策是经常反复的，而且具有一定的结构，因此可以建立一定的决策程序，每当出现这类工作或问题时，就利用既定的程序来解决，而不需要重新研究。与此相应的计划是程序性计划，包括政策、标准方法和常规作业程序等，所有这些都是用来解决常发性问题的。

另一类活动是非例行活动，不重复出现，对这类活动的决策称为非程序化决策，即处理这类问题没有一成不变的方法和程序，因为这类问题或在过去尚未发生过，或因为其确切的性质和结构捉摸不定或极为复杂，或因为其十分重要而需要用个别方法加以处理。与此相应的计划工作是非程序性计划，包括为特定情况专门设计的方案、进度表等，它用来处理一次性的而非重复性的问题。

五、计划与决策

计划与决策是何关系？两者中谁的内容更为宽泛，或者说哪一个概念是被另一个包容的？管理理论研究中对这个问题有着不同的认识。

有人认为，计划是一个较为宽泛的概念。作为管理的首要工作，计划是一个包括环境分析、目标确定、方案选择的过程，决策只是这一过程中某一阶段的工作内容。比如，法约尔认为，计划是管理的一个基本部分，包括预测未来并在此基础上对未来的行动予以安排；西斯克认为，“计划工作在管理职能中处于首位”，是“评价有关信息资料、预估未来的可能发展、拟定行动方案的建议说明”的过程，决策是这个过程中的一项活动，是在“两个或两个以上的可择方案中做一个选择”。

而以西蒙为代表的决策理论学派则强调，管理就是决策，决策是包括情报活动、设计活动、抉择活动和审查活动等一系列活动的过程；决策是管理的核心，贯穿于整个管理过程。因此，决策不仅包括了计划，而且包容了整个管理，甚至就是管理本身。

我们认为，决策与计划是两个既相互区别、又相互联系的概念。二者的区别主要是这两项工作需要解决的问题不同。决策是关于组织活动方向、内容以及方式的选择。我们是从“管理的首要工作”这个意义上来把握决策的内涵的。任何组织，在任何时期，为了表现其社会存在，必须从事某种为社会所需要的活动。在从事这项活动之前，组织当然必须首先对活动的方向和方式进行选择。计划则是对组织内部不同部门和不同成员在一定时期内行动任务的具体安排，它详细规定了不同部门和成员在该时期内从事活动的具体内容和要求。但计划与决策又是相互联系的，这是因为：一方面，决策是计划的前提，计划是决策的逻辑延续。决策为计划的任务安排提供了依据，计划则为决策所选择的目标活动的实施提供了组织保证。另一方面，在实际工作中，决策与计划是相互渗透的，有时甚至是不可分割地交织在一起的。

决策制订过程中，不论是对内部能力优势或劣势的分析，还是在方案选择时关于各方案执行效果或要求的评价，实际上都已经开始孕育着决策的实施计划。反过来，计划的编制过程，既是决策的组织落实过程，也是决策的更为详细的检查和修订的过程。无法落实的决策，或者说决策选择的某些任务无法安排，必然导致决策一定程度的调整。

六、计划的层次体系

根据上述对计划含义的分析可知，计划包括组织未来行动的目标和方式，面向未来和面向行动是计划的两大显著特征。由此，我们可以知道，计划是多种多样的，它的表现形式具有多层次性。哈罗德·孔茨和海因·韦里克从抽象到具体，把计划分为一种层次体系，即使命、目标、战略、政策、程序、规则、方案、预算这八个层次，如图 6–1 所示。

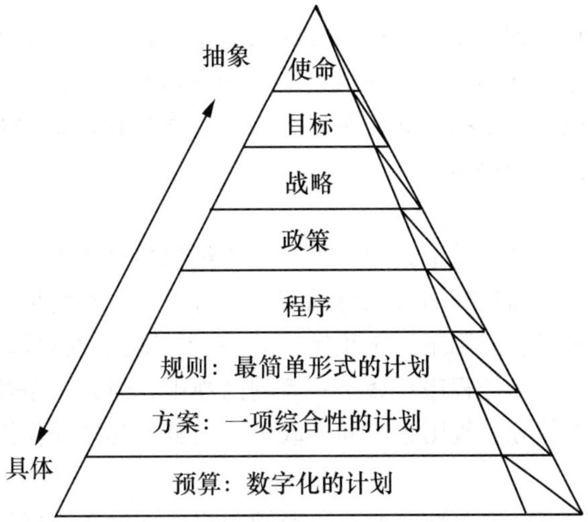

图 6–1 计划的层次体系

1. 使命

使命描述组织的价值观和核心目标，阐述组织的抱负和组织存在的根本原因，着重表明社会对该组织的基本要求。它决定组织的性质，也是决定此组织区别于彼组织的标志，也就是说，使命就是明确组织是干什么的、应该干什么和最终要达到的目的是什么。一个好的使命是组织目标和计划的基础，如果没有明确的使命，组织的目标和计划可能就是随意决定的，并且不能使组织朝着正确的方向前进。

2. 目标

使命是一个组织最基本的任务，往往太抽象，太原则化，它需要进一步具体为组织一定时期的目标和各部门的目标。所谓目标是指一个组织在未来一段时间内要实现的计划。它着重表明组织一定时期的活动所针对的最终结果，一般需要定量表述并按时间和部门分层次设立。高一级的目标支配着低一级的目标，但没有低一级的目标具体。

3. 战略

战略是为了达到组织总目标而采取的行动和利用资源的总计划，是着重为实现组织长远目标所选择的途径。战略并不确切地描述组织怎样去完成目标，而是为组织提供指导思想和行动框架。其目的是通过一系列的主要目标和政策去决定和传达一个组织期望自己成为什么样的组织。

4. 政策

政策指明组织的活动范围和方针，为组织规定范围和界限。它表明组织鼓励什么和限制什么，是保证行动同目标一致的一系列导向性规定。政策的实质在于自主权。政策的作用是为组织活动建立一般指南。政策具有统一性、持久性、连续性、稳定性等特征。对政策的表述力求规范和准确，避免使人产生曲解。

5. 程序

程序是制订处理未来活动的一种必需方法的计划，规定了处理问题的例行方法和步骤。它详细列出必须完成某类活动的切实方式，并按时间顺序对必要的活动进行排列。它是指导如何采取行动的工作步骤，是对大量例行的日常工作过程及工作方法的提示。

6. 规则

规则通常是一种简单形式的计划，它为组织的具体工作做出一系列限制和规定，它详细、明确地阐明必须行动或无须行动，没有酌情处理的余地，其本质是一种管理决策。规则不同于程序：其一，规则虽然指导行动但却不表明时间顺序；其二，可以把程序看做是一系列的规则，但是一条规则可能是也可能不是程序的组成部分。规则也不同于政策，它虽然起指导作用却没有自行处理的权力。

必须注意的是，就其性质而言，规则和程序均旨在约束思想，因此只有在不需要组织成员使用自行处理权时，才使用规则和程序。

7. 方案

方案是一个综合性的计划，它包括目标、政策、程序、规则、任务分配、要采取的步骤、要使用的资源以及为完成既定行动方针所需要的其它因素。一项方案可能很大，也可能很小。一个主要方案可能需要很多的支持计划，在主要计划进行之前就必须把这些支持计划制订出来并付诸实施。所有的这些计划都必须加以协调和安排时间。

8. 预算

预算是一份用数字表示预期结果的报表，是一种“数字化”的计划。预算是基本的计划工作手段，通常是为规划服务的。同时，预算也是一种控制手段，不同的预算在精确性、详细性和目的性上是不同的。

第二节 计划的编制过程

虽然各类组织编制的计划内容差别很大，但科学地编制计划所遵循的步骤却具有普遍性。管理者在编制任何完整计划时，实际上都将遵循如图 6-2 所示的步骤。即使是编制一些小型的简单计划，也应按照如下完整的思路去构想整个计划过程。

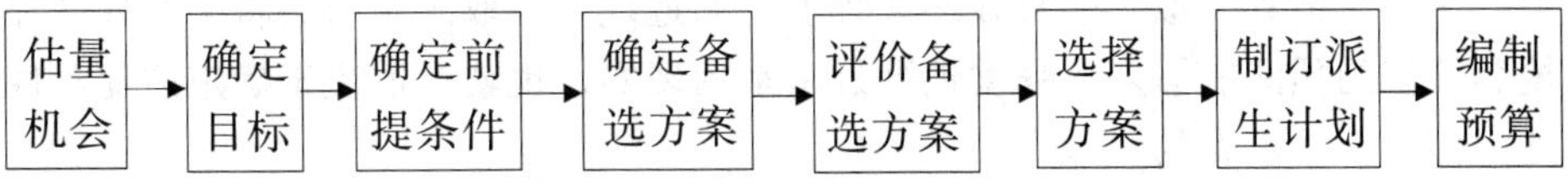

图 6-2 计划编制流程图

一、估量机会

严格地说，估量机会不属于编制计划过程的一个组成部分，它要在编制实际计划之前进行。但是留意外界环境中和组织内的机会是编制计划的真正起点。管理者应该考虑将来可能出现的机会，并对这些机会进行全面了解；管理者还应了解组织的长、短处及组织的期望。这些都是确定切合实际的组织目标所必须考虑的问题。作为企业，应了解市场上的各种因素，竞争状况及顾客的需要，企业自身的强项和弱项等。例如，一家公司的经营业绩出现了严重滑坡，该公司对此进行分析，发现主要原因是公司主要产品在市场上已供大于求，市场竞争者过多，消费者的需求也已发生明显变化；而该公司规模不大，具有“船小好调头”的优势。因此，该公司的机会就是通过追踪顾客需求，发展新兴产品，而不是在原有产业苦苦挣扎，这样才能在未来的竞争中占有一席之地。估量机会就是根据环境和组织的现实情况对可能存在的机会做出现实的判断。

二、确定目标

管理者接着就要确定整个组织的目标，也就是规定计划预期的结果，并且要确定为达到这一目标，需要做哪些工作，重点在哪里，如何运用战略、政策、程序、规则、预算等计划形式去完成计划工作的任务。

目标的选择是计划工作中极为关键的内容，一份成功的计划不可能出现目标上的偏差。在目标的制定上，首先要分析目标的价值。各类计划设立的目标应与组织的使命和总目标有价值上的一致性，这是对计划目标的基本要求。其次要注意目标的内容及其优先顺序。有时组织中会有几个目标共存，它们各自的重要性可能是不同的，而不同目标之间在组织中的优先顺序将导致不同的行动内容和资源配置的先后顺序。因此，恰当地确定哪些成果应首先取得，即哪些目标优先，是目标确定过程中的重要工作。最后，目标应有明确的衡量指标，不能含糊不清，对目标应尽可能进行量化，以便度量和控制。

目标有其层次性，组织的总目标要为组织内的所有计划指明方向，而这些方向又根据反映组织总目标的方式，规定了各个主要部门的目标，而部门目标又控制着其下属各部门的目标，如此等等，从而使得整个组织的全部计划内容控制在组织的总目标体系内。

三、确定前提条件

确定前提条件是要确定整个计划活动所处的未来环境。计划是对未来条件的一种“情景模拟”，确定前提条件就是要确定这种“情景”所处的状态和环境。这种“情景模拟”能够在多大程度上贴近现实，取决于对它将来所处的环境和状态的预测能够多大程度地贴近未来的现实，也就是取决于确定前提条件这一计划工作步骤的质量。

由于将来是极为复杂的，要把一个计划的将来环境的每个细节都做出假设，是不切合实际的，较为实际的做法是将前提条件限于那些对计划来说是关键性的，或具有战略意义的假设条件。

四、确定备选方案

每一项活动一般具有不同的解决方式和方法，编制一个计划，需要寻求和检查可供选择的行动方案。这需要集思广益，开拓思路，因为有些方案不是马上能看得清楚的。但有时问题不是寻找可供选择的方案，而是减少可供选择方案的数量，以便可以分析最有希望的方案。管理者通常必须进行初步检查，以便发现最有成功希望的方案。

五、评价备选方案

在找出了各种备选方案和检查了它们的优缺点后，下一步就是根据计划的目标和前提条件，权衡利弊，对各种备选方案进行评价。评价备选方案的尺度有两个：一是评价的标准；二是各个标准的相对重要性，即权数。在多数情况下，存在很多备选方案，而且有很多有待考虑的可变因素和限制条件，这会使评价变得比较困难。

六、选择方案

这是采用计划的关键一步，也是制定决策的真正关键。做出正确的选择需要建立在前面几步工作的基础上。为了保持计划的灵活性，选择的结果往往可能是两个或更多的方案，并且决定首先采取哪个方案，并将其余的方案也进行细化和完善，作为后备方案。

七、制订派生计划

选择好方案后，计划工作并没有完成，还须为涉及计划内容的各个部门制定支持总计划的派生计划。几乎所有的总计划都需要派生计划的支持和保证，完成派生计划是实施总计划的基础。例如，一家航空公司为在激烈的市场竞争中赢得优势，决定新购一批客机以增加航班，获得经营的规模优势。这一基本计划需要制定很多派生计划来支持，如雇用和培训各类人员的计划，采购和配置零部件的计划，建立维修设施的计划，制定飞行时刻表计划，以及广告、筹资和办理保险的计划。

八、编制预算

计划编制的最后一步就是要把计划转变为预算，使计划数字化。预算是汇总组织各种计划的一种手段，将各类计划数字化后汇总，方能分配好组织的资源。预算用数字表述计划，并把这些数字化的计划分解成与组织的职能业务相一致的各个部分。这样预算就与计划工作相联系，预算将资源使用权授予组织各部门，但又对资源使用状况进行控制。预算就是将计划压缩成一些数字以实现管理的条理化，它使管理人员清楚地看到哪些资源将由谁来使用，将在哪些地方使用，并由此涉及哪些费用计划、收入计划或实物投入量和产出量计划。管理人员只有明确了这些，才能更自如地授权以便在预算限度内去实施计划。

第三节 计划工具和方法

计划工作效率的高低和质量的好坏，在很大程度上取决于所采用的计划制订方法。经常用到的计划制订方法主要有预算法、甘特图法、滚动计划法、网络计划技术等。

一、预算法

预算是指用数字编制未来一个时期的计划。它可以分为财务预算和非财务预算两大类。其中，财务预算包括各种收入预算、费用支出预算、现金收支预算以及投资预算等；非财务预算包括工时、材料、实物销售量和生产量的预算等。通过编制预算，可将计划指标数字化，并将计划分解，可以使管理人员清楚地了解哪些部门使用多少资金、有多少收入、有多少投入量和产出量等，从而有可能更科学地授权，以便在预算的限度内去实施计划。预算既是一种计划方法又是一种控制方法，编制预算是行使计划职能；而执行预算、使用预算标准控制生产经营活动，则属于管理的控制职能。

1. 弹性预算法

传统的编制预算的方法是编制固定预算，即将组织在未来某一时期内的计划用各种数字表示出来，不论将来的情况是否变化，预算确定的各种数字将不再做调整和修改。实践证明，过分硬性的固定预算不能使预算在计划和控制职能中发挥应有的作用，比如将所有的费用固定下来，管理人员毫无自由伸缩的余地，使控制难以富有弹性。况且，在硬性预算条件下，有些管理人员甚至认为预算比完成组织目标更为重要，这显然是不利的。

为了克服固定预算的硬性，管理者们越来越重视采用弹性预算的编制方法。弹性预算法的具体形式包括：

(1) 可变预算法

即先按各项活动的业务量分别计算出每项活动的预算费用，但这个预算并不一定是此项活动的最后的真实的预算。当预算期结束时，再根据每项活动计算出实际应得的预算费用。如果实际应得的预算费用不同于预算计算的费用，就需要调整有关部门或活动的预算。

(2) 补充预算法

它是先确定一项最低额费用预算，然后在每月开始之前编制一份补充预算。可变费用预算是在预算执行后对预算进行调整，而补充预算则是在预算期前后对其进行调整。

(3) 选择性预算法

采用这种方法，组织内要建立低、中、高三个档次的业务预算以备选择，然后在每届会计统计期开始，通知各管理层应采用哪种预算。究竟选择哪一种预算，应视组织内外经营环境的变化而定。

2. 零基预算法

在预算编制方面的最新方法是目前在西方国家使用较为普遍的零基预算法，最早提出零基预算思想的是美国德州仪器公司的彼得·A.菲尔。

零基预算法的基本原理是：在每个预算年度开始时，将所有过去进行的管理活动都看做是重新开始，即以零为基础。根据组织目标，重新审查每项活动对实现组织目标的意义和效果，并在成本-效益分析的基础上，重新排出各项管理活动的先后次序，再依据重新排出的先后次序，分配资金和其它各种资源。

美国的一些州政府还将这一原理推广应用于部门的设立，并称之为“日落法”，即每年年终，现有的各个部门就像太阳落山一样宣告结束。当新的一年开始时，各部门必须向专门的审议机构证明自己确有存在的必要，才能像旭日东升那样重新开始。

在美国，实施零基预算制度的具体方法，各公司不尽相同，但一般来说，都要经过以下几个步骤：

第一步：在制订零基预算之前，公司领导人首先提出总方针，以便各下属部门在拟定本部门目标和行动方案时能有所遵循；

第二步：各部门根据公司的总方针，对本部门的业务进行研究，进而提出本部门下一年度的各项目标及行动计划方案；

第三步：各部门不仅要计算出各种行动方案所需要的成本，而且还要对其带来的效益进行分析，也就是说，各部门不仅要计算出各项业务活动所用的资金，而且还要估算可能获得的利润；

第四步：各部门按轻重缓急排列出各种行动方案的先后次序；

第五步：将本部门的预算总表和先后次序表全部上交给总公司，总公司根据先后次序表对资金进行分配。

值得注意的是，采用零基预算制度的美国公司并非都将该制度应用到公司的每一个部门。例如，国际机具公司只是将该制度应用于负责开发新产品的幕僚部门和销售部门，这主要是因为应用该制度需要进行大量的计算工作，而进行这种计算工作又需要事先对有关人员进行大规模的训练。另外，根据公司的经验，将零基预算制度应用于计算间接成本的部门易于取得较好的效果。

零基预算法的优点可以概括为：准确全面地计算出各种数据，为计划和决策提供精确的资料，减少了盲目性；它使计划和控制富有弹性，增强了组织的应变能力；当管理决策出现失误时，便于及时纠正。

在实施零基预算法时，应注意以下几个方面的问题：

首先，负责最后审批预算的主要领导人员必须亲自参加对活动和项目的评价过程，使他真正清楚地了解该项预算的由来，并判断它是否合理。

其次，在对各项管理活动和具体项目进行评价和编制预算的过程中，要求所涉及的重要管理人员必须对组织有透彻的了解和理解。只有这样，他才能对哪些活动是必要的，哪些活动虽属必要但在目前是可有可无的，以及哪些活动是完全不必要的等进行正确的判断和取舍。

最后，在编制预算时，资金按重新排出的优先次序进行分配，应尽可能地满足排在前面的活动的需要。如果资金有限，在分配到最后时，对于那些可进行但不是必须进行的活动和项目，最好是暂时放弃。

由此可见，零基预算法的精髓在于把管理控制的重点从传统的现场控制和反馈控制转向预先控制，它强调“做正确的事”，而不是“正确地做事”。它突出了组织目标对全部管理活动的指导作用以及计划职能与控制职能间的联系，以求更集中和更有效地使用资源，使组织目标的实现收到事半功倍的效果。

二、甘特图法

甘特图（Gantt Chart）是在1917年首次由亨利·甘特提出的。它是一种线条图，横轴表示已经过去的时间，纵轴表示要安排的工作，线条表示在整个期间内计划和实际任务的完成情况。甘特图直观地表明计划任务的起始时间，以及实际进度与计划要求的对比。甘特图的优点体现在简单方便，能够把任务以及时间集中在一个图表中表示出来，因此甘特图适用于项目周期短、项目任务比较简单的计划工作。甘特图的绘制使管理者对计划任务的完成情况可以一目了然，以便对其计划工作进行正确的评估。它的绘制过程是：

（1）将项目分解成必需的步骤，逐一列出，并注明它们之间的相互关系；

（2）由专家估计完成每一步骤的活动所需的时间；

（3）根据活动的先后顺序、相互关系、完成所需的时间等安排时间进度表；

（4）确定完成每一步骤所需的条件资源；

（5）确定完成整个项目所需工期、资源并分工协作，将计划付诸实施；

（6）在实施过程中对项目进行监督和反馈。

图 6-3 绘出了一个图书出版的甘特图。从图中可以发现，空白线框表示计划活动顺序，涂色的线条则表示实际的进度，整个项目何时开始，何时完成一目了然，并能帮助管理人员及时发现实际进度偏离计划的情况，以便采取措施及时纠正。

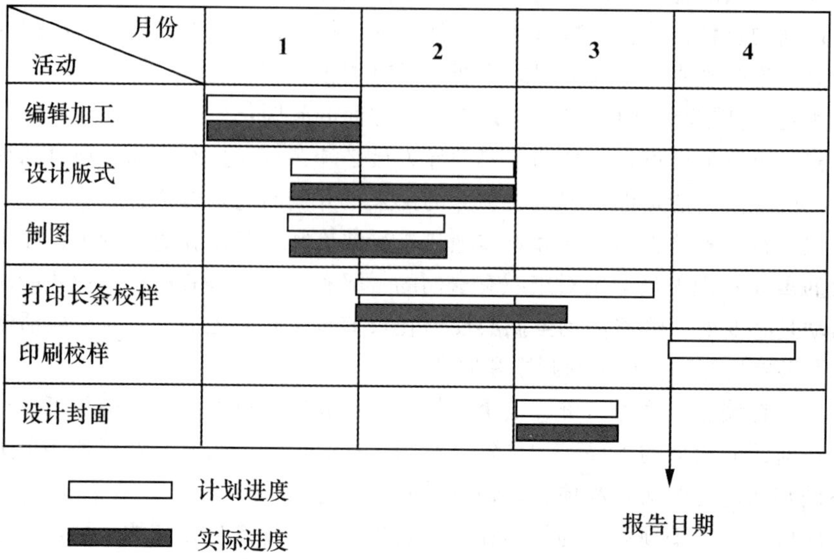

图 6-3　甘特图

三、滚动计划法

滚动计划法是一种动态编制计划的方法。它不像静态分析那样，等计划全部执行完了之后再编制下一个时期的计划，而是在每次编制或调整计划时，均将计划按时间顺序向前推进一个计划期，即向前滚动一次。在编制计划时，时期较远的计划编制较粗，只是概括性的，以便以后根据计划因素的变化加以调整和修正，而时期较近的计划则要求比较详细和具体。

1. 滚动计划法的基本原理

滚动计划法实际上是将组织的日常工作计划动态化和连续化，根据组织内部条件和外部环境的变化，围绕组织的整体目标不断地调整、修订组织的计划体系，随着时间的发展不断向前推进。通过不断地滚动，不断地修订，不仅把长期计划、中期计划和近期计划有机地结合起来，而且也把计划与实际有机地结合了起来。滚动计划法的基本原理如图 6-4 所示。

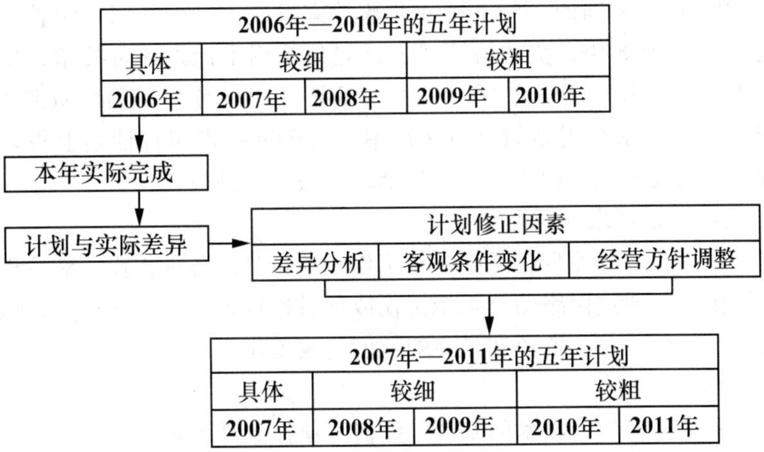

图 6–4 滚动计划法

滚动计划法还可用于编制年度计划或月度作业计划。采用滚动计划法编制年度计划时，一般将计划期向前推进一个季度。计划年度中第一季度的任务比较具体，到第一季度末，编制第二季度的计划时，要根据第一季度计划的执行结果和客观情况的变化以及经营方针的调整，对原先制订的年度计划做相应的调整，并在此基础上将计划期向前推进一个季度。采用滚动计划法编制月度（分旬）计划，一般可将计划期向前推进十天，这样可省去每月月末预计、月初修改计划等工作，有利于提高计划的准确性。

2. 对滚动计划法的评价

滚动计划方法虽然使得计划编制和实施工作的任务量加大，但在计算机被普遍应用的今天，其优点十分明显，最突出的优点是使计划更加切合实际，并且使战略性计划的实施也切合实际。

第一，由于人们无法对未来的环境变化做出准确的估计和判断，所以计划针对的时期越长，不准确性就越大，其实施难度也就越大。滚动计划相对缩短了计划时期，提高了计划的准确性和可操作性，从而是战略性计划实施的有效方法。

第二，滚动计划方法使长期计划、中期计划与短期计划相互衔接，使短期计划内部各阶段相互衔接。这就保证了即使由于环境变化出现某些不平衡时，也能及时地进行调节，使各期计划基本保持一致。

第三，滚动计划方法大大加强了计划的弹性，这在环境剧烈变化的时代尤为重要，它可以提高组织的应变能力。

四、网络计划技术

网络计划技术是于 1950 年后期在美国产生和发展起来的。这种方法包括各种以网络为基础制订计划的方法，如关键路径法、计划评审技术、组合网络法等。1956 年，美国的一些工程师和数学家组成了一个专门小组首先开始这方面的研究。1958 年，美国海军武器计划处采用了计划评审技术，使北极星导弹工程的工期由原计划的 10 年缩短为 8 年。1961 年，美国国防部和国家航空署规定，凡承制军用品的公司必须用计划评审技术制订计划上报。从那时起，网络计划技术就开始在组织管理活动中被广泛地应用。

1. 网络计划技术的原理

网络计划技术的原理，是把一项工作或项目分成各种作业，然后根据作业顺序进行排列，通过网络图对整个工作或项目进行统筹规划和控制，以便用最少的人力、物质、财力资源和最高的速度完成工作。

2. 网络图

网络图是网络计划技术的基础。任何一项任务都可被分解成许多步骤的工作，根据这些工作在时间上的衔接关系，用箭线表示它们的先后顺序，画出一个由各项工作相互联系、并注明所需时间的箭线图，这个箭线图就称作网络图(如图 6–5 所示)。

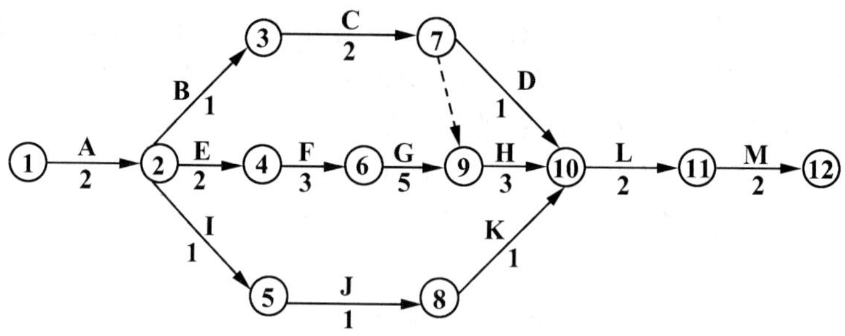

图 6–5　网络图

①“→”，工序。它是一项工作的过程，有人力、物力参加，需经过一段时间才能完成。图 6–5 中箭线下的数字便是完成该工序所需的时间。此外，还有一些工序既不占用时间，也不消耗资源，是虚设的，叫虚工序，在图中用“┈→”表示。网络图中应用虚工序的目的是为了避免工序之间关系的含混不清，以正确表明工序之间先后衔接的逻辑关系。

②“○”，事项。它是两个工序间的连结点。事项既不消耗资源，也不占用时间，只表示前道工序结束、后道工序开始的瞬间。一个网络图中只有一个始点事项、一个终点事项。

③路线。网络图中由始点事项出发，沿箭线方向前进，连续不断地到达终点事项为止的一条通道，称为路线。一个网络图中往往存在多条路线，例如图 6–5 中从始点事项“①”连续不断地走到终点事项“⑫”的路线有四条，即：

第一条：①→②→③→⑦→⑩→⑪→⑫；

第二条：①→②→③→⑦→⑨→⑩→⑪→⑫；

第三条：①→②→④→⑥→⑨→⑩→⑪→⑫；

第四条：①→②→⑤→⑧→⑩→⑪→⑫。

比较各路线的路长，可以找出一条或几条最长的路线，这种路线被称为关键路线。关键路线上的工序被称为关键工序。关键路线的路长决定了完成整个计划任务所需的时间。关键路线上各工序完工时间提前或推迟都直接影响整个工程能否按时完工。确定关键路线，据此合理地安排各种资源，对各工序活动进行进度控制，是利用网络计划技术的主要目的。

3. 网络计划技术的评价

网络计划技术虽然需要大量而繁琐的计算，但在计算机广泛运用的时代，这些计算大都已程序化了。这种技术之所以被广泛地运用，是因为它有以下优点：

（1）该技术能清晰地表明整个工程的各个项目的时间顺序和相互关系，并指出完成任务的关键环节和路线。因此，管理者在制订计划时既可以统筹安排、全面考虑，又能做到不失重点。在实施过程中，管理者还可以进行重点管理。

（2）该技术可对工程的时间进度与资源利用实施优化。在计划实施过程中，管理者可以调动非关键路线上的人力、物质和财力从事关键路线上的作业，进行综合平衡。这既可节省资源，又能加快工程进度。

（3）事先评价达到目标的可能性。该技术指出了计划实施过程中可能发生的困难点，以及这些困难点对完成整个任务产生的影响，可使管理者准备好应急措施，从而减少完不成任务的风险。

（4）便于组织与控制。管理者可以将工程，特别是复杂的大项目分成许多支持系统来分别组织实施与控制，这种既化整为零又聚零为整的管理方法，可以达到局部和整体的协调一致。

（5）易于操作，并具有广泛的应用范围，适用于各行各业，完成各种任务。

第四节 目标管理

人类自觉的行为都是有着一定的目标的，管理活动就是围绕着目标展开的。也就是说，管理就是追求有效地实现组织目标的过程。目标是一个组织各项管理活动所指向的终点，每一个组织都有自己的目标。目标不仅规定了一个组织的基本特征，还表明了一个组织存在的意义。鉴于目标对于管理系统的存在与发展，对于管理活动的开展有着重要意义，现代管理开始自觉地通过目标的确定和实现来进行管理，形成了一种新的管理模式，即目标管理。实践证明，目标管理在调动组织成员的积极性方面，在实现组织成员的自我控制方面，能够发挥非常积极有效的作用。

一、目标管理产生的背景

目标管理（Management by Objective，简称MBO）是由美国著名的管理专家德鲁克在其1954年发表的《管理的实践》一书中提出的一种管理方法。他认为：企业的目的和任务必须转化为目标，企业的各级主管必须通过这些目标对下级进行领导，以此来达到企业的总目标；如果一个领域没有特定的目标，这个领域必然会被忽视；如果没有方向一致的分目标来指导各级主管人员的工作，则企业规模越大、人员越多时，发生冲突和浪费的可能性就越大；组织中每个成员的分目标就是组织总目标对他的要求，同时也是他对组织总目标的贡献，也是管理者对下级进行考核和奖励的依据。德鲁克的主张在企业界和管理界产生了极大的影响，对形成和推广目标管理起了巨大的推动作用。

最早的目标管理仅是用于对管理者的管理，所以，人们也把它称为“管理中的管理”。后来，目标管理逐渐被推广到企业的所有人员及工作上，它提供了一种将组织的总体目标转换为组织部门、单位和每个成员目标的有效方式，在强化企业素质、实现有效管理方面，取得了较好的效果。因此，这种管理方法提出后，逐步发展成为许多西方国家组织普遍采用的一种系统地制订目标，并据此进行管理的有效方法。我国于20世纪70年代末期引进了这一管理方法，并运用于企业管理，取得了明显的效果。目前，目标管理已被我国的企业管理人员公认为是适合我国国情的有效的现代化管理方法之一。

二、目标管理的概念及特点

概括地说，目标管理是一种综合的以工作为中心和以人为中心的系统管理方式，它是一个组织中最高领导层同下级管理人员以及员工共同制订组织目标，并将其具体化，层层落实，要求下属各部门主管人员以至每一个员工根据上级制订的目标和保证措施，形成一个目标体系，并把目标完成情况作为各部门或个人考核依据等一整套系统化的管理方式。简言之，目标管理就是让具体展开的组织目标成为组织每个部门、每个成员等行为的方向和激励，同时又使其成为评价组织每个部门、每个成员等工作绩效的标准，从而使组织能够有效运作。

由此可见，目标管理具有以下四个方面的特点：

1. 目标管理是一种总体的管理，具有目标体系

实行目标管理要根据企业的宗旨，确定企业某一时期特定的战略目标，以此为重点，把企业的工作目的和任务转化为全体员工的明确目标。通过发动组织内所有部门、成员自上而下、自下而上地制订目标，在企业内部建立起一个纵横交错、相互联系的目标体系，并用目标层层展开的方法和用目标卡片的形式，把目标明确固定下来。这和以往的管理方法相比较，有着鲜明的科学性、

系统性和完整性。目标体系把全体员工有机地组织起来，使人们产生整体观念和团结信念，有利于发挥整体的力量。所以，目标管理能够发挥企业员工的积极性，是一种全方位的管理。

2. 目标管理是一种民主的管理，实行参与管理

目标管理是一种全员参与的管理，实行企业管理民主化。在制订目标时，尽量尊重目标制订者的愿望，上下协商，使员工增强责任感并提高工作兴趣，而非自上而下地摊派工作任务。这种管理方法能在一定程度上缓和上下级之间的某些矛盾，有利于调动员工的积极性和创造性。

3. 目标管理是一种成果管理，注重管理实效

德鲁克强调，凡是其业绩影响企业组织的健康成长的所有方面，都必须建立目标。而道格拉斯·麦格雷戈在1957年发表于《哈佛商业评论》上的经典论文中，则批判了传统的评价方法——把评价下属人员的焦点放在个性特征值的鉴定上。根据德鲁克的目标管理思想，麦格雷戈提出了下属人员承担为自己设置短期目标并同上级一起检查这些目标的责任，这种评价方法强调的是业绩和成果而不是个性，即按照一套完整的目标考核体系，对组织中成员的实际贡献及业绩的大小进行评价，这样就摆脱了传统的根据印象、主观思想和对某些问题的态度等定性因素进行评价的方式。

4. 目标管理是一种自觉的管理，实行自我控制

目标管理实行自我控制，在指导思想上是以Y理论为基础，注重人性，用“自我控制的管理”代替“压制性管理”，组织成员不再是只是做工作、执行指示、等待指导与决策，而是有明确规定目标的单位和个人，除了参与目标的制订外，如何实现目标也是由他们自己决定的，并在目标实现的过程中，及时纠正偏差，尽自己最大的力量做好工作，享受工作的满足感和成就感，同时组织目标也得以实现。

三、目标管理的理论依据

目标管理在指导思想上，主要是基于动机激发理论、人性假设理论和授权理论。

1. 动机激发理论

该理论说明，当人们某种需求未得到满足时，会产生某种不安定和紧张的心理状态，在遇到能够满足的目标时，这种紧张的心理状态就转化为动机，推动人们从事某种活动，使人们不断地向目标前进。从管理理论的角度来看，人和组织的需要引发动机，动机引发行为。所有需要、动机和行为都是由目标所引导的，目标在其中起着中心作用。目标管理法就是遵循这一原理，根据人们的需要，使企业目标与个人目标尽可能地结合，以激发动机进而引导人们的行为，去完成企业的整体目标。

2. 人性假设理论

1957年麦格雷戈在《企业中的人的方面》中提出了Y理论，其主要观点为：人是“社会人”，新型的领导能力表现在通过提高职工的满意度，激励职工的“士气”，从而达到提高劳动生产率的目的；人并非生来就是懒惰的，在适当的条件下，人们不但愿意而且能够主动承担责任；个人目标与组织目标能够统一；人们对组织目标产生抵触和采取消极态度，主要是因为组织压力造成的；人对所参与的工作目标能实行自我指挥与自我控制。

目标管理就是以“社会人”的假设和Y理论为基础，要求管理人员对下级采取信任型的管理措施。也就是说，要把重点放在关心和了解人的需要上，提倡集体奖励制度重于个人奖励制度，培养和形成员工的归属感和整体感，实行参与式管理。

3. 授权理论

授权理论认为，授权就是领导把原属于自己的权力通过恰当的方式授予下属。授权的内容一般包括分派任务、委任权力和明确责任。目标管理就是遵循授权理论，由上级与下级一起共同协商讨论确定目标。首先确定出总目标，然后对总目标进行分解，逐级展开，通过上下协商，制订出企业各部门、各车间直至每个员工的目标；用总目标指导分目标，用分目标保证总目标，形成一个“目标—手段”链的过程。如果目标定出后，上级不能根据目标需要，授予下级部门或者个人以相应的权力，那么仍然不能达到“自主控制”、“自我管理”的目的，即使下级有能力也难以顺利完成既定的目标。因此，授权是提高目标管理效果的关键。

四、目标管理的要素和内容

1. 目标管理的要素

目标管理的要素即实行目标管理必须履行的步骤。美国管理学者斯蒂芬·罗宾斯认为，目标管理有四个共同的要素，它们是：明确目标；参与决策；规定期限和反馈绩效。

所谓明确目标就是确定组织的目标应尽量简明扼要，同时目标的制订应定性和定量相结合，以便于度量和评价。如降低成本7%；改善服务，保证所有的电话订单在收到后的24小时内得到处理；提高质量使退货率低于销售额的1%。

所谓参与决策就是员工参与企业目标的制订，由上级和下级共同制订目标和对如何实现目标进行协商，从而达成一致意见。

所谓规定期限就是明确目标的完成期限，如3个月、6个月或1年。

所谓反馈绩效就是不断地将实现目标的进展情况反馈给个人，以使他们能够调整自己的行动。这种不断的反馈还包含定期举行正式的评估会议，在会上，上下级共同回顾和检查进展情况。

2. 目标管理的基本内容

目标管理是一种管理制度，按目标管理工作包含的范围及其性质，目标管理的基本内容包括：

(1) 工作目标管理。围绕工作目标的制订、展开、执行、评估等一系列的工作内容。

(2) 领导授权管理。为了使下级更好地完成任务，领导要适度授权，授予的权力不仅要求明确还要履行一定的手续，按照一定的程序办事。做到有据可查，有法可依，并进行档案式管理。

(3) 工作成果管理。对工作目标的评价标准、方式方法管理，奖惩管理，对部门和个人的成果管理。

(4) 员工行为管理。在尽量满足员工物质需求的基础上，更要重视员工的精神需求，提高员工素质，培养良好的组织风气和团队精神。

五、目标管理的过程

由于各个组织活动的性质不同，目标管理的步骤存在着一定的差异性，但一般来说，目标管理主要由目标制订、目标实施和目标成果评价三个阶段形成一个循环周期。预期目标实现后，又要制订新的目标，进行新一轮循环。

1. 目标体系的建立

这是实施目标管理的第一个阶段，同时也是最重要的阶段，是建立一个以组织总目标为中心的一贯到底的目标体系，这项工作大多是从组织的最高主管部门开始的。

(1) 确定总目标

最高目标的制订应是目标管理的中心内容。因为任何一项目标管理活动都是一个由总体目标联系起来的整体，这个总体目标体现了一个组织在一定时期内各项工作的努力方向和管理目的。首先充分分析和研究组织的外部环境和内部条件，组织可利用的机会和面临的威胁以及组织自身的优势和弱点，通过上级领导意图和职工意图的上下沟通，对目标项和目标值反复商讨、评议、修改，取得统一的看法，最终形成组织目标。制订的目标既要保证提高企业的业绩，又要能激励和提高广大职工的积极性和创造性。

(2) 目标的分解

组织的总目标制订以后，就要把它分解落实到下属各部门、各单位直至职工个人，即目标展开。目标展开的方法是自上而下层层展开，自下而上层层保证，上下级的目标之间是一种“目标—手段”的关系。某一级的目标，需要一定的手段实现，这些手段又成为下一级的次目标，按级顺推下去，直到作业层的作业目标，从而构成企业目标连锁体系，如图 6–6 所示。

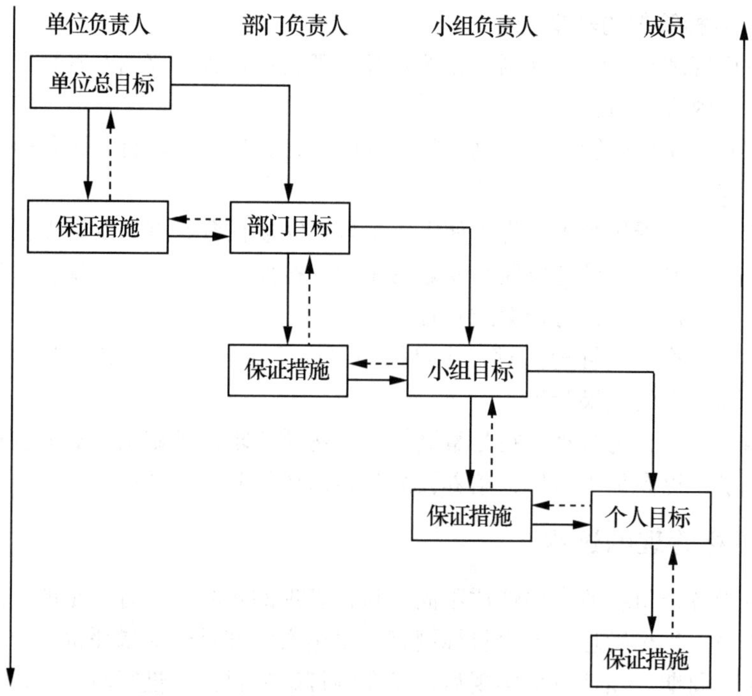

图 6-6　组织目标展开图

在目标展开过程中，上级的基本态度不应是强迫下级去做，而应是激励下级自觉自愿地去做。一般可由上级向下级提出工作方针，让下级制订各自的目标实施方案，通过协商为下级创造参与规划的条件，充分调动下级的积极性。在目标纵向展开的过程中，要注意协调好目标横向之间和斜向之间的关系，以保证上下左右之间目标的系统性和一致性。在目标展开过程中，应编写好目标展开图和目标管理卡，作为目标展开具体内容的书面记录，并寻找目标展开的问题点，提出相应的目标对策。

2. 目标的实施

组织中建立了自上而下的目标体系之后，各层次、各部门、各成员就要紧紧围绕确定的目标、授予的权力、赋予的责任，结合各自的特点，寻求实现目标的最佳途径。为保证目标的顺利实现，在实施阶段要着重抓好以下两方面工作：

(1) 权力下放和自我控制

目标管理强调目标实施过程中权力下放和自我控制，这样，作为上级的管理者可以有充分的时间和精力去抓重点的综合性管理，同时，下属人员还会产生强烈的责任感，发现工作的兴趣和价值，力争达到自己的目标。从上级方面来看，在目标制订过程中，上级必须明确提出达到目标的方针；而在目标实施过程中，上级关心的应是下级是否根据方针达到目标，取得最终成果，至于下级采用什么方法和手段，通过什么途径来达到目标，则由下级自主选择决定。因此，在目标实施的过程中，上级要尽可能把权力下放，给下级以自由处理的余地。从下级方面来看，下级在实施过程中，一方面要对照自己的目标检查行动，一方面要根据自己的判断充分行使上级下放给自己的权力，努力达到目标，以实现自我控制。因此，权力下放为下级在自我控制下独立进行工作创造了条件。有了目标和权力，下级就会产生责任感，发挥自己的判断能力、决策能力和创造能力，针对自己的不足之处主动积极地进行自我提高，达到自己的目标，进而实现组织目标。

(2) 实施过程的检查和控制

强调权力下放和自我控制，不等于达成协议后，领导就可以放手不管、放任自流。相反，由于组成了目标锁链和目标系统，一环失误，可能牵动全局，因此，上级管理者在目标实施过程中应对工作情况进行定期检查，这种检查应表现在指导、协助、提出问题、提供情报以及创造良好的工作环境方面。

目标实施过程的检查一般遵循下级自查报告和上级巡视指导相结合的原则。要使下级明确报告工作的义务，定期自查并向上级报告。报告内容主要包括目标实施进展状况、自己所做的主要工作、遇到的困难、希望得到的帮助等。上级必须经常掌握下级业务的进展情况。除接受下级报告外，还需经常与下级进行意见交流，以加强对目标实施过程的管理。

上级可在巡视指导中向下级就工作的进行方法等进行实质性的询问，提出问题，鼓励下级主动地、创造性地钻研问题，以积极进取的态度解决问题；对于下级在工作中无权处理而请求上级给予帮助的问题则应及时给予必要的启发和指示。尤其要注意的是，上级的检查应尽量不干扰下级的自我控制。

在对实施过程检查的基础上，将目标实施的各项进展状况、存在的问题等用一定的图表和文字反映出来，对目标值和实际值进行比较分析，实行目标实施的动态控制。通过检查，对需要调整的目标，要经过规定的程序进行调整。

3. 目标成果的评价

目标成果的评价是目标管理过程中的最后一环，用以确认成果和考核业绩，并与个人的利益和待遇结合起来。目标管理中的目标成果的评价主要有两种方式：一种是自我考评，即将目标和自己的实际工作业绩相比较评价自己；另一种是上级考评，即上级将下级部门的目标与实际业绩进行对比、进行分析评价。两种方式各有利弊，通常是将两者结合起来使用，即先由组织成员们自我评价，然后由上级部门复评，共同协商确认成果，这就要求务必公正客观、实事求是。

目标管理重视自我评价，并将它作为自我控制的一种手段。每个人通过自我评价，如果对某项任务的完成情况感到满意，就会激起力争达到下一个目标的热情；反之，如果感到不满意，就更能激起自我提高的愿望，力求提高自己的能力。对目标成果的评价，也是上级发挥领导能力的最好时机。上级可利用进行成果评价的有效机会，与下级进行意见交流，针对每个部门及每个人的情况进行具体细致的指导和帮助。

目标成果的具体评价一般采用综合评价法，即按照目标的实现程度、目标实现的难易程度和目标实现过程中的努力程度这三个要素对每项目标进行评定，确定各要素的等级，修正后得出单项目标的分数值，再根据各项目标在全部目标中的地位确定权重系数，便可以得出综合考虑的目标成果值，以此来确定目标成果的等级，进行具体评价。综合评价法的具体步骤如表 6–1 所示。

表 6–1 目标管理的综合评价法

步骤	具 体 内 容
1. 评定“达到程度”	一般采用实际成绩值与目标值之比，根据达到率定位 A、B、C 三个等级。通常 A 级为 100%~110%，B 级为 90%~100%，C 级为 80%~90%。如果目标是无法量化的，则可按事先规定的成果评定要点，确定 A、B、C 三个等级。
2. 评定“复杂困难程度”	各人的实际能力和条件不同，因而确定的目标复杂困难程度亦各不相同。如果评定时仅着眼于“达到程度”，就无法衡量每个人的成绩大小，因此只有把目标的复杂困难程度考虑在内，才能对每个人的成绩做出比较。“复杂困难程度”通过协调确认，也分为 A、B、C 三个等级。
3. 评定“努力程度”	对于达标过程中属个人职责范围内应当克服的不利条件，经过本人的努力，情况有了多大改变？据此对个人的努力程度进行评价，可区别是经过努力没有获得成果，还是没有努力或努力不够而没有获得成果。根据对达标过程中的种种条件分析，将“努力程度”确定为 A、B、C 三个等级。
4. 规定评价要素的比重	规定三个评价要素在目标项内的比重，做出单项目标的初步评定值。三个要素的比重一般可定为“达到程度”50%，“复杂困难程度”30%，“努力程度”20%。由于部门的不同，所处管理层次的不同，三个要素的比重可以适当调整。
5. 采用修正值进行修正	对达标过程中出现的非本人责任和努力所能排除的不利条件，酌情采用一定的修正值进行修正，得出各单项目标评定值。
6. 计算综合目标成果值，并确定等级	将各项目标评定值分别乘以其在全部目标中的权数，得出单项目标的比重值，然后加总，便得出该个人的目标成果综合评定值，然后按 A、B、C 三等，评定目标成果的等级。各部门的目标成果也可用同样的方法进行评价。

六、目标管理的优缺点

1. 目标管理的优点

目标管理是当前世界上很流行的一种计划方法和管理制度，客观地分析其优点，主要有以下几个方面：

(1) *更有效的激励*

当组织目标成为组织的每个层次、每个部门和每个成员在未来某一段时期内欲达到的一种结果，而且实现的可能性相当大时，目标就成为组织成员们的内在激励。特别是当这种结果实现后组织还有相应的奖励时，目标的激励效用就更大。从目标成为激励的因素来看，这种目标最好是组织每个层次、每个部门以及组织每个成员参与制订并认同的目标。

(2) 更有效的管理

目标管理的实施，已为无数组织的经验所证明，可以切实地提高组织管理的效率。因为目标管理迫使管理人员去考虑关于计划的效果，而不仅仅是计划的活动或工作。为了保证目标的实现，也需要管理人员去考虑他们实施目标的方法，考虑他们需要这样做的组织和人员，以及他们需要的资源和帮助。同样，设立一套明确的目标，才能更好地控制和激励。简言之，始终围绕组织的目标实施管理，肯定有助于目标的实现，这就有效提高了组织管理的效率。

(3) 更科学组织结构设计，任务更加明确

目标管理的另一个好处就是可以使组织各级主管以及成员都明确组织的总目标、组织的结构体系、组织的分工与合作以及各自的任务。这些方面的职责的明确，使得主管人员也知道，为了完成目标必须给予下级相应的权力，适当分权。另一方面，组织通常在目标管理实施过程中会发现组织体系存在的缺陷，从而有助于组织对自身的体系进行改造。

(4) 更有效的员工自我管理

目标管理实际上也是一种自我管理的方式，或者说是一种引导组织成员自我管理的方式。在实施目标管理的过程中，组织成员不但参与目标的制订，而且可自我决定如何去达到目标。从这个意义上看，目标管理是一种自我管理方式，有助于调动员工个人努力工作和参与管理的积极性。

(5) 更有效的控制

目标管理是一种有效的控制方式，一个组织如果具有一套清晰的目标体系，那么就能成为进行监督控制的依据，通过赋予组织的各个层次甚至员工个人以明确的目标，在目标管理的实施过程中就能够围绕目标展开检查、对比、评价及其偏差分析，如果有偏差就及时纠正。可见，明确并考核目标是进行有效控制的最好方式。

2. 目标管理的缺点

目标管理虽然具有不少的优点，但同时也存在着一些局限性，我们有必要对其不足有一个清晰的认识。其不足主要表现在以下几个方面：

(1) 强调短期目标

在实施目标管理的过程中，通常主管人员所关注的是一些短期目标：年度的、季度的、月度的等。因为长期目标较为抽象，而短期目标具体、易分解且见效快，仅关注和强调近期目标的实现可能将损害组织长期目标的设计和安排。因此，为了防止短期目标所导致的短期行为，上级主管部门必须从长期目标的角度提出总目标和制订目标的指导方针。

(2) 目标设置困难

真正可用于考核的目标很难设定，这是因为组织实际上是一个产出联合体，它的产出是一种联合的、不容易分解的产出，即目标的实现是大家共同合作的成果，这种合作中很难确定个体已做多少、应做多少，因此，可度量的目标确定也就十分困难。另外，尽管我们希望目标数量化，但并不是任何岗位的工作都能将目标数量化，有些只能做定性的描述，特别是要让组织中的每个成员都制订数量化目标是很困难的。

(3) 目标更改缺乏灵活性

目标管理要想取得成效，就必须保持目标的明确性和连续性，如果目标经常改变，就会导致组织的混乱。事实上目标一旦确定就不能轻易改变，也正是如此使得组织运作缺乏弹性，无法通过权变来适应外部动态、复杂的环境。

本章提要

★本章介绍了管理职能中最基本同时也是最首要的职能——计划。本书中使用狭义的计划工作的概念，具体来说就是指组织根据环境的需要和组织自身的特点，通过科学的预测，确定组织在一定时期内的目标以及实现目标的最佳方法的工作过程。作为一项完整的计划，计划的内容常用“5W1H”来表示。

★计划的作用主要体现在四个方面：为组织成员指明方向，协调组织活动；预测未来，减少变化的冲击；减少重复和浪费性的活动；设立目标和标准以利于控制。

★计划的特征主要体现在五个方面：计划工作的目的性；计划工作的首位性；计划工作的普遍性；计划工作的效率性；计划工作的创造性。

★根据分类标准不同，计划有多种分类：根据时间的跨度，计划可以分为长期计划、中期计划和短期计划；根据内容的广度，计划可以分为战略性计划与战术性计划；根据计划的对象，计划可以分为综合计划、部门计划和项目计划；根据计划的明确程度和对执行者的约束力，计划可以分为指令性计划与指导性计划；根据计划的重复性，计划可以分为程序性计划与非程序性计划。

★决策与计划，二者既相互区别、又相互联系。二者的区别主要是需要解决的问题不同，决策是关于组织活动方向、内容以及方式的选择；计划则是对组织内部不同部门和不同成员在一定时期内行动任务的具体安排，它详细规定了不同部门和成员在该时期内从事活动的具体内容和要求。二者的联系主要体现在，决策是计划的前提，计划是决策的逻辑延续；在实际工作中，决策与计划相互渗透，有时甚至是不可分割地交织在一起的。

★计划的表现形式具有多层次性，具体体现为使命、目标、战略、政策、程序、规则、方案、预算。

★计划的编制过程是确定目标、认清现在、研究过去、预测并有效地确定计划的重要前提条件、拟定和选择可行的行动计划、制订主要计划、制订派生计划、制订预算、用预算使计划数字化。

★经常用到的计划制订方法主要有预算法、甘特图法、滚动计划法、网络计划技术等。

★目标管理是一种综合的、以工作为中心和以人为中心的系统管理方式，它是一个组织中最高领导层同下级管理人员以及员工一起共同来制订组织目标，将其具体化，层层落实，要求下属各部门主管人员以至每一个员工根据上级制订的目标和保证措施，形成一个目标体系，并把目标完成情况作为各部门或个人考核依据等一整套系统化的管理方式。

★目标管理主要具有四个方面的特点：目标管理是一种总体的管理，具有目标体系；目标管理是一种民主的管理，实行参与管理；目标管理是一种成果管理，注重管理实效；目标管理是一种自觉的管理，实行自我控制。

★目标管理的理论依据，主要是基于动机激发理论、人性假设理论和授权理论。

★目标管理有四个共同的要素，它们是：明确目标；参与决策；规定期限和反馈绩效。

★按目标管理工作包含的范围及其性质，目标管理的基本内容包括：工作目标管理；领导授权管理；工作成果管理；员工行为管理。

★一般来说，目标管理主要由目标制订、目标实施和目标成果评价三个阶段形成一个循环周期。

★目标管理的优点有：更有效的激励；更有效的管理；更科学的组织结构设计，任务更加明确；更有效的员工自我管理；更有效的控制。目标管理的局限性主要有：强调短期目标；目标设置困难；目标更改缺乏灵活性。

本章思考题

1. 如何客观地评价计划在管理工作中的作用？
2. 什么是计划？计划工作的特征有哪些？
3. 简述计划编制的程序。
4. 何谓滚动计划法？它具有哪些特点？

5. 什么是目标管理？简述目标管理的特征。
6. 简述目标管理的过程。
7. 如何评价目标管理的优点及局限性？

本章案例

10 分钟提高效率

美国某钢铁公司总裁舒瓦普向一位效率专家利请教："如何更好地执行计划？"利声称可以给舒瓦普一样东西，在 10 分钟内能把他公司业绩提高 50%。接着，利递给舒瓦普一张白纸，说："请在这张纸上写下你明天要做的 6 件最重要的事。"舒瓦普用了约 5 分钟时间写完。利接着说："现在用数字标明每件事情对于你和公司的重要性次序。"舒瓦普又花了约 5 分钟做完。利说："好了，现在这张纸就是我要给你的。明天早上第一件事是把纸条拿出来，做第一项最重要的。不看其它的，只做第一项，直到完成为止。然后用同样办法对待第 2 项、第 3 项……直到下班为止。即使只做完一件事，那也不要紧，因为你总是在做最重要的事。你可以试着每天这样做，直到你相信这个方法有价值时，请将你认为的价值给我寄支票。"

一个月后，舒瓦普给利寄去一张 2.5 万美元的支票，并在他的员工中普及这种方法。5 年后，当年这个不为人知的小钢铁公司成为世界最大的钢铁公司之一。

（资料来源：耿云，冯成平：《蓝色管理：破解西方管理本源》，东方出版社，2008）

讨论题

1. 为什么总裁舒瓦普有计划却难以执行？效率专家的方法的关键在哪里？

2. 效率专家利认为："即使只做完一件事，那也不要紧，因为你总是在做最重要的事。"你认为制订计划光是做最重要的事够吗？

3. 效率专家利执行计划的方法使这个不为人知的小钢铁公司成为世界最大的钢铁公司之一。为什么计划能有这么大的作用？

第七章 战略与战略管理

学习目标

1. 理解战略与战略管理的含义。
2. 掌握战略管理的特征与层次结构。
3. 掌握公司层战略、事业层战略与职能层战略的具体内容。
4. 理解战略管理理论发展阶段的主要思想、理论。
5. 掌握战略管理过程的主要步骤。
6. 掌握战略环境分析的主要工具与方法。
7. 理解主要的战略类型，并熟知每种战略类型的特点。

管理不仅要协调组织内部的各种关系，还要协调组织与外部环境的关系，解决组织如何在多边的环境中生存和发展的问题。而连接着组织与环境的就是组织的战略。如何驾驭环境的变化，结合本组织的资源状况，规划出一个具有远见而又切实可行的发展战略，关系到组织的成败。这就是本章所要探讨的战略管理问题。

第一节 战略管理概述

一、战略与战略管理的含义

1. 战略的含义

"战略"一词来源于希腊语"Strategos"，其含义是"将军指挥军队的艺术"。克劳塞维茨认为战略是为了达到战争的目的而对战争的应用。毛泽东提出战略问题是研究战争全局规律性的东西。尽管不同的军事家或战略学家对战略这一概念的表述有所不同，但主要含义都是"对战争全局的筹划和谋略"。

现在"战略"一词已广泛应用于政治、经济、社会、文化、教育、科技等领域。“战略”一词与企业经营联系在一起并得到广泛应用的时间并不长，最初出现在巴纳德名著《经理的职能》一书中，该书作者为说明企业决策机制，从有关企业的各种要素中产生了“战略”因素的构想，但“战略”一词并未得到广泛应用。

将战略思想运用于组织的经营管理之中，便产生了管理学中的战略这一概念。而在管理学界，对战略概念的阐述也是众说纷纭，至今没有形成一个公认统一的定义。我们这里列举几种常见的具有重大影响的定义。

最早和最经典的概念认为，战略作为确定组织使命的手段，要明确组织的长期目标、运动程序和资源分配的优先级。

明茨伯格认为战略是一种事先的计划，是对未来行动方案的说明和要求。

在管理学中，德鲁克强调：“战略是一种统一的、综合的、一体化的计划，用来实现企业的基本目标。”

钱德勒认为战略应该定义为：确定企业基本的长远目标和为了实现这些目标所采取的相应的措施、行动以及必要的资源分配。

综合以上管理学家的定义，我们将战略定义为：战略是指带有全局性、长远性和根本性的重大谋划与对策研究，它反映了组织在一个较长时间内所要达到的主要目标和实现这些目标的主要措施、部署、步骤的设想，并着眼于组织长期目标和宗旨的实现。

2. 战略管理的含义

从“战略管理之父”安索夫于 1972 年在《企业经营政策》杂志上发表《战略管理思想》一文，正式提出“战略管理”概念至今，学者们对企业战略管理的概念进行了多方探讨，提出了许多有价值的观念。

安索夫认为，企业战略管理是将企业日常业务决策同长期计划决策相结合而形成的一系列经营管理业务。企业战略管理是对企业战略的设计、选择、控制和实施，直至达到预期总目标的全过程。从安索夫的定义中我们明显看到了从计划角度对企业战略管理的理解。

弗雷德·戴维（Fred R. David）认为，战略管理就是制订、实施和评价使组织能够达到其目标的、跨功能决策的艺术与科学。该定义指出战略管理是一种跨功能的决策，突出了战略管理活动的跨功能性以及知识的综合性和交叉性；同时，在战略管理的艺术性与科学性这两种属性中，特别突出了战略管理的艺术性。

我国学者也从不同角度对企业战略管理进行了定义，如：企业战略管理就是企业确定其使命，根据组织外部环境和内部条件设定企业的战略目标，为保证目标的正确落实和实现进行谋划，并依靠企业内部能力将这种谋划和决策付诸实施，以及在实施过程中进行控制的一个动态管理过程；企业战略管理就是企业为求得生存和长期稳健发展，对企业的发展目标、实现目标的途径和手段的总体谋划。

综上所述，可以将战略管理定义为：组织确定其使命，根据组织外部环境和内部条件设定组织的战略目标，为保证目标的正确落实和实现进行规划，并依靠组织内部能力将这种谋划和决策付诸实施，以及在实施过程中进行控制的一个动态管理过程。

这里有两点需要说明：第一，战略管理不仅涉及战略的制订和规划，而且也包含着将制订出的战略付诸实施的管理，因此是一个全过程的管理；第二，战略管理不是静态的、一次性的管理，而是一种循环的、往复性的动态管理过程。它是需要根据外部环境的变化、组织内部条件的改变，以及战略执行结果的反馈信息等，而重复进行新一轮战略管理的过程，是不间断的管理。

二、战略管理的特征

企业战略管理作为企业经营管理活动的主线，是企业经营活动的最高纲领和最终目标，具有以下特征：

（1）全局性

企业战略是以企业全局为对象，是根据企业总体的发展需要而制订的。

（2）抗争性

企业战略是企业在市场竞争中与对手相抗衡的行动方案，即针对来自市场竞争对手的冲击、压力、威胁和困难，为争取顾客，争夺市场，提高市场占有率而进行运筹谋划。

（3）长期性

企业战略是对企业未来一定时期生存和发展的统筹规划，它着眼于企业的长远发展，追求的是企业长期利益。

（4）风险性

企业战略是企业对未来发展的规划，而战略实施的环境总是处于不确定的、变化莫测的趋势中，因此，经营战略必然存在着一定的风险。

（5）纲领性

企业战略规定的是企业总体的长远目标和发展方向，以及实现目标的基本方针、重大措施和步骤。这些内容一般带有原则性规定的特点，具有行动纲领的意义。

三、战略管理的层次

企业战略不仅要说明企业整体目标及实现目标所用的方法，而且要说明企业内每一层次、每一类业务以及每一部分的目标及其实现方法。因此，企业战略可分为三个主要的层次：公司层战略（Corporate Strategy）、事业层战略（Business Strategy）和职能层战略（Functional Strategy），如图 7-1 所示。

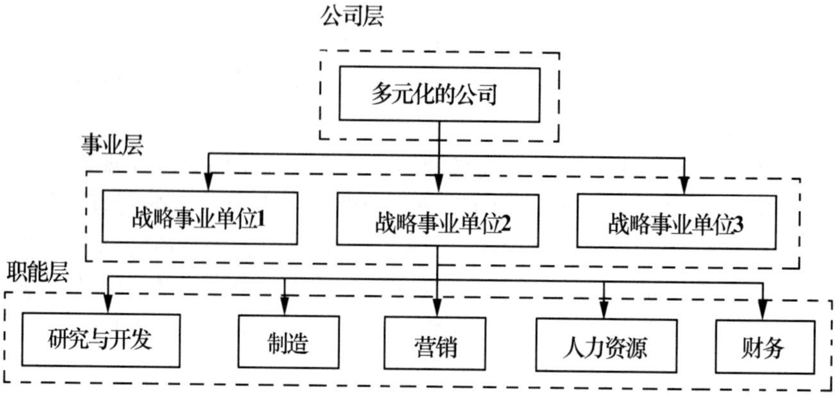

图 7-1　企业战略的层次

1. 公司层战略

也称为总体战略，是关于组织为了实现其使命或目标而为整个组织制订的总体战略总纲，是企业最高层次的战略措施。它主要用于决定组织的发展态势、确定组织的经营范围、确定业务组合、建立战略事业单位（Strategic Business Units，简称 SBU）、配置战略资源和建立风险应对机制等。若某组织所拥有的业务种类比较单一，那么就它而言，其公司层战略也可能就是其业务战略。由此可见，公司层战略一般适用于多业务的组织。

公司层战略的主要分析内容有：总体战略和业务组合矩阵。

（1）总体战略

总体战略从宏观上确定了企业总体发展的基本态势、方向和范围，因此，根据企业的总体发展态势，一般把企业总体战略分为三大类：增长型战略、维持型战略和紧缩型战略。

增长型战略就是企业在现有的战略水平上追求更高的目标，提高经营层次、增强企业实力、实现企业扩张和发展。它包括一些通行的衡量指标，如更大的规模、更多的员工、更大的市场份额、更多的业务和更高的销售额等。增长型战略可以通过直接扩张、合并同类企业或多元化经营方式来实现。当外部环境发生了有利于组织发展的变化，而且组织的资源能够充分适应这种变化时可以采取增长战略。

维持型战略就是指企业在现有的发展状况下，一定时间内维持现有的战略态势。维持型战略的特征就是较少或基本不做出重大战略决策。这种战略常常表现为持续地向同类型的顾客提供同类的产品或服务，维持市场占有率，并保持企业长期一贯的投资回报率，等。

紧缩型战略简称紧缩战略，又称为撤退战略或收缩战略，是指企业在一段时间内减小经营规模或缩小经营范围。在现实中没有人愿意采取紧缩型战略，进行全面紧缩更是任何企业都不愿面对的选择。但是进入 20 世纪 90 年代后，如何认识和管理衰退已经成为战略管理领域最活跃的问题之一。

应当指出的是，现实中的企业战略远比以上三种理论总结的战略态势要复杂得多。尤其是对一个多元化经营的公司来说，往往会在有些业务领域实施增长型战略，而在另一些业务领域实施维持型战略，同时在业务衰退领域实行紧缩型战略。因此，现实中的企业往往实施的是一种组合型的总体战略，就是根据企业内外部环境的状况在不同的业务领域或在不同的发展阶段分别选择上述三种战略中的一种或几种。应该说，组合型战略是企业总体战略的一种正常形态。

(2) 业务组合矩阵

制订公司层战略最流行的方法之一是公司业务组合矩阵。这一方法是由波士顿咨询集团（Boston Consulting Group，简称 BCG）于 20 世纪 70 年代初期开发的，所以又称作波士顿矩阵。这种方法主要用于多元经营的企业，通过对其业务单元进行相对市场地位和产业增长速度的匹配来评价和决定业务组合及业务单元的战略取向。BCG 矩阵的示意图如图 7–2 所示。其中，横轴代表相对市场份额；纵轴表示预计的市场增长。所以这种方法有时也称作市场增长–市场占有率矩阵。说得更明确一些，高市场份额意味着该项业务是所在行业的领导者；高市场增长定义为销售额至少达到 10%的年增长率（扣除通货膨胀因素）。BCG 矩阵区分出 4 种业务组合。

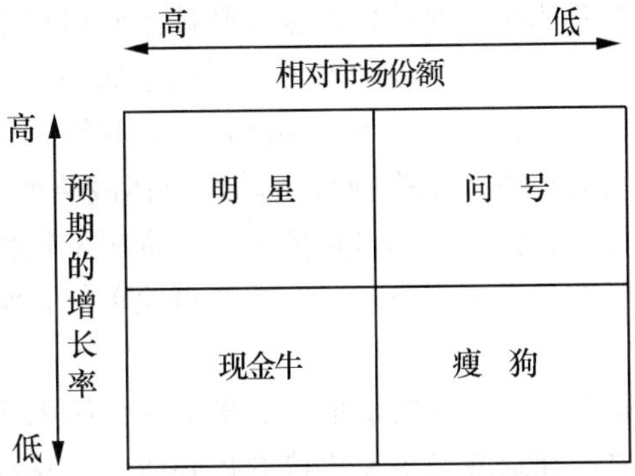

图 7–2 BCG 矩阵

现金牛 (Cash Cow) (低增长，高市场份额)。落在这个象限的业务可以产生大量的现金，但是它未来的增长潜力是有限的。

明星 (Star) (高增长，高市场份额)。这些业务处于快速增长的市场中，并且占有主导的市场份额，它们对现金流的贡献取决于投入的资源。

问号 (Question) (高增长，低市场份额)。这些业务处于有吸引力的市场中，但只占有较小的市场份额。

瘦狗 (Dog) (低增长，低市场份额)。处于这个象限的业务不产生或不消耗大量的现金，但这些业务只有低市场份额和低增长率。

从 BCG 矩阵我们可以看出：管理者应尽可能多地从现金牛身上收获现金，而限制在这些业务上新的投资；利用从现金牛事业上获得的大量现金，投资于明星业务和问号业务，因为这些业务具有增长潜力。对明星业务的大量投资将有助于这些业务的增长和保持较高的市场份额。当然，随着市场的成熟和销售速度的放缓，明星业务也会演变为现金牛。对于管理者来说，最难做出的决策是关于问号业务，通过仔细地分析，其中一些业务将被出售，有些业务将可能转换为明星业务。瘦狗业务将被出售或清算，因为它们的市场份额很低，增长的潜力也不大。

公司业务组合矩阵，如BCG矩阵，可以成为一种有用的战略管理工具，它提供了一个框架，有助于理解多元化业务和帮助管理者建立资源分配决策的优先目标。

2. 事业层战略

事业层战略是指战略事业单位、事业部或子公司的战略。它是在企业总体战略的指导下，经营管理某一个战略事业单位的战略，是企业总体战略下的子战略。它的重点是要改进一个战略事业单位在它所从事的行业中，或某特定的细分市场中所提供的产品和服务的竞争地位。事业层战略是企业的核心战略，即它回答的是“在我们的每一项事业里应当如何进行竞争”这一问题。

(1) 事业层战略的主要内容

一般来说，事业层战略的拟定需要考虑以下几个方面的内容：

①根据总体战略对战略事业单位在企业整体经营格局中的地位和作用、业务领域的外部环境与所拥有的资源和能力，明确本战略事业单位对实现总体战略应当做出的贡献和责任，以及业务活动的定位和发展方向。

②确定业务活动的范围。根据业务活动对总体战略所承担的责任与贡献、与其它业务活动的关系、公司整体对业务活动的资源配置情况，以及主要市场与用户群的结构、要求和变化趋势，确定战略事业单位在整个业务链上应当介入哪些环节。

③根据战略事业单位所涉及的价值链、事业单位所采用的基本技术类型和技术扩散利用的潜力，确定战略事业单位的核心活动以及获得并控制资源的方式，确定竞争方式和手段。

④要提出战略事业单位内部资源配置的基本原则和方向，平衡资源的投入。

⑤要明确战略事业单位内部各项职能活动所承担的责任，指导战略事业单位的职能战略。

(2) 事业层战略的种类

事业层战略与企业相对于竞争对手而言在行业中所处的位置有关。为了准确地定位，企业必须决定其准备采取的行动能否使其以不同于竞争对手的方式开展活动或开展不同于竞争对手的活动。

企业从三种竞争战略中进行选择，以建立和保护其所想要的战略位置：成本领先、差异化、目标集中。每种竞争战略都有助于企业建立和利用其在某一特定竞争领域的竞争优势。一旦选定，企业事业层战略本身及对该战略的使用将会表明企业为何与其竞争对手是不相同的。

美国哈佛大学教授迈克尔·波特认为，组织面临来自五个方面的竞争压力：行业中现有企业之间的竞争、潜在进入者、替代品的威胁、供应商的讨价还价能力、购买者的讨价还价能力。他提出组织应在分析这些竞争压力的基础上，根据自身的长处和竞争对手的短处采取以下不同的竞争战略。

①成本领先战略

也称为低成本战略。成本领先战略要求积极扩大生产规模，进行大批量生产来获得规模经济效益，降低成本，从而降低产品价格，使产品在市场竞争中能够以廉取胜。另外还要求组织在经验基础上全力以赴降低成本，加强对生产成本和管理费用的控制，最大限度地减少研究开发、服务、推销、广告等方面的成本费用。

②差异化战略

实施差异化战略就是组织提供与众不同的产品或服务，努力使组织以特取胜或以奇取胜。主要是突出产品与服务的特色，增加对顾客的吸引力。如，特殊的功能、高超的质量、优质的服务、独特的品牌等。

③目标集中战略

也称为专一化战略。即将组织经营目标集中到组织总体市场中的某一部分细分市场上，以寻求在这部分细分市场上的相对优势的战略。这一战略的特点是通过业务的专业化，以更高的效率、更好的效果来满足某一特定的服务对象，从而超过具有较广泛经营范围的竞争者。

这三种竞争战略中，没有哪种凭空或普遍比其它的几种好。每种战略的有效性取决于企业外部环境中存在的机遇和威胁，以及企业基于自身独特的资源、能力和核心竞争力的可能性。因此，选择一种与企业外部环境中存在的机遇和威胁以及内部的核心竞争力相匹配的战略，是至关重要的。

3. 职能层战略

职能层战略又称职能部门战略，是为了贯彻、实施和支持总体战略与事业层战略而在企业特定的职能管理领域制订的战略。职能战略一般可分为营销战略、人力资源战略、财务战略、生产战略和研发战略等。

从职能战略的主要任务来看，主要有：根据总体战略和事业层战略确定职能活动的基本方向、原则和政策；制订该职能领域的重大活动方针，以支持总体战略和事业层战略的实现；根据该职能在公司或战略业务单元中的地位与作用统筹配置资源；与相关职能活动建立跨职能协调机制等。

与企业总体战略相比，职能战略用于确定和协调企业短期的经营活动，期限较短，一般在一年左右；职能战略是为负责完成年度目标的管理人员提供具体的指导，所以它较总体战略更为具体；职能战略是由职能部门的管理人员在总部的授权下制订出来的。

职能层战略是在职能部门中，如制造、市场营销、财务、人力资源、研究与开发等部门，由职能层管理人员制订的短期目标和计划。它直接处理一些具体问题，如生产及市场营销系统的效率、顾客服务的质量和程度、提高特定产品或服务的市场占有率等，其目的是实现公司和事业部的战略计划。

第二节　战略管理理论的发展

从战略理论的历史沿革及其演变过程分析，企业战略管理理论的产生与发展大致经历了三个阶段，即早期战略思想阶段、古典战略理论阶段和竞争战略理论阶段。本节将选择有代表性的几个主流学派进行介绍，以扩大对战略管理理论的视野。

一、早期战略思想阶段

早期阶段，虽然没有产生出完整的战略管理理论体系，但已出现了一些比较精彩的战略思想。波特（M. E. Porter）对此做了全面的概括。20 世纪初，法约尔（Henri Fayol）把工业企业内部的各种管理活动划分成六大类：技术活动、商业活动、财务活动、安全活动、会计活动和管理活动。法约尔还同时提出了管理的五项职能，即计划、组织、指挥、协调和控制，其中的计划职能是企业管理的首要职能，这可以说是最早出现的企业战略思想。

1938 年，巴纳德在其《经理人员的职能》一书中强调：组织是一个有意识地协调各种活动的体系，其中组织的目标处于组织的中心地位，经理人员是组织体系中最关键的因素；组织目标的制订是经理人员特有的职能，只有组织目标的制订才使得组织环境中的其它事物有意义。巴纳德认为，各种社会组织都是一个协作的系统，是由相互协作的个人组成的系统。这些协作系统作为正式组织，一般包含三个基本要素，即协作的意愿、共同的目标、信息的联系；组织中经理人员的作用，就是在协作系统中作为相互联系的中心，提供一个信息交流的体系，维持协作的意愿，以便组织能够维持正常运转。此后，巴纳德把自己的主要贡献归结为一些“结构性”概念和“动态性”概念，成为企业战略管理理论中不可或缺的重要基础。他还进一步指出，一个协作体系为了能够生存下去，必须在实现组织目标方面是“有效的”，为此，经理人员必须处理好组织体系与其环境之间的相互关系，使企业组织与企业环境能够相互协调或“匹配”。这一主张也已经成为现代战略管理分析方法的基础。

20 世纪 60 年代，安德鲁斯（K. R. Andrews）在其《公司战略概念》一书中从四个方面对战略进行了界定，把战略划分为四个构成要素：市场机会、企业实力、个人价值观和渴望、社会责任。其中，市场机会和社会责任是外部环境因素，企业实力与个人价值观和渴望是企业内部因素。他主张企业应该通过更好地配置自己的资源，形成独特的能力，以获得竞争优势。安德鲁斯认为，战略决策将在较长的时间内影响企业在各个方面的资源配置和行为表现。因此，在分析、研究和制订企业的战略时，企业高层管理人员应该有权变观点，应该辩证地处理变与不变之间的关系，在增强企业活力的前提下，保持企业战略的相对稳定性。

二、古典战略理论阶段

1965 年，安索夫（H. I. Ansoff）出版了《公司战略》，这是第一本有关企业战略的著作。他在研究多元化经营的企业的基础上，提出了"战略四要素"说，认为战略的构成要素应当包括产品与市场范围、增长向量、协同效应和竞争优势。安索夫的《公司战略》已经成为现代企业战略管理理论研究的起点，标志着企业战略管理理论研究已进入了一个新阶段。此后，很多学者基于不同的理论基础、研究方法和研究角度进行研究，形成了不同的理论学派。这些学派主要有：

1. 设计学派（Design School）

这一学派的观点始出于塞尔兹尼克（P. Selznick），发展于钱德勒（A. D. Chandler），后由安德鲁斯做了精确的界定。1957 年，塞尔兹尼克在其《行政管理中的领导行为》一书中，认为经理人员以及历史经验等因素是关系企业战略制订与实施成功与否的重要因素。1962 年，钱德勒在其《战略与结构》一书中指出，企业的经营战略要适应环境的变化，企业的组织结构也必须随企业战略的变化而变化。1971 年，安德鲁斯在其《公司战略概念》一书中认为，企业内部的优势（Strengths）和劣势（Weaknesses）与企业外部的机会（Opportunities）和威胁（Threats）进行匹配，以此建立了著名的 SWOT 的战略形成模型，构成了该学派的重要基础。设计学派认为：企业战略的形成必须由企业高层经理负责；战略的形成应当是一个精心的设计过程，它既不应该是一个直觉思维的过程，也不应该是一个规范分析的过程；战略应当清晰、简明，易于理解和实施。

2. 计划学派（Planning School）

计划学派的形成以安索夫 1965 年出版的《公司战略》一书为标志。该学派认为，企业在制订战略时，首先必须明确自己的经营性质，如此，企业的战略才能够一方面为企业的生产经营活动提供指导，另一方面为企业的发展提供空间。计划学派还认为：战略的形成是受控制的、有意识的、规范化的过程，原则上主要由领导承担整个过程的责任；在实践中，企业战略则应该由计划人员负责实施，因此企业战略应当详细、具体，包括企业目标、资金预算、执行步骤等实施计划，如此才能保证企业战略的顺利实现。

3. 定位学派（Positioning School）

定位学派源于20世纪80年代初，其代表人物为波特（M. E. Porter）。1980年，波特在哈顿（K. J. Hatten）和申德尔（Dan E. Schendel）等关于战略定位研究的基础上，明确提出企业在制订战略时必须将自己与所处的环境联系起来。企业所处的环境中，行业是最直接的环境，行业的结构决定了企业的竞争范围，从而决定了企业潜在的利润水平。企业在制订战略的过程中，要在以下两方面下工夫：一是进行企业所处行业的结构分析；二是进行企业在行业内相对竞争地位的分析。通过这些分析，可大大减少企业间因程式化的产业结构分析而出现的定位趋同，并可以降低企业之间竞争的程度。从这个意义上说，企业战略制订人员应该是“分析家”，其主要任务是选择利润潜力较大的行业，并在其中进行正确的定位。波特为此还提供了分析企业所处行业的情况和企业在行业中竞争优势的各种方法和技巧，如“五力模型”、企业地位和行业吸引力分析矩阵、价值链等。

4. 创业学派（Entrepreneurial School）

与设计学派极为相似，创业学派的侧重点是企业高层管理者。与设计学派不同并与计划学派完全相反的是，它从根本上认为战略形成过程是一个直觉思维、寻找灵感的过程。如此，就使得战略从精妙的设计、周密的计划、准确的定位转而成为某种隐约可见的“愿景”（Visions）。它强调：企业必须有一个极富创新精神的领导者，由其提出有关企业创办、产权安排、企业转型等方面的创意。

5. 认知学派（Cognitive School）

一些学者关心战略是如何产生的问题。如果战略是通过诸如结构、模式、图形、概念等因素产生于人们的意识，那么怎样理解这些心理过程？20世纪80年代开始，认知学派研究者通过多年的探讨，使其理论得到了持续稳定的发展，而且影响越来越大。认知学派有两个分支，一个分支认为，战略的形成是基于人们处理信息、获取知识和建立概念的认知过程，其中建立概念是战略产生的最直接、最重要的因素；另一分支接受了战略形成过程具有主观解释性（Interpretative）或结构主义者（Construtivist）的观点，认为，认知是在对企业组织的内外环境理解的基础上，借助所掌握的方法和手段来构造具有创造力解释功能的战略。

6. 学习学派（Learning School）

企业外部环境的变化具有不可预测性，企业本身具有外界适应性。实践中，会有这样的情况发生：一些通过严格程序制订的战略并未得到实现，而一些未经正式制订、自然显现的战略却得以实现。有些学者因此把研究的重点转向企业在各种不可预测的环境因素约束下的战略形成上，并由此而形成了学习学派。其中包括，从林德布罗姆（Lindblom）的早期不成系统的关于渐进主义的观点，贯穿于奎因（J. B. Quinn）理论始终的逻辑渐进主义，到波瓦

(Bower) 和伯杰尔曼 (Burgelman) 突破思维定势的观点、明茨伯格 (H. Minzberg) 关于战略是通过自然选择形成的观点、韦克 (Weick) 关于战略是通过总结过去的经验教训而形成的观点等。与以往学派不同，学习学派认为战略是通过渐进学习、自然选择形成的，可以在组织上层出现，也可以在组织下层出现，而且战略的形成与实施相互交织在一起的。

7. 权力学派 (Power School)

该学派把权力看做战略形成中不可或缺的基础，认为：战略的形成不仅要受到经济因素的影响，而且要受到政治因素的影响，战略的形成是组织内部权力与权力之间的政治斗争的结果。权力学派大体上有两种不同的观点：微观权力观把企业战略的制订看做是一种实质上的政治活动，是企业内部各种正式和非正式利益团体运用权力，施加影响，进行讨价还价、游说、妥协，最后在各派权力之间达成一致的过程；宏观权力观则把企业看做是一个整体，运用整体的力量作用于其它各种相关的利益团体，包括竞争者、同盟者、合作者以及其它涉及企业战略利益的网络关系等。因此，权力学派强调，战略的制订不仅要注意行业环境、竞争力量等经济因素，而且要注意利益团体、权力分享等政治因素。

8. 文化学派 (Cultural School)

如果把权力看做是镜子，那么其反面就是文化。与权力学派不同，文化学派注重团队利益和企业整体，认为：企业战略植根于企业文化及其背后的社会价值观念之中，其形成过程是把企业内部各种利益的因素进行整合并发挥其作用的过程。文化学派的观点在解释不同企业在同等条件下经营行为和经营业绩存在差异方面具有很强的说服力。该学派认为，企业能在激烈的市场竞争中立于不败之地并获得长足发展，可归结于企业文化的作用。

20 世纪 80 年代，日本管理模式在世界上广受推崇时，企业文化在美国成为热门话题。如今，企业文化的概念已深入人心，企业文化对企业经营业绩和社会形象的作用与影响正日益增强。

9. 环境学派 (Environmental School)

环境学派研究的是企业在其所处的环境里如何获得生存和发展，其中主要存在着这样两种不同的发展方向：一种称作“权变理论 (Contingency Theory)”，侧重于研究企业在特定环境条件下和面临有限战略选择时所做的预期反应，要求企业发挥主观能动性，强调企业应该对环境的变化采取相应的对策以影响和作用于环境，争取企业经营的主动权；另一种称作“规制理论 (Institutional Theory)”，强调企业所处的环境往往难以把握和控制，企业战略的制订必须充分考虑环境的变化和特点，在适应环境的过程中找到自己的生存空间，并获得进一步的发展。

10. 结构学派 (Configuration School)

结构学派是诸种学派观点之集大成者，它把企业看做一种结构，是一系列行为和特征组成的有机体；它把企业战略的制订看成是一种整合，是由其它各种学派的观点综合而成的体系，以至于几乎每一学派都可以在结构学派观点中找到自身的影子。比如，面对相对稳定的环境，在企业战略的形成过程中计划学派就占有重要地位;面对相对动态的环境,创业学派对企业战略的制订起着更大的作用。当企业可以用“状态”来描述时，企业环境的变化就可以描述为“跃迁”，即从一种状态跳跃到另一种状态。当企业拟进入某种“状态”时，战略就应该能够反映并适应此“跃迁”。

三、竞争战略理论阶段

随着企业战略管理理论和企业经营实践的发展，企业战略理论的研究重点逐步转移到企业竞争方面。特别是自20世纪80年代以来，西方经济学界和管理学界一直将企业竞争战略理论置于学术研究的前沿，有力地推动了企业竞争战略理论的发展，涌现出了三大主要战略学派：行业结构学派、核心能力学派和战略资源学派。

1. 行业结构学派

行业结构学派的主要代表是波特（M. E. Poter）。受以梅森（P. A. Mason）和贝恩（J. Bain）为代表的产业组织学派的影响，波特致力于研究产业组织理论在企业竞争战略中的应用，实现了产业组织理论和企业竞争战略理论的创新性兼容，实现了战略制订和实施这两个过程的有机统一。他认为构成企业环境的关键部分是企业参与竞争的一个或几个行业，行业的结构极大地影响着竞争规则的确立以及可供企业选择的竞争战略。波特提出了竞争分析的“五力模型”，指出行业结构分析是确立竞争战略的基石，理解行业结构是战略制订的起点，企业需要做好决定进入行业中的自我定位工作。

2. 核心能力学派

1990年，以普拉哈拉德（C. K. Prahalad）和汉默尔（G. Hamel）的“企业核心能力”一文为开端的核心能力学派认为：核心能力就是所有能力中最核心、最根本的那一部分，它可以通过向外辐射，作用于其它各种能力，影响其它能力的发挥和效果。如今的市场竞争，与其说是基于产品的竞争不如说是基于核心能力的竞争。企业经营能够成功，已不再取决于企业的产品、市场的结构，而取决于其反应能力，即企业对市场趋势的预测和对变化中的顾客需求的快速反应。因此，企业的战略目标就在于识别并开发竞争对手难以模仿的核心能力。企业只有具备了某种核心能力，才能快速适应市场的变化，满足顾客的需求，才能在顾客心目中把自己与竞争对手区分开来。此外，企业要获得并保持竞争优势，就必须在核心能力、核心产品和最终产品三个层面上参与竞争。在核心能力层面上，企业的目标应该是在产品性能的特殊设计与开发方面建立起领导地位，以保证企业在产品制造和销售方面的独特优势。由于核心能力主要源于并体现在竞争优势上，因而一般把核心能力也称作核心竞争能力。

3. 战略资源学派

该学派认为，企业战略的主要内容是如何培育企业独特的战略资源，以及如何最大限度地优化配置这种战略资源的能力。在竞争实践中，各企业的资源和能力各不相同。企业战略资源以及运用这种资源的能力方面的差异，就成为企业竞争优势的源泉。20 世纪 80 年代，库尔（Cool）和申德尔（Dan E. Schendel）通过对制药业若干个企业的研究，认为企业的特殊能力是造成它们业绩差异的重要原因。战略资源学派认为，每个企业都是独特资源和独特能力的结合体，该结合体构成了企业竞争战略的基础。企业竞争战略的选择必须有利于最大限度地培植和发展企业的战略资源；企业战略管理的主要工作就是培植和发展对自身拥有的战略资源的独特的运用能力，即核心能力；核心能力的形成需要企业不断地积累战略制订过程中所需的各种资源，需要企业不断学习、不断创新、不断超越。只有当核心能力达到一定水平后，企业才能通过一系列组合和整合形成自己独特的不易被人模仿、替代和占有的战略资源，才能获得并保持竞争优势。

第三节　战略管理过程

战略管理过程本质上是在充分占有信息的基础上制订关系企业未来发展方向的重大决策并将这些决策付诸实施的动态管理过程。从总体上看，战略管理过程包括战略计划、战略实施和战略评估三个阶段，将三个阶段进行分解可得到九个步骤，如图 7–3 所示。在这一节中，我们将考察战略管理过程的各个步骤。

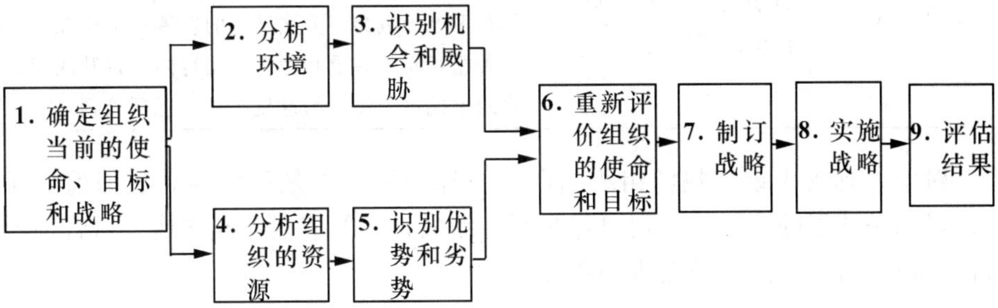

图 7–3　战略管理过程

一、确定组织当前的使命、目标和战略

每个组织都有自己的使命，它规定了组织的经营目的，也回答了如下的问题，即企业存在的理由是什么。定义组织的使命，可以促使管理层仔细确定组织的产品和服务范围。一个完整清晰的使命陈述大体由以下要素构成，如表

7–1 所示。

表 7–1 使命陈述构成要素

构成要素	解释与说明	举例
顾客	谁是组织的顾客？	我们相信，我们的首要责任是对医生、护士和患者，以及对母亲和所有使用我们的产品和服务的人负责。——强生公司
产品和服务	组织的产品和服务是什么？	AMAX 公司的主要产品是：钼、煤炭、铁矿石、铜、铅、锌、石油和天然气、钾、磷酸盐、镍、钨、银、金和镁。——AMAX 公司
市场	组织在哪些地区开展竞争？	虽然我们也会寻求全球的机会，但我们的重点是北美市场。——布洛克威公司
技术	组织的技术状况如何？	不连续颗粒涂敷技术是我们各个领域的共同技术。——纳舒尔公司
对生存、成长和盈利的关注	组织对成长和财务稳定做出承诺了吗？	这方面，公司将谨慎地从事运营，将通过利润和成长确保胡佛公司的最终成功。——胡佛世界
哲学	组织的基本信念、价值观、追求和道德准则是什么？	玫琳凯化妆品公司的全部经营哲学基于下述信条：分享和关怀人们快乐地倾注其时光、知识和体验的地方。——玫琳凯化妆品公司
定位	组织的主要竞争优势与核心能力是什么？	皇冠泽勒巴克公司承诺，通过释放每一位员工的建设性与创造性能力和能量，在未来的 1000 天内超越竞争对手。——皇冠泽勒巴克公司
对公共形象的关注	组织怎么响应公众对社会和环境的关注？	共同承担世界性的保护环境的义务。——道化学公司
对员工的关注	组织将员工看做最有价值的资产吗？	巴玛公司寻求愿意在团队氛围中学习和贡献的人们。我们提供安全的工作环境，雇主与员工具有平等的机会，关注员工的发展和工作保障，发展相互间的尊重和信任，实行内部晋升政策。我们重视每个员工的意见。——巴玛公司

对于管理者来说，搞清组织当前的目标和战略也是重要的。正如前文所说，目标是计划的基础，公司目标是制订绩效目标的依据。同样地，对管理者来说，识别组织当前的战略也很重要。

二、分析环境

环境是管理行动的主要制约因素，环境分析是战略过程的关键要素。每个组织在进行战略管理时，必须分析组织内外部环境，如了解消费者需求有何变化、市场上竞争对手的动向以及拟出台的相关行政法规对组织有什么影响等，在很大程度上影响了管理层的选择。

三、识别机会和威胁

对组织的内外部环境进行分析之后，管理层需要根据自己所控制的资源，评估有哪些机会可以利用，以及组织可能面临哪些威胁。机会（Opportunities）是外部环境因素的积极趋势；威胁（Threats）是负面趋势。

需要指出的是，同样的环境可能对于处于同一产业中的不同公司意味着机会或者威胁，这是因为每家公司的资源和管理能力不一样。

四、分析组织的资源

任何组织的资源都是有限的，所以组织在采取战略行动利用外部环境机会之前，必须分析组织的资源问题。例如，组织的核心竞争力体现在什么地方？有没有充足的资金完成这项计划？组织的市场调研能力如何？组织在制订战略时，必须使自身资源与外部机会达到优化组合。

五、识别优势和劣势

从对组织资源的分析中，可以引出对组织的优势和劣势的明确评价，管理层从而能够识别出什么是组织与众不同的竞争能力，即决定作为组织的竞争武器的独特技能和资源，也就是组织的优势。同样地，在明确了组织资源和能力上的劣势或不足后可以进行适应性的弥补和改善。

六、重新评价组织的使命和目标

将第三个步骤和第五个步骤合并在一起，导致对组织机会的再评价，通常称为 SWOT 分析。它将组织的优势（Strengths）、劣势（Weaknesses）、机会（Opportunities）和威胁（Threats）结合在一起进行分析，以便发现组织可能发展的细分市场。按照 SWOT 分析的结果，管理层需要重新评价公司的使命和目标，确定它们是不是合适的，是否需要修正。如果需要改变组织的使命和目标，战略管理的过程就要从头开始；如果不需要改变组织的使命和目标，管理层就应当着手制订战略。

七、制订战略

对组织的宗旨和目标重新评价后，接下来的工作就是如何实现战略目标，而要实现战略目标就得制订相应对策，即为实现战略目标采取相应的措施和手段，从而使组织获得最有利的竞争优势，并使这种优势能长期保持下去。

八、实施战略

无论战略制订得多么有效，如果不付诸实施，或者实施不当，还是不能成功。战略实施要遵循三个原则：适度合理性、统一领导与统一指挥、权变。为贯彻实施战略，就要建立贯彻实施战略的组织机构，配置资源，建立内部支持系统，发挥好领导作用，使组织机构、企业文化均能与企业战略相匹配，处理好企业内部各方面的关系，动员全体员工投入到战略实施中来，以保证战略计划的实现。

九、评估结果

战略管理过程的最后一个步骤是评估结果，即对战略的有效性进行评估，决定需要做哪些必要的调整。这一阶段主要做以下工作：衡量实际绩效、将实际绩效与计划进行比较、采取管理行动来纠正偏差或调整不适当的计划。

第四节　战略环境分析

企业是一个开放的系统，需要与环境不断地发生各种资源和信息的交换，其运行和发展，必将受到环境的影响和制约。对于企业来说，重要的是认识环境特点，预测和把握环境的变化趋势，并有准备地适应之。因此，企业要进行战略管理，必须全面地、客观地分析和掌握环境的变化，分析企业内部的条件和能力，明确外部环境为企业发展提供的机会和对企业发展所构成的威胁，找出企业自身的优势和劣势，并以此作为制订企业的战略目标和战略的出发点，制订出切实可行的战略目标和实现目标的战略。

一、外部一般环境

外部一般环境，或称总体环境，是在一定时空内存在于社会中的各类组织均要面对的环境。我们可以从政治环境、经济环境、社会文化环境、技术环境和自然环境等五个方面来考虑企业的外部一般环境。

1. 政治环境

政治环境包括一个国家的社会制度，执政党的性质，政府的方针、政策、法令等。不同的国家有着不同的社会性质，不同的社会制度对组织活动有着不同的限制和要求。即使社会制度不变的同一国家，在不同时期，由于执政党的不同，其政府的方针特点、政策倾向、对组织活动的态度和影响也是不断变化的。

2. 经济环境

经济环境主要包括宏观和微观两方面的内容。宏观经济环境主要是指一个国家的人口数量及其增长趋势、国民收入、国民生产总值及其变化情况以及通过这些指标能够反映的国民经济发展水平和发展速度。微观经济环境主要是指企业所在地区或所服务地区的消费者的收入水平、消费偏好、储蓄情况、就业程度等因素。这些因素直接决定着企业目前及未来的市场大小。

3. 社会文化环境

社会文化环境包括一个国家或地区的居民受教育程度和文化水平、宗教信仰、风俗习惯、价值观念、审美观点等。文化水平会影响居民的需求层次；宗教信仰和风俗习惯会禁止或抵制某些不好的活动的进行；价值观念会影响居民对组织目标、活动及组织本身的认可与否；审美观点则会影响人们对组织活动内容、活动方式以及活动成果的态度。

4. 技术环境

技术环境除了要考察与企业所处领域的活动直接相关的技术手段的发展变化外，还应及时了解以下内容：国家对科技开发的投资和支持重点；该领域技术发展动态和研究开发费用总额；技术转移和技术商品化速度；专利及其保护情况等。

5. 自然环境

自然环境主要指企业经营所处的地理位置及其气候条件和资源禀赋状况等自然因素。

二、行业环境分析

制订竞争战略的实质就是将一个公司与其环境建立联系。尽管企业面对的相关环境范围广阔，包含政治环境、经济环境、社会文化环境、技术环境以及自然环境等因素，但公司环境的最关键部分就是公司所投入竞争的一个或几个行业。

根据美国学者迈克尔·波特的研究，行业环境研究主要包括行业竞争结构分析、行业内战略群分析等内容。

1. 行业竞争结构分析

一个行业内部的竞争状态取决于五种基本竞争作用力，如图 7–4 所示。这些作用力汇集起来决定着该行业的最终利润潜力，并且最终利润潜力也会随

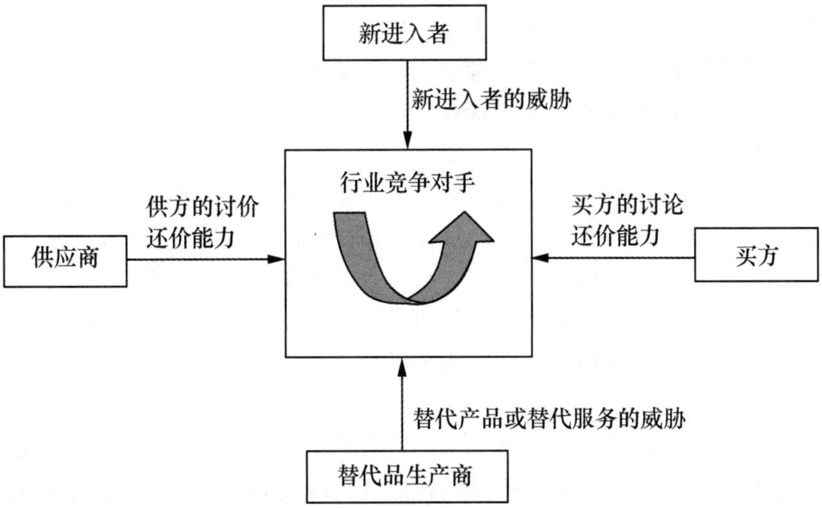

图 7–4　驱动行业竞争的五种力量

着这种合力的变化而发生根本性的变化。一个公司的竞争战略目标在于使公司能在行业内进行恰当定位，以便最有效地抗击五种竞争作用力并影响它们朝向对自己有利的方向变化。

(1) 行业内现有竞争对手研究

①竞争对手基本情况研究

竞争对手的数量有多少？分布在什么地方？他们有哪些活动？各自的规模、资金、技术力量如何？其中哪些对自己的威胁特别大？竞争对手基本情况研究的目的是要找到主要竞争对手。为了在众多的同种产品的生产厂家中找出主要竞争对手，必须对其竞争实力及其变化情况进行分析和判断。反映企业竞争实力的指标主要有销售增长率、市场占有率和产品的获利能力。

②主要竞争对手研究

比较不同企业的竞争实力，找出了主要竞争对手后，还要研究其对本企业构成威胁的主要原因，是因为对手的技术力量雄厚，还是因为对手的资金多，还是因为对手的规模大，亦或由于其它原因。主要竞争对手研究的目的是找出主要竞争对手的竞争实力的决定因素，以帮助企业制订相应的竞争策略。

③竞争对手的发展动向研究

包括市场发展或转移动向与产品发展动向。要收集有关资料，密切注意竞争对手的发展动向，分析竞争对手可能开发哪些新产品、开辟哪些新市场，使企业在竞争中争取主动地位。

(2) 新进入者研究

有资料表明，企业要关注新的竞争对手通常很难。发现新进入者对企业来说非常重要，因为它们可能威胁到现有企业的市场份额。潜在进入者带来这一威胁的原因之一是他们增加了行业总产出。除非产品和服务的需求增长，额外的产出必然要降低消费者的成本，从而导致整个市场的收入和回报下降。某一行业被新进入者威胁的大小取决于行业进入障碍、行业产品价格水平、行业对新进入者的报复能力以及新进入者对报复的估计。

影响行业进入障碍的主要因素有：

①规模经济

规模经济表现为在一定时期内产品的单位成本随总产量的增加而降低。规模经济表明企业经营只有达到一定规模，才能收回经营过程中的各种耗费。规模经济的存在阻碍了对行业的入侵，因为它迫使新进入者或者一开始就以大规模生产并承担遭受原有企业强烈抵制的风险，或者以小规模生产而接受产品成本方面的劣势，这两者都不是新进入者所期望的。

②产品差别化

产品差别化意味着现有的公司由于过去的广告、顾客服务、产品特点或由于第一个进入该行业而获得商标及顾客信誉上的优势。差别化迫使新进入者耗费大量资金克服原有的顾客忠诚，这种努力通常带来初始阶段的亏损，并且常常要经历一个延续阶段。这种为建立一种品牌的投资具有特别的风险，因为一旦进入失败将血本无归。

③转移成本

转移成本指买方从某一供应商那里购买产品转移到从另一供应商那里时所遇到的一次性成本。这种成本包括员工重新培训成本、新的辅助设备成本、检查考核新资源所需的时间及成本、技术上依赖的需要帮助成本、建立新关系的心理代价，等。如果这种成本较大，则新进入者必须在成本或经营服务上作重大改进以吸引购买者接受这种购买转移。

④资本需求

预算建立优势的资本规模。

⑤在位优势

在位优势指行业已在位的厂商由一段时期经营而积累起来的优势，其包括掌握销售渠道的优势、专有的产品替代品、技术、最佳原料来源控制、政府补贴、学习或经验曲线等。

⑥政府政策

政府往往限制甚至封锁对某些行业的进入，也往往会鼓励或补贴对某些行业的进入。

影响行业对新进入者的报复能力的因素主要有：行业所处的发展阶段、行业的集中程度以及行业的退出障碍。

影响新进入者对报复估计的因素主要有：行业过去对新进入者的行为反应以及新进入者对自身能力的估计。

行业进入扼制价格是指新进入者设想克服进入壁垒及其遭到报复的风险恰好为进入行业带来的潜在报酬所平衡时的价格水平。进入扼制价格依赖于新进入者对未来的而不是对现在条件的预期。如果行业现行价格水平高于进入扼制价格，则新进入者预计进入将有利可图。所以说，行业的定价水平是影响新进入者威胁的重要因素之一。

(3) 替代品生产商研究

企业生产的产品，从表面上看，是具有一定外观特征的物质品，但抽象地分析，它们是能够满足某种需要的使用价值或功能。产品的使用价值或功能相同，能够满足消费者的相同需要，在使用过程中就可以相互替代，生产这些产品的企业相互间就可以形成竞争。再者，替代品限定了行业内的厂商可能的最高限价，从而限制了一个行业的潜在收益。消费者购买产品是为了享用其使用价值，消费者在购买商品时将会根据自己的收入水平选择最佳的需求满足。因此，一旦替代品生产形成强大的经济规模，从而定价能力增强，那么，本行业将受到威胁，因而其潜在收益或许在某个时刻会突然消失。

替代品生产商的分析主要包括两个内容：一是判断哪些产品是替代品；二是判断哪些替代品可能对本企业经营构成威胁。

前项工作较易进行，后项工作较为复杂。在判断威胁最大的替代品时，应特别重视以下两类替代品研究：那些容易导致价格改变的和那些现行盈利率很高的替代品。

(4) 买方的讨价还价能力研究

消费者在两个方面影响着行业内企业的经营：一是买方对产品的总需求决定着行业的市场潜力，从而影响行业内所有企业的发展边界；二是不同买方的讨价还价能力会诱发企业之间的价格竞争，从而影响企业的获利能力。

买方的讨价还价能力影响因素主要有如下几项：

①买方是否大批量或集中购买。

②买方这一业务在其购买额中的份额大小。

③产品或服务是否具有价格合理的替代品。

④买方面临的购买转移成本大小。

⑤本企业的产品、服务是否是买方在生产经营过程中的一项重要投入。

⑥买方是否有“后向一体化”的威胁。

⑦买方行业获利状况。如果利润微薄，买方具有较强的谈价能力，反之则反。

⑧买方对产品是否具有充分信息。

(5) 供应商的讨价还价能力研究

因为企业生产所需的许多生产要素是从外部获得的，从而提供这些生产要素的经济组织也制约着企业的经营。

供应商能否根据企业的需要按时、按质、按量地提供所需生产要素，影响着企业生产规模的维持和扩大。

供应商提供货物时所要求的价格决定着企业的生产成本，影响着企业的利润水平。这里主要讨论影响供应商讨价还价能力的因素。

供应商的讨价还价能力影响因素主要有如下几项：

①要素供应方行业的集中化程度。

②要素替代品行业的发展状况。

③本行业是否是供方集团的主要客户。

④要素是否是该企业的主要投入资源。

⑤要素是否存在差别化或转移成本是否低。

⑥要素供应者是否有“前向一体化”的威胁。

2. 行业内战略群分析

(1) 行业内战略群

行业内战略群（Strategic Group）又称为战略集团，属于次行业（Sub-Industry）范畴。迈克尔·波特认为，在一个给定的行业内，公司的战略选择可以由以下方面表现出来：专业化程度；品牌；促销方式；分销渠道选择；产品质量；技术领先程度；纵向一体化；成本结构；销售服务；价格政策；财务杠杆；与母公司的关系；与母国及东道国政府的关系等。行业内战略群正是依据这些战略特征来划分的，一个战略群指某一行业内在某些战略特征方面相同或相似的公司集合。

一般来说，在一个行业中仅有为数不多的战略群体，它们采取本质上有所不同的战略。一个行业中战略群的形成与变化有各种原因，比如，企业成立时所依赖的技术或资源条件不同，企业的目标或者对风险的态度不同，等。行业内战略群间在竞争、利润率等方面的差异是由于移动壁垒（Mobility Barrier）的存在。与进入壁垒（Entry Barrier）抵抗产业外的企业入侵的作用相似，移动壁垒阻止产业内企业从一种战略群向另一战略群移动。

一般来说，移动壁垒的高低决定企业内战略群间的竞争激烈程度。以下四个因素决定了战略群间的竞争程度：

一是战略群间的市场相互依赖程度或者目标顾客的相互重叠程度；

二是战略群所建立的产品差异性；

三是行业内战略群的数目及其相对规模；

四是各战略群间的差异度或离散度。

(2) 企业盈利率

企业盈利率不仅取决于企业自身的实力，而且取决于行业结构状况及企业所处的战略群状况。因此，我们可以从三个方面考察企业的盈利状况。

一是行业特征，这些特征包括行业需求的增长率、产品差异化的潜力、供方行业的结构以及技术等。

二是企业所处的战略群的特征，这些特征包括本战略群的移动壁垒的高低、本战略群对供方和买方的讨价还价能力、本战略群对替代品的敏感度、本战略群面对其它战略群的竞争等。

三是企业在战略群中的地位，主要有本战略群内的竞争程度、本企业的相对规模、入侵本战略群的成本、企业执行既定战略的能力等。

(3) 绘制行业内战略群分布图

在进行战略群分析时，可以绘制行业内战略群分布图。绘制分布图的关键是选择适当的战略变量作为图轴。选择时应遵循如下原则：

第一，作为图轴的战略变量应该是那些对行业内移动壁垒起决定作用的变量。比如，在软饮料行业，影响移动壁垒的主要因素是产品宽度、品牌知名度和分销渠道。

第二，所选的变量不可发生同一变化。例如，如果所有企业都具有高的产品差异性和宽的产品线，则产品差异性和产品线宽度两者不可作为变量，而应选择战略组织的多样化程度作为变量。

第三，变量无需连续性或单调性。例如，在图 7-5 中，变量“分销渠道”即非连续的。

图 7-5 给出了 20 世纪 90 年代美国软饮料行业的战略群分布。

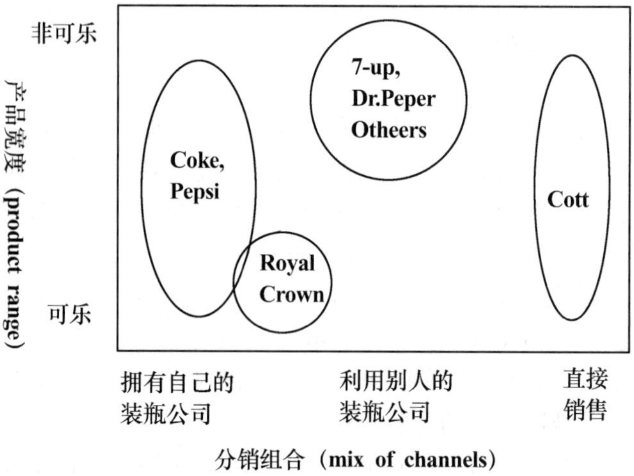

图 7–5　软饮料行业的战略群布图

3. 竞争对手分析

(1) 识别竞争对手

竞争对手研究的第一步是识别竞争对手。识别行业内现有的竞争对手并非难事，但要识别潜在的竞争对手并非易事。一般来说，竞争对手可以从以下的群体中辨识出来：

一是不在本行业，但可以克服进入壁垒（尤其是那些不费力气者）进入本行业的企业；

二是进入本行业可以产生明显的协同效应的企业；

三是其战略实施会自然地进入本行业的企业；

四是那些通过后向一体化或前向一体化进入本行业的买方或供方。

(2) 进行竞争对手分析

进行竞争对手分析的目的是认识在行业竞争中可能成功的战略的性质、竞争对手对各种不同战略可能做出的反应以及竞争对手对行业变迁及其更广泛的环境变化可能做出的反应。对这些问题进行深入研究，我们必须清楚："在行业中，我们要与谁展开竞争及我们应采取何种行动?"、"竞争对手的战略行动意味着什么？我们要如何对付?"、"我们应该规避哪些领域？这些领域的竞争对手会不会采取情绪化的拼死的行动?"波特的研究给出了竞争对手分析的基本框架，见图 7–6。

该分析框架的左侧描述了驱使竞争对手行动的因素：未来目标（Future Goals）和竞争对手关于自身和行业的假设（Assumptions）；右侧描述了竞争对手现在在做什么和它能做什么，即对手的现行战略和对手的潜在能力。竞争对手研究与自身研究具有对称性，"知己"与"知彼"的内容往往是一致的。

"未来目标"研究主要考察竞争对手的愿景和使命陈述，进一步可以考察对手不同层级的目标陈述。

“假设”研究主要考察竞争对手在本行业中经营的历史、在其它行业中经营的历史、对本行业经营传统的认识、管理层结构和个人历史背景，以及企业的顾问单位和个人的背景。

“现行战略”研究主要考察对手现行的基本战略姿态、各职能战略和发展战略。

“潜在能力”研究主要考察竞争对手强弱之所在。利用波特的理论，将公司看成一系列价值活动的集合，考察对手各价值活动，将本企业和其它公司相应价值活动进行比较，从而判断对手企业的实力与不足。

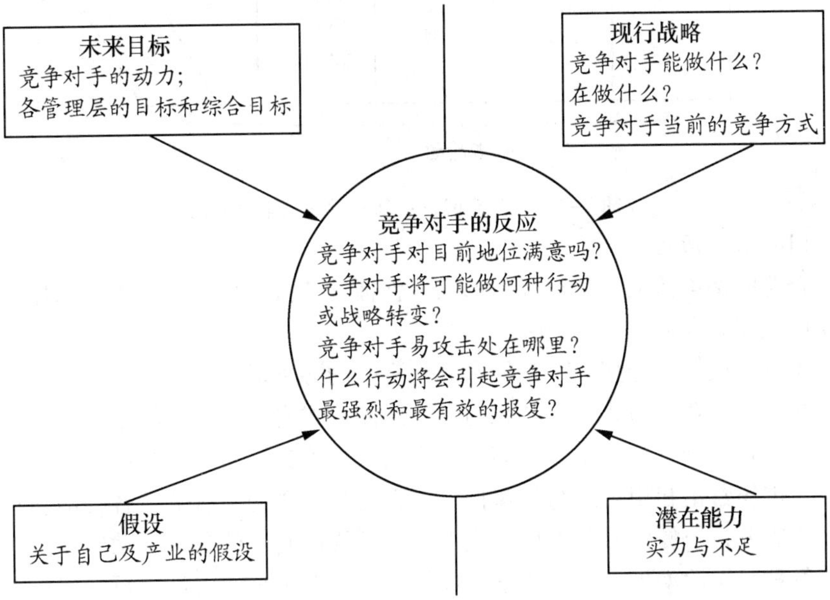

图 7-6 竞争对手分析的基本框架

4. 企业价值链分析

企业自身应与竞争对手相对应地进行研究，其目的是“识长短”，即与对手相比，认清企业自身的实力与不足。波特认为，将企业作为一个整体来看无法认识竞争优势，因为竞争优势来源于企业设计、生产、营销、交货等过程及辅助过程中所进行的许多不同的活动，并且企业正是通过比其竞争对手更廉价或更出色地展开这些价值活动而赢得竞争优势的。所以，企业要想在竞争中获得优势，就必须把自己的经营资源通过各种活动为顾客创造价值。也就是说，企业内部的各种活动都应该是创造价值的活动，由于这些活动在企业内部犹如一条链条，因而称为“价值链”。

根据价值链分析法，每个企业都是用来进行设计、生产、营销以及对产品起辅助作用的各种价值链活动的集合。价值链分析的重点在于价值活动分析。企业的各种价值活动分为两类：基本活动（Primary Activities）和辅助活动

(Support Activities)，参见图 7-7。

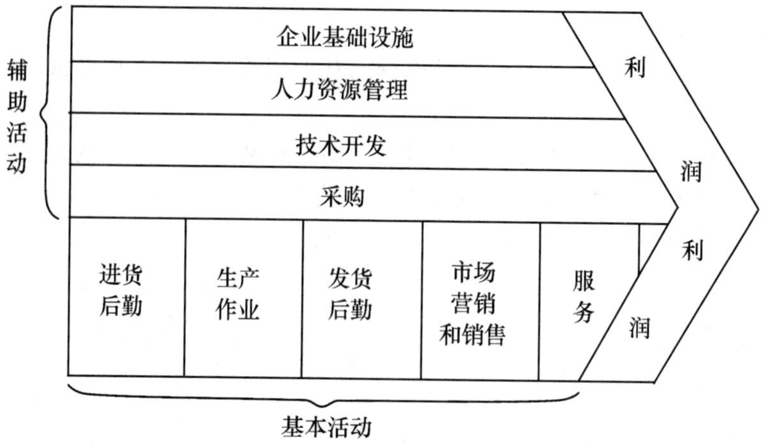

图 7-7 企业价值链：基本活动及辅助活动

(1) 基本活动

企业的基本活动是生产经营的实质性活动，按价值活动的工艺顺序，基本活动由五部分构成：

①进货后勤，与接收、存储和分配有关的各种活动；

②生产作业，与将投入转化为最终产品形式有关的各种活动；

③发货后勤，与集中、存储和将产品发送给买方有关的各种活动；

④市场营销和销售，与传递信息、引导和巩固购买有关的各种活动；

⑤服务，与提供服务以增加或保持产品价值有关的各种活动。

每种基本活动可以进一步细分或组合，以助于企业内部分析。

(2) 辅助活动

辅助活动是企业中基本活动以外的所有活动。辅助活动为基本活动提供服务，构成企业竞争优势的主要来源。辅助活动既支持整个价值链的功能，又分别与每项具体的基本功能有着密切的联系。辅助活动主要包括如下四项：

①企业基础设施，包括总体管理、计划、财务、会计、法律、信息系统等价值活动；

②人力资源管理，包括组织各级员工的招聘、培训、开发和激励等价值活动；

③技术开发，包括基础研究、产品设计、媒介研究、工艺与装备设计等价值活动；

④采购，指购买用于企业价值链各种投入的活动，包括原材料采购，以及诸如机器、设备、建筑设施等直接用于生产过程的投入品采购等价值活动。

(3) 价值链分析

价值链分析的第一步是确定企业的价值链构成，然后通过与外部独立活动对比的方法来确定每一项活动对企业整体价值的贡献。对比的方法是从市场上寻找可以提供同样活动的交易对象，将企业自己从事该项活动的成本与市场交易价格相对比，如果企业的成本低于市场交易价格，则该项活动就可以为企业的最终价值做出贡献，而如果企业自己从事某项活动的成本高于市场交易价格，则该项活动为企业提供的是负价值。

对于某项活动，如果企业在可能的市场范围内无法找到外部交易市场，则可以与竞争对手的成本进行比较，企业的成本低于竞争对手的成本，则该项活动为企业提供正价值；反之，则提供负价值。

总的来说，企业应该保留能为企业提供正价值的活动。对提供负价值的活动，则可以考虑出售，然后从市场上购入该项活动。对那些提供负价值，而又无法由市场购入的活动，就需要进一步分析这部分活动对企业整体价值的削弱情况。一旦从事该项活动使企业整体价值低于最低可接受水平，企业就要果断地停止该项活动。

另外，还有一种情况需要进行例外考虑，即企业的某项业务是为另一项关系企业未来发展方向的业务服务的，这时，虽然该项业务中的某些活动不能提供正价值，也不一定就需要停止。此时需要将该项业务与其服务的战略方向性业务捆扎在一起，作为一项完整的业务进行分析。

价值链分析为企业内部分析提供了有效的思路和指导，在把企业所有活动进行系统分割，区分出九项价值活动并进行了价值分析后，就可以从中找出关键的内部要素，并将其作为企业竞争优势的来源而做近一步的分析。

总之，通过价值链分析，尤其是与行业内其它对手的价值链活动相比较，企业可以发现其内部各项活动的优势和劣势，寻找不断改进和创新的源泉。因此，价值链分析是企业内部环境分析的重要工具，为企业的战略选择提供了依据。

5. 顾客（目标市场）分析

企业的产品和服务是为顾客服务的，但是企业不能在产品和服务创造出来后考虑顾客的需求，而应在战略制订阶段就分析企业所服务的顾客及其需求。企业顾客分析的主要内容是总体市场分析（General Market Annalyzing）、市场细分（Market Segmentation）、目标市场确定（Market Targeting）和产品定位（Product Positioning）。参见图 7–8。

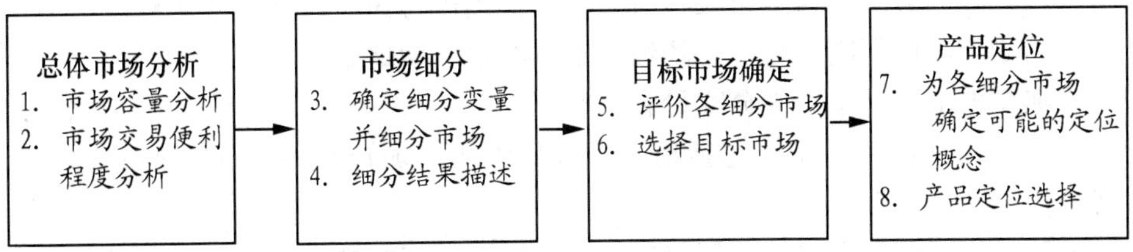

图 7–8 目标市场分析

(1) 总体市场分析

市场的主要特征可用市场容量和市场交易便利程度两个指标来描述。市场容量决定企业发展的可能边界，市场交易便利程度或市场交易成本反映市场交易的可实现程度。

市场容量必须要界定地域和需求性质。根据所界定的地域和需求性质，分析市场总需求、总需求中有支付能力的需求、暂时没有支付能力的潜在需求。这种分析需要再次分析宏观环境的一些信息，如区域的国民经济发展状况、居民收入水平、居民储蓄和消费偏好、人口数量等。

市场交易的便利程度主要取决于市场基础建设、法规建设、产权制度和市场制度建设状况。这些建设状况好，将大大刺激人们交易，从而扩大市场的广度。对这些因素的考察，同样需要再次分析宏观环境的一些信息。

总体市场分析不仅要注意分析诸如经济、基础建设等硬件，更要注意分析政治、法律、社会、文化等软件。

(2) 市场细分

市场细分就是将一个总体市场划分为若干个具有不同特点的顾客群，每个顾客群需要相应的产品或市场组合。对于一个总体市场，可能存在两种极端：一种是市场中所有顾客都具有完全相同偏好，称为“同质市场”或“无市场细分”；另一种是市场中每一位顾客均具有不同的偏好，并且企业对顾客的偏好具有完全信息，企业能够根据每位顾客的需要提供别具一格的产品和服务，称为“用户化市场”（Customized Market）或“完全市场细分”。极端存在是偶然的，一般来说，一个总体市场可以根据一定的标准将顾客归类，每一类顾客具有相同或相似的偏好。

市场细分一般包括三个阶段：

第一，调查阶段，调查者可以先对一些顾客进行非正式的访谈，从而对顾客的偏好、行为有大概了解。在此基础上，调查者进一步进行抽样性问卷调查，收集顾客特征、顾客重要分类、品牌了解、品牌分类、产品类型及顾客人口统计、心理特征等信息。

第二，分析阶段，运用统计学的因素分析和聚类分析等方法对取得的资料进行分析。

第三，细分结果描述阶段，对聚类的群体进行命名，并描述其特征。

由于市场的不断变化，市场细分工作必须定期地重复进行。

典型的消费品市场细分变量有四类：

一是地理因素，主要包括地区、区域大小、城市规模、人口密度、气候等。

二是人口统计因素，主要包括年龄、性别、家庭规模、家庭生命周期、收入、职业、受教育水平、宗教信仰、种族、国籍等。

三是心理特征因素，主要包括社会分层、生活方式、个性特征等。

四是行为因素，指与顾客知识、态度、使用及其对产品的反应有关的因素，主要包括场合（如定期还是特别场合）、利益（如豪华、中等还是经济的）、使用率（如经常使用还是偶尔使用）、使用状态（如从不使用、准备使用、初次使用、重复使用）、忠诚度（不忠诚、中等忠诚、忠诚、专一）、了解情况（不了解、了解、渴望使用、反复使用）、对产品的态度（厌恶、可使用、喜欢、热爱）。

典型的工业品市场细分变量有四类：

一是地理因素，主要包括产业、企业规模、地理位置等。

二是生产运作变量，如顾客的能力、技术水平等。

三是采购方式因素，如买方企业集权程度、内部权力结构、采购政策、公共形象与公共关系、采购标准等。

四是状态因素，如交货和服务（厌恶、可使用、喜欢、热爱）。

(3) 目标市场确定

市场细分揭示了各细分市场的可能机会，接下来企业必须评价各细分市场并选择企业所服务的目标市场。企业可以从以下三个主要指标来评价细分市场：

一是细分市场规模及其成长状况。

二是细分市场结构的吸引力。这可以用上文提到的波特行业竞争结构分析框架。

三是企业的目标和资源状况。即使细分市场在规模、增长及其结构吸引力方面都较好，如果该细分市场不符合企业的目标，则该细分市场也不宜选择为目标市场。

细分市场的特征：

①可测量性，即市场规模、容量和购买力可以测量。

②可盈利性，即市场规模足够大且有利可图，从而企业投入该市场。

③可接近性，即市场可以有效地接近且能为顾客服务。

④可实现性，即企业有能力满足该市场的需求。如果细分市场对企业具有吸引力，但市场容量过大，企业过小，从而无法满足该市场需求，则应该对该市场进一步细分。

(4) 产品定位

产品定位是企业为了满足目标市场，从而确定产品（或服务）的功能、质量、价格、包装、销售渠道、服务方式等。这里的关键是必须用“整体产品”概念来理解“产品定位”。整体产品认为，产品包括向市场提供的能满足人们某种需要的一切物品和劳务，是由核心产品、形式产品和延伸产品三个层次所组成的整体。企业可以在任一层次或多层次上创造产品差别化，从而赢得顾客。

与产品定位相联系的是广告（促销）定位。广告定位是确定产品在顾客心目中的适当位置并留下深刻的印象，以便吸引更多的顾客。

一般来说定位策略主要有以下几种：

①初次定位

指新企业初入市场，企业新产品投入市场，或产品进入新市场时，企业必须从零开始，运用所有的营销组合，使产品特色确实符合所选择的目标市场。

②重新定位

指企业变更产品特色，改变目标顾客对其原有的印象，使目标顾客对其产品形象有一个重新认识的过程。市场重新定位对于企业适应市场环境、调整营销战略是必不可少的。企业产品在市场上的定位即使很恰当，但在出现下列情况时也需考虑重新定位：一是竞争者推出的市场定位在本企业产品的附近，侵占了本企业品牌的部分市场，使本企业品牌的市场占有率有所下降；二是消费者偏好发生变化，从喜爱本企业的某品牌转移到喜爱竞争对手的某品牌。

③对峙定位

指企业选择靠近于现有竞争者或与现有竞争者重合的市场位置，争夺同一个顾客群体，彼此在产品、定价、分销及促销等各个方面差别不大。

④避强定位

指企业避开目标市场上强有力的竞争对手，将其位置确定于市场“空白点”，开发并销售目标市场上还没有的某种特色产品，开拓新的市场领域。

第五节　战略选择：类型与特点

战略环境分析认识了企业所面临的机遇与威胁，了解了企业的实力与不足以及企业能为何种顾客进行服务。战略选择的实质是企业选择适当的战略，从而扬长避短、趋利避害和满足顾客。企业战略类型十分丰富，形式多种多样，以下我们将对各种具有代表性的战略类型及其特点进行介绍。

一、基本竞争战略

美国哈佛大学教授迈克尔·波特认为，组织面临来自五个方面的竞争压力：行业中现有企业之间的竞争、潜在进入者、替代品的威胁、供应商的讨价还价能力、购买者的讨价还价能力。他提出组织应在分析这些竞争压力的基础上，根据自身的长处和竞争对手的短处采取以下不同的竞争战略。

1. 成本领先战略

也称为低成本战略。保持成本水平的领先地位能使企业在价格相仿的条件下享有本行业平均水平以上的利润，从而在同行竞争中处于有利地位，并且在与用户和供应者做交易时握有主动权。低成本也意味着强化了进入壁垒，可抑制新进入者进入本行业，相对于替代产品增强了竞争优势。

采取成本领先战略要求具有高效的生产设施，对费用开支的严格控制，紧缩销售、广告等费用乃至研究开发的支出。只有产量达到一定规模时才会有较低的成本，因而要求有一个较高的市场占有率。这种战略往往一开始就需要较大的投资。当然，一旦取得这种领先地位，其收益也非常明显。

2. 差异化战略

实施差异化战略就是组织提供与众不同的产品或服务，努力使组织以特取胜或以奇取胜。主要是突出产品与服务的特色，增加对顾客的吸引力。如，特殊的功能、高超的质量、优质的服务、独特的品牌等。具有经营特色同样能使企业在竞争中处于有利地位。由于取得了一部分用户的信任，同行业的现有企业、新进入者和替代产品都很难在这个特定领域内与之相抗衡。用户由于缺少选择余地，相应减弱了企业的竞争压力。特色产品（服务）往往有较高的利润率，这使企业在与供应者的交易中掌握了主动权。

采用差异化战略往往要以成本提高为代价，因为它要求增加设计和研究开发的费用，要用高档的原材料，要加强广告宣传等。特色产品（服务）往往价格较高，它很难拥有很大的销量。这在战略选择时必须加以全面的衡量。

3. 目标集中战略

也称为专一化战略。即将组织经营目标集中到组织总体市场中的某一部分细分市场上，以寻求在这部分细分市场上的相对优势的战略。这一战略的特点是通过业务的专业化，以更高的效率、更好的效果来满足某一特定的服务对象，从而超过具有较广泛经营范围的竞争者。

与前两种战略相比，目标集中战略是寻求对特定对象的良好服务，它可以是降低成本的，也可以是具有某种特色的，甚至可以二者兼备。波特解释到，从宏观市场的高度看，目标集中战略的实施，不可能取得低成本或者差异化带来的优势。但是，从细分市场的角度观察，确实可以发现企业在目标市场中赢得了一定的优势。图 7-9 所示为三种基本竞争战略的联系和区别。

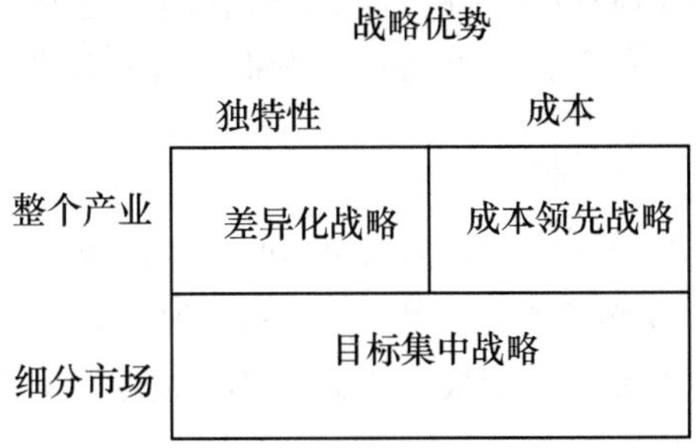

图 7-9　波特的三种基本竞争战略

二、一体化战略

所谓一体化战略，是指企业出于自我发展的需要，根据自身实力，向深度和广度扩大规模的一种战略。当一个企业发展到一定阶段——高质量的产品和服务、有影响的市场占有率、不可低估的竞争优势，一般就会考虑扩大规模的问题。

通过与外部组织或机构结合扩大规模，通常有三种形式。通过兼并和收购若干个处于生产经营环节下游的企业实现公司的扩展和发展，称为“前向一体化”；通过收购一个或若干个供应商以增加盈利和加强控制，称为“后向一体化”。“前向一体化”和“后向一体化”统称为“纵向一体化（或垂直一体化)”。而通过同一产业兼并其它企业来扩大规模则称为“横向一体化”。按照这三种形式制订的战略，分别称为前向一体化战略、后向一体化战略和横向一体化战略。

1. 前向一体化战略

前向一体化（Forward Integration）战略指获得分销商或零售商的所有权或加强对它们的控制。如今越来越多的制造厂商（供应商）正在通过建立各种方式向用户直销而实现前向一体化。

前向一体化可以扩大企业的业务范围，但更重要的是可以增加企业收益。在运用前向一体化战略时，弗雷德·戴维认为应考虑以下情况：

(1) 企业现在利用的销售商或成本高昂、或不可靠、或不能满足企业需要。

(2) 可利用的高质量销售商数量有限，采取前向一体化的公司将获得竞争优势。

(3) 企业所参与竞争的产业明显快速增长或预计将快速增长。当企业主营产业蹒跚不前时，前向一体化会降低企业进行多元经营的能力。

(4) 企业具备销售自己产品所需要的资金和人力资源。

(5) 当稳定的生产对企业十分重要时。这是由于通过前向一体化，企业可以更好地预见对自己产品的需求。

(6) 现在利用的经销商或零售商有较高的利润。这意味着通过前向一体化，企业可以在销售自己的产品中获得高额利润，并可以为自己的产品制订更有竞争力的价格。

2. 后向一体化战略

生产者和零售商均需要从供货方得到原材料和商品。后向一体化(Backward Integration) 战略是指获得供货方公司的所有权或增强对其的控制。当公司目前的供货方不可靠、供货成本太高或不能满足公司需要时，尤其适合采用后向一体化战略。

同样，以下是一些适合采用后向一体化战略的情况：

(1) 企业当前的供应商或供货成本很高，或不可靠，或不能满足企业对零件、部件、组装件或原材料的需求。

(2) 供应商数量少而需求方竞争者数量多。

(3) 企业所参与竞争的产业正在迅速发展。因为在下降的产业中，一体化战略（前向、后向和横向）会削弱企业进行多元经营的能力。

(4) 企业具备自己生产原材料所需要的资金和人力资源。

(5) 价格的稳定性至关重要。这是由于通过后向一体化，企业可稳定其原材料的成本，从而稳定其产品的价格。

(6) 企业利用的供应商利润丰厚。这意味着供应商所经营的领域属于十分值得进入的产业。

(7) 企业需要尽快地获取所需资源。

3. 横向一体化战略

横向一体化（Horizontal Integration）战略指获得与本企业竞争公司所有权或加强对其的控制。当今战略管理的一个最显著的趋势便是将横向一体化作为促进公司发展的战略。竞争者之间的合并、收购和接管提高了规模经济和资源与能力的流动。

以下是适合采用横向一体化战略的一些情况：

(1) 企业所在行业目前较零散，但具备集中的基本经济条件。

(2) 企业在一个成长的行业中进行竞争。

(3) 规模的扩大可以提供很大竞争优势。

(4) 企业具有成功管理更大组织所需要的资金和人才。

(5) 竞争者由于缺乏管理经验或特定资源而停滞不前。

三、多元化经营战略

多元化经营战略（Diversification Strategy）,是指企业扩大业务内容和经营形式，进入与本企业现有业务相关或不相关行业或市场所采取的一种整合战略。多元化经营战略主要有三种基本的类型：集中多元化经营战略、横向多元化经营战略和混合多元化经营战略。

1. 集中多元化经营战略

集中多元化经营战略（Concentric Diversification Strategy），是指在集中资源发展原有业务的基础上，增加新的与原有业务相关的产品或服务。

比如，美国有一家著名的电话电报公司，出巨资收购了一家有线电视公司。这样，这家公司就可以很方便地为用户提供利用有线电视电缆上网服务，而不再占用电话线。用户打电话和上网两不误，公司的收益自然会有较大幅度增长。

有专家指出，如果企业遇到下列情况或满足下列条件，可以考虑实施集中多元化经营战略：

(1) 企业参与竞争的产业属于零增长或慢增长的产业。

(2) 增加新的但相关的产品将会显著地促进现有产品的销售。

(3) 企业能够以有高度竞争力的价格提供新的、相关的产品。

(4) 新的但相关的产品所具有的季节型销售波动正好可以弥补企业现有生产周期的波动。

(5) 企业现有产品正处于产品生命周期中的衰退阶段。

(6) 企业拥有强有力的管理队伍。

2. 横向多元化经营战略

横向多元化经营战略 (Horizontal Diversification Strategy), 或称为水平多元化经营战略, 是指企业利用原有的市场, 采用不同的技术来跨行业发展, 增加产品种类和生产新产品销售给原市场的顾客, 以满足他们新的需求。

特别适合于采用横向多元化经营战略的情况包括:

(1) 通过增加新的、不相关的产品, 企业从现有产品和服务中得到的盈利可显著增加。

(2) 企业参与竞争的产业属高度竞争或停止增长的产业, 其标志是低产业盈利和低投资回报。

(3) 企业可利用现有销售渠道向现有用户营销新产品。

(4) 新产品的销售波动周期与企业现有产品的波动周期可互补。

3. 混合多元化经营战略

增加新的与原有业务不相关的产品或服务被称为混合多元化经营战略 (Conglomerate Diversification Strategy)。

在以下 6 种情况中, 特别适合于采用混合多元化经营战略:

(1) 企业的主营产业正经历着年销售额和盈利的下降。

(2) 企业拥有在新产业成功竞争所需要的资金和管理人才。

(3) 企业有机会收购一个不相关的但却有良好投资机会的企业。

(4) 与被收购企业间目前已存在资金上的融合。请注意, 集中化多元化经营战略和混合多元化经营战略的主要区别就在于前者可基于市场、产品和技术等方面的共性, 而后者则更多出于盈利方面的考虑。

(5) 企业现有产品的市场已经饱和。

(6) 历史上曾集中经营于某一产业的企业有可能受到垄断指控。

四、加强型战略

加强型战略 (Intensive Strategy), 或者称为增强型战略, 是指在增强现有产品或服务市场能力的战略, 即通过采取一系列行动, 使现有产品和服务, 赢得更高的市场占有率、更强的竞争力和更广阔的市场空间。加强型战略, 可以分为三种类型: 市场渗透战略、产品开发战略和市场开发战略。

1. 市场渗透战略

市场渗透战略 (Market-Penetration Strategy), 顾名思义, 就是主要通过广泛而强有力的市场营销活动, 不断扩大已经 "登陆" 市场的产品或服务的市场占有率的战略。

实现市场渗透目标的关键，在于成功开展“广泛而强有力的市场营销活动”。具体做法包括增加销售人员、增加广告开支、采取广泛的促销手段或加强公关宣传努力。

尤其适合采用市场渗透战略的情况是：

(1) 企业特定产品与服务在当前市场中还未达到饱和。

(2) 现有用户对产品的使用率还可显著提高。

(3) 在整个产业的销售额增长时主要竞争者的市场份额在下降。

(4) 在历史上销售额与营销费用曾高度相关。

(5) 规模的提高可带来很大的竞争优势。

2. 产品开发战略

产品开发战略 (Product-Development Strategy)，是通过优化、升级或新创产品或服务，提高产品或服务在原有市场上或新市场上的占有率，以获取竞争优势的战略。

实施产品开发战略，需要具备一定条件或把握有利时机：

(1) 企业拥有成功的、处于产品生命周期中成熟阶段的产品。此时可以吸引老用户试用改进了的新产品，因为他们对企业现有产品或服务已具有满意的使用经验。

(2) 企业所参与竞争的产业属快速发展着的高技术产业。

(3) 主要竞争对手以可比价格提供更高质量的产品。

(4) 企业在高速增长的产业中参与竞争。

(5) 企业拥有非常强的研究与开发能力。

3. 市场开发战略

市场开发战略 (Market-Development Strategy)，是指把现有的或新的产品或服务打入新的市场，从而实现扩大市场空间目的的战略。

有利于实施市场开发战略的基本条件有：

(1) 可得到新的、可靠的、经济的和高质量的销售渠道。

(2) 企业在所经营的领域非常成功。

(3) 存在未开发或未饱和的市场。

(4) 企业拥有扩大经营所需要的资金和人力资源。

(5) 企业存在过剩的生产能力。

(6) 企业的主业属于正在迅速全球化的产业。

五、防御性战略

在企业成长的道路上，经常需要采取一些防御性战略，以退为进，以迂为直，以使企业更加健康地成长。常采用的防御性战略主要有三种形式：收缩战略、剥离战略和清算战略。

1. 收缩战略

收缩战略（Retrenchment Strategy），是指通过减少对长期性收益项目的投入、弱化扶持力度、获取短期利益等措施，逐步放弃经营部分业务、产品或服务的战略。

收缩战略的目的在于加强组织所具有的基本的和独特的竞争能力。在实行收缩战略时，战略制订者可利用的资源有限，并面临股东、员工和新闻媒体的压力。收缩战略的具体内容包括：出售土地和建筑物以换取现金、压缩产品系列、停止几乎不赚钱的业务、关闭废弃的工厂、推行工业自动化、削减员工及建立支出控制系统。

适合于采用收缩战略的情况主要有：

(1) 企业具有明显而独特的竞争力，但在一定时期内没能做到持续地实现企业目标。

(2) 企业在特定产业的竞争中属于弱者。

(3) 企业受低效率、低盈利、低员工士气的困扰，并承受股东要求改进业绩的压力。

(4) 企业在长时间内未能做到利用外部机会、减少外部威胁、发挥内部优势及克服内部弱点。也就是说，企业的战略管理者已遭受失败（也可能已被更有能力的人所替代）。

(5) 公司已经迅速地发展成为大型企业，从而需要大规模的改组。

2. 剥离战略

剥离战略（Divestiture Strategy），就是把一个子公司、事业部或其它性质的业务机构，从主体中分离出去——发生所有权让渡——的战略。实施剥离战略的目的，主要在于使企业摆脱需要大量投入、低成长、无盈利的业务，以便重组资源、优化配置。

尤其适合采用剥离战略的情况主要有：

(1) 企业已采取了收缩战略但没能做到改善经营。

(2) 分公司为保持竞争力而需要投入的资源超出了公司的供给能力。

(3) 分公司的失利使公司整体业绩不佳。

(4) 分公司与其它公司组织不相适宜。分公司与总公司在市场、用户、管理者、员工、价值观及需求等方面的过大差别都会造成这种情况。

(5) 企业急需大笔资金而又不能从其它合理途径得到这些资金。

(6) 政府的反垄断措施已对企业构成威胁。

3. 清算战略

清算战略（Liquidation Strategy），就是把一个独立核算业务单位的全部资产的所有权整体分割转让的战略。清算等于承认失败，因而是一种在感情上难以接受的战略。然而，停止营业可能是比继续大笔亏损更为有利的选择。

以下三种情况尤其适合于采用清算战略：

（1）公司已采取了收缩和剥离两种战略，但均未成功。

（2）公司除清算外的唯一选择是破产。清算是有序、有计划地将企业资产进行可能的、最大程度的变现的方法。企业可以首先依照法律宣布破产，然后对各公司进行清算以得到资金。

（3）公司股东可通过出售企业资产而将损失降至最小。

本章提要

★战略是指带有全局性、长远性和根本性的重大谋划与对策研究，它反映了组织在一较长时期内所要达到的主要目标和实现这些目标的主要措施、部署、步骤的设想，并着眼于组织长期目标和宗旨的实现。

★战略管理的含义是，组织确定其使命，根据组织外部环境和内部条件设定组织的战略目标，为保证目标的正确落实和实现进行规划，并依靠组织内部能力将这种谋划和决策付诸实施，以及在实施过程中进行控制的一个动态管理过程。战略管理的主要特征有：全局性；抗争性；长期性；风险性；纲领性。

★企业战略可分为三个主要的层次：公司层战略（Corporate Strategy）、事业层战略（Business Strategy）和职能层战略（Functional Strategy）。公司层战略是关于组织为了实现其使命或目标而为整个组织制订的总体战略总纲，是企业最高层次的战略措施；事业层战略是在企业总体战略的指导下，经营管理某一个战略事业单位的战略，是企业总体战略下的子战略；职能层战略是为了贯彻、实施和支持总体战略与事业层战略而在企业特定的职能管理领域制订的战略。

★企业战略管理理论的产生与发展大致经历了三个阶段，即早期战略思想阶段、古典战略理论阶段、竞争战略理论阶段。早期战略思想阶段虽然没有形成完整的战略管理理论体系，但却是战略管理理论的萌芽阶段；古典战略理论阶段的主要代表学派有：设计学派、计划学派、定位学派、创业学派、认知学派、学习学派、权力学派、文化学派、环境学派、结构学派。竞争战略理论阶段的三大主要战略学派是：行业结构学派、核心能力学派和战略资源学派。

★从总体上看，战略管理过程包括战略计划、战略实施和战略评估三个阶段，将三个阶段进行分解可得到九个步骤，分别是：确定组织当前的使命；分析环境；发现机会和威胁；分析组织的资源；识别优势和劣势；重新评价组织的使命和目标；制订战略；实施战略；评估结果。

★企业要进行战略管理，必须全面地、客观地分析和掌握环境的变化，分析企业内部的条件和能力，明确外部环境为企业发展提供的机会和对企业发展所构成的威胁，找出企业自身的优势和劣势，并以此作为制订企业的战略目标和战略的出发点，制订出切实可行的战略目标和实现目标的战略。主要分析工具有：迈克尔·波特教授的五种力量模型、行业内战略群分析、价值链分析等。

★迈克尔·波特认为，企业在应对行业五种压力竞争的基础上，根据自身的长处和竞争对手的短处可供选择的基本竞争战略主要有三种：成本领先战略、差异化战略、目标集中战略。企业可供选择的其它战略类型有一体化战略、多元化经营战略、加强型战略和防御型战略等。

本章思考题

1. 战略管理的特征与层次结构是什么？
2. 简述战略管理理论的发展过程。
3. 简述战略管理过程的基本内容。
4. 五种竞争力量如何决定行业的潜在收益？
5. 企业需要从哪些方面分析竞争对手的情况？
6. 战略群体的概念对企业战略的选择有何价值？
7. 企业如何构造自身的价值链？
8. 企业的基本竞争战略有哪些？分别介绍它们的基本思想。
9. 一体化战略分为哪些类型？分别介绍其含义。
10. 企业选择不同类型的多元化经营战略的条件有哪些？
11. 加强型战略的主要类型有哪些？分别阐述它们的含义。
12. 企业防御型战略的主要类型有哪些？分别阐述它们的适用情况。

本章案例

美国西南航空公司的竞争战略

美国西南航空公司成立于 1971 年，按营业额排名在美国的航运市场上算不上前 5 名，但是这家发源于德克萨斯州的航空公司却多次成为美国最受人仰慕的 10 家企业之一，也是过去 25 年当中全美国唯一一家连年盈利的航空公司。它之所以能在竞争十分激烈的美国航运市场取得如此辉煌的业绩，与公司成立伊始即有明确的经营目标和独到的经营战略有关，从而成为美国航运市场上独树一帜的典范。这家公司擅长短途飞行业务，最初是在德克萨斯州的几个大城市之间开展业务。在西南航空公司未进入这个市场之前，其它航空公司在这些航线上的票价大约是 150 至 200 美元，生意并不好，但是西南航空公司进入这个市场后把票价降到 60 至 80 美元，开创了全新的低价位飞行业务。一种奇怪的现象出现了：那些票价在 150~200 美元的公司并不赚钱，而票价在 60~80 美元的西南航空公司却非常赚钱。原因何在？

概括地说，这家公司成功的关键在于它清楚自己的优势和劣势，以及企业面对的市场环境，所以在创业伊始，就设计了一个非常有特色的企业文化和经营战略。在减少门到门旅行时间、体验轻松活泼和票价低廉三个方面远远优于其它航空公司；在飞行安全方面可与最出色的航空公司媲美；与此同时，在很多方面都远比其它大型航空公司差，正是这些优点和表面上的缺点形成了其个性，因为这些缺点在相当一部分乘客看来确实有点或者根本不在乎。

如何能最大限度地减少门到门的旅行时间呢？首先是在绝大多数城市选择离市区较近的二流机场，以减少用户往返机场的时间和由于机场繁忙而导致的航班延误，同时减少了机场的使用费用，同时由于周转速度加快，在两个城市之间如果其它航空公司每天飞 6 班，西南航空公司则可以飞 8 班；这对固定成本极高的航空公司来说，是 20%左右的节约。其次是减少在每个机场的停留时间，既加快了周转速度，又减少了在每个机场的费用。再者增加航班数量，缩短航班之间的时间间隔，使用户有更多的选择。

如何让乘客体验轻松活泼的旅行生活呢？从招收乘务人员开始，就严格按这个宗旨执行，不能给乘客带来欢乐与笑声的人是不会被录用的，哪怕是其它方面很出色，有时候甚至让乘客参与乘务员的录用工作，讲个笑话如果令大家开心就合格。

如何实现票价低廉而又能赚钱呢？公司通过周密的设计，圆满地实现了这种令人羡慕的黄金组合。战略之一是有选择地提供服务，因为并非所有的人都是它的目标客户，遵照有所为有所不为的原则，在市场细分之后确定了两个目标客户群体，他们是自费旅游的人和小公司出差的普通职员。战略之二是所有飞机均采用波音 737 机型，使得备件管理与库存管理变得简单，飞行员培训和机械师费用大幅度下降，这与许多航空公司什么机型都有形成了强烈的反差。战略之三可以从这家公司的几个缺点来分析，这因为这些缺点节约了成本。

第一个缺点是不通过旅行社卖票，旅客必须自己打电话或上网订票，这样做令很多大公司的人不满，但是由于减少了中间环节费用，还是受到了目标客户群的普遍欢迎。第二是所有的机票都不确定座位，这样既简化了订座系统，减少了工作量和费用，又加快了登机时间，为减少门到门的旅行时间做出了贡献，同时由于实施电子机票，减少了机票打印的时间和登机牌的消耗费用，使用可重复利用的厚塑料牌作为登机牌。第三是没有头等舱，这样既增加了经济舱坐位数，又减少了头等舱常常空置带来的浪费，当然需要头等舱服务的人不是该公司的目标客户。第四是大多数航线都是短距离点到点飞行，不提供行李转机服务，虽然给转飞机的人带来了不便，但是这种客户也不是它的目标客户，但结果却极大地减少了地面服务人员的数量和费用，人均生产率大大提高。第五是不提供餐饮服务，节省了乘务员（由通常的4个变为2个），节省加热餐食的设备费用及占地（可以多安装6个座位），加快了打扫卫生的时间。这些缺点是节约成本的主要因素，但是在安全飞行方面却不能节省，其飞机平均机龄只有8年，优于其它航空公司，在安全方面保持着一流。

有意思的是，这种“优先服务”不能让所有的顾客满意，这家公司每年都要收到上千封用户的投诉信，对他们的服务项目太少提出异议。但是西南航空公司有一封标准的信函给这些投诉者，意思大致如下：首先，感谢您搭乘西南航空公司的班机，但是本公司并没有计划提供您所需要的这些服务，如果您需要这些服务的话，请搭乘其它航空公司的班机，如果有朝一日您不再需要这些服务，我们更欢迎您回来，成为西南航空公司的客户。

（资料来源：http://www.qg.com.cn/articles/zhuanjiawencui/20070111112324553.htm）

讨论题

1. 西南航空公司在其发展过程中采用了哪些战略？它的核心竞争力是什么？你认为它还有哪些方面可以作为核心竞争力去培育？

2. 西南航空公司与其它航空公司相比有哪些明显的不同之处？这样设置的目的是什么？西南航空公司的竞争优势到底在哪儿？

第八章 组织

学习目标

1. 理解组织的基本内涵。
2. 了解组织环境的相关内容。
3. 了解组织理论的产生和发展。
4. 理解组织结构及其基本类型。
5. 掌握组织设计的基本原则和方法。
6. 理解组织变革理论和模式。

组织是人类社会最普遍的社会现象之一。随着人类文明的发展与进步，人类社会的组织化程度也越来越高。从某种意义上说，组织化程度的高低，已成为当今社会文明发达程度的标志。组织在人类社会中的普遍性和长期性存在首先是为了适应社会有序化管理或达到某种特定的目标的需要，社会目标的实现客观要求有一定的结构化的组织形态来保证，以便为实现目标所做出的行动决策能迅速有效地得到贯彻和执行。另一方面，组织又可以起到人力汇集和人力放大的作用。当个体力量聚集到一定的社会组织之中后，经过人们的协调分工和合作，就会发生力量放大的现象。这种放大了的力量，就可以使人们完成那些单个人根本没有能力完成的事情。如中国的万里长城、埃及的金字塔、美国的“阿波罗”登月计划等，这些伟大的人间奇迹如果不是凭借了高度组织化的人力，那将是不可想象的。

组织是管理的重要职能，是实现管理目标的必要保证。要实施有效的管理，必须有合适的组织形态，而组织结构是组织形态的具体体现。理解组织结构的基本类型，分析组织所处的环境，据此进行组织设计，并随着组织目标和组织环境的变化进行相应的组织变革，这是组织职能的主要内容。

第一节　组织的基本概念

一、组织的含义

1. 组织的概念

关于“组织”一词的使用，有时并不很严格，如有人常把一个团体称为组织。组织的含义可以从不同的角度去理解，古今中外的管理学家也对此做出了各种不同的解释。巴纳德认为“组织不是人的简单的集合体，而是相互协作的关系，是人相互作用的系统。所谓组织，是有意识协调两个人或更多人的行为或各种力量的系统”。哈罗德·孔茨则把组织定义为“正式的有意形成的职务结构或职位结构”。由此可见，组织不仅是人的结合，而且是一种特定的体系。

国内外的学者在进行组织理论研究时，对组织做出了许多不同的定义。帕森斯认为，组织活动（organizing）是使各种生产要素相结合的职能，其目的在于促进有效地达到组织机构（organization）的目标。布朗认为，组织就是规定其成员的职务和职务间的相互关系，为的是更有效地管理经营。而唐代望则认为，组织是把具体任务和职能相互联系起来的整体。综合这些定义，我们可以把组织定义为：在一定的社会环境中，为了某个特定的目标，由相互间有协作愿望的个人在分工合作、协调行动的过程中形成的、有一定结构和秩序的关系实体。

这个定义强调，任何一个组织都应满足以下条件：

（1）有特定的行为目标。比如，股东利益最大化、提高组织成员满意度等。

（2）成员之间要有协作愿望和协调行动。这是一个组织产生出强大整体合力的必要条件。

（3）要有人与人之间的信息沟通，以保证分工合作和协调行动。

（4）要有一定的机构和秩序。在一个组织中，总要有一个对最高组织目标负全责的个人，他也因此对全部组织资源拥有最大的支配权力，包括对组织其他成员的指挥权和奖惩权。

2. 组织机构和组织活动

为了更好地理解组织的含义，有必要区分有形的组织机构（organization）和无形的组织活动（organizing）。组织机构是组织的有形实体存在，如企业、政府、学校、医院等；而组织活动则指无形的、作为关系网或力量协作系统的活动。有形的组织机构与无形的组织活动之间的关系是一种手段和目的的关系。也就是说，作为“力量协作系统”存在的无形的组织活动，本身并不具有自己的目的，它不过是为了完成组织机构的目标而存在，是实现组织机构目标的手段。在中文的表述中，当我们看到“组织”一词时，要根据具体的语境区分到底是指组织机构还是指组织活动。

从有形的实体角度看，组织是为实现某一共同目标，经由分工与合作，及不同层次的权力和责任制度而构成的集合系统。这个概念具有三层含义：

(1) 组织必须有目标

任何组织都是为了实现某些特定的目标而存在的，不论这种目标是明确的还是隐含的。目标是组织存在的前提和基础。

(2) 组织必须有分工与协作

分工与协作关系是由组织目标限定的。一个组织为了达到目标，需要有许多部门，每个部门都专门从事一种或几种特定的工作，各个部门之间又要相互配合，这就是分工与合作。只有把分工与合作结合起来，才能提高效率。

(3) 组织要有不同层次的权力与责任制度

在分工之后，就要赋予各部门及每个人相应的权力，以便于实现目标。但在赋予权力的同时，必须明确各部门或各人的责任。有权力而无责任，就可能导致滥用权力，影响组织目标的实现。

从无形的活动角度看，组织是指特定环境中为了有效地实现共同目标和任务，确定组织成员、任务以及各项活动之间的关系，对资源进行合理配置的过程。正是借助于组织活动的协同或协调作用，各类组织机构内部才能形成一个“力量协作系统”，使个体的力量得以汇聚、融合和放大，从而体现组织机构的作用。组织活动主要包含以下内容：

(1) 组织机构的设计

当组织目标明确以后，管理者首先要对实现组织目标的各种活动内容进行区分和归类，把性质相近或联系紧密的工作进行归并，成立相应的职能部门进行专业化管理，并根据适度的管理幅度来确定组织的管理层次，包括组织内横向管理部门的设置和纵向管理层次的划分。

(2) 适度和正确授权

分权是组织内管理的权力由高层管理者委派给各层次和各部门的过程。分权适度，授权成功，就会有利于组织内各层次和各部门为实现组织目标而协同工作，同时也使得各级管理人员产生满足感。

(3) 人力资源管理

人是组织的主体，人群中存在复杂的人际关系。组织活动包括人员的选择、配备和训练，以及考核、奖励和惩罚制度的建立，还包括对人的激励等。

(4) 组织文化建设

组织活动包括为创造良好的组织气氛而进行团队精神的培育和组织文化的建设。无数成功组织的事例证明，组织文化是否良好，对于一个组织能否发挥有效作用至关重要。

3. 组织的要素

组织是人们在相互关联协调活动的基础上形成的。因此，可以说“人”是组织的第一要素。早期的管理者把组织要素分为两种或五种。从狭义看，组织就是人和事的有效结合；从广义看，组织要素又可以分为“人、事、物、财、时”五种。早期的管理理论很重视组织要素间的协调运作，强调各种要素必须有效地配合，才能称其为组织。各要素间协调配合得越好，组织的运行效率也就越高。

社会系统学派代表人物巴纳德受行为科学理论的影响，摈弃组织中的物质系统，从观念形态上把组织构成的基本条件概括为共同的目标、协作的愿望和信息沟通。他认为，组织的产生和存续必须通过这三个基本要素的相互作用才能实现。目标是组织存在的基础，没有目标就不可能产生人与人之间的有序协作。协作愿望是组织成员要为组织目标的实现而贡献力量的愿望，这种愿望是把许多个人的力量凝聚成一个整体合力的关键因素。在组织中如果没有必要的信息沟通，不仅难以确保组织成员的合理行为，而且不能确使组织成员之间产生协作的愿望。个人协作的意愿和组织的目标只有通过信息沟通才能联系和统一起来，形成动态过程。因此，在一定程度上，组织的结构和规模都要受到一定时期的信息沟通技术水平的限制。

7S 组织要素理论是由美国管理学家帕斯卡和阿索斯在《日本的管理艺术》一书中提出来的。所谓的 7S 指的是结构（Structure）、制度（System）、风格（Style）、人员（Staff）、技巧（Skill）、战略（Strategy）和共同的价值观（Shared values）。这七个组织要素同时也是进行组织设计时的主要参考变量。对不同的组织而言，七个变量的重要性和相互作用的方式是不同的，但这七个变量总是在组织中存在并发挥着作用。其中，结构、制度和战略被称为组织的“硬三角”，表现管理的技术特征；共同的价值观、技巧、人员和作风被称为组织的“软要素”，则着重表现管理的艺术特征。

二、组织的原则

组织的原则是为组织结构和组织行为提供指导的理论规范。其主要目的是使一个组织能最大限度地为实现其既定目标而有效运转。在不同的历史时期，人们提出了各种各样的组织原则，但任何关于组织原则的理论都不可能为我们提供一个万能的、能适应任何条件变化的组织结构模型和组织行为规范。这里我们仅讨论那些一般意义上的、具有普遍指导性的组织原则。

1. 整体性原则

整体性原则强调局部利益服从整体利益。在许多情况下，局部效能最大并不一定意味着整体效用最优，而组织应以追求整体效用最大为首要选择。

2. 确保信息通畅和成员间的协作原则

如前所述，人与人之间的信息沟通，是保证组织分工合作和协调行动的必要条件。而成员间的协作则是把许多个人的力量凝聚成一个整体合力的关键因素。

3. 明确的目标和任务原则

首先是组织目标应该明确，这样才能使组织成员为一个明确的方向和目标而努力。其次是职责和任务明确，不同的职位占有者应明确地知道自己在组织中的位置和他应为组织干些什么。

4. 公平与合理原则

首先，权力、责任和利益要对等。如果权力大而责任小，就会产生权力的滥用；如果权力小而责任大，就会出现拒绝接受权力或者无法履行责任的情况。其次，每个职位的权限应该合理，不可过大或过小。最后，制度执行上要合理与平等。在一个组织中，对组织制度的执行应该是普遍和没有例外的，决定一个成员升迁奖励的依据应该是他的才能和他对组织贡献的大小，而不是其它。贯彻公平合理的原则，可以使每个组织成员在心理上承认和接受组织，从而有利于组织目标的实现。

5. 工作分工原则

专门化和职能化是提高组织运行效率的必然选择。

6. 层级和秩序原则

按一定的命令和服从关系编排人员位置，使组织所有成员都处在他应处的位置上，以达到层级节制和统一指挥。

7. 统一指挥原则

组织中每个成员都只能同时听命于一个上司，并且上级对下级的命令不得与组织整体目标相冲突。

8. 制度化和标准化原则

制度和纪律是组织中相对比较固定的行为规范，它们应对全体成员拥有毫无例外的约束力。标准化的意义则在于使组织成员的行为有章可循。

9. 对权力的监督和约束原则

保证组织赋予个人的正当职务权力不被滥用，以免对组织整体造成侵害。但相互间制约的关系也不宜过多，否则势必抑制组织的活力和对外部环境的应变能力。

10. 组织结构的稳定性与适应性相结合原则

要求组织结构在相对稳定的同时，要根据环境变化进行必要的调节。

11. 精干效能原则

任何一个组织机构的设置都应贯彻“因事设职”原则，若非必要，决不可滥设机构。过多无用的机构不仅耗费组织资源，加重组织负担，而且增加组织内耗和摩擦,使指挥协调困难，影响组织效率。

12. 适度控制、保留裕度原则

在任何一个组织中，集权和分权都是必要的，但集权或分权的度必须适当，在不同的企业或同一企业的不同时期应灵活权变。组织中控制幅度与层次也应基本适当，不可过大（多）或过小（少）。幅度过大层次过少，不仅不容易有效地管理，也很难形成必要的职位权威；幅度过小层次过多，则很容易出现过度控制，侵犯下属的权限，影响下属的工作积极性，并可能会使上下级之间的信息沟通出现失真和混乱。因此，组织机构的建立应留有适当的裕度和弹性，以鼓励下属积极性、主动性的发挥，使组织有足够的能力对外界环境适应和权变。

三、组织环境

组织都存在于一定的环境中，并且要不断地与外部环境进行物质、能量和信息的交换。在组织与环境发生关系的过程中，组织绩效常常与组织和环境之间的一致性程度成正比，高绩效的组织更能适应环境的需要。最成功的组织总是能够在分化和整合之间找到一个平衡点，以便同环境各构成部分的多样性及它们所需的相互依存性相一致。组织对其外部环境的不适应往往要威胁到它的持续和健康发展，甚至是组织本身的基本存在。组织环境包括一般环境和具体环境。

组织的一般环境包括：

1. 政治与法律环境

政治环境是指制约或影响组织的各种政治要素及其运行所形成的环境系统，包括一国的政治体制、政党制度、政府颁布的政策、政治气氛等诸多因素。法律环境是指与组织相关的一系列法律规范以及这些法律规范的制订和实施机构，同时也包括与此相关的社会法律意识。

2. 经济环境

经济环境是指影响组织生存与发展的社会经济状况以及国家经济政策，包括社会经济水平、经济周期、产业结构、居民的购买力水平、消费结构、价格、财政税收制度、利率与通货膨胀水平以及国家的经济管理体制等要素。对企业来说，经济环境是一般环境中对其经营管理活动影响最为直接的部分。

3. 社会文化环境

社会文化环境是指社会环境中由文化要素以及与其直接相关联的各种社会现象构成的实际状态。文化环境涉及的范围十分广泛，大体上包括文化的基本要素系列、文化的价值系统和文化教育事业状况等。文化的基本要素系列包括哲学、宗教、语言与文字及文学等。文化的价值系统主要指存在于文化之中的普遍的价值观，也称文化价值观。文化教育事业是提高社会文化水平的决定因素。

4. 技术环境

技术环境主要是指组织所处的社会环境中的科技要素以及与该要素直接相关的各种社会现象的总和，包括新技术、新设备、新材料、新工艺的开发和采用，以及以此为基础形成的组织经营管理方式的改变与国家科技政策的制定等内容。近20年来，一般环境中变化最迅速的就是技术环境。

5. 国际环境

经济全球化是不可阻挡的潮流，各种规模或者类型的组织都面临着面对全球环境的机遇和挑战，这迫使每个管理者都不得不认真思考在国际市场中它的消费者在哪里、它的竞争者是谁、它如何才能够从一个地区性的公司发展成为全球性公司等诸如此类的问题。

6. 自然环境

与社会环境不同的是，自然环境强调的是外在物质要素的条件、状况对人类活动的制约和影响。对于组织而言，它往往是指作为生产资料和劳动条件的各种自然禀赋，比如组织经营地域的能源供应情况，自然资源的种类、储量、分布和开采利用的程度，铁路、公路、水运、客运的条件等。所以，自然环境有时也被称为地理环境。

除了一般环境外，不同的组织面临不同的具体环境。具体环境是与实现组织目标直接相关的那部分环境，是管理者特别关注的环境，它是由对组织绩效产生积极或消极影响的关键利益相关者组成的。具体环境对每个组织而言都是不同的，并随条件的改变而变化。比如，企业的具体环境一般包括供应商、顾客、竞争者、政府、压力集团等。

四、正式组织和非正式组织

1. 理论缘起

正式组织与非正式组织的提出源于管理组织结构研究的两条不同思路。在研究组织结构时，通常有“效率思路”和“感情思路”两个不同的方向。在一般情况下，基于提高效率的思路设计的组织结构，就表现为所谓的“正式组织”，即建立合理的组织机构与结构，规范组织成员在活动中的关系。而立足于感情联络的思路所导向的组织结构，就表现为所谓的“非正式组织”，它是自发形成的，为提供人与人之间关系的满足以及个人遭遇挫折时的感情支持。非正式组织的概念，是梅奥在著名的“霍桑试验”中发现并概括出来的，作为其人际关系学说的一个重要内容。后来巴纳德进一步完善了这一概念使之与他的“正式组织协调系统”相对应。组织实质上是正式组织和非正式组织的交错关系所产生的综合形态。我们研究组织内部的非正式组织的目的在于，希望能更多地体现组织设计构思中的“感情思路”。

2. 概念与特征

正式组织有明确的目标、人物、结构、职能以及由此而决定的成员间的责权利关系,对个人具有某种程度的强制性。正式组织具有以下特征：

(1) 经过规划设计而非自发形成。正式组织的组织机构的设计基于一定的管理思想和理念。

(2) 有明确的组织目标。正式组织是建立在共同目标基础上的理性存在。

(3) 组织的活动以成本和效率为主要标准。通过协调人、财、物之间的关系，以最经济有效的方式达到组织的目标。

(4) 分配角色和任务，规定人们之间的相互关系。

(5) 建立权威与秩序，赋予领导以正式的权力，下级必须服从上级。

(6) 制订各种规章制度以约束个人行为，实现组织的一致性。

非正式组织是相对于正式组织而言的，并与正式组织相互依存。严格地讲，非正式组织不能称之为组织，而只能叫群体，它没有正式的组织形式，也没有固定的编制，其成员之间的相互关系、权利义务和职责范围取决于成员自发自愿形成的一种约定俗成的共同行为规范。一般地说，构成非正式组织的要素主要有共同的感情、共同的行为准则和共同的利害关系。非正式组织的主要特征包括：

(1) 自发性

非正式组织是其成员自发组成的，促成这种自发性产生的因素有很多方面，如共同的志向和价值观、共同的兴趣爱好、共同的利益、相似的经历、密切的社会关系、感情的需求等。它还有自发形成的目标，这种目标同正式组织的目标可能一致，也可能不一致；其目标不像正式组织的目标那样明确规定出来，往往是其成员默认的，有时还比较模糊。

(2) 内聚性

虽然不存在一定的结构和秩序，但这种无形的组织具有较强的内聚力。这也是非正式组织最为显著的特征，即它首先表现为人与人之间的关系聚合。如果说正式组织是一种机械式的组织，人际关系由职务、机构等按一定规则组成的话，非正式组织则是一种有机的组织，它更依赖于感情和心理等因素。感情相容、相互认同是联结非正式组织成员的纽带，也是维系非正式组织的标准。

(3) 互利性

这种组织最重要的作用是满足个人的不同需要，且主要是社会感情的需要。作为一种得到认可的心理团体，成员希望组织能提供人际关系的需要，以及给予个人工作和生活方面的感情支持。

(4) 软约束

组织中存在着全体成员约定俗成、共同遵守的行为规范，尽管这些行为规范是不成文的，但它却以特殊的感情、态度、心理和倾向左右着成员的行为，使其自觉或不自觉地遵守规范。

(5) 自然领袖

非正式组织的领袖大都是自然而然形成的，他在组织中具有举足轻重的地位和作用,其影响力和号召力对于非正式组织成员来说，甚至比正式组织中主要领导人物的影响力和号召力还要强。

3. 非正式组织的影响

非正式组织在正式组织中（特别是在基层）的存在有其必然性。一般来说，正式组织出现下列情况时，容易产生非正式组织：组织的规模和目标与组织成员的基本要求不一致；不能有效地达到组织目标；缺乏合理的领导机构；无视下属感情的专制的领导作风和企业风气等。组织领导人不能把非正式组织简单地看做“宗派活动”或“非组织活动”，而应该正视它，并正确处理同它的关系。为此，明确非正式组织的作用是必要的。

非正式组织的积极作用在于，可以提供员工在正式组织中难以得到的社会需求的满足，可以促进沟通从而创造一种更加和谐、融洽的人际关系，可以提高员工的合作精神，而所有这些最终都将改善正式组织的工作情况。

非正式组织的消极作用表现在，如果非正式组织的目标与正式组织的目标发生冲突，则可能对正式组织的工作产生极为不利的影响，阻碍甚至破坏正式组织目标的达到；非正式组织要求成员一致性的压力，往往带有明显的保守性，有可能束缚成员的个人发展；非正式组织的压力还会影响正式组织的变革，助长组织的惰性。

4. 发挥非正式组织的作用

在正式组织与非正式组织的关系问题上存在三种形态：（1）正式组织与非正组织目标一致，方向一致，其力量等于两者相加；（2）二者目标不一致，但有许多共同点，用力方向成一定角度，其力量等于两者形成的平行四边形的对角线；（3）二者目标相反，用力方向相反，其力量等于两者之差。这三种关系如图 8–1 所示。

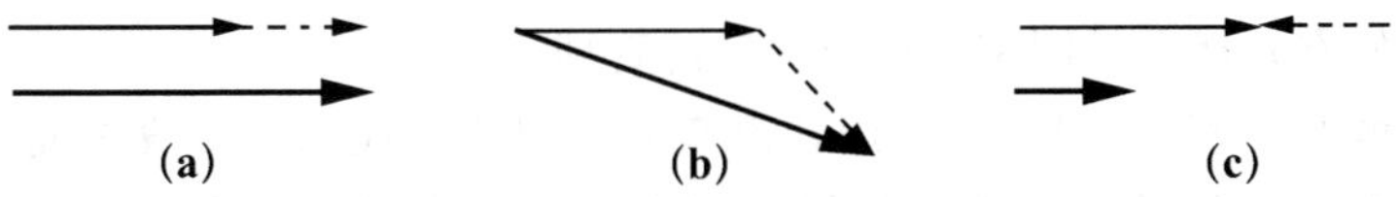

正式组织的力量 非正式组织的力量 组织的力量

图 8–1 非正式组织的作用

由此可以看出，第一种状态 (a) 的关系最好，但现实中比较少见，原因在于这种状况不可能长久地保持下去；第三种状态 (c) 最差，一旦发生，往往十分棘手，难以矫正，故在实际工作中要尽量避免；第二种状态 (b) 在现实中最为常见，应使二者之间的夹角尽可能缩小，要以自然引导而非强制性的措施设法减少非正式组织的影响力（图中矢量的长度）。第二种状态之所以是可以引导的，也与非正式组织的不稳定性有关。

非正式组织是一种客观存在。作为组织领导人，要认识到非正式组织产生的必然性，要善于利用非正式组织的积极作用，克服、消除其消极影响。领导者一方面要对非正式组织的存在和发展进行正确引导，另一方面要有效地控制和利用非正式组织，这是组织工作的一项重要任务。引导、控制与利用非正式组织，主要有以下几个要点：其一，通过建立和宣传正确的组织文化来影响与改变非正式组织的风气和行为规范；其二，要善于发现非正式组织，研究它们产生的原因、目标、需求倾向及内部行为规律；其三，扶持和鼓励对正式组织发展有益的非正式组织，引导和改造对正式组织发展不利的非正式组织；其四，要注意团结非正式组织的领袖人物，取得其合作与支持，通过他去影响其他成员的行为。总之，正式组织的领导人可以凭借非正式组织的动态、倾向以及与正式组织的关系状况，提高自身的警觉性，注意发现、研究和解决问题，设法使非正式组织成为正式组织的有益补充，从而更加有效地加强管理工作。

第二节 组织理论与管理

组织理论是关于组织应当采取何种组织结构才能提高效率的观点、见解和方法的集合。组织理论是人类长期实践的总结，是管理学的重要内容。

一、组织理论的产生

组织现象是人类历史上最悠久和人类社会中最普遍的社会现象之一。关于组织的理论与实践很早就已经产生了，比如中国很早就有了大一统的国家组织观念和三省六部制等形式的政府组织实践。但是，把组织当作一门科学进行研究则是从20世纪初才开始的。工业革命以后，西方社会的国家形式、社会制度和经济结构等都发生了重大变化并且日益复杂化，这就迫切需要一种组织理论以帮助人们有效地实行国家、社会和经济管理。

这里讲的组织理论是指20世纪初以来的组织研究成果。一般来说，组织理论经历了三个发展阶段，即古典组织理论、新古典组织理论和现代组织理论。组织理论在这三个阶段的不同发展，表明了人们对组织理论的认识和研究是一个不断深入的过程。

二、组织理论的发展

1. 古典组织理论

古典组织理论最早可追溯到亚当·斯密。他在《国富论》中首先提出了劳动分工的原则。劳动分工原则至今仍是组织设计的一个重要的基本原则。而古典组织理论的正式产生和盛行时期为19世纪末期和20世纪初期。古典组织理论主要强调组织的刚性结构，侧重于静态组织的研究，注重组织效率。其主要论点有：

(1) 劳动分工

组织的每一组成部分，无论是横向的部门，还是纵向的高、中、低层，都是根据劳动分工的原则进行区分和设置的。

(2) 职权与职责

组织中每一部门、部门内的每一个职位，均有明确规定的职权与职责。组织中每一部门的主管或职工都必须按规定的职权和职责进行工作。

(3) 等级制度

组织中必须划分严格的等级，上级对下级下达命令，下级必须接受和执行。另外，上级不能越级指挥，下级也不可越级汇报，以保证统一指挥、统一领导。

(4) 严格的规章制度

强调组织中建立规章制度的必要性，要求每一名员工，无论职位高低，都必须依照规章制度办事。

德国社会学家马克斯·韦伯 (Marx Weber) 是对组织理论的影响最为深远的学者之一，被称为“组织理论之父”。韦伯认为，任何组织都必须以某种形式的权力作为基础，没有某种形式的权力，任何组织都不能达到自己的目标。人类社会存在三种为社会所接受的权力：(1) 传统权力 (Traditional Authority)：传统惯例或世袭得来；(2) 超凡权力 (Charisma Authority)：来源于别人的崇拜与追随；(3) 法定权力 (Legal Authority)：法律规定的权力。

对于传统权力，韦伯认为，人们对其服从是因为领袖人物占据着传统所支持的权力地位，同时，领袖人物也受着传统的制约。但是，人们对传统权力的服从并不是以与个人无关的秩序为依据，而是在习惯义务领域内的个人忠诚。领导人的作用大多是为了维护传统，因而效率较低，不宜作为行政组织体系的基础。而超凡权力的合法性，完全依靠对于领袖人物的信仰，他必须以不断的奇迹和英雄之举赢得追随者，超凡权力带有浓厚的感情色彩并且是非理性的，不是依据规章制度，而是依据神秘的启示。所以，超凡的权力形式也不宜作为行政组织体系的基础。

韦伯认为，只有法定权力才能作为行政组织体系的基础，其最根本的特征在于它提供了慎重的公正。原因在于：(1) 管理的连续性使管理活动必须有秩序地进行；(2) 以“能”为本的择人方式提供了理性基础；(3) 领导者的权力并非无限，应受到约束。

有了适合于行政组织体系的权力基础，韦伯勾画出理想的官僚组织模式 (Bureaucratic Ideal Type)，具有下列特征：

(1) 组织中的人员应有固定和正式的职责并依法行使职权。组织是根据合法程序制订的，应有其明确目标，并靠着这一套完整的法规制度，组织与规范成员的行为，以期有效地追求与达到组织的目标。

(2) 组织的结构是一层层控制的体系。在组织内，按照地位的高低规定成员间命令与服从的关系。也就是说，组织应该是“科层结构”，一种金字塔形的结构。

(3) 人与工作的关系。成员间的关系只有对事的关系而无对人的关系。

(4) 成员的选用与保障。每一职位根据其资格限制（资历或学历），按自由契约原则，经公开考试合格予以使用，务求人尽其才。

(5) 专业分工与技术训练。对成员进行合理分工并明确每人的工作范围及权责，然后通过技术培训来提高工作效率。

(6) 成员的工资及升迁。按职位支付薪金，并建立奖惩与升迁制度，使成员安心工作，培养其事业心。

韦伯认为，凡具有上述六项特征的组织，可使组织表现出高度的理性化，其成员的工作行为也能达到预期的效果，组织目标也能顺利地达到。韦伯对理想的官僚组织模式的描绘，为行政组织指明了一条制度化的组织准则，这是他在管理思想上的最大贡献。

2. 新古典组织理论

新古典组织理论又称“行为科学组织理论”。从 20 世纪 30 年代起，组织理论的研究逐渐引进行为科学的方法，把人的行为和人际关系作为研究组织的基点，来揭示组织的社会心理特征及其本质，形成了新古典组织理论。主要有以埃尔顿·梅奥为代表的人际关系组织理论；以切斯特·巴纳德为代表的组织平衡理论和以赫伯特·西蒙为代表的决策过程组织理论。

梅奥在《工业文明中的人类问题》一文中首先提出“社会人”假设而拉开人际关系研究的序幕。人际关系组织理论的基本观点是，认为组织中的个人的需求是多方面的，人的行为除受经济因素的刺激外，还受不同的社会、心理和文化因素的激励，并强调组织中各层级之间的沟通及组织成员参与的重要性等，因此要建立一个有效率的组织，必须注重对组织成员行为、动机的研究，要运用民主方式进行管理，激励成员的工作热情和积极性。

巴纳德的组织理论既没有停留于组织的表面特征与结构，也不是仅仅关注组织中人的作用，他对组织理论的贡献在于提出：

(1) 组织本质的系统论观点。在组织就是一种社会系统的基础上，巴纳德提出“组织是两人以上、有共同目标、通过一定物质和信息手段、彼此协调自己行为的系统”。协作的意愿、共同的目标和充分而恰当的信息交流是构成组织的基本要素。组织又与人的系统、物质系统、社会系统一起共同构成一个整体，在这个整体中，组织系统起着核心作用，它受人、社会、物质三方面条件的制约和影响，又反过来作用它们。

(2) 权威接受理论。认为组织中的权威应建立在下级服从的基础上，“一道命令是否具有权威取决于被命令的人，而不是下命令的人”。权威来自于下级的认可，在于命令能否被接受和执行。由此导致了对组织中管理对象的重视。

(3) 组织平衡理论。巴纳德重视组织中的正式组织与非正式组织、个体与群体的平衡，认为有效率的组织要保证“贡献”和“诱因”的动态平衡，贡献是成员为组织所做的工作，诱因是组织向成员提供的报酬，组织只有在对有贡献的成员提供满足，确保其贡献与满足平衡时，才能抵消成员对组织的离心力，贡献和诱因一旦失去平衡，组织就会陷于无效、紊乱以致崩溃。

巴纳德对组织本质的深刻见解，以及对组织的系统分析和社会性分析，促进了组织理论的深化和发展。

西蒙以决策为中心建立的决策过程理论是这一时期的又一重要成果。西蒙的贡献主要在于他的中心思想，即：为了对组织进行研究，就必须对影响人的行为的全部决策过程的复杂网络进行研究。西蒙认为，行政组织的基本功能是决策，决策贯穿于管理的全过程，管理就是决策。组织是由作为决策者的个人所组成的系统，因而组织成员不是机械执行任务的工具，而是有选择能力的"理性人"。但是，人的理性由于无法摆脱主观和客观条件的限制，其选择能力又是有限的，是有限的理性，组织的功能就在于提供一个有利于做出合理决策的组织结构，以引导其成员的决策，弥补其理性的不足，管理者的作用是使行政组织成为一个有系统的、有步骤的、有理性的决策程序，以促使组织效能的提高。

与古典组织理论相比，新古典组织理论有如下特点：

(1) 在集权和分权的问题上，主张更多的分权。因为分权可以使更多的人参与决策，有利于调动员工的积极性。美国通用汽车公司总裁艾尔弗雷德·斯隆（Alfred P. Sloan）提出的"集中政策，分权管理"主张，就是这一思想的体现。

(2) 从组织形态来看，不主张高耸的组织结构，而倾向于扁平的组织结构。根据新古典理论的观点，传统的科级组织模式可以分为尖三角形结构（即高耸的组织结构）和扁三角形结构（即扁平组织结构）。前者为集权制度，控制幅度小；后者较易推行分权，分层负责和专业化。

(3) 提倡部门化。古典组织理论提倡分工和专业化主要是针对个人而言的；新古典理论所倡导的部门化，实质是部门专业化，比如大学和医院等就是以部门化为基础的组织。

新古典组织理论的特点是以组织中的人为中心，研究人的行为对组织的影响及其相互关系，不仅创造出了新的研究视野，拓展了组织理论研究的范围，也提出了诸多深刻见解。但是局限于人和组织行为的研究，只注重社会科学实证的研究方法，忽视组织的法规制度及环境的作用又是其欠缺之处。

3. 现代组织理论

20 世纪 60 年代以后，系统论、控制论和信息论的成果被引入组织理论中，推动了组织理论的研究进入一个新的发展阶段。系统分析组织理论和权变组织理论是这一时期的代表性成果。

传统的分析方法对事物局部特性的分析可以说是有见地的、深刻的，但是由于缺乏整体联系的观点，因而得出的结论尽管适合于一定的局部条件，但是对事物全局的把握难免有欠缺之处，一些局部性结论如果强调过分，也会走向反面。卡斯特的系统组织理论则用系统分析方法研究行政组织，认为行政组织是“一个结构的技术系统”，由许多分系统组成。

卡斯特认为，首先，组织是一个系统，由相互依存的众多要素所组成，局部最优不等于整体最优，管理人员的工作就是确保组织中各部分能得到相互的协调和有机的整合，以实现组织的整体目标。组织是一个开放的系统。现代管理者必须把组织视为一个开放的系统，也即与周围环境产生相互影响、相互作用的系统。一个组织的成败，取决于其管理者能否及时察觉环境的变化，并及时做出正确的反应。组织作为一个开放的社会-技术系统，是由五个不同的分系统构成的整体。这五个分系统包括：目标与价值分系统、技术分系统、社会心理分系统、组织结构分系统和管理分系统。这五个分系统之间既相互独立，又相互作用，不可分割，从而构成一个整体。这些系统还可以继续分为更小的子系统。

其次，企业是由人、物资、机器和其他资源在一定的目标下组成的一体化系统，它的成长和发展同时受到这些组成要素的影响。在这些要素的相互关系中，人是主体，其他要素则是被动的。管理人员需要保持各要素之间的动态平衡和相对稳定，并保持一定的连续性，以便适应情况的变化，达到预期目标。同时，企业还是社会这个大系统中的一个子系统，企业预定目标的实现，不仅取决于内部条件，还取决于企业外部条件，如资源、市场、社会技术水平、法律制度等，它只有在与外部条件的相互影响中才能达到动态平衡。

最后，如果运用系统观点来考察管理的基本职能，可以把企业看成是一个投入-产出系统，投入的是物资、劳动力和各种信息，产出的是各种产品或服务。运用系统观点，可以使管理人员不至于只重视某些与自己有关的特殊职能而忽视了大目标，也不至于忽视自己在组织中的地位与作用，这可以提高组织的整体效率。

权变组织理论是在系统组织理论的基础上产生的，“权变”的意思是“权宜通变”。权变组织理论的中心思想是，在承认系统组织理论关于组织与环境以及各个分系统之间存在相互联系、互动作用和一致性的基础上，制订特定条件下组织的最有效的管理方式。权变组织理论认为不存在普遍适用的、一成不变的组织模式，不能把某种在特定环境中适用的组织模式和方法生搬硬套。一种组织模式和管理方法的有效性，将随着组织内外各种因素的变化而变化，一切都取决于时间、地点、条件，只有权变，没有不变。权变观在系统论提供总体指导思想的基础上，由原则性转向灵活性、由标准化转向多样化。

系统论和组织的权变观为人们研究组织提供了新的指导思想和方法论。现代组织理论强调组织各部分之间的交互影响和组织的整体性，强调组织对环境的影响和环境对组织的影响，把组织看成一个相互联系的、动态的、开放的系统，同时在组织管理领域中不再寻求最好的模式，而是从正规性、标准化转向灵活性和多样性，从而使人们对组织的一般性质和一般发展规律有了更深刻的认识。

第三节　组织结构

组织职能的目的是设计和维持一种组织结构，以便人们能为实现组织的目标而有效地工作。组织结构必须反映组织的目标和计划、管理人员可利用的职权、组织所处的环境条件，同时必须为组织配备恰当的人员。

一、组织结构的含义

组织是一个社会系统，任何一个系统都有它自己的结构方式。组织结构（Organization Structure）就是描述组织的框架体系，是表现组织各部分排列顺序、空间位置、聚集状态、联系方式以及各要素之间相互关系的一种方式，它在根本上决定着组织的性质和功能、组织内部信息沟通的方式和权力责任关系。

组织结构可以从三个方面来衡量：

（1）复杂性

复杂性指的是组织分化的程度。一个组织越是进行细致的劳动分工，具有越多的纵向等级层次，组织各部门的地理分布越是广泛，则协调人员及其活动就越是困难。

（2）正规化

正规化就是组织依靠规则和程序引导员工行为的程度。有些组织的规范准则较少，其正规化的程度就小；而另一些组织，规模虽然很小，却具有各种规定，指示员工可以做什么和不可以做什么，这些组织的正规化程度就较高。

（3）集权化

集权化是决策制订权力的集中程度。在一些组织中，决策是高度集中的，问题自下而上传递给高层管理者，由他们制订合适的行动方案；而另一些组织，其决策制订权力则授予下级人员，这被称作是分权化。

组织结构对组织的重要性体现在以下几个方面：

第一，组织结构是保持组织内部关系持久、稳定、有序化以形成组织合力的手段；

第二，组织结构是一个组织的管理者获得必要的对组织进行控制的权威和手段；

第三，增强组织成员协同地完成组织目标的可能性；

第四，有利于加强和改善组织内部信息沟通；

第五，要进行组织变革，就必须从组织结构上着手，也就是说，调整组织结构是进行组织变革的重要手段。

二、部门化

按照劳动分工的原则需要将组织中的活动专业化，而劳动分工又要求组织活动保持高度的协调一致性。协调的有效方法就是组织的部门化，即按照职能相似性、任务活动相似性或关系紧密性的原则把组织中的专业技能人员分类集合在各个部门内，然后配以专职的管理人员来协调领导，统一指挥。换句话说，部门化是将工作和人员组成可以管理的单位的过程。

部门化可以依据多种不同的标准，例如业务职能、所提供的产品或服务、目标顾客、地区、流程等进行选择安排。不同时期、不同环境条件下，组织所依据的标准可以是不同的，但这种选择安排应当遵循部门化的一些基本原则，并以组织目标为基准。

1. 组织部门化的基本原则

要想有效、合理地集合组织资源，安排好组织内全部的业务活动，必须提供一些基本的指导原则，使组织部门化能够具备科学性和可操作性。

(1) 因事设职和因人设职相结合原则

为了保证组织目标的实现，必须将组织活动落实到每一个具体的部门和岗位上去，确保事事有人做。另外，组织中的每一项活动终归要由人去完成，组织部门设计就必须考虑人员的配置情况，使得人尽其才、才尽其用。特别是，组织需要根据外部环境的变化进一步调整和再设计组织部门结构时，必须贯彻因事设职和因人设职相结合的原则，及时调整与组织环境不相适应的部门和人员，使组织内的人力资源能够得到有效的整合和优化。

(2) 分工与协作相结合原则

分工与协作是社会化大生产的必然结果，古典的管理理论强调分工是效率的基础。在组织的部门设计中，必须对每一个部门、每一个岗位进行必要的工作分析和关系分析，并按照分工与协作的要求进行业务活动的组合。部门设计者可以依据技能相似性的归类方法集合相关的业务活动，以提高专业分工的细化水平。但是，过分强调专业化分工也会造成管理机构增多、部门之间难以协调等问题，这反而会使管理效率下降。这时，可以依据关系紧密性的归类方法，按照业务流程管理的逻辑顺序来集合业务活动，以达到紧凑、连续、利于协作的工作效果。

(3) 精简高效的部门设计原则

部门精简高效是每一个部门设计者所追求的理想效果，作为一项基本的原则应当贯彻在部门设计的每一个阶段和每一项活动过程中。按照这一原则，部门设计应当体现局部利益服从组织整体利益的思想，并将单个部门效率目标与组织整体效率目标有机地结合起来。另外，部门设计应在保证组织目标能够实现的前提条件下，力求人员配置和部门设置精简合理，不仅要做到事事有人做，而且要人人有事做；做到工作任务充裕饱满，部门活动紧密有序。

2. 组织部门化的方法

组织的部门有多种不同的划分方法。依据不同的划分标准，可以形成以下几种不同的部门化方法。

(1) 人数部门化

人数部门化是完全按人数的多少来划分部门，比如军队中的军、师、旅、团、营、连、排、班即采用此划分方法。这是最原始、最简单的划分方法，它仅仅考虑的是人的数量。在高度专业化的现代社会，这种划分方法的采用越来越少。因为随着人们文化水平和技术水平的提高，每个人都可能掌握某种专业技术，把具备某种专业技术的人组织起来去做某项工作，比单靠数量组织起来的人们有更高的效率，特别是现代组织逐渐从劳动密集转向技术密集，单纯按人数划分的方法有逐渐被淘汰的趋势。

(2) 时间部门化

时间部门化是在正常的工作日不能满足工作需要时所采用的一种划分方法，如组织按早、中、晚三班编制进行生产。按时间划分部门主要基于以下考虑：人的生理需要，如吃饭、睡觉、休息等；有些工作需要很长的时间，而且不能间断，如炼钢厂炼一炉钢只有在全部出炉以后才能停止；出于经济和技术的需要，如正常的工作日无法满足这种需要。时间部门化通常适用于最基层的组织。

(3) 职能部门化

职能部门化是以组织的主要经营职能为基础设立部门，凡同一性质的工作都置于同一部门，由该部门全权负责该项职能的执行，如企业中设置生产、营销、财务、人事等部门就是按职能划分的。职能部门化有利于提高管理的专业化程度，有利于提高管理人员的技术水平和管理水平。职能部门化的缺点是，由于各部门长期只从事某种专业业务，缺乏总体长远目光，不利于高级管理人才的培养。

(4) 流程部门化

流程部门化是以工作流程为基础组合各项活动从而划分部门的一种方法。比如在机械制造企业，通常按照毛坯、机械加工、装配的工艺顺序分别设立部门。这种划分方式，在生产流程复杂、要求严格的情况下是必要的，它有利于加强专业流程管理，提高工艺水平。

(5) 业务部门化

按业务划分部门就是把业务系列的管理工作划归一个部门负责。这种划分在大中型组织中是十分必要的，有利于充分利用管理者的专业知识和技能，有利于组织专业化经营,有利于扩大服务工作。国外大中型企业的事业部就是典型的按业务划分的部门。

(6) 地区部门化

按地区划分部门是根据地理因素来设立管理部门，把不同地区的业务和职责划归不同部门负责。对于一个地域分布较广或业务涉及地区较广的组织来说，按地区划分是必要的。按地区划分部门有利于各部门因地制宜地制订政策，进行决策，提高管理的适应性和有效性，有利于培养独当一面的管理人才。

(7) 顾客部门化

顾客部门化就是根据目标顾客的不同利益需求来划分组织的业务活动。在激烈的市场竞争中，顾客的需求导向越来越明显，企业应当在满足顾客需求的同时，努力创造顾客的未来需求，顾客部门化顺应了需求发展的这种趋势。顾客部门化的主要优点是企业可以通过设立不同的部门满足目标顾客各种特殊而广泛的需求，同时能有效获得用户真诚的意见反馈，这有利于企业不断改进自己的工作；另外，企业能够持续有效地发挥自己的核心专长，不断创造顾客的需求，从而在这一领域内建立持久性竞争优势。

(8) 产品或服务部门化

在品种单一、规模较小的企业，按职能进行组织分工是理想的部门划分形式。然而，随着企业的进一步成长与发展，企业面临着增加产品线和扩大生产规模以获取规模经济和范围经济的经营压力，管理组织的工作也将变得日益复杂。这时，就有必要以业务活动的结果为标准来重新划分企业的活动。按照产品或服务的要求对企业活动进行分组，即产品或服务部门化，就是一种典型的结果划分法。产品或服务部门化的优点主要是各部门专注于产品的经营，并且充分合理地利用专有资产，提高专业化经营的效率水平，这不仅有助于促进不同产品和服务项目间的合理竞争，而且有助于比较不同部门对企业的贡献，有助于决策部门加强对企业产品与服务的指导和调整。另外，这种划分方式也为“多面手”式的管理人才提供了较好的成长条件。

一个组织究竟采用何种方式划分部门，应视具体情况而定，而且这些划分方式往往兼而有之，比如企业职能或参谋机构一般按职能划分，生产部门可按程序或业务划分，销售部门则可根据实际需要按地区或客户划分。

三、管理幅度和层次

管理幅度（Span of Management）又称管理跨度，是指一位主管人员能直接有效地管辖的下级人数，它是部门设置中必须考虑的部门的规模问题。管理幅度的大小，实际上意味着一位主管人员直接控制和协调的业务活动量的多少。管理层次是从企业最高一级管理组织到最低一级管理组织的各个组织等级，它是描述组织纵向结构特征的一个概念。管理层次实质上是组织内部纵向分工的表现形式,各个层次分别担负不同的管理职能。

管理幅度对管理层次的多少具有直接影响，并最终影响到组织结构的形式。管理幅度与管理层次成反比关系，即管理幅度加大，则管理层次就相应减少；管理幅度缩小，则管理层次就相应增多。例如，一个 36 人的企业中，如果经理的管理幅度为 36 人，则该企业的员工均可直接由经理管理，无需设置中间管理层次；如果经理的管理幅度只有 6 人，则该企业就要分成 6 个部门，并相应产生 6 个部门负责人，通过部门负责人来管理员工。在这种情况下，随着经理管理幅度的缩小，企业的管理层次就相应增加了。由于管理幅度大小的影响，组织结构常常会出现两种形式，即“高耸形”结构和“扁平形”结构。前者管理幅度小，管理层次多；后者正好相反。

1. 管理幅度的设计

古利克与厄威克在 20 世纪 30 年代最先提出管理幅度原则时，他们的指导思想是十分明确的：其一，管理人员应该知道自己的管理幅度是有限的；其二，管理幅度存在一个固定的具体人数，应该努力寻找这一普遍适用的有效幅度，以用于组织设计之中。

格丘纳斯提出过一种关于管理幅度的很有影响的观点。他指出，在向经理汇报的人数以数学级数增加时，管理者和下属人与人之间潜在的相互影响的数量就以几何级数增加。他解释说，管理人员可以直接和每个下属联系（直接单独联系），或与每个可能组成的下属人员的小组联系（直接小组联系），而且下属之间还可能相互联系（交叉）。格丘纳斯发明了一个公式，可用来计算有任何数目的下属所到处的可能存在的关系：$C=N(2^{N-1}+N-1)$，其中，C 为可能存在的联系的总数，N 为直接向一位管理者汇报的下属人数。

关于有效的管理幅度，密尔顿认为，理想的管理幅度应该是 3~6 人。美国管理学家戴维斯把管理幅度分为两类：行政管理幅度和业务管理幅度。前者是组织的中、上层管理，其幅度以 3~9 人为宜；后者是指组织的基层管理，其幅度可多达 30 人。事实上，有效的管理幅度受到诸多因素的影响：

（1）管理者自身素质。管理者的各种素质集中地表现为其能力。管理者能力较强，管理幅度则可较大，反之则应缩小管理幅度。

（2）下属素质。下属经验较多，能力较强，训练良好，管理幅度可以大一些，反之则须缩小管理幅度。

（3）工作性质。工作内容复杂多变，相似性低，其管理幅度就不可能太大；而简单的、大量重复的工作则可有较大的管理幅度。

（4）职能机构的效率。机构健全、效率较高的情况下，管理幅度可大些。

（5）信息沟通的难易程度。信息沟通比较容易，内部交流比较方便，管理幅度大些无妨。

（6）企业规模。在企业规模较大的情况下，管理幅度应大一些，否则会导致管理层次过多。

以上列举的远不是影响管理幅度的全部因素。但对有限的这几个因素的考察已足以表明，必须根据组织自身的特点来确定适当的管理幅度，并进而决定管理层次。

2. 管理层次的设计

管理幅度对管理层次有一定影响，但管理层次的设计绝非只以管理幅度为唯一参照。在具体操作上，管理层次大多是依据下列三种办法来确定的：

(1) *依据企业的纵向职能分工，确定基本的管理层次*

这类设计一般把企业的管理层次分为高层、中层和基层三个层次。但是，每一个企业实际管理层次的确定，还必须顾及其规模大小。说三个层次，是就一般情形而言的；在规模较大的企业中（如跨国公司），管理层次可能多达20多个。

(2) *依据提高组织效率的要求，确定具体的管理层次*

高效率的组织主要表现为：下属有明确而充分的职权，能够参与决策；下属了解组织的目标；使下属有发展机会；下属能够依靠集体的团结与协作，有效地完成工作。那么，管理层次是怎样具体影响组织效率的呢？当管理层次较多时，领导岗位随之增多，人们的晋升机会较多，从而形成一定的激励效果。此外，由于部门规模比较小（增加层次的结果），成员沟通方便，易于达成共识。但是，管理层次较多可能会降低组织效率，这是因为，管理层次越多，投入管理工作的人员也越多，协调成本会大量增加；而且，管理层次较多时，会使上下的意见沟通受阻，并影响下级人员的主动性和创造性。当管理层次较少时，信息流通快、管理费用低，而且由于管理幅度较大，被管理者有较大的自主权。但是，较少的管理层次往往会导致管理严密性的降低和部门规模过大带来的无序状态。因此，一个企业究竟以多少管理层次为宜，必须服从于组织效率的要求，进行符合实际的选择。

(3) *依据组织不同部门的特点，实行管理层次的差异化设计*

在一个企业内，管理层次不可能也不应该在所有部门都整齐划一，在不同的部门，应根据实际需要体现差异。例如，在技术开发部门，管理层次过多会妨碍技术人员创造性的发挥；而在生产部门，控制的必要性会大大增加，因而往往需要适当增加管理层次。

四、组织中的权力

1. 集权与分权

集权与分权指的是组织决策权的集中化与分散化。集权是指决策权在组织系统中较高层次上一定程度的集中。而分权则是决策权在组织系统中较低层次上一定程度的分散。集权与分权是一个相对的概念，不存在绝对的集权与分权。绝对的集权意味着组织中全部权力集中在一个最高主管手中，组织活动的所有决策均由其做出，他直接面对所有的实施执行者，没有任何中间管理人员和中层管理机构。绝对的分权则意味着全部权力分散在各个管理部门和下级，甚至分散在各个执行者、操作者手中，没有任何集中的权力。现实中，这两种情况都是不存在的，层级组织结构的建立，就已经存在着某种程度的集权与分权。现实社会中的组织，可能是集权的成分多一点，也可能是分权的成分多一点。为使组织能有效地运行，必须明确集权与分权的程度。

(1) 集权与分权的决定因素

集权与分权，是根据组织所面临的外部环境的变化和组织内部资源及其组合状况而权变处置的。一般地说，影响集权与分权的决定因素主要有：

第一，产品结构及生产技术特点。这是企业内部影响集权与分权程度的基本因素。例如，对那些产品单一、更新速度慢、生产过程连续性强、实行大量生产的企业，由于其生产经营各环节之间的协作和联系十分紧密，客观上要求集中经营、统一管理，集权程度就高一些；而对那些从事跨行业多种经营、产品生产技术差别大、市场和销售渠道各不相同的企业，就只有加大分权程度，才能使不同产品的生产单位能根据行业特点灵活经营。

第二，企业的规模与组织形式。企业规模越大，经营管理就越复杂越困难，一般来说就越需要分权。企业规模还往往同经营地域的集中与分散直接相关。小企业的经营地域大多是集中的，便于统一指挥、集中管理；大企业伴随着经营地域的分散化，则必须实行较高程度的分权。企业规模常常同企业组织形式有关。小企业多为单一业务单位企业，集权程度较高；大企业多为多业务单位企业，分权程度较高。

第三，决策的重要性。一般地说，对重要的决策，比如涉及较高费用支出、影响面大的决策，宜实行集权；而随着决策重要性的降低，分权程度相应提高。

第四，政策的一致性要求。组织内部推行同一政策，集权的程度较高，因为集权是达到一致性的有效方法。

第五，组织形成的历史。若组织是由小到大扩展而来的，则集权程度较高；若组织是由联合或合并而来的，则分权的程度较高。

第六，人员素质。企业管理者和下属的素质对集权与分权程度都有影响。管理者经验丰富，决策能力强，集权程度就可以高一些，反之就只能适当分权。下属素质高，训练有素，就应提高分权程度，反之则必须实行集权管理。

第七，组织和职权的稳定性。如果组织正处于迅速发展中，则需要分权；而比较完善的组织或比较稳定的组织，一般趋向集权。有些问题的处理有很强的时间性，而且要随机应变，权力过于集中容易延误时机，处理此类事项的权力应当分散，以便各管理环节机动灵活地解决问题。

第八，业务的性质。如果企业的业务不确定性高、变化大、时效性强，需要灵活性和创新精神，则应加大分权程度；如果业务变化较小、较有规则，更强调程序化，按规则办事，则可加大集权程度。

第九，控制技术和手段。通讯技术、统计方法、会计控制以及其它技术的改进都有助于趋向分权，但先进技术的应用也有可能加强集权。

第十，环境影响。决定分权程度的因素中，大部分属于组织内部，但影响分权程度的还有一些外部因素，其中环境因素是组织外部影响集权与分权的基本因素。外界环境变化大，为了使组织下属部门能够及时把握机会，避开风险，促进整个组织的发展，应加大分权程度；外界环境较为简单稳定，则可提高集权程度。

上述因素对集权与分权的影响都不是绝对的，不能孤立地强调某一因素而忽视其它因素，必须对各种因素加以综合考虑，从而确定组织集权与分权的程度。

(2) 集权与分权的平衡

一个组织遵循何种运行机制将直接影响其运行效率，而组织运行机制的实质是权力划分与职责关系。因此，在任何一个现实的组织中如何实现集权与分权的平衡始终是组织管理者不能回避的问题。组织的扩大、动态的管理模式和企业间日趋激烈的竞争等因素促进了分权的实施，但也不能盲目地进行广泛的分权，管理者特别是高层管理者最担心的问题是失去控制。没有哪个企业会把权力推行到使企业濒临崩溃和阻碍目标完成的程度。如果要避免组织涣散，必须在事关重大政策的某些领域中实行有选择的权力集中，以便缓和分权。要始终把那些维护整个组织的巩固和成功所必需的重大政策和方案的决策权都保持在最高一级领导者的手里。最高层一旦做出了主要方案和战略决策后，涉及执行这些方案和决策的各种决定，则都被分散到各个业务部门来做出。在企业，集权和分权的平衡主要是最高主管部门对财务、总的利润目标及预算、重大设备及其资本支出、重要新产品方案、主要的销售战略、基本的人事政策以及管理人员的培养和报酬等方面进行有效的控制。

2. 直线与参谋

组织中的管理人员是以直线或参谋两类不同身份来从事管理工作的。这两类管理人员，或更准确地说与此相应的管理人员的两种不同作用，对组织活动的展开和目标的实现都是必需的。然而，在现实中，直线与参谋的矛盾经常是组织缺乏效率的重要原因。因此，正确处理直线与参谋的关系，充分发挥参谋人员的合理作用，是组织力量整合的一个重要内容。

(1) 直线、参谋及其相互关系

企业中的最高主管，由于时间和精力的限制，不可能直接地、面对面地安排和协调每一个成员的活动，需要委托若干副手来分担管理的职能，各个副手又需委托若干部门经理或车间主任，后者再委托若干科长或工段长来分担自己受托担任的管理工作。依此类推，直至组织中的基层管理人员能直接安排和控制员工的具体活动。这种由管理幅度的限制而产生的管理层次之间的关系便是所谓的直线关系。

从直线关系形成的过程来看，由于低层次的主管是受高层次主管的委托来进行工作的，因此，必须接受他的指挥和命令。所以说，直线关系是一种命令关系，是上级指挥下级的关系。这种命令关系自上而下，从组织的最高层，经过中间层，一直延伸到最基层，形成一种等级链。等级链中每一个环节的管理人员都有指挥下级工作的权力，同时又必须接受上级管理人员的指挥，这种指挥和命令的关系越明确，即各管理层次直线主管的权限越清楚，就越能保证整个组织的统一指挥。直线关系是组织中管理人员的主要关系，组织设计的重要内容便是规定和规范这种关系。

参谋关系是伴随着直线关系而产生的。组织的规模越大，活动越复杂，参谋人员的作用就越重要，参谋的数量就越多，从而参谋与直线的关系就越复杂。

随着先进的科学技术和现代化的生产方法和手段在企业中的运用，企业活动的过程越来越复杂。组织和协调这个活动过程的管理人员，特别是高层次的主管人员越来越感到专门知识的缺乏。由于企业很难找到精通各种业务的“全才”，直线主管也很难使自己拥有组织本部门活动所需的各种知识，人们常借助设置一些助手，利用不同助手的专门知识来补偿直线主管的知识不足，协助他们的工作，这些具有不同专门知识的助手通常称为参谋人员。因此参谋的设置首先是为了方便直线主管的工作，减轻他们的负担。虽然随着组织规模的扩大，参谋人员的数量会不断增加，参谋机构会逐渐规范化，为了方便这些机构的工作，直线主管也许会授予他们部分职能权力，但是，他们的主要职责和特征，仍然是同层次直线主管的助手，主要任务仍然是提供某些专门服务，进行某些专项研究，以提供某些对策建议。

从上面的分析中可以看出，直线与参谋主要是两类不同的职权关系。直线关系是一种指挥和命令的关系，授予直线人员的是决策和行动的权力；而参谋关系则是一种服务和协助的关系，授予参谋人员的是思考、筹划和建议的权力。

区分直线与参谋的另一个标准是分析不同管理部门和管理人员在组织目标实现中的作用。人们把那些对组织目标的实现负有直接责任的部门称为直线机构，而把那些为实现组织基本目标协助直线人员有效工作而设置的部门称为参谋机构。根据这个标准，人们通常把企业中致力于生产或销售产品和服务的部门称为直线部门，而把财务、人事、采购等列为参谋部门。

这种分类方法虽然有直观明确的好处，而且可在一定程度上与职权关系角度的分类有某种吻合。比如，企业中生产、销售部门的主管，他们的主要工作内容是组织所辖部门的生产或销售活动，因此，主要精力是处理部门内与直线下属的关系；而财务、人事等部门及其他主管的主要活动内容则是记录生产与销售部门的资金运动或制订指导这些部门活动中的财务、人事政策，因此，主要精力是处理与这些直线部门发生的关系，为他们提供建议或服务。但是，根据在组织目标实现中的作用来分类,可能会引起某些混乱。比如,企业中的物资采购、仓库保管、设备维修以及后勤、食堂等部门，显然不是企业的主要部门，不直接参与企业的产品制造或销售服务活动。因此，根据在目标实现中的作用的标准来衡量，它们不能列为直线部门。毫无疑问，这些部门是为直线部门服务的。但把它们列为参谋部门也是不适宜的，因为它们只是提供工作或生活上的服务，并无参谋与建议的任务。为了避免这种混乱，我们认为应该主要从职权关系的角度来理解直线与参谋，即直线管理人员拥有指挥和命令的权力，而参谋则是作为直线的助手来进行工作的。

(2) 直线与参谋的矛盾

从理论上来说，设置作为直线主管的助手的参谋职务，不仅可以保证直线的统一指挥，而且能够适应管理复杂活动需要多种专业知识的要求。然而在实践中，直线与参谋的矛盾往往是组织缺乏效率的原因之一。考察这些低效率的组织活动，通常可以发现两种不同的倾向：要么保持了命令的统一性，但参谋作用不能充分发挥；要么参谋作用发挥失当，破坏了统一指挥的原则。因此，在实际工作中，直线与参谋都有可能产生对对方不满的情绪。

从直线经理这方面说，他们需要对自己所辖部门的工作结果负责。因此，对那些必须在工作中与之商量、倾听意见的上级参谋人员和部门，当他们对与自己有关的工作指手画脚、喋喋不休地议论和评论时，就有可能认为是干预了自己的工作，闯进了自己的领地，从而可能对他们产生不满。

从参谋人员的角度来看，会因为直线主管的轻视而产生不满。由于参谋人员只有服务和建议的权力，对直线人员的工作没有任何约束力，因此后者对他们的建议完全可以不予重视，只根据自己的认识和判断行事。直线人员对参谋作用的敌视和忽视，使得后者的专业知识不能得到充分利用。

参谋人员为了克服来自直线管理者的抵制，往往会不自觉地寻求上级直线经理的支持。在许多情况下，他们能够得到这种支持，并使之产生一定作用。上级主管会对直线下属施加一定压力，要求他们认真考虑参谋人员的建议。这样，有可能使得直线与参谋的矛盾朝向有利于参谋的方面变化。但是，这时可能会出现另外一种倾向，参谋们借助上级直线主管的支持，不是向低层次的直线管理人员推荐自己的建议、推销自己的观点，而是以指挥者的姿态指手画脚，发布命令，强迫他们接受自己的观点，从而可能重新激起直线管理人员的不满，重新激化直线与参谋的矛盾。这时，高层次的直线主管可能会面临这样一个两难选择：是支持自己在工作中必须依赖的主要下属直线负责人，还是继续支持没有把活动限于调查研究，提供咨询的参谋人员。在这个两难问题的解决中，参谋人员往往是牺牲者，因为高层主管几乎只有选择支持直线下属的可能。

引起直线与参谋矛盾的另一个可能原因是参谋人员过高估计了自己的作用。某些正确的建议被直线经理采纳并取得了积极的成果以后，参谋人员会沾沾自喜，认为组织活动的成绩主要应归功于自己。相反，如果建议在实施过程中遇到困难，没有取得预计的有利结果，这时参谋人员又会迫不及待地推卸责任，声明之所以未能取得有利结果，是因为直线人员曲解了他们的建议，或者没有完全按照他们的说法去做。既然这样，成绩要归功于参谋，失误要怪罪于直线，那么直线漠视参谋的建议与作用也就不足为怪了。

(3) 正确发挥参谋的作用

解决直线与参谋的矛盾，整合直线与参谋的力量，要在保证统一指挥与充分利用专业人员的知识这两者之间实现某种平衡。解决这对矛盾的关键是要合理利用参谋的工作，参谋的作用发挥不够或过分，都有可能影响直线职能从而影响整个组织活动的效率。根据前面的分析，我们认为，合理利用参谋的工作，要求明确直线与参谋的关系，授予参谋机构必要的职能权力，同时，直线经理为了取得参谋人员的帮助首先必须向参谋人员提供必要的信息和条件。

首先，明确职权关系。无论是直线经理还是参谋人员都应认识到，设置参谋职务、利用参谋人员的专业知识是管理现代组织的复杂活动所必需的。但是，直线与参谋的职责、权限以及工作目的是不同的：直线经理需要制订决策，安排所辖部门的活动，并对活动的结果负责；而参谋人员则是在直线经理的决策过程中，进行研究，提供建议，指明采用不同方案可能得到的不同结果，以供直线经理在运用决策权力的过程中参考。只有明确了各自工作的性质与职权关系的特点，直线与参谋才有可能防止相互之同矛盾的产生或以积极的态度去解决已产生的矛盾。

其次，授予必要的职能权力。明确了参谋人员对管理复杂活动的必要性以后，直线经理会在理智上意识到必须充分利用参谋人员的专业知识和作用。为了确保参谋人员作用的合理发挥，授予他们必要的职能权力往往是必需的。授予职能权力是指直线主管把原本属于自己的指挥和命令直线下属的某些权力授予有关的参谋部门或参谋人员行使，从而使这些参谋部门不仅具有研究、咨询和服务的责任，而且在某种职能范围内（比如人事、财务等）具有一定的决策、监督和控制权。必须指出，参谋部门职能权力的增加虽然可以保证参谋人员专业知识和作用的发挥，但也有带来多头领导、破坏命令统一性的危险。因此，组织中要谨慎地授予职能权力。

最后，向参谋人员提供必要的条件。虽然直线与参谋的矛盾往往主要是由于参谋人员的过分热心所造成的，因此缓和他们之间的关系首先应要求参谋人员经常提醒自己不要越权，但同时直线经理也应认识到，参谋人员拥有的专业知识正是自己所缺乏的，因此必须自觉地利用他们的工作。要取得参谋人员的帮助，必须首先帮助参谋人员的工作，向参谋人员提供必要的工作条件，特别是有关的信息情报，使他们能及时地了解直线部门的活动进展情况，从而能够提出有用的建议。一方面埋怨参谋部门不了解直线活动的复杂性，提出的建议不切实际，同时又不愿为参谋人员研究情况、获得信息提供必要的方便，这显然是直线经理们应该注意避免的态度。

五、组织结构的基本类型

组织结构反映了组织的框架体系，是表现组织各部分排列顺序、空间位置、聚集状态、联系方式以及各要素之间相互关系的一种方式。组织结构随着生产力和社会的发展而不断发展。常见的组织结构类型有：直线制、职能制、直线—职能制、事业部制、矩阵制、网络制以及委员会制等。

1. 直线制组织结构

直线制组织结构产生于工业化发展初期，是一种最早和最简单的组织形式。其特点是：组织中各种职务按垂直系统直线排列，全部职能由各级行政领导人负责，不设职能或参谋机构，从最高层到最低层，实行直线领导。一个下属部门或个人只接受最近的一个上级的命令，仅对直接上级负责，彻底贯彻统一指挥原则。其结构如图 8–2 所示：

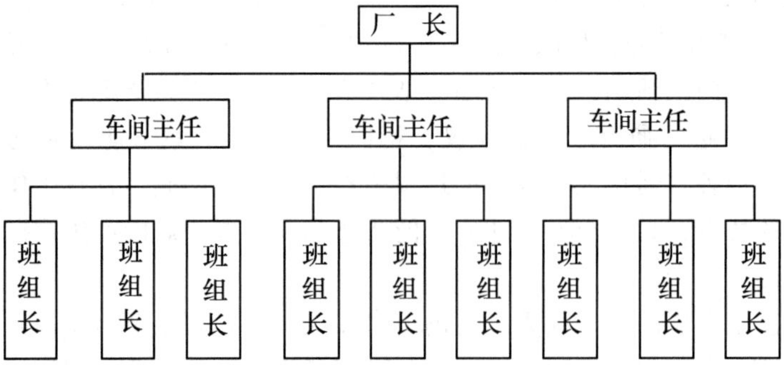

图 8–2　直线制组织结构

直线制组织结构的优点是其简单性：机构简单，沟通迅速；指挥统一，命令系统单纯，易于行动；职权明确，便于评价。

其缺点是：只看垂直关系，横向协调差；把直线指挥与参谋职能合二为一，对企业领导人的素质要求较高，只能局限于小规模企业，企业规模一旦扩大，生产与经营活动复杂化，企业领导人就会力不从心，顾此失彼。

2. 职能制组织结构

随着企业规模的扩大，各种管理职能分工成为必要。因此，职能制组织结构便应运而生。这种组织形式的特点是，组织内除直线主管外，还设有若干职能部门，各职能部门有权在自己的业务范围内向下级下达命令和指示，下级除了要服从上级直线主管的指挥以外，还要接受多个职能部门的领导。其结构如图 8–3 所示。

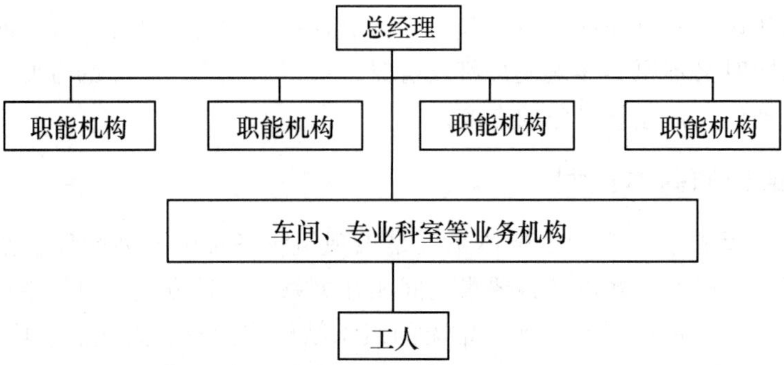

图 8–3　职能制组织结构

职能制组织结构的优点是：便于按职能进行控制，能够充分发挥职能机构的专业管理功能；对下级工作的指导更细，减轻了直线主管的负担；管理者实行职能分工，便于对管理者进行选用和培养。

其缺点是：妨碍了组织必要的集中领导和统一指挥，形成了多头领导，使政出多门，从而造成管理混乱；不利于明确划分直线人员与职能部门的职责权限，容易造成权力摩擦，推卸责任。

3. 直线—职能制组织结构

直线—职能制组织结构的特点是以直线指挥系统为主体，同时利用职能部门的参谋作用，在各级直线主管之下设置相应的职能部门。在这种组织形式下，直线部门是骨干，原则上担负着实现组织目标所需要完成的直线业务，如生产、销售等；而职能部门只是同级直线主管的参谋与助手，可以对下级部门进行业务指导，但无权发号施令。其结构如图 8-4 所示。

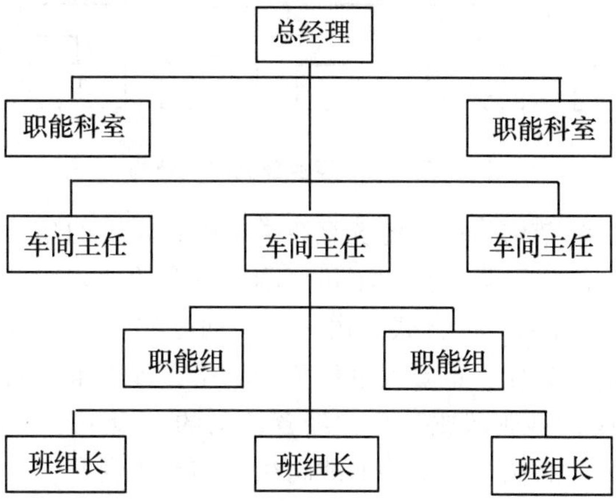

图 8-4　直线—职能制组织结构

直线—职能制组织结构的优点是：吸取并结合直线制组织结构和职能制组织结构的长处，既保证了企业的统一指挥，又有利于用专业化管理提高管理效率；分工细密，职责清楚，各部门仅对自己应做的工作负责，效率较高；组织稳定性较高，在外部环境变化不大的情况下，易于发挥组织的集团效应。正因为如此，在全世界范围内，这种组织形式得到了普遍的、长期的采用。

其缺点是：下级缺乏必要的自主权；各职能部门之间联系不紧，易于脱节或难以协调；系统刚性大，适应性差，容易因循守旧；企业内部信息传递路线较长，反馈较慢，难以适应环境变化。

4. 事业部制组织结构

事业部制组织结构是一种分权制的组织形式。这种组织结构是由美国通用汽车公司的斯隆创建的，所以又称为斯隆模型。它是一个企业内对于具有独立的产品和市场、独立的责任和利益的部门实行分权管理的一种组织形态，这样的部门就是事业部。事业部必须具备三个要素：第一，具备独立的产品和市场，是产品责任或市场责任单位；第二，具有独立的利益，实行独立核算，是一个利益责任单位，即利润中心；第三，是一个分权单位，具有足够的权力，能自主经营。其结构如图 8-5 所示。

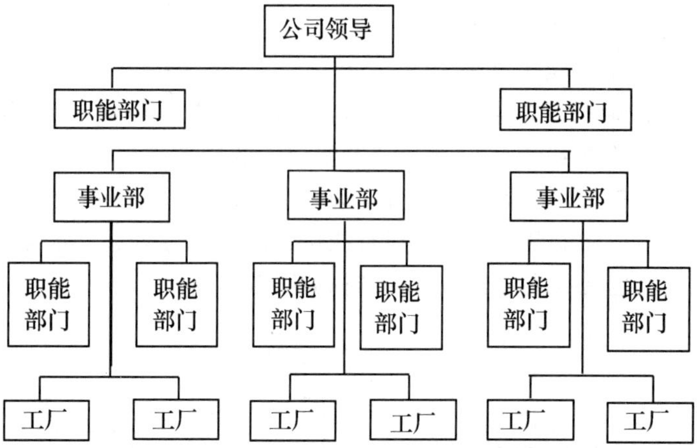

图 8-5 事业部制组织结构

事业部制组织结构是针对传统直线类结构暴露出的随着组织规模扩大而对外界环境的反应能力下降，弹性不足而刚性有余的缺陷所做的结构变革，采用“集中决策，分散经营”的方式，由集权转向分权。这一结构的特点是最高管理当局只保留资金分配、重要人事任免和战略方针等重大问题的决策权力，其它权力尽量下放，事业部成为日常经营活动的决策中心，自主经营，独立核算，但要在宏观上服从组织全局的战略决策和整体利益。

事业部制组织结构的主要优点是：有利于发挥各事业部的积极性、主动性，从而提高组织的活力和创造力；有利于最高管理层摆脱日常事务，集中精力去考虑宏观战略；有利于锻炼和培养部门管理人员。因此，事业部制得到了比较广泛的采用。据 1969 统计，美国最大的 500 家公司，有 76%采用了事业部制；据 1977 年统计，日本 104 家影响较大的公司，实行事业部制的占 79.4%。

其缺点是：管理人员需求量大，管理成本较高，管理经济性比较差；对管理人员的水平要求较高，如要求管理者精干得力，知识面广，经验丰富，如果管理者素质达不到要求，会造成事业部管理的困难；集权和分权关系比较敏感，一旦处理不当，可能削弱整个组织的协调一致；这一结构还存在着分权所带来的一些不足，如本位主义，指挥不灵，企业整体性减弱，职能机构重复设置，管理人员增多等。

5. 矩阵制组织结构

随着社会和经济生活的不断发展，企业经营呈现出规模扩大、产品多样化、市场分散化的特征。为了适应这一要求，新的较为复杂的组织结构随之诞生，这就是矩阵制组织结构。矩阵制组织结构由纵横两套管理系统叠加在一起组成一个矩阵，其中，横向系统是按照职能划分的指挥系统，纵向系统一般是按产品、工程项目或服务划分的管理系统。

矩阵制组织结构是从工作小组的形式发展而来的。工作小组是由一群分别选自不同部门、具有不同背景和知识构成的人员所组成，被用于完成某一项特别任务或项目。例如，某企业为了开发一项新产品，把研究、设计、试制、生产各方面的人才集合起来，组成一个专门小组，任务一经完成，小组就解散。矩阵制组织结构就是在原来直线—职能结构垂直系统的基础上又增加一种纵向的领导系统，即工作小组或项目小组，从而形成对组织的全部业务实行纵横交叉的管理和控制。小组成员既同原职能部门保持组织上和业务上的联系，接受原部门主管的垂直领导，又要对项目小组的主管负责，服从项目主管的管理。该结构如图 8–6 所示。

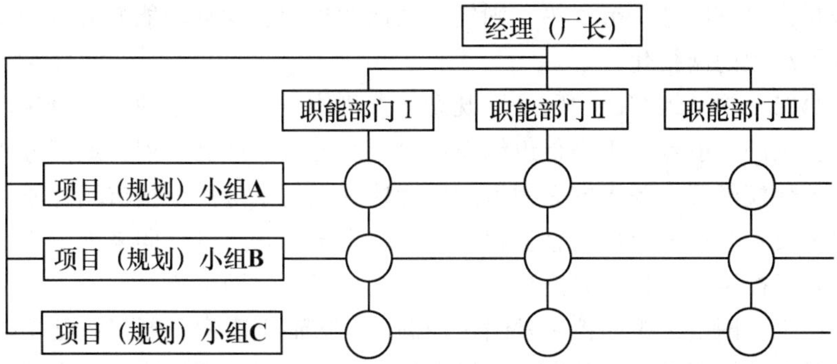

图 8–6 矩阵制组织结构

矩阵制组织结构的优点是：加强了不同部门之间的配合和信息交流，能集中各部门的资源优势和专业人员的智慧和技术优势，有助于组织的协调性和整体性；一个人可同时参加几个任务或项目小组，打破了传统的一个工作人员只受一个部门领导的管理原则，既提高了人员的利用率，又可缩减成本开支；组织形式机动灵活，适应性强，有利于改善整体工作效率。

其缺点是：由于组织成员必须接受双重领导，当双重主管意见出现分歧时，下属会感到无所适从，而工作出现差错时，又不易分清领导责任；组织关系复杂，项目小组具有一定的临时性，容易导致人心不稳。

6. 网络制组织结构

网络制组织结构是计算机技术革命的产物，是一个由若干独立、彼此有一定纵横联系的经营单位组成的网络化组织形态。其核心组织规模很小，依靠其它组织以合同为基础进行制造、分销、营销等关键业务的经营活动，如图 8–7 所示。

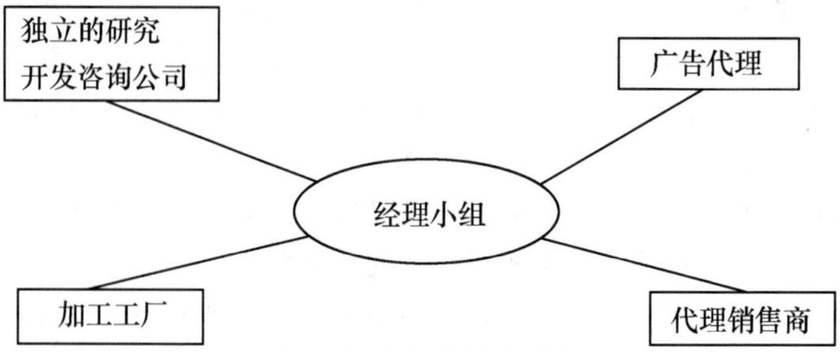

图 8-7 网络制组织结构

网络制组织结构有如下特点：

第一，整体组织划分为技术部门和非技术部门，在权力集中程度上呈现反向流动。技术部门包括研究与开发、生产和市场营销部门（营销部门之所以划入技术部门是因为在高技术企业中，技术支持和服务的能力是营销中的关键），由于高技术的深度分工协作要求技术部门的进一步分权和无等级化。非技术部门包括人事、财务、劳资等，则实行高度的集中，这种功能的分解和反向流动导致了组织的网络化。

第二，网络组织的“网络”既意味着机构设置是多维的，也意味着组织运营是多维的。前者在于进行组织设计时要综合考虑产品系列、地区分布和技术流程的规模经济性等多方面因素。后者体现在技术部门根据市场性质和项目性质组织技术流程和市场信息流程等。非技术部门则通过合同来组织资金对技术流程进行控制，这种不同流程的分离也构成了多维网络化。

第三，网络组织的控制是间接控制。从表面上看网络制组织结构似乎和矩阵制组织结构相类似，其实两者区别很大。矩阵制组织结构的最大特点也是最大问题就是它的双向报告线易导致多头领导和权力的交叉配置，而网络制组织结构在内部关系的处理上要简单得多，它保持了单向的权责链，从而保持了统一指挥系统的效率。一个中心组织只有一个经理，技术部门没有人事权和财权，网络组织通过合同管理来间接控制。它设计了标准操作规程，通过岗位责任说明来确定员工的责任和权益，同时通过技术服务合同、采购合同、供货合同来对组织的其它环节进行控制。

第四，网络组织具有更大的灵活性。组织根据任务和项目组合起来，成员按照项目的性质要求分别选用，机构的大小也依据任务和项目来确定，所以具有动态特征。特别是由于其大部分职能都是“外购”的，使网络组织的灵活度极高，并能集中精力做自己最擅长的事。在实际中，采用网络制组织结构的企业大部分将自己的职能集中于设计或营销。

第五，网络组织内部各单元之间有着紧密的横向联系。在事业部组织结构中，各事业部的工作任务各不相同、彼此独立，横向交流的必要性不是很大，可能性也很小。其总部在授权事业部自主权的同时，也限制了事业部之间的互补行为。但是，在网络组织中，各个自主的组织单元资源有限，无法像事业部那样自给自足。只有通过与其它单元的广泛合作，才能有效地完成工作任务。这种基层单元之间主动的交往，为企业资源在内部的合理流动和企业中个别能力的科学整合提供了重要途径，也进而形成了网络型组织的一个突出的优点。

网络组织除具有上述特点和优点外，还有区别于传统组织结构的一大特色，那就是依托网络技术优势，信息流程短，信息充分，有利于企业经营决策的准确、迅速和有效。更重要的是它大大减少了管理层次和等级，极大地调动了网络内每个成员的才能与优势，而且能做到快速应对市场变化，灵活机动地顺应千差万别的环境。当然，网络制组织结构作为最新组织形式，并不完善，如中心组织难以对制造活动实施严格控制，因而在产品质量上存在风险；设计上的创新也很容易被窃取，因为产品一旦交与其它企业生产，要对创新加以严密控制是比较困难的。

7. 委员会制组织结构

委员会制组织结构是将多个人的经验和背景结合起来，跨越职能界限，执行某种管理职能或处理一些问题，并实行集体领导、集体决策的一种组织结构形式。自杜邦公司在 1921 年设立著名的高层管理委员会以来，委员会制组织结构得到了广泛的应用与发展。

委员会的成员分别隶属于某一职能部门，他们定期或不定期地聚在一起分析问题、提出建议或做出最终决策、协调有关的活动、监督项目的进行。因此，作为将各职能部门的投入聚合在一起的一种手段，委员会是以集体活动为特点的，而其它组织形式往往是以个体活动为特点的。

依据委员会制组织结构工作任务的不同，组织中可以设立各种各样的委员会。这些委员会，有的为解决某个专项问题而临时成立，完成特定任务后即行解散，而另一些则是常设的，在组织中长期存在；有些只涉及某个专门职能，而另一些则是综合性质的；有些只是执行性的，而另一些则属决策机构；有些只存在于组织中的较高层次，而另一些则大量地活跃于组织的中间或较低管理层。如公司董事会就是一种委员会，董事会的执行委员会、财务委员会、审计委员会等也是如此。有的企业不是由总经理而是由一个管理委员会管理的，在总经理之下往往还设置有诸如政策委员会、职位评价委员会、薪水委员会、特别项目工作组以及许多常务和特别委员会等各种管理委员会。

委员会制组织结构的优点是：

第一，有利于综合各种意见，提高决策的质量。委员会可以综合各种不同的专门知识，通过集体讨论产生更多的方案，并不断加以完善，提高最终选择方案的正确程度或满意程度，从而有效地避免因个人知识、经验和判断能力有限而造成的各种决策失误。

第二，有利于协调各种职能，加强部门间的合作。由于组织内各职能部门的活动相互影响、相互依存，而组织目标的实现有赖于这些不同职能部门的共同努力，所以，组织中通常建立由主要职能部门负责人组成的执行委员会或管理委员会来协调不同部门的活动，来组织信息的交流。通过委员会定期或不定期会议，使得各个部门负责人互通情况，了解关系部门的工作计划、存在的问题以及相互要求，从而保证取得或提供相互间的必要配合。

第三，有利于代表各方利益，诱导成员的贡献。委员会的运用，往往也是为了使组织内的不同利益集团能够在决策过程中有自己的代表，及时反映自己的要求，从而使组织的所有成员对组织的目标和政策产生一定程度的认同和责任感。

第四，有利于组织参与管理，调动执行者的积极性。通过委员会来研究和决定某个问题的方案，不仅可以使更多的人（包括计划执行者的代表）参与整个决策过程，进一步了解信息，增加知识，从而为计划的执行提供更好的条件，而且参与本身就是一种重要的激励方式，能够推动人们在执行过程中的更好合作。

由于委员会是由一组人来执行某种管理职能的，委员会的决策要在这一组人的意见基本一致的基础上才能制订，因此，委员会制组织结构的局限性在于：

首先，时间上的延误。运用委员会的工作方式往往伴随着时间上的迟缓性，使组织失去行动的最好时机。

其次，决策的折中性。来自不同利益集团的委员会成员往往把委员会视为充分表现自己、实现个人或小集团目标的手段。在这种情况下，委员会充分考虑各个方面利益的集体决策，很可能是各种利益冲突的结果，是各种势力妥协、折中的产物，决策的质量是有限的，甚至没有实质性的内容。

最后，权力和责任的分离。由于委员会决策可能是各种利益集团相互妥协的结果，也许反映了每个人的意见，但并未反映任何人的所有意见，而任何人都不会愿意对那些只代表了自己部分利益和观点的决策及其行动负完全的责任，从而导致权力与责任的分离，没有任何委员会成员去关心委员会的工作效率。

第四节　组织设计

组织设计就是管理者根据组织的目标及对组织的外部环境和内部条件的理解和认同，对组织的结构、内部分工与合作、权力运作机制、权力责任关系等诸要素变量进行新的规划和设计，使组织内部条件与外部环境密切结合、互相协调，以发挥出组织应有的最大功能的过程。它一般是对组织的原有系统进行完善、改良和优化，或根据新的战略目标的要求对组织的原有结构和运作方式进行全面调整。组织设计是以组织结构安排为核心的组织系统的整体设计工作，是一项操作性很强的工作，它是在组织理论的指导下进行的。

一、组织设计的原则

对组织如何进行设计？古典组织理论以泰罗、法约尔、韦伯等人的观点为代表，提出了许多有重要启示意义的原则。这些原则对于现代组织设计仍具有十分重要的指导作用。

英国管理学家厄威克曾经比较系统地总结归纳了泰罗、法约尔、韦伯等人的观点，提出了他认为适合一切组织的八条原则：

(1) 目标原则：所有的组织都应当有一个目标。

(2) 权责相符原则。

(3) 职责原则：上级对下属工作的职责是绝对的。

(4) 等级系列原则。

(5) 专业化原则：每个人的工作应限制为一种单一的职能。

(6) 协调原则。

(7) 控制幅度原则。

(8) 明确性原则：对于每项职务都要有明确规定。

美国管理学者戴尔推崇传统管理理论，提出了有关传统组织理论的五项组织原则：目的、专业化、协调、权限和责任。

综上所述，结合前面的组织结构理论，组织设计一般要遵循如下原则：

(1) 劳动分工原则；

(2) 部门化原则；

(3) 统一指挥原则；

(4) 管理幅度和层次适当原则；

(5) 权责对等原则；

(6) 集权与分权结合原则。

二、机械式组织和有机式组织

组织设计或选择者的指导思想大体上有两个“极端”：机械式 (Mechanism) 组织结构和有机式 (Organic) 组织结构。前者较多地从经济学意义上考虑问题，强调理性和逻辑因素，强调运用正式程序、职权、规章等方法来规范组织内人与人之间的关系行为。而后者较多地从社会学意义上考虑问题，强调非理性因素、因地制宜。

1. 机械式组织

机械式组织也称官僚行政组织或刚性结构组织，是一种具有一条正式的职权层级链，以标准化的规则和条例进行协调和控制的非人格化的组织形式。组织对劳动高度的分工，使工作变得简单化、常规化和标准化，就像高效率的机器一样，以规则、条例和正规化作为润滑剂，这样也就形成了一种非人格化的锥形结构。因此，机械式组织是高度复杂化、高度正规化和高度集权化的组织形式。

机械式组织具有如下一些特征：任务被划分为独立的专业化部分；职责范围受严格的精确限定；有明确的职权等级和许多程序规则；有关工作的知识及对任务的监控集中在组织上层；强调上级对下级的纵向沟通；协调和控制倾向于采用严密结构等级系统。

机械式组织适用条件：环境相对稳定和确定；任务明确且持久，决策可以程序化；技术相对统一而稳定；按常规活动且以效率为主要目标；组织规模相对较大。

2. 有机式组织

有机式组织也称适应性组织或柔性结构组织，是一种不具有标准化的规则条例，并能根据需要迅速地做出调整的具有高度适应性的、松散的、灵活的组织形式，它是低复杂性、低正规化和分权化的。有机式组织也进行劳动分工，但人们所做的工作并不是标准化的组织形式。员工多是职业化的，具有熟练的技巧，并经过训练能处理多种多样的问题，他们所受的教育已经使他们把职业行为的标准作为习惯，依靠职业标准来指导他们的行为，而并不需要多少正式的规则和直接监督。有机式组织保持低程度的集权化，就是为了使职业人员能对问题做出迅速的反应，也因为人们并不能期望高层管理者拥有做出必要决策所需的各种技能。

有机式组织具有如下一些特征：员工围绕共同的任务开展工作；职责范围在相互作用中不断修正；职权等级和程序规则少;有关工作的知识及对任务的监控分散在组织之中；强调上下级双向的沟通及组织成员之间直接的横向和斜向的沟通和协调；协调和控制经常依靠相互调整和具有较大灵活性的组织系统。

有机式组织适用条件：环境相对不稳定和不确定；任务多样化且不断变化，使用非程序化探索式决策过程；技术复杂而多变；有许多非常规活动，需要较强的创造和革新能力；组织规模相对较小。

三、组织设计的权变因素

面对复杂快变的外部环境，我们需要把权变的组织设计观引入组织设计的思想中。所谓权变的组织设计是指以系统、动态的观点来思考和设计组织，它要求把组织看成一个与外部环境有着密切联系的开放式组织系统。因此，权变的组织设计必须考虑战略、环境、规模、技术等一系列因素，针对不同的组织特点设计不同的组织结构。

1. 环境的影响

环境包括一般环境和特定环境两部分。一般环境包括对组织管理目标产生间接影响的诸如经济、政治、社会文化以及技术等环境条件，这些条件最终会影响到组织现行的管理实践。特定环境包括对组织管理目标产生直接影响的诸如政府、顾客、竞争对手、供应商等具体环境条件。特定环境对每个组织而言都是不同的，并且会随一般环境条件的变化而变化，两者具有互动性。

环境的复杂性和变动性决定了环境的不确定性。不确定性是指决策者由于缺乏完整的外部环境信息，无法预测未来的变化进而无法做出正确的判断和决策。当环境由简单的稳定性向复杂的变动性转移时，关于环境的信息不完全性逐渐增加，管理决策过程中的不确定因素也大为增加，只有那种与外部环境相适应的组织结构才可能成为有效的组织结构。组织设计者可以通过以下几种原则性方法提高组织对环境的应变性。

(1) 对传统的职位和职能部门进行相应的调整

当外部环境的复杂性提高时，传统的应变方法是增设必要的职位和缓冲部门。这些职位和缓冲部门主要是围绕核心能力设立的，其目的是促使组织资源和环境之间更好地交流和平衡。随着外部竞争的不断加剧，信息变得愈加重要，组织设计者还要能够跨越组织边界聘用一些外部专家或建立信息情报部门来搜集必要的信息，以使决策者能够及时了解外部环境的动态变化，防止组织的僵化。

(2) 根据外部环境的不确定程度设计不同类型的组织结构

伯恩斯和斯托克的研究发现，外部环境与组织内部结构具有关联性。当外部环境较为稳定时，内部组织为了提高组织运行的效率，往往需要制订明确的规章制度、工作程序和权力层级，组织的规范化、集权化程度比较高，其组织结构的设计可以采用机械式的层级结构形式。而在环境较为不确定时，内部组织比较松散，决策权力分散并下移，权力层级不明确，组织结构设计可以采用柔性灵活的有机结构形式。

(3) 根据组织的差别性、整合性程度设计不同的组织结构

劳伦斯和洛奇通过对塑料、食品及容器三种产业共十家企业的实证分析，证实了组织的差别性、整合性与有效组织结构之间密不可分的关系。组织的差别性是指不同职能部门管理人员在组织目标与价值取向上的差别程度。组织整合性，是指各个部门努力的方向趋于一致性的程度。

两位学者认为，一个企业中不同的部门面对不同的外部环境，必须采用不同的组织结构与之相匹配。如研究与开发部门，因为面临的是动荡的市场环境，选择有机结构较为妥当；而生产性部门面临的是相对稳定的环境，选择层级结构或许更为合适。另外，他们得出结论，在不同产业里各个企业内部的差别性程度和他们面临的环境有关。高度差别化的一个后果是组织内各部门之间的协作变得更为困难。各个部门面临的环境越不确定，其结构的差别性就越高，也就越需要花费时间、精力和资源进行部门间的整合。越是成功的企业，其整合程度越高，即这些企业能够更有效地协调好各个部门，以达到组织的整体目标。

(4) 通过加强计划和对环境的预测减少不确定性

在一个相对稳定的环境条件下，组织考虑的是如何集中精力去解决当前的

主要问题。对组织本身来讲，未来环境的要求与当前是一致的，因此制订长期计划并预测未来似乎意义不大，组织的效率主要体现在对一些现实问题的有效处理上。而在一个相对动态、不确定的环境条件下，加强计划和对环境的预测可以大大减轻外部环境变化对组织所造成的负面影响，当然，计划需要随时加以更新，计划部门的活动也不能替代其它部门的活动。

(5) 通过组织间合作尽量减小组织自身要素资源对环境的过度依赖性

组织存在的一个重要前提是能够确保从外部环境中连续不断地获取关键的组织要素资源，如原材料、资金、劳动力等。如果这些资源被其它组织所控制，组织活动将会变得十分被动。为此，组织需要通过与其它组织建立广泛的合作关系来确保这些资源的及时供给。合作的方式可以是多种多样的，例如，通过并购来获取对关联组织的控制，通过与其它组织建立战略联盟实现资源的共享和互补，选择有重要影响力的人士加入董事会，通过广告和公共关系树立组织形象等。当然，组织也可以通过并购或剥离等变革方式彻底改变组织所依存的环境从而保持相对的自主性和独立性。

2. 战略的影响

战略是指决定和影响组织活动性质及根本方向的总目标，以及实现这一总目标的路径和方法。钱德勒的研究认为，新的组织结构如不因战略而异，就将毫无效果。具体来讲，企业发展会经历不同的阶段，在每个阶段应有与之相适应的组织结构。此外，企业不同的战略选择对其组织结构的设计也有影响。研究发现，许多经营成功的公司，如保持在单一行业内发展，则偏好采用集权的职能结构，而那些实施多元化经营的公司，一般采用分权的事业部结构。为了不断适应公司新的发展战略的要求，公司也要适时地变革组织结构，以保持组织的自适应性。

梅尔斯和斯诺通过考察外部环境中不确定因素对决策的影响，总结了四种战略类型以及相关的组织结构类型。

(1) 防御者型

采用这种战略类型的组织一般都处于比较稳定的环境之中，决策者通过高度的集权和专业化分工以及程序化、标准化的作业活动使组织稳固地发展，并据此防御竞争对手。这类组织由于具有严密的层级控制系统和高度的部门分工差异性，组织的目标稳定而富有效率。

(2) 探险者型

采用这种战略类型的组织一般都处于动荡变化的环境之中，决策者需要不断地开发新产品，寻找新市场，组织的目标可以灵活地加以调整，这必然要冒更大的市场风险。组织必须依靠建构更为柔性、分权化的组织结构，使各类人才和各个部门都有充分的决策自主权，最终能够对市场的最新需求做出灵活的反应。

(3) 分析者型

采用这种战略类型的组织所处的环境也是动荡不定的，但决策者的目标比较灵活，尽可能使风险最小而收益最大。这类组织一方面要稳定现有产品的市场份额，即需要实行规范化、标准化、程序化的作业保证市场供给；另一方面，组织又需要跟踪分析更富有市场竞争力的新产品，及时跟进，这时又需要通过建构柔性灵活、分权化的组织结构，随时对外在环境的变化做出反应。

(4) 反应者型

采用这种战略类型的组织一般也是处于动荡变化的环境之中，但限于决策者的市场判断能力、内部管理能力、主动应变能力，组织很难及时对外部环境变化做出反应，只好采用被动反应的战略以应付环境的不确定性。这种战略很明显是低效率的，组织往往面临强大的变革压力。

3. 技术的影响

技术是指把原材料等资源转化为最终产品或服务的手段和途径。任何组织都需要通过技术将投入转换为产出，于是组织的设计就需要因技术的变化而变化，特别是技术范式的重大转变，往往要求组织结构做出相应的改变和调整。

伍德沃德等人根据制造业技术的复杂程度把技术划分为三类：单件小批量生产技术、大批量生产技术和流程生产技术。伍德沃德认为，随着技术复杂程度的提高，企业组织结构复杂程度也相应提高，管理层级数、管理人员同一般人员的比例以及高层管理者的控制幅度亦随之增加。因此，大批量生产组织通过严格的规范化管理，可以有效地提高管理的效率，然而，权力过分集中和规范化对于小批量生产企业或流程生产企业来说不太合适。这三类企业都有相对应的特定结构形式，成功的企业大多是那些能根据技术的要求而采取合适组织结构的企业。制造业企业的组织并不存在一种最好的方式。单件生产和流程生产企业采用有机式结构最为有效，大量生产企业若与机械式结构相匹配，则是最为有效的。

值得注意的是，随着计算机革命和信息技术的发展，制造业技术有了质的飞跃。包括机器人、计算机数控 (CNC)、计算机辅助制造 (CAM)、计算机辅助设计 (CAD)、管理自动化等技术在内的计算机集成制造系统 (CIMS) 或柔性制造系统 (FMS) 的运用，使得生产部门能够以较低的成本、在较短的时间内大量生产出高质量的各种定制产品来，从而改变了伍德沃德所描述的大批量生产技术无法实现定制生产的传统格局。拥有 CIMS 或 FMS 的企业组织具有管理幅度较小、层级较少、专业化程度较低、高度分权的结构特点，容易实现理想的规模经济和范围经济。

佩罗提出，组织中每一个部门都是由专门技术组成的集合体。技术受到两个方面的影响，即工作的多变性与可分析性。所谓工作的多变性是指技术在工作过程中发生意外变化的概率情况，例如，对程序化的流水线工作而言，由于发生意外事件的可能性甚小，其工作的多变性就较低。所谓工作的可分析性，是指技术在工作过程中可被分析的难易程度，例如，品酒师的工作就需要有相当丰富的工作经验和直觉判断，其工作无法用现成的技术和程序去归纳，这项工作的可分析性就比较低。

根据工作的多变性与可分析性两项维度标准，就可以将技术划分为四种不同的类型：常规型技术、工艺型技术、工程型技术、非常规型技术。常规型技术是指工作的多变性较小而可分析性较大，工作的标准化、规范化程度都较高的部门技术，例如，汽车装配部门的装配技术、银行出纳部门的出纳技术等。工艺型技术是指工作的多变性与可分析性都较小，工作必须依靠直觉、经验判断灵活处理的部门技术，例如，服装业的设计技术、烹饪师的烹调技术等。工程型技术是指工作的多变性与可分析性都较大，工作需要依靠知识和能力并按照公式化、程序化方式操作的部门技术，例如，工程设计技术、会计做账技术等。非常规型技术是指工作的多变性较大而可分析性较小，工作需要依靠丰富的知识和经验，运用综合性、创造性的方法来解决问题的部门技术，例如，战略计划的制订等。

佩罗认为，组织的协调和控制方法应该视组织的部门技术类型不同而有所区分。组织内部门技术越是常规化，组织规范化、集权化程度就越高，采用机械式组织结构的效率也就越高；组织内部门技术越是非常规化，组织规范化、集权化程度就越低，这时采用柔性有机式组织结构的效率也就越高。

4. 组织规模与生命周期的影响

布劳等人曾对组织规模与组织设计之间的关系作了大量研究，认为组织规模是影响组织结构的最重要的因素，即大规模会提高组织复杂性程度，并连带提高专业化和规范化的程度。可以想象，当组织业务呈现扩张趋势、组织员工增加、管理层次增多、组织专业化程度不断提高时，组织的复杂化程度也会不断提高，这必然给组织的协调管理带来更大的困难，而随着内外环境不确定因素的增加，管理层也愈难把握实际情况的变化并迅速做出正确决策，组织进行分权式的变革成为必要。

大型组织与小型组织在组织结构上的区别主要体现在以下几个方面：

(1) 规范化程度

研究表明，大型组织可以通过制订和实施严格的规章制度，并按照一定的工作程序来控制和实现标准化作业，员工和部门的业绩也容易考核，因而组织的规范化程度也比较高；相反，小型组织可以凭借管理者的能力来对组织进行控制，组织显得比较松散而富有活力，因而规范化程度比较低。

(2) 集权化程度

在大型官僚或层级组织中，决策往往是由那些具有完全控制权的高层主管做出的，因而组织的集权化程度比较高；事实上，为了快速响应日趋复杂的环境变化，组织规模越大就越需要分权化；在分权化程度较高的组织中，决策更多地是在较低的层级上做出的，因此决策速度越快，信息反馈也就越及时。

(3) 复杂化程度

大型组织的高度复杂性是显而易见的。由于横向和纵向关系的复杂性，大型组织经常需要建构新的部门来应对由于规模扩大所带来的新问题。同时，随着组织中部门规模的扩大，部门管理者控制力也会不断减弱，部门又会产生新的再细分压力，结果造成部门林立的臃肿格局。另外，随着员工数量的增加，在一定控制幅度条件下的管理的层级数也必然增多。这都会大大增加管理的成本，降低管理的效率。

(4) 人员结构比率

研究表明，在迅速成长的组织中，管理人员比其他人员增幅大得多，在组织衰退过程中，管理人员的减幅要比其他人员减幅小得多，这说明，管理人员最先被聘用而最后被解聘。也有研究表明，随着组织规模的扩大，管理人员的比率是下降的而其他人员的比率则是上升的。总体而言，高层管理人员与一般员工之间的结构比率应当是均衡的，任何不一致都应当通过积极主动的变革来加以调整。

组织的演化成长呈现出明显的生命周期特征，组织结构、内部控制系统以及管理目标在各个阶段都可能是不相同的。葛瑞纳最早提出企业生命周期理论，他认为企业的成长如同生物的成长一样要经过诞生、成长和衰退几个过程。奎因和卡梅隆把组织的生命周期划为四个阶段：创业阶段、集合阶段、规范化阶段和精细阶段。他认为，企业的成长是一个由非正式到正式、由低级到高级、由简单到复杂、由幼稚到成熟的阶段性发展过程。具体来讲，每个阶段都由两个时期组成：一个是组织的稳态发展时期，组织在这个时期的结构与活动都比较稳定，内外条件较为吻合；另一个是组织的变革时期，即当组织进一步发展时，就会从内部产生一些新的矛盾和问题，使组织结构与活动不相适应，此时必须通过变革使组织结构适应内外环境的变化，使组织保持适应性，组织的发展就是通过如此循环往复而不断成长的。

综合来看，组织生命周期各个阶段的特点是：

第一阶段：创业阶段

起初，组织是小规模的、非官僚制的和非规范化的。高层管理者制订组织结构框架并控制整个运行系统，组织的精力放在生存和单一产品的生产和服务上。随着组织的成长，组织需要及时调整产品的结构，这就必然会产生调整组织结构和调换能力更强的高层管理者的压力。

第二阶段：集合阶段

这是组织发展的成长期。一般情况下，组织在调换了高层主管之后便会明确新的目标和方向，此时便进入了迅速成长期。员工受到不断激励之后也开始与组织的使命保持一致，尽管某些职能部门已经建立或调整，并可能也已开始程序化工作，但组织结构可能仍然欠规范、欠合理。一个突出的矛盾是，高层主管往往居功自傲，迟迟不愿放权。此时组织面临的任务是如何使基层的管理者更好地开展工作，如何在高层主管放权之后协调和控制好各部门的工作。

第三阶段：规范化阶段

组织进入成熟期之后就会出现官僚制特征。组织可能会大量增加人员，并通过建构清晰的层级制和专业化劳动分工进行规范化、程序化工作。组织的主要目标是提高内部的稳定性和扩大市场。组织往往会通过建立独立的研究和开发部门来实现创新，这又使得创新的范围受到了限制。因此，高层管理者不仅要懂得如何通过授权调动各个层级管理者的积极性，还要能够不失控制。

第四阶段：精细阶段

成熟的组织往往显得规模巨大和官僚化，继续演化可能会使组织步入僵化的衰退期。这时，组织管理者可能会尝试跨越部门界限组建团队来提高组织的效率，阻止进一步的官僚化。如果绩效仍不明显就必须考虑更换高层管理者并进行组织重构以重塑组织的形象，否则组织的发展将会受到很大的限制。

第五节　组织变革

任何组织都是处于一定的环境之中的，而环境总是不断变化的。一个组织要能够生存、发展和壮大，就必须依据外部环境及内部条件的变化而适时调整其目标、结构与功能，即不断地进行组织变革。组织变革是组织保持活力的一种重要手段。因此，掌握组织变革与发展的一般规律、主动推动和实施组织变革，是管理者的一项十分重要的职责。

一、组织变革理论

1. 组织均衡理论

组织均衡理论就是关于组织存续的理论，是由社会系统学派代表人物巴纳德提出来的。巴纳德认为，组织一旦建立起来，存续就成了它的最终目的，而要使组织存续下去，保持组织的均衡，就必须使组织向其成员提供或分配的诱因等于或大于个人的贡献。这里，贡献指的是有助于实现组织目的的个人活动；诱因则是组织为满足个人的动机而提供的效用，有经济方面的，也有非经济方面的，如心理上的满足感、荣誉感等。在一个组织中，成员的贡献是组织所能提供诱因的基础，因此诱因不可能无限制地大于成员的贡献。一方面，组织提供给其成员的诱因必须大于等于成员的贡献，这样才能保持组织队伍的稳定，并吸引组织外的优秀分子加入组织，壮大组织；另一方面，组织成员的贡献总额又必须超过组织提供给其成员的诱因的总额，这样组织才有积累，才能在原来的基础上一步步壮大。要维持组织的存续和发展，就必须同时满足这两个条件，使这两个条件矛盾地统一。

2. 影响组织变革的因素

任何一种组织变革都是有因而发的行为，组织变革的背后都有或隐或显的动力机制在起作用，这种动力被称作变革的诱因。另一方面，任何一个组织、任何一种组织形式都有自己的稳定性和持续性，在组织变革时代，这种力图保持原有组织形式的趋势就会成为阻碍组织进行变革的惯性。组织要进行变革，就必须是在逐渐增大的变革驱动力超过了阻碍变革的阻力之后，变革的过程就是克服阻力的过程。

(1) 组织变革的驱动力

推动组织进行变革的因素很多，它们往往是综合在一起发挥作用。

第一，组织对环境的不适应。用系统论的观点分析，组织是社会大系统中的一个子系统，它的诸要素总要和组织的大系统发生各种各样的联系。组织外部环境的不断变化，导致原来适应环境的组织形式变得越来越不适应。

第二，组织目标已经实现，需要寻求新的发展；或组织既定目标已经无实现的可能，组织不得不对原有的目标和策略进行调整。

第三，组织内破坏性冲突加剧，由于不能协调合作和沟通不畅，影响到了组织活动的效率，甚至威胁到了组织的生存。

第四，组织文化的改变。组织内的价值观、社会心理发生了较为显著的改变，迫使组织进行某种变革。一般来说，组织成员素质的普遍提高，常要求有更多的行为自主性，这就要求组织的集权度降低、分权度增加。

第五，组织内部官僚主义盛行，机构臃肿，组织结构的弊端日渐突出。

(2) 组织变革的阻力

变革之所以常遇到阻力，原因主要有：原有组织形式所固有的保持稳定和持续的惯性，人们的思维习惯和行为方式难以在短期内得到改变；组织变革总要对组织的整体利益和原有资源进行重新分配，既得利益者因为害怕失去原来拥有的东西而反对变革；变革前途的不确定性和人们对变革缺乏足够的了解而使人们产生不安全感。总而言之，利益、习惯和认知是组织变革的主要阻力。

组织要进行变革，就必须尽量增大变革的动力，减小和克服变革的阻力，这样组织变革才能成功。为了缓解对变革的不安全感和对新环境的不适应感，组织就很有必要创造一种和谐的变革气氛，加强组织内部信息沟通，照顾到各方面的利益，取得组织成员的认可，最大限度地化解阻力。此外，还要广泛吸收组织成员参与到变革中来，博采众长，增加变革成功的可能性。

二、组织变革的模式

组织针对现存的问题和面临的内外环境变化，以及所选定的组织变革的方向和变革的内容，需要采用适当的方式对现有组织进行切实的改造和变革。按照不同的标准，我们可将组织变革的模式作各种划分。

1. 量变式与质变式

按照变革的程度，组织变革的模式可分为量变式与质变式两种。

量变式是以改变组织机构和人员的数量为主的一种变革模式。其变革的重点在于增设或撤销部门单位，增加或减少管理人员等。这种变革比较简单易行，适合在组织关系结构、责权体制和制度规范等方面都基本适宜的情况下，用以解决机构臃肿、人员过多、管理费用开支过大等较为单一的问题，对管理职能强弱的调整也有一定的效果。但这种变革，只涉及组织中的表层问题，是一种以控制管理组织的规模为主要目的的变革。

质变式是以解决组织的深层次问题为重点的，能使组织效能和内部关系发生根本变化的一种变革模式。按照质变的广度区分，它可以是局部性的，也可以是全局性的。某个部门的组织形态发生质变，并不一定意味着整个组织也发生质变。部分质变对全局性质变的影响程度，不仅取决于这一部门在整个组织中所处的地位，同时还与它同其它部门联系的紧密程度有关。一个部门在组织中所处的地位越靠中心，与其它部门的联系越紧密，那么，它对整个组织变革的影响也就越大。越是深层次的变革，越要涉及基本价值观念和制度体系的改变。机械式组织的变革可以通过改变结构形式和规模以及划分职责权限等来取得。而有机式组织的设计和变革，除在结构设计上要给人的能动性发挥留有适当的空间，并下授某些重要的运行管理权限以外，更要侧重于人们社会心理因素的变革，以使组织在创新方面取得高效能。

2. 正式关系式、非正式关系式和人员式

按照变革的对象，组织变革的模式可分为正式关系式、非正式关系式和人员式三种。

正式关系式以组织中经过正式筹划的为实现组织的目标而围绕着工作任务展开的人与人或人与组织之间的关系作为变革对象。其变革对象，主要是通过管理机构和管理体制的设计和再设计实现的，具体包括职位和部门组合、工作程序设计、等级层次划分、横向联系手段以及职责权限分配等。

非正式关系式以组织中未经过正式筹划而产生的相互影响和相互作用关系为变革对象，具体技巧和方法包括相互交往分析、敏感性训练、群体发展、组织会议和组内人事调解等。

人员式以改变组织成员的知识、技能、态度和价值观等为对象，具体变革策略包括各种管理发展和教育培训计划。

3. 主动思变式和被动应变式

按照变革的力量来源不同，组织变革的模式可分为主动思变式和被动应变式两种。

主动思变式的动力来源于组织内部，而且是在事先预见的基础上做出变革的决策。由于组织变革通常需要一段较长的时间才能产生效果，组织若能在危机来临之前就着手进行组织变革，就可以避免组织在绩效大幅度滑坡或者生死存亡之际，仓促地进行组织变革。

被动应变式是在迫于外部压力的情况下产生的，如由于经济绩效不佳的压力以及宏观行政干预和政治环境的压力而进行的组织变革，这些都是被动的而不是主动的，是应变的而不是思变的。

4. 突变式和分段发展式

按照变革的进程，组织变革的模式可分为突变式和分段发展式两种。

突变式是在较短时间内一次性地变革组织。这种变革雷厉风行、一次到位，解决问题迅速，但由于涉及面广，速度猛，容易引起社会心理震荡，使许多员工丧失安全感，造成士气低落，影响组织正常运转，甚至招致成员对变革的强烈抵制。特别是当其它配套措施未能及时跟上时，往往容易造成半途而废。因此，必须十分谨慎地使用突变式变革模式，除非是危机之际对变革的客观要求十分迫切，否则必须在成员社会心理承受能力和国家政治条件都充分允许，并作了认真和周密计划的基础上进行。

分段发展式既不是迅猛的革命，也不是逐步的自然演变，而是在对组织现状和内外条件的全面论断及综合分析的基础上，有计划、有步骤地逐个实现变革的分阶段目标，最终促成变革总目标的实现。这种变革的优点是可以不断地调整、修正和完善变革的措施和手段，逐步释放变革可能引起的震荡，提高成员对变革的承受能力。但这种变革见效比较慢，并要求各阶段之间的变革能有机衔接，保证每一阶段的变革有效地服从、服务于总体变革的需求和目标。因此，这种变革一般适用于客观因素发生重大变故，需进行广泛、深入、大规模的组织变革，而内部承受能力和外部条件还不能一下子适应的情况。

5. 强制式、民主式和参与式

按照变革方案的形成过程，组织变革的模式可分为强制式、民主式和参与式三种。

强制式指变革主要由组织少数几个领导人讨论决定，而变革的其他涉及者不参加变革方案的制订过程，这样形成的变革方案往往需要通过强制命令来付诸实施。采取强制变革，变革方案的制订过程效率比较高，所费的时间和成本也低，但由于有关人员对变革没有事先准备，推行中可能面临很大的阻力。

民主式是与强制式截然相反的方式，指在变革的有关人员相互协商的基础上形成变革方案。由于变革方案的实施是在有关人员对变革有充分的思想和能力准备后才开始的，因而推行中的阻力较小，但变革形成过程历时很长，整个变革见效较慢。

参与式，亦称民主集中式，则是在变革方案形成过程中，既广泛动员各层次人员参与，又对人们的思想观念有意识地加以引导，以便尽快地形成统一的方案。其主要特点是寓实施于制订过程中，也即在制订变革方案时就充分考虑推行的各种条件，从而使变革方案更加符合实际和具有广泛的群众基础，也有利于减少变革的阻力。

6. 自上而下式、自下而上式和上下结合式

按照变革的起始点，组织变革的模式可分为自上而下式、自下而上式和上下结合式三种。

自上而下式先从变革中层和高层管理组织入手，再扩展到整个组织。自上而下的变革便于对总体组织做出调整，但其涉及面大、范围广，需要进行周密的计划，而且从减少阻力方面考虑，宜限于较浅层次的变革。

自下而上式先从基层组织的变革入手，再考虑中层和高层组织的变革。自下而上的变革便于“分块”进行变革，待收到局部效果后再推广到整个组织。不过，由于组织中许多问题往往相互牵扯，所以，会拖延变革的进程。

上下结合式则是对组织的上下各方面同时进行组织变革。由于组织是一个由高层、中层和基层构成的有机整体，通常的组织变革推行过程需要将上下各方面结合起来，统筹安排。

上述从不同的侧面对组织变革模式所作的区分是相对的，它们在实际中往往相互交叉。组织变革不能绝对地采取某一种模式，而应根据实际的情况灵活地、综合地运用各种变革模式，充分发挥它们各自的功效，使它们相互取长补短，相得益彰，取得整体最佳的变革效果。

三、企业流程再造

1. 企业流程再造的一般含义

1990 年，哈默在《哈佛商业评论》上发表文章，提出“企业流程再造”的概念。1993 年，他又与钱皮合著《再造企业》一书，全面系统地阐述了企业流程再造的观点。哈默认为，企业流程再造就是为了在成本、品质、服务及速度等方面的绩效取得大幅改进，对企业所从事的最关键与最基本的管理工作与作业程序进行再设计和重建。他指出，传统的企业管理严格按照职能分为生产、供应、销售等部门，每一部门只负责其职责范围内的工作。这种组织结构使得部门之间难以协调和沟通，形成许多重复劳动，延长了作业周期和作业质量。而实施企业流程再造以后则能从根本上扭转这种现象，把建立在职能分工基础上的运作体系变为以作业流程为基础的组织形式，避免了浪费和协调的困难。

具体而言，企业流程再造是指为了在产品和服务质量、顾客满意度、成本、员工工作效率等衡量企业绩效的关键指标上能够取得显著的改善，从根本上重新思考、彻底改造业务流程。它是以先进的信息系统和技术为手段，以顾客的中长期需要为目标，通过最大限度地减少对产品增值无实质作用的环节和过程，建立起科学的组织结构和业务流程，使产品的质量和规模发生质的变化。当然，企业流程再造的目的是为了提高企业的竞争力，从业务流程上保证企业能以最小的成本将高质量的产品和优质的服务提供给客户。

企业流程再造是以企业生产作业或服务作业的流程作为审视对象的，它从

多个角度重新审视其功能、作业、效率、成本、速度、可靠性、准确性，找出其不合理的因素，然后以效率和效益为中心对作业流程和服务流程进行重新构造，以达到业务上质的飞跃和突破。企业流程再造强调以顾客为导向和服务至上的理念，对企业整个运作流程进行重新思考和彻底改革。企业必须把重点从过去的计划、控制和增长转移到速度、创新、质量、服务和成本上来，目的是为了吸引顾客、赢得竞争和适应变化。

企业流程再造具有三个本质特征：

第一，企业流程再造是根本性改造，在企业再设计和重建时应思考“为什么要做这件事?”“为什么要依照现行方式去做?”等。

第二，企业流程再造具有彻底性，要求企业抛弃过时的管理规则，以一张白纸的心态，从全新的角度对如何改善企业生产方式、加强管理进行考虑，而不是对缺点的修修补补。

第三，企业流程再造着眼于运用科技力量，对企业生产的组织流程进行重新设计，而不是依赖于这些流程发展起来的部门和行政机构。

2. 系统再造是企业流程再造的整体观念

从系统论角度出发，一个企业实际上是一个开放系统，它由许多子系统构成。企业大系统并不是各个子系统的简单堆积或叠加，而是各个子系统在相互作用、相互影响的过程中结合而成的一个有机整体，这就是系统的相关性原理与整体性原理。它告诉我们：企业各个子系统和企业大系统密切相关，子系统的变化会引起系统整体的变化。同时，由于企业各个子系统之间相互关联、相互作用，一个子系统的变化会引起其它子系统的相应改变；子系统的这种变化是否具有正功能，即是否能促进系统整体的进步和发展，则取决于系统要素之间是否协调。

从这一观点出发，企业流程再造是一项系统工程，它不应仅局限于对企业生产系统的再造，而应是一种广义的再造，是对整个企业系统的再造。它至少应包括以下几个方面的内容：

第一，企业人力资源系统再造。这是企业进行系统再造的前提条件。人力资源是企业最重要的资源，它决定着企业管理的成败。因此必须首先进行人力资源系统的再造。企业人力资源系统再造要做好两件工作：一是再造领导者，把他们培养成既懂生产又懂经营管理并具有现代创新意识的企业家；二是再造员工，提高员工的科技水平，培养激发他们参与管理的积极性，以便把企业的系统再造落到实处。

第二，企业生产系统再造。再造生产系统首先要选择与本企业生产系统相适应的科学技术作为再造系统的方法，比如计算机、精益生产方式的运用等；其次要了解分析作业流程，选择关键的并且是存在问题最多的环节进行重点改造，切忌全线出击。在改进了关键作业点之后，可以有计划有步骤地改造其它环节。

第三，企业营销系统再造。再造营销系统，最主要的是要再造营销观，实现营销观的彻底变革。要变产品导向为市场导向、顾客导向，如树立绿色营销观。所谓绿色营销观是指以产品对环境的影响作为中心的市场营销手段，或以环境问题为推进点而展开的营销实践。用绿色营销观来再造企业营销系统，操作起来有以下三点：首先，在企业内部阐述和宣传企业的环境事务方向，把环保纳入企业决策要素，说明企业在环保中应尽的义务及努力方向；其次，制订一项同企业远景战略规划相结合的环保计划；最后，坚持以“诚”、“信”为本，树立企业整体形象第一的观念，切忌欺骗性宣传。

3. 企业流程再造的基本程序

在具体实施过程中，企业流程再造可以按照以下程序来进行：

第一，对原有流程进行全面的功能和效率分析，发现其存在的问题。根据企业现行的作业程序，绘制细致、明了的作业流程图。一般而言，原有的作业程序是与过去的市场需求和技术条件相适应的，并有一定的组织结构、作业规范作为其保证。当市场需求、技术条件发生的变化使原有作业程序难以适应时，作业效率或者说组织结构的效能就会降低。因此，必须从以下几个方面分析现行作业流程的问题：

(1) 功能障碍。随着技术的发展，技术上具有不可分性的团队工作，个人可完成的工作额度就会发生变化，这就会使原来的作业流程或者支离破碎增加管理成本，或者核算单位太大造成权、责、利脱节，并会造成组织结构设计的不合理，形成企业发展的瓶颈。

(2) 重要性。不同的作业流程环节对企业的影响是不同的。随着市场的发展，顾客对产品、服务需求的变化，作业流程中的关键环节以及各环节的重要性也在变化。

(3) 可行性。根据市场、技术变化的特点及企业的现实情况，分清问题的轻重缓急，找出流程再造的切入点。

为了使得对上述问题的认识更具有针对性，还必须深入现场，具体观测、分析现存作业流程的功能、制约因素以及表现出来的关键问题。

第二，设计新的流程改进方案，并加以评估。为了设计更加科学、合理的作业流程，必须群策群力、集思广益、鼓励创新。在设计新的流程改进方案时，可以考虑：将现有的数项业务或工作组合，合并起来；工作流程的各个部分按其自然顺序进行；给予员工参与决策的权力；为同一种工作流程设置若干种进行方式；工作应当超越组织的界限，在最适当的场所进行；尽量减少检查、控制、调整等管理工作；设置项目负责人。

对于提出的多个流程改进方案，还要从成本、效益、技术条件和风险程度等方面进行评估，选取可行性强的方案。

第三，制订与流程改进方案相配套的组织结构、人力资源配置和业务规范等方面的改进规划，形成系统的企业流程再造方案。企业业务流程的实施，是以相应组织结构、人力资源配置方式、业务规范、沟通渠道甚至企业文化作为保证的，所以，只有以流程改进为核心形成系统的企业流程再造方案，才能达到预期的目的。

第四，组织实施与持续改善。实施企业流程再造方案，必然会触及原有的利益格局。因此，必须精心组织，谨慎推进。既要态度坚定，克服阻力，又要积极宣传，形成共识，以保证企业流程再造顺利进行。企业流程再造方案的实施并不意味着企业流程再造的终结。在社会发展日益加快的时代，企业总是不断面临着新的挑战，这就需要对企业流程再造方案不断地进行改进，以适应新形势的需要。

总之，企业流程再造理论适应了通过变革来创造企业新活力的需要，在欧美的企业中受到了高度的重视，因而得到迅速的推广，并带来了显著的经济效益，这也使得越来越多的学者加入到企业流程再造的研究中来。当然，作为一种新的管理理论和方法，企业流程再造理论仍然需要不断地发展和完善。

四、虚拟企业

过去的二十年中，世界经济发生了翻天覆地的变化，科学技术的进步、信息网络技术的飞速发展推动着经济全球化的进程。任何一个公司都不能忽视来自本国和外国的竞争者，也不能忽视消费者的需求。可以说，市场竞争中急剧而不确定的变化是企业如今必须着手应付的市场现实。产品生命周期日趋缩短，革新的步伐在加速，而革新的方向却变得无法可依，产品多样化已经达到了纷繁的程度，同时采用模仿战略的竞争者迅速出现，并正在影响企业能够获得的利润。企业在以多变和不确定性及全球化趋向为特征的市场环境中寻求生存和发展的同时，一种动态组织机制——虚拟企业出现了，它使企业能够集中面对以时间为基础的转瞬即逝的市场机会。

1991 年，美国里海（Lehigh）大学的艾柯卡研究所的三位学者肯尼斯·普瑞斯（Kenneth Preiss）、史蒂文·L.戈德曼（Steven L. Goldman）与罗杰·N.内格尔（Roger N. Nagel）合作完成了一份《21 世纪制造企业研究：一个工业主导的观点》的研究报告。该报告指出：在市场变化加快、全球性竞争日益激烈的情况下，单个企业仅仅依靠自己内部资源的整合已难以满足快速变化的市场需求。为了解决这一问题，该报告首次提出了虚拟企业（Virtual Enterprises, VE）的概念，并提出了以虚拟企业为基础的敏捷制造模式，即以竞争能力和信誉度为依据，选择合作伙伴，组成虚拟（动态）企业，以增强企业整体的竞争能力，在最大程度上满足用户需求。

关于虚拟企业的研究自其概念提出以来就受到了广泛的关注和重视。1992 年威廉·H.达维多（William H. Davidow）和迈克尔·S.马隆（Michael S. Malone）出版了专著《虚拟企业：21 世纪企业的构建和新生》，该书主要从产品角度出发对虚拟企业的概念进行了探讨。1993 年，美国《商业周刊》杂志以封面广告的形式对虚拟企业做了重点宣传和推介，并发表了约翰·A.伯恩（John A. Byrne）以虚拟企业为主题的封面文章，更将对虚拟企业研究的兴趣推向了高潮。

1994年史蒂文·L.戈德曼、罗杰·N.内格尔和肯尼思·普瑞斯出版了专著《敏捷竞争者与虚拟企业》，明确指出：计算机网络和远程通信技术的结合，使许多企业有可能将地理位置上和组织上分散的能力结合在一个“虚拟企业”中，并在该过程中获得强有力的竞争优势。

同时，该书认为：无论是从合作的观念，还是从运用的程度或者合作的程度来说，虚拟企业（虚拟企业）都不是新鲜事物。如对紧急状况或激动人心的挑战做出响应的特别工作团队，如亚洲一些公司为应对某一重大商业机遇而组成的“虎队”（Tiger Team），再如“狼群”（Wolf-Pack）式的多功能交叉并行工作组，它们都在某种程度上具有虚拟企业的特点。伴随着敏捷化要求，旧的概念以新的形式融合在一起。实际上，每一个虚拟企业都使用了一个或多个现有的组织机制，如合作关系、合资企业、战略联盟、供应商-转包商、特许经营或许可、外包（Outsourcing）网络。在所有这些组织形态中，只有网络是一个新的概念。该书总结分析了6个促使公司运用虚拟企业模型的原因，即：共享基础设施和研究开发，共担风险和成本；将互补性核心能力联系起来；通过共享缩短“概念→现金”的时间；增加便利性和外在规模；获得市场渠道，共享市场或顾客忠诚度；从出售产品过渡到出售方案。史蒂文·L.戈德曼等人的专著进一步扩展了虚拟企业概念涵盖的范畴，标志着虚拟企业概念的形成。

1. 虚拟企业的内涵

虚拟企业是指由两个或两个以上的成员公司组成的一种有时限的、暂时的、非固定化的相互依赖、信任、合作的组织形式，以便以最少的投资、最快的反应速度（或最短的反应时间）对市场机遇做出快速反应。为了共同的利益，每个成员只做自己擅长的工作，成员之间是平等合作的伙伴关系，实行知识产权、技能和信息投入共享及资源有偿共享。一旦产品或项目寿命期结束，则成员自动解散或重新开始新的一轮动态组合过程。

虚拟企业是为了抓住稍纵即逝的市场机会而快速组合起来的临时性的企业网络，是迅速聚集一系列核心能力以利用市场机会的独立企业的动态联盟。虚拟企业不是一个企业，而是一个由独立企业组成的企业群体，组成虚拟企业的独立企业称为虚拟企业单位。组成虚拟企业的每一个独立企业拥有各自的核心能力和资源，为了一个共同的市场机会，这些独立的企业联合起来，贡献各自的核心能力和资源，相互协作，以谋求实现共同的市场目标，同时使虚拟企业整体价值最大化。虚拟企业不具有法人资格，也没有固定的组织层次和内部命令系统，而是一种开放的组织结构。因此，可以在拥有充分信息的条件下，从众多的组织中通过竞争招标或自由选择等方式精选出合作伙伴，迅速形成各专业领域中的独特优势，实现对外部资源的整合利用，从而以强大的结构成本优势和机动性，完成单个企业难以承担的市场功能，如产品开发、生产和销售。

虚拟企业中的成员可以遍布在世界各地，彼此也许并不存在产权上的联系，相互之间的合作关系是动态的，完全突破了以内部组织制度为基础的传统管理方法。网络的发展推动了虚拟企业的发展。其实，网络本身也是虚拟企业的一种形式，是一系列预先认证合格的合作伙伴。同时，作为辅助工具，网络又推动了各个领域中合作的开展和众多虚拟企业的形成。

2. 虚拟企业的特征

虚拟企业与传统的直线或直线职能制组织结构有根本区别，传统的组织结构有多层次的垂直管理体系，有各自划分的职能部门，比如研究开发在自己的实验室内进行，产品制造在本公司下属制造厂里实施，有自己的销售网络。为保证公司的有效运作，必须雇用大批财务、销售、后勤、人力资源管理等人员。虚拟企业则不同，它要到组织外部去寻找这些资源，把各种日常业务部门推到组织外部去，把制造部门、销售网点、广告宣传等交给其它企业，跟这些企业建立伙伴关系，自己则集中精力于自己擅长的业务上。这种组织往往只负责产品设计、营销战略、产品质量和标准等重大问题。因此，这种组织有很大的灵活性和反应的敏捷性。虚拟企业具有如下特征：

第一，虚拟企业可以共享各个成员的核心竞争力。企业核心竞争力是企业生命的源泉，它既来源于企业内部技术、知识的整合，又来源于企业通过虚拟企业实现的对企业外部资源的整合。虚拟企业是通过整合各成员的资源、技术、顾客市场机会而形成的。它的价值就在于能够整合各成员的核心能力和资源，从而降低时间、费用和风险，提高服务能力。它是一种强强合作，网络中的成员均具有自身的核心专长。因此，虚拟企业中的每一项功能或流程都是最佳的，这不是任何一个单一的企业可以单独达到的。

第二，虚拟企业具有较大的适应性，在内部组织结构和规章制度等方面具有敏捷性。虚拟企业是一个由市场机会推动并由机会定义的各种核心能力的统一体，这些核心能力分散于许多独立企业之中，各独立企业随合作的需要而组建，随任务的完成而解散。虚拟企业正是以这种动态结构、灵活的方式来适应市场的快速变化。虚拟企业的这些特点决定了其具有很强的适应市场能力的灵活性与便捷性，各方优势资源的集中更催生出极强的竞争优势和竞争力。

第三，组织边界模糊。虚拟企业不是法律意义上完整的经济实体，不具有独立的法人资格，而是打破了传统企业间明确的组织界限，形成了一种“你中有我，我中有你”的网络形式。

第四，虚拟企业以信息网络为依托。虚拟企业以信息网络为依托，选用不同公司的资源，把具有不同优势的企业综合成单一的靠电子手段联系的经营实体，企业成员之间的信息传送、业务往来和并行分布作业模式都主要由信息网络提供技术支持。

第五，并行分布作业。由于企业把非特长的经营活动交给其它企业完成，这使得传统企业运作方式中，时间和流程上处于先后关系的有关职能和环节得以改变，企业的各项活动在空间上是分散的，但在时间上却可以并行，从而大大缩短了产品开发的时间与成本。

第六，虚拟企业中的成员必须以相互信任的方式行动。合作是虚拟企业存在的基础，但由于虚拟企业突破了以内部组织制度为基础的传统管理方法，各成员又保持着自己原有的风格，势必在成员的协调合作中出现问题。但各个成员为了获取一个共同的市场机会结合在一起，他们在合作中必须彼此信任，当信任成为分享成功的必要条件时，就会在各成员中形成一种强烈的依赖关系。否则，这些成员无法取得成功，顾客也不会同他们开展业务。有些企业通过拥有突出的能力处于虚拟企业的中心，并对其他成员产生有力的影响，使虚拟企业的协调变得相对容易。

3. 虚拟企业的应用价值

有人预言，随着信息技术的发展、竞争的加剧和全球化市场的形成，没有一家企业可以单枪匹马地面对全球竞争。因此，由常规组织过渡到虚拟企业阶段是必然的，虚拟企业日益成为公司竞争战略“武器库”中的核心工具。这种组织形式有着强大的生命力和适应性，它可以使企业准确有效地把握住稍纵即逝的市场机会。对于小型企业来说，借用大型合作伙伴的一个特殊好处在于容易被银行和客户所接纳。

虚拟企业的优点主要体现在以下几个方面：

(1) 灵活性。虚拟企业形式具有较大的灵活性，在某种程度上而言，虚拟企业是一个“市场机会驱动型”的组织，它从组成到解散完全取决于市场机会的存在与消失。

(2) 反应快速性。虚拟企业是一种基于核心能力的企业外部资源整合，可以避免重复投资，并可以在短时间内形成较强的竞争能力，实现对市场需求的敏捷响应。

(3) 符合目前的经济、信息和智力全球化趋势，能使企业较快地进入全球市场。

(4) 能够实现成本共担，从而可以大大降低产品成本。

但是，我们还应该看到，尽管宣传使用虚拟企业的概念十分容易，但是虚拟企业的组成与运作并不简单，最为明显的是实施上的困难，如各组成部分如何做实体上的接触及协调上的困难。人们寄希望于信息高速公路作为虚拟企业的实现工具，但信息高速公路本身还需要发展完善，企业不可能在漫长的等待中丧失市场机会。此外，由于市场机会的不确定性而导致的总体市场风险依然存在，只不过在虚拟企业中的各个伙伴之间得到了重新分配。具体而言，由于虚拟企业中伙伴企业的不稳定性、不确定性导致的管理合作风险却大大增加了；由于虚拟企业中通常事前进行有关专用性投资，因而存在较大的投资和战略“套牢”风险；由于虚拟企业具有“动态性”，现在的合作伙伴可能随着虚拟企业的解体而成为未来的竞争对手，从而在虚拟企业伙伴合作过程中可能导致企业本身核心技术的外泄和核心能力的丧失，即技术和知识产权风险将大大增加。

本章提要

★组织是在一定的社会环境中，为了某个特定的目标，由相互间有协作愿望的个人在分工合作、协调行动的过程中形成的有一定结构和秩序的关系实体。

★组织原则是为了给组织结构和组织行为提供指导的理论规范，具有普遍意义。

★组织都存在于一定的环境中，并且要不断地与外部环境进行物质、能量和信息的交换。

★组织有正式组织和非正式组织之分。作为正式组织领导人，要认识到非正式组织产生的必然性，要善于利用非正式组织的正向作用，克服、消除其不利影响。领导者一方面要对非正式组织的存在和发展进行正确引导，另一方面要有效地控制和利用非正式组织，这是组织工作的一项重要任务。

★组织理论的发展经历了古典组织理论、新古典组织理论和现代组织理论三个阶段。

★常见的组织结构类型有：直线制、职能制、直线—职能制、事业部制、矩阵制、网络制以及委员会制等。

★如何设置组织结构取决于相应组织中管理幅度、管理层次以及组织中的权力的总体权衡。

★按照不同的标准，我们可将组织变革的模式作各种划分。

本章思考题

1. 组织的原则是什么？
2. 正式组织领导人应如何正确认识和对待非正式组织？
3. 如何平衡把握管理幅度与管理层次？
4. 组织结构有哪几种基本类型？
5. 组织设计的权变因素有哪些？
6. 组织变革的模式有哪些？
7. 虚拟企业的特征有哪些？

本章案例

X 媒体的组织结构

早上 8 点 30 分，当一般上班族还拎着早点进公司的时候，“X 媒体”资讯科技公司的经营团队早已坐在会议室和董事长翁素惠一起开会了。

“人才是公司最重要的资产。”翁素惠说。

翁素惠领导的经营团队——技术研发和通路行销是公司的两大支柱，总经理施明信负责带领技术研发团队，翁素惠十分倚重他对于网络未来趋势的分析和软件的研发，另一支柱是负责通路行销的副总经理何桂伶。

另外，翁素惠相当依赖的幕僚，包括铁三角：技术研发执行长施志明、负责财务的副总经理陈铭德和担任公关及发言人的副总经理李培芬。

翁素惠尊重他们的专长，也擅用他们的专长：如何使科技人员了解营销，营销人员了解科技，使二者结合发挥乘数效应，“最大的秘诀就是建立共同愿景。”翁素惠说。对于网际网络未来的发展，她充满信心地表示：“我告诉他们，相信我，一定会成功。”“X 媒体”最大的企图就是结合网际网络、实体通路与广告媒体，使“X 媒体”成为亚太地区“电子通路应用服务商”（E-Channel Application Service provider,简称 ECASP）的领导品牌，成就这项愿景最重要的就是人才和资金。

（资料来源：清华大学经济管理学院工商管理案例研究组编：《工商管理 800 例》，世界图书出版公司，1998）

讨论题

1.“X 媒体”组织结构属于哪种形式？请画出组织结构图。

2.对于日新月异竞争激烈的网络行业，你认为“X 媒体”的组织结构应如何适应？

第九章 人力资源管理

学习目标

1. 理解人力资本和人力资源的含义。
2. 了解人力资源规划的内容。
3. 了解人力资源管理过程的组成部分及其相关知识。

21 世纪是一个全球化和知识经济占主导地位的时代，经济已由以自然经济资源为主转向以人力资源、智力资源为主。伴随着全球化进程的加快，我国的经济发展与世界的联系愈加紧密，人才的作用愈加凸现，人力资源管理备受当代管理工作者和学者的重视。

第一节 概论

在探讨人力资源管理之前，我们有必要对人力资源的相关概念和知识进行基本的了解和归纳。

一、人力资本

1. 人力资本的概念和特征

(1) 人力资本的概念

人力资本是以非物质资本形式存在于人体内、以劳动者的数量和质量为表现形式并且可以带来财富增值的资本。随着劳动者的素质、能力的不同表现出不同的价值。人力资本理论有两个基本观点：一是在经济增长中，人力资本的作用大于物质资本的作用；二是人力资本的核心是提高人口质量，教育投资是人力资本投资的主要部分。人力资本比物质资本具有更大的增值空间，因为作为“活资本”的人力资本，具有创新性、创造性，具有有效配置资源、调整企业发展战略等市场应变能力。

(2) 人力资本的特征

第一，人力资本的稀缺性。同其它资本一样人力资本也是一种稀缺资源，对于我国而言，虽然我国是人口大国，拥有大量的劳动力，但是层次高的人力资本还处于短缺状态。

第二，人力资本的依附性。人力资本依附于人体而存在，它不可脱离人体而独立存在。因此人力资本只能转让其使用权而不能转让其所有权。

第三，人力资本难以度量。一个人所具有的人力资本质量与数量很难直接观察到，通过测试和技能鉴定等手段来测定也只是从侧面进行反映，很难做出全面、准确的判断。

第四，边际收益递增性。与物质资本不同，人力资本的边际收益并不是随着消费的增多而减少，而是随着人力资本不断地使用和消耗而增加。

2. 人力资本理论

人力资本理论是人力资源理论的基础。亚当·斯密第一次把“人力”作为“资本”来看待。他在《国民财富的性质和原因的研究》一书中写道：“学习一种才能，须受教育，须进学校，须做学徒，所费不少。这样费去的资本，好像已经实现并且固定在学习者的身上。这些才能，对于他个人自然是财产的一部分，对于他所属的社会，也是财产的一部分。工人增进的熟练程度，可和便利劳动、节省劳动的机器和工具同样看做是社会上的固定资本。学习的时候，固然要花一笔费用，但这种费用，可以得到偿还，赚取利润。”亚当·斯密认为，经济增长主要表现在社会财富或者国民财富的增长上，财富增长的来源取决于两个条件：一是专业分工促使劳动生产率的提高，因为分工越细人们劳动效率越高；二是劳动者数量的增加和质量的提高。

1960 年，美国芝加哥大学教授西奥多·舒尔茨在美国经济学年会时发表的一篇题为《人力资本投入》的演说标志着现代人力资本理论的诞生。舒尔茨也因此获得 1997 年的诺贝尔经济学奖，同时成为了“人力资本理论之父”。舒尔茨对人力资本的最大贡献在于他第一次系统提出了人力资本理论，并冲破重重阻力使其成为经济学一门新的分支。舒尔茨还进一步研究了人力资本的形成方式与途径，并对教育投资的收益率以及教育对经济增长的贡献做了定量研究。

20 世纪 80 年代中期以来，人力资本理论的研究再掀热潮，学者们将人力资本与新增长理论相结合来解释新经济时代经济增长显现的新问题。

二、人力资源

1. 人力资源的含义

什么是人力资源呢？国内外学者从广义和狭义两方面给予定义。广义上，把人力资源等同于智力正常的全部人口。狭义上，认为人力资源是具有智力劳动能力或体力劳动能力并通过劳动能创造财富、推动社会发展的那部分人口。我们在这里把人力资源界定为：一个国家或地区范围内人口总量中所蕴含的劳动能力的总和。

2. 人力资源的重要性

人力资源作为一种特殊的资源，在物质财富创造、社会经济进步等各方面显示其重要性。由于社会生产力的发展以及科学革命的巨大影响，科学技术在生产中的作用越来越重要，以至于出现了所谓的“技术决定论”，但是科学技术通常是与生产资料的发展水平和人的素质相联系的，而且也只有当它和高素质人力相结合时才会形成现实的生产力。由此可以说，人力资源是人类社会中最为主要的、起主导作用的“第一资源”。

首先，人力资源是体力和智力的相互结合，因此具有主观能动性，而且还有被不断开发的潜能。人可以根据客观情况有意识地调节自身行为，或改变外部环境，或适应外部环境达到确定的目标。人通过采取各种行为、手段有效地利用自然资源、资本资源和信息资源来完成生产，使其为社会的进步和经济的发展发挥最大的功能。

其次，人力资源能够创造出物质财富，为人类的生存和发展提供条件。同时，人力资源也是物质财富的消费者，通过消费维持自身的生存和发展，推动社会进一步发展。人力资源是可以能动地支配其它各种资源的资源，因此在各种资源中占有主导地位。

最后，与物质资源不可再生性相反，人力资源一般都是可再生的，这也就决定了在经济生产中，使用人力资源替代部分物质资源可以起到保护环境、减少资源浪费的作用。而且人力资源还是生产中唯一起创造作用的因素，它可以改变过时的生产方式和方法，或通过发明新的生产方式和方法以加速社会的进步和经济的发展。

三、人力资源管理

1. 人力资源管理的含义

人力资源管理是指组织的一系列人力资源政策以及相应的管理活动。这些活动主要包括组织人力资源战略的制订，员工的招募与选拔，培训与开发，绩效管理，薪酬管理，员工流动管理，员工关系管理，员工安全与健康管理等。换句话说，人力资源管理是指组织运用现代管理方法，对人力资源的获取（选人）、开发（育人）、保持（留人）和利用（用人）等方面所进行的计划、组织、指挥、控制和协调等一系列活动，最终达到实现组织发展目标的一种管理行为。

一般来说，现代企业人力资源管理具有以下五种基本功能：

（1）获取

根据企业目标确定所需员工的条件，通过规划、招聘、考试、测评、选拔，获取企业所需人员。

(2) 整合

通过企业文化、信息沟通、人际关系和谐、矛盾冲突的化解等有效整合，使企业内部的个体、群体的目标、行为、态度趋向企业的要求和理念，使之形成高度的合作与协调，发挥集体优势，提高企业的生产力和效益。

(3) 保持

通过薪酬、考核、晋升等一系列管理活动，保持员工的积极性、主动性、创造性，维护劳动者的合法权益，保证员工在工作场所的安全、健康、舒适，以增进员工满意感，使之安心满意地工作。

(4) 评价

对员工工作成果、劳动态度、技能水平以及其他方面做出全面考核、鉴定和评价，为做出相应的奖惩、升降、去留等决策提供依据。

(5) 发展

通过员工培训、工作丰富化、职业生涯规划与开发，促进员工知识、技巧和其他方面素质的提高，使其劳动能力得到增强和发挥，最大限度地实现其个人价值和对企业的贡献率，达到员工个人和企业共同发展的目的。

2. 人力资源管理的内容

(1) 职务分析与设计

对企业各个工作职位的性质、结构、责任、流程，以及胜任该职位工作人员的素质、知识、技能等，在调查分析所获取相关信息的基础上，编写出职务说明书和岗位规范等人事管理文件。

(2) 人力资源规划

把企业人力资源战略转化为中长期目标、计划和政策措施，包括对人力资源现状分析、未来人员供需预测与平衡，确保企业在需要时能获得所需要的人力资源。

(3) 员工招聘与选拔

根据人力资源规划和工作分析的要求，为企业招聘、选拔所需要人力资源并录用、安排到一定岗位上。

(4) 绩效考评

对员工在一定时间内对企业的贡献和工作中取得的绩效进行考核和评价，及时做出反馈，以便提高和改善员工的工作绩效，并为员工培训、晋升、计酬等人事决策提供依据。

(5) 薪酬管理

包括对基本薪酬、绩效薪酬、奖金、津贴以及福利等薪酬结构的设计与管理，以激励员工更加努力地为企业工作。

(6) 员工激励

采用激励理论和方法，对员工的各种需要予以不同程度的满足或限制，引起员工心理状况的变化，以激发员工向企业所期望的目标而努力。

(7) 培训与开发

通过培训提高员工个人、群体和整个企业的知识、能力、工作态度和工作绩效，进一步开发员工的智力潜能，以提高人力资源的贡献率。

(8) 职业生涯规划

鼓励和关心员工的个人发展，帮助员工制订个人发展规划，以进一步激发员工的积极性、创造性。

(9) 人力资源会计

与财务部门合作，建立人力资源会计体系，开展人力资源投资成本与产出效益的核算工作，为人力资源管理与决策提供依据。

(10) 劳动关系管理

协调和改善企业与员工之间的劳动关系，进行企业文化建设，营造和谐的劳动关系和良好的工作氛围，保障企业经营活动的正常开展。

第二节　人力资源规划

人力资源管理最基本的一项职能就是要根据组织发展需要制订好人力资源规划。同时，要实现企业人力资源目标就要有一套切实可行的人力资源规划作为保证。人力资源规划，从静态上讲，是指一定时期人力资源的开发、培训和发展的计划；从动态上来说，它是一个过程，在这个过程中，通过对未来组织任务和环境进行预测，从而为完成组织任务和满足环境要求而提供合适的人员。

一、职务分析和说明

1. 职务分析

职务分析，是指在收集一个岗位职务活动的基本信息的基础上，分析该职务的性质、任务、职责、权限、劳动条件与环境以及胜任该工作的资格条件等内容，并制订职务说明书的过程。

(1) 职务分析的内容

职务名称；所需员工人数；职务的职责、权限；职务环境（装备、器材及补给品、工作环境、与其它工作的关系等）；所需人员的条件（智力、工作知识、教育背景、经历与经验、体能等）。

(2) 职务分析的一般步骤

首先，确定职务分析的总目标、总任务，并选择职务分析的对象。当有许多类似的职务要加以分析时，可仅选取其中有代表性的工作。

其次，根据组织职务分析目标对组织各类岗位的现状进行了解、分析，以得到职务分析所需要的基本的数据资料，如员工行为、工作条件、绩效状况等。

再次，根据所收集的资料进行具体的分析。

最后，总结分析，编写职务说明书。

(3) 职务分析的作用

职务分析是制定人力资源规划、进行各类人才供求预测的重要前提；职务分析是确保组织进行人员招聘、员工考评、晋升以及制订合理的薪酬制度等人力资源管理基本工作顺利进行的重要依据；职务分析是优化工作环境、改善劳动条件、提高员工积极性的必要条件；职务分析是组织制订其工作规范的基础。

(4) 职务分析的方法

访谈法：由研究者对员工及其上司进行访问交谈，适合于对专业性强的工作进行分析。

观察法：要求研究人员采用直接或间接的方法对正在工作中的员工进行观察，并记录其活动。

问卷法：研究者事先设计好与工作有关的若干问题，由员工及其上司各自回答，最终以书面形式表明他们的态度。

工作实践法：研究者通过直接参加某项工作，从而深入细致地体验了解、分析工作的特点和要求以达到职务分析的目的。

典型事例法：专家向对某一职务各方面情况比较了解的人员进行调查，要求他们描述该职务半年到一年内能观察到并能反映其绩效好坏的一系列典型事例以获得工作信息，从而达到分析的目的。

2. 职务说明书

在收集了完整、准确的工作信息并进行分析后，就可以准备编写职务说明书了。职务说明书是组织对某一特定岗位的员工所应具备的最低的任职资格所做出的统一规定。

职务说明书的编写没有标准化的模式，要根据组织的需要来调整其内容和侧重点，使其能更好地为组织服务。一般情况下，职务说明书包括以下内容：基本资料（包括职务名称、职务等级、工作部门、工作地点等）、职务职责和权限、职务联系、劳动条件与环境、所需经历和经验、身体条件、心理要求、专业知识和技能要求、绩效考评等。

二、评估现有的人力资源

一个企业的人力资源配备合理与否直接影响着该企业的生存与发展。一般来说，我们把职务分析得到的对人力资源各方面要求与企业人力资源现状横向结合起来，以评价一个企业的人力资源配置合理与否。

我们从以下几方面对企业人力资源进行评估：

第一，对企业内部人力资源的现有数量进行分析。目的在于探明企业内现有的人力资源数量，并将其与企业中人力资源的需求数量进行比较，以判断企业最优的人力资源数量。

第二，对企业内部人力资源的素质即质量进行分析。包括对专业知识素质、道德素质、心理素质等的分析。

第三，企业内部人力资源的结构分析。主要是分析企业内人力资源的构成，包括性别构成、年龄构成、专业技术构成、学历构成等。

第四，企业内部人力资源系统的协调性分析。

人力资源管理的目的是为了创造一种良好的组织气氛及协调的人际关系，从而帮助员工实现自我价值并完成组织目标。

三、制订人力资源计划

1. 人力资源计划的含义

人力资源计划就是人力资源管理部门根据企业的发展规划，对企业未来人力资源的需要和供给状况进行分析，从而对职务编制、人员配置、招聘和选择、教育培训、考评激励、人力资源管理政策等内容进行职能性规划。

人力资源计划的主要内容包括：人力资源总计划、职责编制计划、人员配置计划、人员需求计划、人员供给计划、教育培训计划和人力资源管理政策调整计划等方面。

2. 人力资源计划的作用

第一，只有制订人力资源计划，才能进行人员的招聘、选择、训练、安置和发展，使组织内人力资源的数量和质量得到保证，以便为达到组织目标确定所需要的最适当的人力资源及其结构。

第二，人力资源计划可以预测供求差异并进行不断的调整，以确保组织生产经营中人力资源需求与供给的平衡。

第三，人力资源计划为检查各项人力资源活动以及活动的效果提供了依据，并可作为人力资源的具体体现。

第四，人力资源计划有利于控制组织的人工成本。人工成本最大的部分就是工资。人力资源计划的目的是在满足企业未来劳动力和技术的需要的基础上减少不必要的人员浪费。减少不必要的人员，就可以减少不必要的工资支出，即减少人工成本。

第五，人力资源计划有助于调动员工积极性。只有在存在人力资源计划的条件下，员工才可以看到自己的发展前景，从而积极地努力争取。因此，人力资源计划有助于员工的职业生涯规划和发展。

3. 制订人力资源计划的步骤

第一，建立目标。任何一项活动都有它的目标，也只有有了明确的目标，组织的活动才能顺利进行。

第二，从组织内外部情况入手，通过调查研究以取得人力资源计划所需要的信息。通过对市场和竞争的分析了解组织所面临的机会和威胁；通过对资源的分析了解组织的优势和劣势。核查组织现有人力资源状况就是要通过弄清组织中现有人员的数量、质量、结构以及人员分布状况，为将来规划工作做准备。

第三，预测组织人力资源需求。根据职务说明书和人员配置计划，在收集到的数据、资料的基础上，使用预测的方法来预测组织中员工需求类型、数量、到岗时间等。

第四，确定人力资源供给计划，包括内部供给和外部供给。人力资源供给计划是人力资源需求的对策性计划。确定组织在各时间点上人员的拥有量以及在各时间点上组织内部各类人员的可供给量，即组织内部人员的供给；然后明确哪些职务要从组织外部补充，以及外部可供给的数量和质量。

第五，制订人力资源管理调整计划。要明确指出人力资源政策的调整原因、调整步骤和调整范围等。包括招聘政策、绩效政策、薪酬与福利政策、激励政策、职业生涯政策、员工管理政策等。

第六，编制人力资源管理费用预算。其中主要包括招聘、配置、培训、福利费用的预算等。

第七，形成完整的人力资源计划。将前面通过统计、分析得到的结论加以综合、编排从而形成一份完整的人力资源计划。

第三节　人力资源管理的过程

人力资源管理是一套完整的、动态的管理过程，包括：人力资源规划、人员的招聘和选择、人员培训、薪酬管理、绩效管理和人力资源开发等几部分。

一、人员招募和培训

1. 人员招聘

(1) 招聘的途径

招聘的途径有很多，我们从内部招聘和外部招聘两个方面来进行分析。

一是组织内部招聘。其基本含义是指当组织出现职位空缺时，首先应把眼睛向内，从自己内部员工中发现合适的人选。内部招聘的方法有：提升，即从本部门选拔适当的人员担任空缺的职位；内部调动，从其它部门选择适当的人选担任本部门的空缺职位；内部招标，在本企业范围内进行公开招聘。

二是组织外部招聘。当内部没有合适的候选人时，则应该眼睛向外，从社会上招聘员工。外部招聘的方法有：广告招聘；校园招聘；猎头公司；网络电子化招聘;员工推荐。

内部招聘的优点：得到升迁的员工会认为自己的努力得到组织的认可，积极性和绩效都会得到提高；内部员工对组织的情况比较了解，适应也就比较快，同时组织对员工也比较了解，降低了招聘风险；提拔内部员工人工成本较低。其缺点是：容易造成“近亲繁殖”；容易造成职位继承观念和争斗；可能因操作不公或员工心理原因造成内部矛盾。

外部招聘的优点：为企业注入新鲜的血液，带来新知识、新经验、新的工作方法和新思维。可以起到树立企业形象，扩大企业知名度的作用，组织可以借招聘的机会对员工、客户和其他外界人士宣传本企业。有利于招聘到一流的人才。其缺点是：新员工的适应期长，进入角色慢；影响内部员工的积极性；招募成本大；选择起来很困难，决策风险大。

(2) 人员测试

人员的招募与选拔过程中，必须重视对人员进行测试。人员测试是指采用心理学、社会学等方法对人员进行测试和试验，其目的是为了保证公司、企业所引进的人员的素质和水平。一项研究表明，规模越大的公司，越倾向于采用测试来选拔人力资源，决定雇佣与否和提升的可能性。

人员测试的内容主要有：

智力测验。智力测验是用来衡量一个人的智商程度。需要注意的是，对成年人的智力测试必须采用一定的素材和器具，来判断他处于某一种情况下的智商是多少，然后通过计算得出平均智力水平。

性格和能力测试。性格测试是测试员工学习和发展的可能性，它和能力测试一起可以说明哪一种人经过公司训练之后，是从事这项工作的最佳人选。能力测试中最重要的一环是对人员的心理承受能力、心理素质、动作能力进行测试。

人格与兴趣测试。人格测试用来衡量应征者在稳定性、内省性、激励性等方面的一些基本状况。人格测试一般都是影射性的，通过对受测者一些表面现象的理解来把握他们的心理状态。兴趣试验主要是测试员工的兴趣、爱好，以帮助组织进行工作方面的选择。

成就测试。成就测验用来了解人员在以往学习、工作中所取得的成绩。对于企业来说，成就测验可帮助企业从若干个众多的应征者中选择较为优秀的一个。

(3) 人员招聘的原则

要保证企业能够选拔到真正高素质的人才，招聘过程中就应遵循一定的原则。

第一，人员招聘必须坚持计划性原则，必须以人员招聘计划为指导来进行人员的招聘。

第二，人员招聘必须坚持贯彻任人唯贤、择优录用的原则。

第三，招聘过程中，应坚持公平、公开、机会平等的原则。

第四，最小支出原则。在员工选拔过程中，同其它一切活动一样，都应该坚持最小支出和最低成本的原则。

2. 员工培训

进入21世纪，新技术、新发明出现的速度越来越快，这对组织内员工的要求越来越高，尤其是技术人员和管理者所掌握的技能要不断更新才能保证组织的竞争力，这更要求组织要不断地对员工进行培训。培训是指组织通过对员工有计划、有针对性的教育和训练，达到改进员工知识、技能以适应经济、技术发展、变革的目的。

(1) 培训的目的

培训的目的是指通过培训使组织中的员工获得适应其所在岗位现在和未来需要的必要的知识和技能。通过培训，达到补充知识、发展能力、提高技能、转变观念、提高素质、交流信息、加强协作的目的，从而全面提高员工的素质，增强员工为组织做贡献的能力。

(2) 培训的原则

战略原则。制订组织的中、长期培训计划，既要符合组织整体发展的战略规划，又要满足组织目前的工作需要。

理论联系实际、学以致用原则。员工培训应该具有针对性和实用性，培训的组织者和管理者要从组织的实际和工作的需要出发，并根据培训对象的基本情况，有针对性地决定培训内容。

全员培训和重点提高相结合原则。要有计划有步骤地对不同岗位的全体员工进行培训。同时，应重点培训一批技术骨干、管理骨干尤其是中高层管理人才。

通才教育与专业教育并重原则。专才与通才的培养并重，对于通才，应特别注意培养其担任经理人员所需的织织能力与领导能力；对于专才，应特别注意培养其成为某方面的专家、技术员等所要求具有的专门技能。

因材施教原则。针对每个人员的实际技能、岗位和个人发展意愿等开展员工培训工作。培训的方式、方法应适应个人的特点和能力。

讲求实效原则。效果和质量是员工培训成功与否的关键，为此必须制订全面周密的培训计划和采用先进科学的培训方法和手段。

有效激励原则。要将人员培训与人员晋升、薪酬相结合，有效地激励被培训者，以便更好地达到培训效果。

(3) 培训的种类

第一，新进员工入职教育。对于组织新吸收的员工来说，无论是谁，都面临了一个新的环境，有了新的心情，就要求他们要摒弃某些理念、价值观，并尽快熟悉新的组织、适应新的环境。组织在这段时间里，就要帮助新员工建立与同事和工作团队的关系，形成符合实际的期望和积极的态度，消除新员工因不确定而产生的焦虑。新员工培训包括：上岗前培训和上岗时培训。上岗前培训的主要目的是消除新员工上岗前的不安，使之具有在组织内生活的愿望。上岗前培训通常采用文字资料、影音资料、现场实习相结合的教育方式。上岗时培训，是让员工明白组织的劳动条件、工会、劳动协作、就业规划、社会保险、劳动保险、退休金、养老等各方面的制度。还要让员工在有关部门参观见习特别工种，做内部工种的比较观察，并根据员工的具体情况和愿望分配岗位。

第二，在岗培训。根据培训的目的，在岗培训有以下几种形式。

转岗培训。转岗培训是指对已被批准转换岗位的员工进行培训，旨在使其达到新岗位要求。员工转岗的原因有组织方面和个人方面的原因。转岗培训的方式有：与新员工一起参加拟转岗的入职培训；接受现场的一对一指导；外出参加培训；接受企业的定向培训。

晋升培训。晋升培训是指对拟晋升人员或后备人员进行的培训，使其达到更高一级岗位要求的培训。晋升培训以员工职业发展规划为依据，具有培训时间长、内容广、多种培训方法并用的特点。

岗位资格培训。许多岗位需要通过考试取得相应资格才能上岗，通常这些资格只在一定的年限内有用。未获得资格证或资格证已到期的员工需要再接受培训并参加资格考试以得到上岗资格。

更新知识、学习新技能培训。由于组织内外环境的变化和知识、技能的更新，组织需要对企业员工进行培训。

第三，外派培训。组织可以选派具有一定资格的员工到高校深造学习、出国进修或参加短期培训班学习、参加研讨会或到国内外优秀企业考察学习，从而提高组织员工的能力、素质。

二、薪酬管理

在人力资源管理中，薪酬管理具有重要的位置，起着重要的作用。这一重要地位是由薪酬在激励中的重要作用所决定的。调查表明，即使现代最进步的激励方式（如工作丰富化等），也比不上金钱的激励作用。可以说，薪酬激励是现代管理、现代激励的重要基础。薪酬管理包括以下几个方面的内容：

1. 职位评定

职位评定是职务分析的继续，是确定工资标准与等级的基础，也是人力资源配置的基础。职位评定是指对组织内各项工作进行综合考察，并对所有的工作进行分级，从而决定各项工作之间的关系。

职位评定的方法有很多，常用的包括：排序定级法，因素比较工作评价法，海氏（Hay Group）三要素评估法，评分式工作评价法等。

2. 薪酬管理的结构和类型

对企业员工核发薪酬的方法具体地可分为许多种，但所有具体形式均可归纳为两个基本类型：计件工资制和计时工资制。计件工资制是指按照员工在一定时期内完成的产品件数来核出工资；计时工资制则正好相反，是按员工工作的时间来核出工资。按照这两种基本的分类方法，我们可以把薪酬管理予以分类：计件式薪酬管理、计时式薪酬管理。前者是指以计件薪酬为主的薪酬管理，后者则是以计时薪酬为主的薪酬管理。在实际中特别是现代社会，薪酬管理一般都包括这两个基本类型并有所扩展。

每个企业都有自己独特的薪酬结构。薪酬结构主要是指企业总体薪酬所包含的固定部分薪酬和浮动部分薪酬所占的比例。一般地，小企业多以人情方式处理员工的薪酬，大企业则通过完整的薪酬结构，指出每一项工作的薪酬及工作间的薪酬关系。要确定薪酬结构，必须参考国家的相关行业规定，考虑同类企业的薪酬结构，本企业的员工素质、工作能力以及企业的支付能力等方面的因素。企业经常选择的薪酬结构策略有：高弹性薪酬结构策略；高稳定性薪酬结构策略；调和型薪酬结构策略。值得指出的是，一个企业所采用的薪酬结构和薪酬类型并不是一成不变的，可以根据内外情况的变化而调整。

3. 薪酬管理的内容

薪酬管理包括对企业薪酬总额的管理以及对薪酬制度（薪酬形态、薪酬体系、薪酬支付方法）的管理等。

(1) 薪酬额管理

可分为总额薪酬管理和个别薪酬管理。薪酬管理关系到企业所付出的人力资源费用及成本，关系着企业的成败，同时又是员工个人及其家庭生活的重要保障。

首先，是对薪酬总额的管理。薪酬总额是指企业应当支付的所有的薪水与工资的总和。薪酬总额管理关系到企业的费用和成本，它体现着企业的经营状况、盈利能力和支付能力。薪酬总额管理中最重要的任务是对薪酬总额的确定。

其次，是对员工个别薪酬的确定和管理。个别薪酬是按照员工的特征和个人条件而决定的薪水与工资。个别薪酬的确定需要考虑到很多因素，主要包括职务分析和职务评价的结果、服务年限长短、员工的工作努力程度与薪酬的关系。一方面，一般来说，员工工作时间越长，所得到的报酬应该越多，而年费增加的百分数要逐渐减少，防止企业内部出现贫富差距过大，影响员工积极性的发挥。另一方面，员工工作努力程度与薪酬有关系。在确定个别薪酬时必须重视对员工工作努力程度，可采用的方法有概要评价、比较评价、行为评价等。

(2) 薪酬形态管理

所谓薪酬形态，是指企业采用何种单位、以何种方式向员工发放报酬。薪酬形态可以分为两大类：一是基本薪酬，二是激励性薪酬。

首先，是基本薪酬。基本薪酬要解决的问题是员工的生理、安全等需要，是保证员工能够生活下去的薪酬。基本薪酬的给付方式有两种：一是时间工资制，用来计算一定时间内应该支付的工资，具体细分为时薪、日薪、周薪、月薪和年薪；二是计件付酬制，按完成的产品数量来支付工资。

其次，是激励性薪酬。激励性薪酬是为了解决员工的生产力问题，为了调动员工的工作积极性，它针对的是员工自我实现的需要。与基本薪酬相比，激励性薪酬采用的给付方式主要是成绩工资制，它是指在员工个人或团队成绩、产量的基础上，根据员工劳动成果支付工资的制度。成绩工资制一般采用计件付酬方式。计件付酬方式有两种：一是单纯计件制；二是按工资率增加制。前者是指按产量增加工资额；后者是使工资率同作业量按同比例增加，用以激励员工，从而提高员工的生产力。

(3) 薪酬体系管理

薪酬体系管理是按照薪酬体系计算员工得到的薪酬总额，并且可以把计算出来的薪酬具体分配给每个员工，或者说，是对薪酬的确定、核发等的体系化管理。

就全世界范围来说，薪酬体系可以分为五种：综合性薪酬体系；年功序列式薪酬体系；职务薪酬体系；职能薪酬体系；行业薪酬体系。一个企业的薪酬体系，可以是上述五种类型中的一种，也可以是几种不同类型的综合使用。事实上，在现代社会里的企业，一般都采用几种不同的薪酬体系，来进行薪酬的系统化管理。

三、绩效管理

1. 绩效和绩效管理

绩效是指经过考评的工作行为、工作表现及工作结果。对组织面言，绩效就是任务在数量、质量及效率等方面的完成情况；对员工而言，则是对自己工作状况的评价。绩效具有多因性、多维性与动态性的特征。

绩效管理是一种为了实现组织的战略目标，并确保员工的工作行为和工作质量能够与组织目标保持一致，通过管理者和个人的沟通并运用人力资源管理的知识、技术和方法，制订绩效计划，进行绩效沟通、绩效考评、绩效反馈与改进，以促进员工绩效持续提高并最终实现企业目标的管理过程。绩效管理是一个完整的系统，这个系统包括几个重要的构件：目标与计划、辅导与训练、评价与检查、回报与反馈。

2. 绩效评估的含义和意义

绩效评估是绩效管理过程中最重要的组成部分。人力资源管理中的绩效评估是指采用一定的方法，对企业内部人力资源管理活动的成绩和效果进行评估，它不仅包括对企业员工个人工作活动的考评，也包括对企业在规划、选拔、培训、开发人力资源等方面所付出代价的考评。

绩效评估在人力资源管理中占据重要地位。企业人力资源管理要实现它的管理目标就必须付出一定的代价，我们只能尽可能地减少这种代价，用较少的投入获得较大的产出。企业人力资源管理的这一内在要求使得绩效评估得以产生。反过来，绩效评估又是企业人力资源管理成功与否的评价标准和重要保证。

绩效评估的意义表现在以下几方面：

首先，绩效评估是企业招聘人员的依据；

其次，绩效评估是员工调动和升降职位的依据；

再次，绩效评估是员工培训的依据；

最后，绩效评估有利于形成高效的工作气氛，使个人目标与组织目标相一致，提高员工积极性。

3. 绩效评估的原则

建立绩效评估制度和实施绩效评估时，需要遵循一定的原则，以保证绩效评估的顺利进行。

(1) 建立绩效评估制度的基本原则

公开与开放原则。在建立绩效评估制度时要取得企业上下员工的一致认同，从而推行绩效评估。

定期化与制度化原则。绩效评估是考察员工工作效率的主要方式，由于员工在不同的时间段表现出不同的效率和能力，这也就要求绩效评估不能一次完成，而要在一定的时间间隔内重复进行。

反馈与完善原则。绩效评估的主要目的就是要通过考核确定员工的优点与不足，以促使员工不断地进行自我完善和提高，更好地满足组织的期望。因此，如果评估结果没有及时地反馈给相关人员，评估工作就失去了意义。

可行性与实用性原则。任何一次评估都要从企业的实际情况出发，即量力而行，所需要的人、物、财都要得到企业的客观条件所允许。

(2) 实施评估的基本原则

在绩效评估的具体实施过程中应遵循以下原则：

首先，客观评估与主观评估相结合。这是指在评估过程中要尽可能采用客观的评估手段与方法，但又不能完全忽视主观性综合评估的作用。

其次，定性评估与定量评估相结合。绩效评估要将经验判断和量化的方法相结合。

最后，动态评估与静态评估相结合。静态评估是以统一的评估方式在特定时空下进行评估；动态评估则是从能力和行为形成发展的过程而不是结果来研究员工前后变化的情况。

4. 绩效评估的内容

首先，人员绩效评估。对单个员工或员工团队的工作状况进行评估，其目的是了解和把握每一位员工对各自工作的完成情况及对企业的最终贡献程度。对员工工作绩效的评估方法有很多，包括观察法、关键事件法、交替排序法、配对比较法等。

其次，是对企业整个人力资源管理活动进行评估。人力资源是企业中最重要的资源，它为企业提供了最为主要的动力，因此必须有效地去管理人力资源并提高其生产力。为了准确衡量和计算企业管理人力资源的绩效，就必须从整体出发来进行评估。

5. 人力资源活动绩效的评估方法

对企业人力资源管理活动的评估方式主要有人力资源会计、公司人力资本与效用分析三种方式。

(1) 人力资源会计

人力资源会计兴起于20世纪70年代初期，是把会计学特别是现行财务会计中的“成本与收益的配合原则”运用于人力资源管理之中。其倡导者认为，人力不仅是一种资源，更是一种资本，是一种资产，它和其它类型的资产一样，也可以用货币来衡量。因此，人力资源会计以组织的整体观念为基础，采用系统化的方法来衡量员工的资产价值与企业人力资源活动所引起的该资产价值的变动，从而对员工的薪酬、报酬、重置成本、标准成本等方面予以“资产化”的评价。此外，人力资源会计还试图将“能产生预期未来利益的人力资源投资”予以资本化，并按照该项投资的受益逐期摊销，从而定期衡量其价值。人力资源会计的衡量方法主要有：

成本衡量法。以取得相应素质的人力资源的成本为人力资源的评价准则，把与人力资源管理活动相关的成本予以资本化，然后按照对资本的处理方式加以会计处理。这其中，不仅包括对企业中人力资源所支付的薪酬等费用，也包括企业对人力资源进行培训、选拔、开发等投资支出的会计处理。

人力资源的成本衡量法有两类：一类是历史成本法；另一类是重置成本法。所谓历史成本法，就是按照企业以前获得人力资源及培训、开发等支出来衡量人力资源的资产价值。而重置成本法则是按重新获取人力资源、培训、开发人力资源所要花费的成本来衡量人力资源的价值。

组织行为方法。通过对自变量、中介变量与绩效之间的关系进行分析，从而衡量企业内部人力资源的价值。自变量如领导者的技能、组织内部氛围等；中介变量如员工的观念、态度，企业内部激励管理方式等；而绩效则是指人力资源所引起的生产力或人力资产的会计盈余等。

随机报酬评价模式。美国学者弗拉姆豪茨认为，组织内部由于职务调动、离职倾向等因素所引起的人员移动几率可用随机模式来估计，也就是说，人力资源的价值决定于“员工被派往某职位的服务价值”与“留任该职位的期间与几率”。

(2) 公司人力资本

公司人力资本是从劳动经济学中派生出来的概念，它指的是企业人力资源投资所产生的未来经济收益的净变现值。公司人力资本理论认为，可以用边际生产力和机会成本的观点来衡量公司内部人力资本总量的变动，当员工的边际经济贡献超过其边际劳动成本时，超过部分的净现值就是公司内人力资本的增量。其中，人力资源的劳动边际成本包括薪酬成本和规划、选拔、训练员工等管理活动的费用和成本。

(3) 效用分析

效用分析，是把工业心理学运用于人力资源管理的绩效评估上而产生出来的。按照这一理论，可以通过对企业内部会计成本、净利润、企业销售能力、员工薪酬等的考察来评估员工的贡献大小，也可对企业整个人力资源管理活动进行绩效评估。因此，效用分析理论企图把绩效结果和其影响因素函数化、公式化，从而计算预测出企业人力资源管理活动费用的财务净盈利，帮助领导决策。

四、职业生涯规划和人力资源开发

1. 职业生涯规划

(1) 职业生涯规划的含义和意义

所谓职业生涯规划，是指个人根据自身的优势和劣势，对内、外部环境的机会和威胁进行分析、总结和测定，确定自己的职业生涯发展的目标、选择能实现这一目标的职业，制订相应的工作、培训和教育计划以实现职业生涯目标的过程。职业生涯规划包括职业生涯决策、设计、开发等内容。

职业生涯规划有利于员工更好地分析和了解自己的优缺点，对自己未来职业的发展有明确的定位。职业生涯规划有利于设立明确的职业目标，发现新的职业机遇。职业生涯规划能够促使个人积极努力地去争取职业目标的实现。职业生涯规划有助于个人对生活及工作进行恰当的调整。

(2) 职业生涯的阶段

美国学者萨帕把职业生涯划分为五个阶段：

第一，职业成长阶段（出生—14 岁）。自我概念的发展和成熟。

第二，职业探索阶段（15 岁—24 岁）。个人在学校活动、社团闲暇活动、打零工等机会中了解自我并进行职业上的探索。该阶段是人生道路上非常重要的转变时期。

第三，职业确立阶段（25 岁—44 岁）。该阶段是工作生命周期的核心部分。个人发现真正适合自己的领域，并努力试图使其成为自己的稳定职业。

第四，职业维持阶段（45 岁—65 岁）。建立一席之地，保住职业位置，按既定方向发展。

第五，职业衰退阶段（65 岁之后）。生理及心理日渐衰退，接受权力和责任减少的事实，准备退休。

2. 人力资源开发

(1) 人力资源开发的内容及其意义

人力资源开发是指对一个国家或企业所涉及范围内的所有人进行正规教育、智力开发、职业培训等工作，其目的是培植人的知识、技能、经营管理水平、价值观念等，使其各方面的能力不断获得充分发展。人力资源开发的内容包括精神、知识、技能、创造力、生理素质等方面。人力资源的精神开发即人的自觉性和能动性的开发。知识开发是指通过普通教育提高人力资源的知识水平。技能开发，又叫职业技能开发或职业技能培训，是指对已经受过一定水平的普通教育，将要或已经在一定职业岗位上从事有酬劳动的人员进行的教育培训活动，目的是使其掌握从事某种职业所需要的实用知识、工作技巧，以及特定的技术职业规范和准则等，从而具有参与社会劳动的资格和能力。人力资源的创造力开发，是指能激发人的创造欲望、创造思维和创造能力并产生创造成果的一系列良好的环境和条件，它与知识、技能、自觉性和能动性的开发紧密联系，是人力资源的高层次开发。最后，生理素质开发也是人力资源开发的重要组成部分。

人力资源开发的意义：

第一，人力资源开发是提高企业人力资源素质和技能的主要途径，从而促进劳动生产率的提高；

第二，人力资源开发能够促进科学技术水平的提高；

第三，人力资源开发可以促进企业管理水平的提高，并进而提高企业的经济效益；

第四，人力资源开发有力地促进产业结构的变化；

第五，人力资源开发为经济的持续发展创造有利的环境。

(2) 人力资源开发的原则

第一，成本收益原则。在人力资源的开发中，必须遵守成本收益原则。这就是说，在决定开发之前，应该对人力资源开发的成本和可能获得的收益予以比较，从而确定是否进行开发。

对成本和收益的分析应该从以下几方面入手：

人力投入成本。人力资源开发过程中，必须投入一定的人力，包括管理人员的投入和企业外部聘请专家的成本投入，特别是后者的投入需要花费较高的费用。因此，要进行人力资源开发，首先必须考虑这种投入成本。

资金、物质投入成本。要对人力资源进行培训和开发，必须花费大量的资金，投入大量的培训设备，比如训练课程所采用的教材、举办研讨会对场地的特殊要求，开发人才所采用的现代化管理仪器等。

人力资源开发的机会成本。它是指企业因进行人力资源开发而损失的正常生产经营所能带来的利益。举例来说，假如企业要培训一个员工花费 1000 元 (从确定培训对象到最终完成培训)，这既包括各种人力投入成本，又包括资金、物质投入成本。但是，从机会成本的角度看，企业为培训这一个员工所支付的总成本不止 1000 元，因为企业如果把这 1000 元用于其它生产或经营活动上也可以创造出利润，而员工把参加培训所花费的时间用于工作也能增加效益。培训的机会成本是这两者的总和，而企业培训一个员工的总成本则是人力成本、物质资金成本与机会成本的总和。

长期收益与短期收益分析。企业不但要分析人力资源的开发成本，也应分析其收益。长期收益是指在较长的时期内所能带来的收益，它是潜在的价值。短期收益是指在较短时期内能获得的收益，它是眼前能看得见的收益。收益分析必须综合考虑这两个方面，特别要重视对长期收益的分析。因为人力资源开发所费时间较长，周期较长，见效慢。俗话说“十年树木，百年树人”，讲的就是这个道理。

第二，系统原则。在人力资源开发过程中，必须坚持系统论的观点和方法。具体地讲，要坚持两个原则：

一是整体原则。人力资源开发是一项系统工程，首先是指它是一个整体性的开发过程。企业人力资源系统由一个个单独的子系统所构成，这些子系统可以是人，也可以是小的群体。在开发过程中，必须坚持整个人力资源大系统的最优，而并非子系统的最优。因为系统论的主要观点之一就是，子系统最优并不意味着系统整体最优。

二是反馈原则。系统趋向目标的行为是通过信息反馈，在一定的、有规律的过程中进行的，所以必须有反馈。

第三，环境分析原则。在人力资源开发中必须对企业所处的环境进行具体分析。

它包括两方面的内容：

一是对企业内部环境进行分析，主要分析企业所处的生命周期、企业内部人群关系如何、有何种形式的企业文化等，其目的是了解企业内部是否有开发人力资源的氛围。

二是分析企业外部环境。外部环境主要包括国家宏观人事政策、国家经济政策、法律条文、同行业其它竞争对手情况等，分析外部环境的目的是了解企业外部环境对人力资源开发有可能造成的影响，以利于企业决策。

(3) 人力资源开发计划和实施

①人力资源开发计划

人力资源开发计划，是人力资源开发活动的纲领性文件。人力资源开发是一个整体性的系统工程，它包括许多子系统。在具体实施中，各个子系统的相互关系及在整体中的地位和作用必须通过事先计划才能确定。同时，在计划中对未来可能出现的各种问题予以预测，从而能够减少未来的不确定性带来的不利影响。另外，通过人力资源开发计划，可以减少具体实施开发过程中不必要的浪费，提高经济效益。

人力资源开发计划包括如下内容：

人力资源开发的原因。这是人力资源开发计划的第一个内容，它说明一个企业为什么要进行人力资源开发。对原因的说明可以是总结性的简短的文字表述，也可以具体分析企业人力资源开发的成本、收益和环境等。

人力资源开发的目标。它是指企业进行人力资源开发所要达到的目的。首先，促进人的发展是人力资源开发的最高目标；其次，开发并有效运用人的潜能是人力资源开发的根本目标。对于开发的目标，最好是详细、具体一些，能量化的尽量量化，以便未来评估。

人力资源开发的步骤和进程。对企业人力资源开发的步骤加以说明，并对人力资源开发做出时间安排，以便领导人员掌握开发的进程。

人力资源开发的具体方式。这部分内容主要提供给人力资源开发组织者和领导者，成为他们实施开发的重要参考。人力资源开发的具体方式很多，主要有在职训练和职外训练两大类。具体地讲，在职训练包括工作指导式训练法、实习训练法、工作轮调法等；职外训练主要包括特别训练班、工作模拟训练、管理学院课程训练、研讨会训练等多种形式。

人力资源开发的绩效评估。这部分内容是为了检查人力资源开发的效果而设置的。人力资源开发完成以后，企业主管人员必须进行绩效的评估工作。这一部分包括绩效评估的意义、途径、方式等内容，从而给评估人员以具体而实际的指导。

②人力资源开发的过程

人力资源开发的过程是指企业为了开发人力资源，首先应该做什么工作，其次做什么，最后怎么总结。人力资源开发的过程可分为以下几个方面：

确定人力资源开发的必要性。一个组织、企业有无必要开发人力资源，取决于企业对企业内部状况和外部环境的分析。企业内部状况包括企业目标、企业人力资源现状、企业经营状况等；企业外部环境主要指竞争对手状况、相关组织状况、国家政策状况等。

选择开发对象。一般来说，企业并非要对所有的人员进行培训开发，而是针对某些主要部门、关键行业部门的人员有选择地进行培训。

拟定实施计划。在确定开发对象之后，必须拟定出具体的实施计划。实施计划中应该指明培训的过程、具体方式等。

具体实施，开发人力资源。这里需要注意的是，实施中必须随时检查，收取反馈信息，纠正偏差，以保证开发的顺利实施和正确方向。

绩效评估。这是人力资源开发的最后环节。通过检查和评估，可以对企业人力资源开发的效果和收益做出评价，以总结经验教训，弥补不足。

③人力资源开发的具体方法

案例教学法。应用案例教学法时需要注意以下几点：首先，其内容应是真实的。为了保密，有关的人名、单位名、地名可以改用假名但基本情节不得虚假。其次，教学案例中应包含一定的管理问题。最后，教学案例必须有明确的教学目的,它的编写与使用都是为某些既定的教学目的服务的。

工作指导式训练法。对员工工作给予指导，当员工实地工作中出现问题时，可以把信息反馈给管理人员或专业技术人员，从而不断得到指导，正确完成工作。

工作轮调法。将员工由一个工作岗位调往另一个工作岗位，以帮助他了解和掌握从事另一种工作所需的技能与方法。

工作模拟训练法。设置出与实际情况相类似的学习环境，让受训人身临其境地实际处理问题。

实验室训练法。让许多受训人共处一室，相互间自由交谈，表达出各自的感受。其目的是帮助员工提高自我察觉、自我了解的程度，以便对别人的态度、情绪和团体过程有更敏感的反应。

④人力资源开发的效果评价

柯克帕特里克提出从以下四方面对人力资源开发的效果进行评价：反应，评估员工对人力资源开发的反应；学习，了解员工通过人力资源开发是否真正学到了东西；行为，员工是否能把所学的东西应用到实践中；结果，开发后能为组织带来的相关产出的变化。

具体的评价方法有：

测试比较评价法。人力资源开发项目实施前和实施后分别用难度相同的测试题对受训者进行测试。考察受训者在培训结束时的测试成绩是否有明显的提高。

工作绩效评价法。人力资源开发项目结束后，每隔一段时间（如 3~6 个月）就应以书面调查或访谈的形式，了解受训者在工作上取得的成绩。

工作态度考察评价法。比较人力资源开发前后工作态度的变化。

同类员工比较评价法。比较被开发者和未被开发者的工作，依此比较结果对开发工作的成效做出评价。如果两者在同样的工作上，在开发前工作成绩相差无几，而其中经过开发的一个工作成绩明显提高，则表明开发工作具有成效；否则，就说明开发效果欠佳。

本章提要

★人力资本是以非物质资本形式存在于人体内的，以劳动者的数量和质量为表现形式的并且可以带来财富增值的资本。人力资源是指一个国家或地区范围内人口总量中所蕴含的劳动能力的总和。

★人力资源管理是指组织的一系列人力资源政策以及相应的管理活动。这些活动主要包括组织人力资源战略的制订、员工的招募与选拔、培训与开发、绩效管理、薪酬管理、员工流动管理、员工关系管理、员工安全与健康管理等。

★人力资源规划，从静态上讲，是指一定时期人力资源的开发、培训和发展的计划；从动态上来说，它是一个过程，在这个过程中，通过对未来组织任务和环境进行预测，从而为完成组织任务和环境要求而提供合适的人员。

★人力资源管理是一套完整的、动态的管理过程，包括：人力资源规划、人员的招聘和选择、人员培训、薪酬管理、绩效管理和人力资源开发等几部分。

本章思考题

1. 什么叫人力资本?
2. 简述人力资源管理的基本内容。
3. 请简述职务分析的内容、步骤和过程。
4. 招聘的途径有哪些? 各有什么优缺点?
5. 企业进行员工培训时应遵循哪些原则?
6. 绩效评估的原则和方法是什么?
7. 简述人力资源开发的内容及其意义。

本章案例

海尔集团的人力资源管理

一、以人为本——海尔的创新用人机制

1. 海尔的用人理念

企业管理一般主要管四样:管人、管财、管物、管信息。后三者都由人去管理和操作,人是行为的主体,可以说,人的管理是企业管理的核心。因此,现代的企业总是把人力资源管理放在相当重要的位置,每个企业都有自己的一套用人理念,海尔当然也不例外。

在海尔领导看来,企业不缺人才,人人都是人才,关键是将每一个人所具备的优秀品质和潜能充分发挥出来。海尔集团总裁张瑞敏认为,企业领导的主要任务不是去发现人才,而是去建立一个可以出人才的机制,并维持这个机制健康持久地运行。这种人才机制应该给每个人相同的竞争机会。为此,海尔人"变相马为赛马",在全体员工高度认同的情况下,不断提升、完善这一竞争机制。这是一个立足于市场经济竞争的人才竞争机制。海尔的领导们认为每个人都有自己的长处,或者在这方面,或者在那方面,从这一点说,每个人都是人才。对于一个企业来说,人才永远都不嫌多。人才可能有优有劣,而优劣之分要通过"赛马"来判断。对每一个想要实现自我发展目标的员工,海尔都会为他提供公平的竞争平台,在工作岗位上对他们进行考核。张瑞敏告诉员工:"你是不是千里马,不用我说他说,请你自己说,用自己的行动告诉大家。"在张瑞敏眼里,他的员工个个都是千里马。一旦有内部发展机会,海尔就会营造一种全员竞争的氛围和机会,择优上岗,而不是事先就把目标锁定在少数几个人身上。这就是员工愿意留在海尔、愿意在海尔奋斗、愿意为海尔奉献的原因,这

也就是“赛马”机制的魅力所在。现实告诉我们，一些人一旦熬到“伯乐”的地位，就只当“赛马”裁判，自己终身“免赛”了。而海尔人不同，“千里马”要赛，“伯乐”也要赛，普通员工要赛，管理者也要赛，高层管理者的比赛规则更严、标准更高。海尔的各级管理人员，每天都要既负责考评别人，又接受上一级的考评。让人难以接受的是，考评不一定天天评出“优”，但一定得天天评出“劣”，而且立即兑现奖惩。海尔中层干部的考评由公司总经理实施，并且将考评结果公布在办公大楼醒目的地方。各公司总经理的考核由集团干部处负责。

海尔的赛马机制具体而言，包含三条原则：一是公平竞争，任人唯贤；二是职适其能，人尽其才；三是合理流动，动态管理。海尔人力资源开发和管理的要义是，充分发挥每个人的潜能，让每个人每天都能感到来自企业内部和市场的竞争压力，又能够将压力转换成竞争的动力，这就是企业持续发展的秘诀，即开展公平、公正、公开竞争。市场竞争说到底是人才的竞争。有什么样的人才，就有什么样的事业，谁拥有的高素质人才多，谁就可以在竞争中取胜。

2. 三工并存、动态转换

海尔集团实行“三工并存、动态转换”制度。三工，即在全员合同制基础上把员工的身份分为优秀员工、合格员工、试用员工（临时工）。他们分别享受不同的三工待遇（包括工龄补贴、工种补贴、分房加分等），并且根据工作业绩和贡献大小进行动态转换。海尔有一套完善的绩效考核制度，对业绩突出者进行三工“上”转，即试用员工转为合格员工，合格员工转为优秀员工；对不符合条件的员工进行三工“下”转，甚至退到劳务市场，内部待岗。退到劳务市场的人员无论原先是何工种，均下转为试用员工。试用员工必须在单位内部劳务市场培训 3 个月方可重新上岗。同时，每月由各部门上报符合转换条件的员工到人力资源管理部门，填写《三工转换建议表》，然后由人力资源管理部门审核并最后公布。根据工作态度和效果，三种身份之间可以进行转换。“今天工作不努力，明天努力找工作”。三工动态转换与物质待遇挂钩，在这种用工制度下，工作努力的员工，可及时地被转换为合格员工或优秀员工，同时也意味着有的员工只要一天不努力，就可能有十天、百天甚至更长的时间来弥补过失，就会由优秀员工被转换为合格员工或试用员工，甚至丢掉工作。另外，海尔生产车间里通常有一个 S 形的大脚印，每天下班，班组长工作总结，当天表现不好的职工都要当着大家的面站在 S 形的大脚印上，直到下班！

检验处有位老员工，一次工作疏忽没有严把质量关，将一台应换侧板的冰箱盖上了周转章，转到了下道工序，造成的损失达 2000 元以上。按规定这名老员工被转成了试用员工。这件事对他的震动很大，他拿出“三工”转换制度小本，一次又一次地到有关部门咨询可以上转的标准。在那之后的 4 个月中，他针对岗位的薄弱环节，提出了十多条合理化建议，其中有两条被相关部门采纳；还有一次，他及时发现并处理了上一道工序生产的7个废箱体，避免了一次重大质量事故的发生，因此又被转为合格员工。这位老师傅接到通知书后，激动地说自己的努力没白费，心里的一块大石头总算放下了，工作干劲也更大了。后来，他又因更大的贡献被转为了优秀员工。

3. 升迁机制——海豚式升迁

"海豚式升迁"，是海尔人力资源管理的一大特色。海脉是海洋中最聪明、最有智慧的动物，它下潜得越深，跳得就越高。如果一个员工进厂以后工作干得比较好，但他是从班组长到分厂到厂长一步一步成长起来的，主要从事生产系统的工作，而公司现在任命他为一个事业部的部长，那么他的市场经验可能就非常缺乏，就需要到市场上去。接触市场之后，他必须到下边干最基层的工作，然后从这个最基层的岗位再一步步升上来；如果能干好，就上岗，如果干不好，则就地免职。有的经理职位已经很高了，但是如果他缺乏某方面的经验，也要派他下基层；有的管理者各方面经验都有了，但综合协调能力较低，也要派他到相关部门去锻炼。

二、海尔员工的培训策略

海尔集团从一开始至今一直贯穿"以人为本"提高人员素质的培训思路，建立了一个能够充分激发员工活力的人才培训机制，最大限度地激发每个人的活力，充分开发利用人力资源，从而使企业保持了高速稳定的发展势头。

1. 海尔的价值观念培训

海尔培训工作的原则是"干什么学什么，缺什么补什么，急用先学，立竿见影"。在此前提下首先是价值观的培训，"什么是对的，什么是错的，什么该干，什么不该干"，这是每个员工在工作中必须首先声明的内容，这就是企业文化的内容。对于企业文化的培训，除了通过海尔的新闻机构《海尔人》进行大力宣传以及通过上下灌输、上级的表率作用之外，重要的是由员工互动培训。目前，海尔在员工的"画与话"、灯谜、文艺表演、找答案等用员工自己的画、话、人物、案例来诠释海尔理念，从而达成理念上的共识。

"下级素质低不是你的责任，但不能提高下级的素质就是你的责任！"对于集团内各级管理人员，培训下级是其职责范围内必需的项目，这就要求每位领导亦即上到集团总裁、下到班组长都必须为提高部下素质而搭建培训平台，提供培训资源，并按期对部下进行培训。特别是集团中高层人员，必须定期到海尔大学授课或接受海尔大学培训部的安排，不授课则要被索赔，同样也不能参与职务升迁。每月进行的各级人员的动态考核、升迁轮岗，就是很好的体现。部下的升迁，反映出部门经理的工作效果，部门经理也可据此续任或升迁、轮岗；反之，部门经理就是不称职。为调动各级人员参与培训的积极性，海尔集团将培训工作与激励紧密结合。海尔大学每月对各单位的培训效果进行动态考核，划分等级，等级升迁与单位负责人的个人月度考核结合在一起，促使单位负责人关心培训，重视培训。

2. 海尔的技能培训

技能培训是海尔培训工作的重点。海尔在进行技能培训时重点是通过案例、到现场进行的“即时培训”模式来进行的。具体地说，是抓住实际工作中随时出现的案例（最优事迹或最劣事迹），当日利用班后的时间立即（不再是原来的停下来集中式的培训）在现场进行案例剖析，针对案例中反映出来的问题或模式，来统一人员的动作、观念、技能，然后利用现场看板的形式在区域内进行培训学习，并通过提炼在集团内部的报纸《海尔人》上进行公开发表和讨论，形成共识。员工能从案例中学到分析问题、解决问题的思路及观念，从而提高技能。这种培训方式已在集团内全面实施。对于管理人员则以日常工作中发生的鲜活案例进行剖析培训，且将培训的管理考核单变为培训单，利用每月的例会、每日的日清会、专业例会等各种形式进行培训。

3. 海尔的个人职业生涯培训

海尔集团自创业以来一直将培训工作放在首位，上至集团高层领导，下至车间一线操作工人，集团根据每个人的职业生涯设计为每个人制订了个性化的培训计划，搭建了个性化发展的平台，提供了充分的培训机会，并实行培训与上岗资格相结合。在具体实施上给员工搞了三种职业生涯设计：一种是对着管理人员的；一种是对着专业人员的；一种是对着工人的。每一种都有一个升迁的方向，只要是符合升迁条件的即可升迁入后备人才库，参加下一轮的竞争，跟随而至的就是相应的个性化培训。

三、“斜坡球体理论”和激励机制

“斜坡球体理论”是海尔用人机制和激励机制的理论基础。海尔认为，员工和企业好比斜坡上的球体，由于自身的惰性和外部的压力，向下滑落是它的本性。要想使它往上移动，就需要来自内外两种力量的支撑和推动。内在动力来自于员工自身素质的提高和对企业目标的认同和自觉的努力，这是根本；外在动力来自于企业的激励机制和企业文化的影响。当支撑力和推动力大于下滑力时，才能使员工不断提高，使企业不断发展。

海尔创业伊始，员工的爱厂、敬业、组织纪律性等各方面素质并不是很高，在最初的厂规中还有一条“不许在车间随地大小便”，由此可见当时的职工素质之一斑。从 1984 年至今二十几年来，海尔员工的精神风貌、技术水平、品格素质都有了整体的提高，与当初不可同日而语。而且，海尔兼并 17 个厂的同时，都能使新海尔人不断地融入海尔的企业文化之中，加入到敬业报国、追求卓越的行列之中。这个奇迹的产生不仅是出于海尔有公平竞争、促进人才发展的用人机制，还在于海尔激励机制的巨大魅力。

1. 多种形式的与绩效挂钩的工资制度和物质激励手段

海尔的工资改革的原则就是将工资与员工的劳动效果、工作业绩挂钩，真正实行“多劳多得，少劳少得，不劳不得”的原则，彻底打破平均主义，激发劳动者的工作热情。海尔集团根据不同岗位、不同管理层采取多种工资形式。例如，计件工资、点数工资、岗位工资、承包工资、年薪制度等，丰富了企业工资管理制度，以适应企业各阶段的发展。同时，海尔还采用直接的物质激励手段。例如，在质量管理上利用质量价值券，对生产过程中的质量问题，随时撕券给予奖惩。撕红券以示奖励，撕白券以示罚款批评，均有价值额度。例如，一名青工，他上岗头一个月被撕白券 20 多元，引起了他的重视，改进了生产质量，以后很少被撕白券了。

2. 注重精神激励

著名的马斯洛需要层次理论阐明，人的自我实现是最高层次的需要，其产生的内在动力远比物质奖励等外在激励深刻和持久。海尔领头人张瑞敏深刻地指出：“能满足每个员工最深层，也是最本质需要的不是金钱、物质，而是自我价值的发现和实现。海尔通过平等用人的机制告诉员工，他们中的每一个人都是人才，都能在工作中超越自己，更新自己。海尔的每一步发展，都是全体员工创造性劳动的结果，而这一结果，反过来又给予他们自豪感和优越感，激励他们进一步发挥潜力，企业因此而永远充满活力。”为此海尔集团不断探索精神激励的办法：

（1）鼓励员工创造发明。海尔规定，凡是员工发明、改革的工具明显地提高劳动生产率，可由所在部门逐级上报厂职代会讨论通过，并以发明或改革者的名字命名该项创新与发明，公开表彰宣传，并给予现金奖励。例如，海尔洗衣机本部员工王学勤，改进了放料盒，提高了工效，该项小发明被命名为“学勤料盒”。这样的例子在海尔比比皆是，像“秀波缠线法”、“晓玲扳手”、“峰远过渡轮”等，数不胜数。这种容纳百川、不拒细流的即时激励与精神激励，激发了员工的创造热情，使员工的革新和创造层出不穷。

（2）鼓励员工参与管理。员工参与管理的程度，既反映了员工融于企业的程度，又反映了企业文化被认同的程度。海尔规定职工提出的合理化建议要逐一落实，并给予适当的物质奖励，并设置了海尔希望奖、合理化奖等。为管理干部设置了金、银、铜奖。建议被多次采纳者，可进行三工转换。职工还可以自由申请竞争参加由职能部门拟定的攻关课题，根据成果给予 50~1000 元的奖励，优秀者可进行三工转换。从 1997 到 2000 年，海尔集团共收到合理化建议 13.6 万条，采用 7.8 万条，创造效益 4.1 亿元。

（3）职工生涯设计。海尔为员工设定了三种职业生涯设计：管理人员职业生涯设计、专业人员职业生涯设计和工人职业生涯设计。这是根据每个人的特点制作的，其中每个工作目标都和本人协商确定，每一种工作都有升迁的方向。如果需要提高，马上可以进行有针对性的培训。在海尔集团，每个海尔人，都可以在人力资源部公布空岗的时候，主动上台打擂，以实现自己的价值和理想。这种细致的工作，体现了一种尊重，尊重员工实现自我价值的精神需求。同时，这更是一种高层次激励，激励员工发掘自己的潜能，自我完善利导，向高层次需求发展，实现自我价值。由于海尔解决了员工个人自身发展问题，因此出现了“高薪、住房挖不走，出国也不再是诱惑”的局面。海尔技术中心张汉奇博士曾经谢绝了许多外企的高薪聘请，他说：“海尔有很好的文化氛围，也有施展才能的平台，我要做一个海尔人。”“在海尔我看到民族工业的明天，所以我要在研发岗位利用好每一分钟。”

（4）创立“三心”工程，增强职工向心力。在海尔执行制度一丝不苟，是无情的，但为职工排忧解难是有情的。海尔开展了“三心”工程——“解决疾苦要热心、批评错误要诚心、做思想工作要知心”，为员工做了许多实实在在的工作，如办理各种国家保险和企业内部的各种补充保险；解决职工上下班班车；提供优质的工作餐；解决职工住房；以多种形式活跃丰富职工生活；举办集体婚礼等。让职工“上班满负荷、下班减负荷”。“三心”工程温暖着职工的心，增强了职工的归属感和向心力。贵州海尔电器有限公司的职工杨丽萍母子煤气中毒后，公司总经理及时将他们送进贵州最好的医院千方百计实施救治。杨丽萍感激地说：是公司救了他们母子的命。事情发生后，海尔给每个员工家都安装了一个煤气报警器。

（资料来源：卿涛：《人力资源管理案例集》，西南财经大学出版社，2006）

讨论题

1. 海尔的人力资源管理有哪些创新？

2. 如何建设企业的激励机制？

3. 有人认为海尔的管理制度太严、管理方法太硬，很难留住高学历和名牌大学的人才，你的看法呢？

4. 海尔的员工培训对你有哪些启示？

5. “赛马不相马”的竞争机制适用于一般企业吗？

第十章　激励

学习目标

1. 理解激励的含义、内容、基本要素及其一般过程。

2. 掌握三种内容型激励理论及其优缺点：需要层次理论、双因素理论、成就需要理论。

3. 掌握三种过程型激励理论及其优缺点：期望理论、公平理论、波特-劳勒的激励模型。

4. 掌握三种行为改造型激励理论及其优缺点：强化理论、归因理论、挫折理论。

5. 掌握激励的几种主要方法。

激励本来是一个心理学的概念，指的是激发人的动机的心理过程。把激励这个概念引入管理中，主要是为了解决如何调动积极性的问题。为什么在企业内有的人工作勤勤恳恳，有的人工作则心不在焉？同一个人，为什么有时工作积极肯干，有时则心灰意懒？如何最大限度地调动每个人的积极性呢？本章从研究人的动机、行为和需要入手，探讨有关激励及其理论的一些基本问题，并介绍西方的主要激励理论。

第一节　激励概述

一、激励的含义

激励作为心理学术语，指心理上的驱动力，含有激发动机、鼓励行为、形成动力的意思，即通过某种内部和外部刺激，促使人奋发向上去实现目标。在管理工作中，可把激励定义为调动人们积极性的过程，更具体地讲，是为了特定目的而去影响人们的内在需要或动机，从而强化、引导或改变人们行为的反复过程。所以，激励就是激发人的动机，诱发人的行为，激励是一种力量，也是一个过程。激励是与保持和改变人的行为的方向、质量和强度有关的一种力量，激励的目标是使组织中的成员充分发挥出他们潜在的能力，从这个角度来讲，激励是一种力量，是一种使人们充分发挥其潜能的力量。激励通常与以下内容有关：

（1）激励的目的性。任何激励行为都具有其目的性，这个目的可能是一个结果，也可能是一个过程，但必须是一个现实的、明确的目的。

（2）激励是通过人们的需要或动机来强化、引导或改变人们的行为。人们的行为来自动机而动机源于需要，激励活动正是对人的需要或动机施加影响，从而强化、引导或改变人们的行动。因此，从本质上说，激励所产生的人们的行为是其主动自觉的行为，而不是被动的强迫的行为。

（3）激励是一个持续反复的过程。激励是一个由多种复杂的内在、外在因素交织起来的持续作用和影响的复杂过程。

二、激励的类型

1. 物质激励和精神激励

按激励的内容划分，激励可分为物质激励和精神激励。物质激励作用于人的生理方面，着眼于满足人们的物质需要。精神激励作用于人的心理方面，着眼于满足人们的精神需要。物质激励的形式主要是颁发奖金和实物，精神激励则有授予称号、颁发奖状、记功、开会表扬、宣传事迹等多种具体形式。

2. 正激励与负激励

按照激励的性质划分，激励可分为正激励和负激励。所谓正激励，就是当一个人的行为表现符合社会需要和组织目标时，通过表彰和奖励来保持和巩固这种行为，更加充分地调动成员的积极性。所谓负激励，就是当一个人的行为不符合社会需要或组织目标时，通过批评和惩罚来抑制这种行为并使其不再发生，同时引导组织成员的积极性向正确的方向转移。正激励和负激励都是对人的行为进行强化，所不同的是取向相反。正激励起正强化的作用，是对行为的肯定；负激励起负强化的作用，是对行为的否定。

3. 内激励与外激励

按照激励的方式划分，可以把激励分为内激励和外激励。内激励是通过启发诱导的方式，激发人的主动精神，使他们的工作热情建立在高度自觉的基础上，充分发挥内在的潜力。外激励则是运用环境条件来制约人们的动机，以此来强化或削弱有关行为，提高成员的工作意愿。内激励着眼于调动人的内因，带有自觉性的特征；外激励则倚重外因，具有一定程度的强迫性。

三、激励的过程

1. 激励的基本要素

激励的基本要素包括需要、动机、外部刺激和行为等。因此，研究激励的过程首先应了解激励的要素。

（1）需要

人的行为的始点是需要。所谓需要就是人们对某种事物或目标的渴求和欲望，包括基本需要（如各种生理需要：衣、食、住、空气等），各种高层次的需要（如社交、自尊、地位、成就、自我价值实现等）。除了最基本的生活需要外，人的其它需要往往不是独立的，而是受环境影响的。如果人的行为达到了目标，就会产生心理和生理上的满足。原有的需要满足了，新的需要又会产生，从而又引发人的新的行为，如此周而复始。

（2）动机

所谓动机是推动人产生某种行为的心理动力，或者说当人的需要未得到满足时，心理上会产生一种不安和紧张状态，这种状态会促成一种导向某种行为的内在驱动力，这就是动机。动机是驱使人产生某种行为的内在力量。动机产生的根源是人的紧张状态。心理学家认为，人的一切行为都是由动机所支配的。有什么样的动机，就会产生什么样的行为。一个人愿不愿意从事某项工作，工作的积极性是高是低，完全取决于他是否具有从事这项工作的动机及动机的强弱。管理中激励的关键环节在于使被管理者产生有希望的动机，以引起有助于组织目标实现的行为，所以，动机是激励的核心要素。

产生动机的原因有两个：一个是驱力；另一个是诱因。驱力是指人的内在需要和愿望，诱因是指外部刺激。在外部条件的刺激下，人就会产生强烈的需要并导致动机的产生。需要是人的积极性的源泉和实质，而动机则是需要的表现形式。

（3）外部刺激

所谓外部刺激是指在激励过程中，人们所处的外部环境中各种影响需要的条件和因素，是产生激励的外部诱因。在管理中，外部刺激主要是指管理者为实现组织目标而对被管理者所采取的各种管理手段及形成的相应的管理环境。

（4）行为

管理激励中的行为，是指在外部诱因刺激下，人们在未满足的需要所产生的动机的驱使下，所采取的为实现组织目标而努力的行为，是激励的目的。人的行为是建立在需要和动机的基础上的，需要使人产生行为的动机。可见，只有人的需要导致行为的发生。因此需要、外部刺激、动机和行为这些要素相互组合、相互作用，构成了对被管理者的激励。

2. 激励的过程

激励的基本过程可以概括为：需要与刺激结合引发动机，动机导致行为，行为指向目标。四者相互关联，形成一个连锁过程，其基本模式如图 10–1 所示。

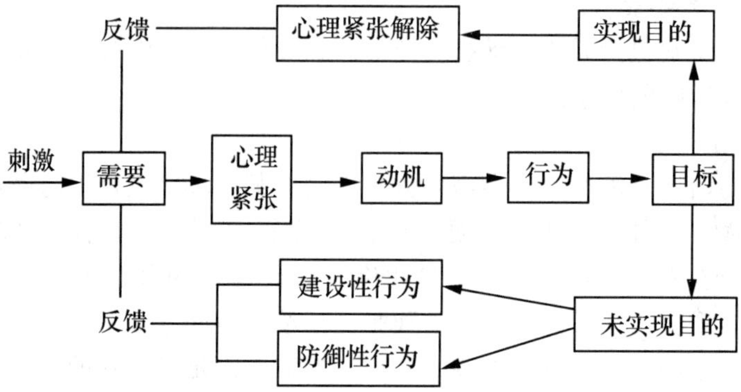

图 10–1　激励过程模式

在图 10–1 可见，需要会引起需求者的心理紧张，引起满足需要的欲望，这种欲望会产生一种有目的的行为。但行为的结果可能发生两种情况：

第一，实现了目的，满足了需要，这会产生一个反馈，就会告诉需求者原有的需要已得到满足，于是心理紧张得以解除，但在新的刺激下，又会产生新的需要。

第二，行为没有实现目的，也会有反馈，引起挫折感，这时又可能产生两种行为：一是可能采取建设性行为，以继续实现目标；二是可能采取防御性行为，放弃原有的目标。

这个模式清楚地表明，人的行为由需要引起，而行为的目的是为了满足需要。如果能满足人的需要，并使人看到满足需要的可能性，那么就产生了激励行为。而激励一方面可以产生有目的的行为去实现目的；另一方面激励又可以减少防御性行为，增加建设性行为。各种激励理论就是研究这个过程所得出的结论。

因此，要使员工产生组织所期望的行为，可以根据员工的需要设置某些目标，并通过目标导向使员工出现有利于组织目标的优势动机，继而按组织所需要的方式行动，这就是激励的实质。管理者就是要根据被管理者的需要，采用恰当的激励方式和手段，鼓励、激发与管理目标相一致的动机与行为。

第二节　激励理论

一、内容型激励管理

需要和动机是推动人们行为的原因，也是激励的起点和基础。内容型激励理论是着重研究需要的内容、结构、特征及其动力作用的理论。比较有代表性的理论有需要层次理论、双因素理论、成就需要理论、ERG 理论等。

1. 马斯洛的“需要层次理论”

亚伯拉罕·马斯洛（Abraham Maslow，1908—1970），美国著名行为学家和人本主义心理学家，他于 1943 年在其所著的《人类动机的理论》一书中提出了需要层次理论（Hierarchy of Needs Theory），他指出，人类都是有需要的，其未满足的需要产生他们工作的动机，也是激励他们工作的因素。这些需要又是以层次的形式出现的，由低级到高级分为五个层次。1954 年马斯洛又在《激励与个性》一书中提出了求知和求美两个层次的需要，进而把人的需要层次划分为七个层次，但一般在提到需要层次理论时，主要都强调五个层次。马斯洛指出，这五类需要，按其重要性和发展的先后顺序，可排成一个需要等级，如图 10-2 所示。这一理论对行为科学有较大的影响，有助于了解人类动机的结构和行为的规律。

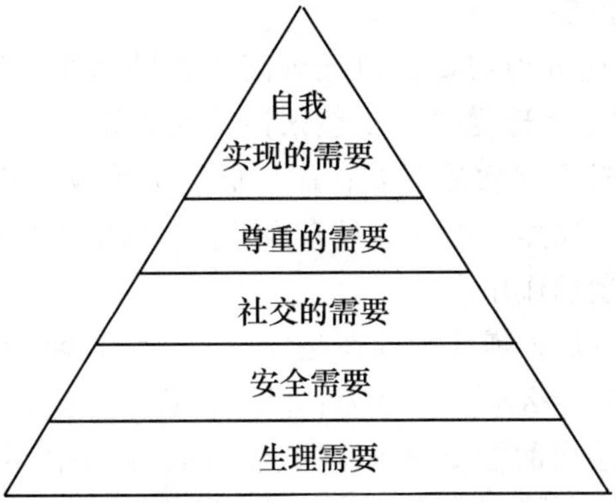

图 10-2 马斯洛的需要层次

(1) 生理需要 (Physiological Needs)

所谓生理需要，是指人为延续其生命所需的各项基本需要。例如：衣、食、住、行、水、空气、药物治疗的需要，这是人类最原始、最基本的需要，因而也是推动力最大的需要，因为如果不能满足，就会有生命的危险，所以是最强烈的、也是不可缺少的最基本的需要。

(2) 安全需要 (Security or Safety Needs)

这类需要，是指不受身体危害，以及不受失业、财产、食物或居住的损害和恐惧的需要，包括劳动安全、职业安全、生活稳定、劳动保护、劳动保险、老有所养、希望免于灾难、未来有保障等。每一个在现实中生活而生理需要又得到基本满足的人，都有安全上的需要，都有安全感、自由和防御实力的欲望。

(3) 社交的需要 (Affiliation or Acceptance Needs)

这是一种对友谊、爱情以及归属感等方面的需要。马斯洛认为，在生理需要和安全需要得到满足之后，社交需要就会显现出来，成为激励人们从事某种行为的主要激励因素。这类需要比上两类需要更精致、更难捉摸，但对大多数人来讲是很强烈的一类需要，如果得不到满足，就会导致精神上的不健康。

(4) 尊重的需要 (Esteem Needs)

人在满足了归属的需要之后，便倾向于为自己和为他人所尊重。这种需要包括对地位、成就、权威、面向世界的自信心、独立和自由的渴望以及来自别人的尊重、赏识、注意或欣赏等名誉和声望的渴望。一般说来，由于主客观条件的限制，尊重的需要很难得到完全满足，但这种需要一旦成为人的生活的动力，就会使人具有持久的干劲。

(5) 自我实现的需要 (Self-Actualization Needs)

自我实现的需要，是需要层次中最高层次的需要，也就是说人们希望完成与自己的能力相称的工作，使自己的潜能能够充分发挥，成为自己所期望的人。马斯洛说："音乐家必须演奏音乐，画家必须绘画，诗人必须写诗，这样才会使他们感到最大的快乐。"是什么样的角色就应该干什么样的事，我们把这种需要叫自我实现的需要。

马斯洛认为，人的这五种需要是由低到高依次排列的，呈阶梯式逐级上升。人的最基本的需要是生理需要。一般来说，只有在低层次的需要满足以后，人才会进一步追求较高层次的需要；而且低层次的需要满足的程度越高，对高层次需要的追求就越强烈。因此，只有当较低层次的需要得到充分的满足后，后面的需要才具有激励作用。

需要层次理论告诉我们，需要的存在是促使人产生某种行为的基础。当一个人无所求时，也就没有什么动力与活力；反之，若一个人有需要，就必然存在着激励的因素。五个层次的需要是人生来就有的，但不同的人的需求强度、显露程度可能不同，即使是同一个体，在不同的情况下优先考虑的某种需要也是不同的。正因为如此，要调动人的积极性，就必须针对不同的人，满足其不同层次的需要。西方的一些管理心理学家，依据马斯洛的五种基本需要，制订了一些管理措施，很值得管理者借鉴，如表 10-1 所示。

表 10-1　五种需要与管理措施

需要层次	追求目标	管理措施
生理需要	薪水、健康、良好环境、各种福利	安排好医疗、保健、住宅、休息、福利设施等
安全需要	职业保障、安全生产	雇用保证、退休金、人寿保险、财产设施等
社交的需要	友谊、良好人际关系、团体接纳、组织一致	协谈、访谈、开展团体活动、教育、训练、娱乐活动
尊重的需要	地位、名分、权力、责任、与他人比薪水高低	人事考核、晋升、表彰、选拔进修、委员会参与制度
自我实现的需要	能发挥个人特长的组织环境、挑战性工作	参与决策制度、提案制度、研究发展计划、劳资会商

需要层次理论是影响最大的有关研究人类需要的理论，该理论得到了人们的普遍认可，其理论简单明了，易于理解，也符合人类自身的认识规律。虽然该理论存在着许多缺陷，如对于需要层次的划分过于简单、机械，没有提出衡量各层次需要满足程度的具体标准，也没有考虑到一种行为结果可能会满足一种以上的需要的情况（如适当的薪酬不仅能满足生理和安全的需要，也能满足自尊的需要）；也有人认为，人的需要是复杂的，不会出现如此明显的阶梯层次，实践的研究成果也未能给该理论提供验证性的支持，也就是说，需要层次理论缺乏实证基础等，但它对我们正确认识人的需要，并在激励工作中正确掌握激励的尺度，做到以较小的激励成本取得较大的激励效果仍然具有重大的启发和指导作用。

2. 双因素理论

双因素理论是由美国行为科学家弗雷德里克·赫茨伯格（F. Herzberg）提出的。赫茨伯格于20世纪50年代末期在匹兹堡地区的11个工商企业中，调查了200多名工程师、会计师，让他们回答：“什么时候你对工作特别满意”、“什么时候你对工作不满意”及“原因是什么”等问题。分析调查结果发现，有一些因素具备的时候，人们感到满意，而它们不具备的时候，也不感到不满意，而是没有满意，并且这类因素都是属于工作本身或工作内容方面的，赫茨伯格称之为“激励因素”；另一些因素存在时，并不能使人感到满意，没有很大的激励作用，而它们不足时则产生不满意，这些因素多产生于工作环境方面，赫茨伯格称之为“保健因素”。

赫茨伯格认为，传统的满意—不满意的观点认为满意的对立面是不满意，这是不正确的。他认为，满意的对立面应该是没有满意；不满意的对立面应该是没有不满意。这种关系可以用图 10-3 来表示。

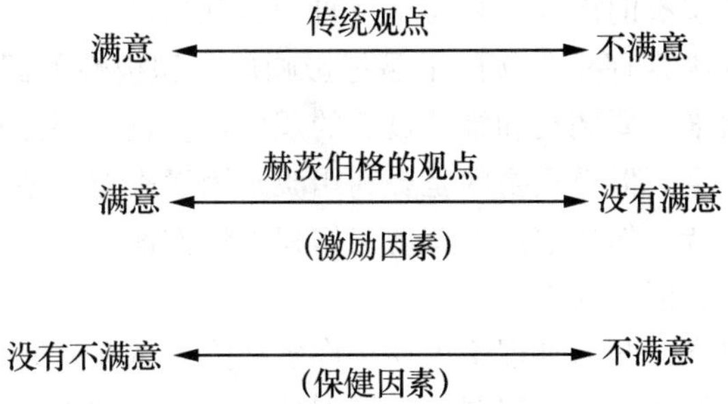

图 10-3 传统观点与赫茨伯格的观点比较

赫茨伯格认为，只有激励因素才能产生使职工满意的积极效果，才能真正调动积极性，从而提高生产或工作效率。保健因素没有激励作用，但能防止不满情绪的产生，尤如讲究卫生预防疾病一样。当保健因素改善后，职工的不满情绪会消除，但并不会导致积极的后果，而只是处于一种既非满意、又非不满意的中性状态。赫茨伯格认为，属于激励因素的一般有：成就、赏识、工作本身、责任、晋升等；属于保健因素的一般有：公司政策和管理、监督、工资、工作条件、与他人关系等。

激励因素和保健因素虽然对激励发挥的作用不同，但二者的作用并非绝对。事实上，激励因素主要起激励作用，但也有一定的保健作用；保健因素主要起保健作用，可防止不满情绪的产生，但也有一定的激励作用。赫茨伯格在解释这一现象时用图 10–4 比较了它们的作用。

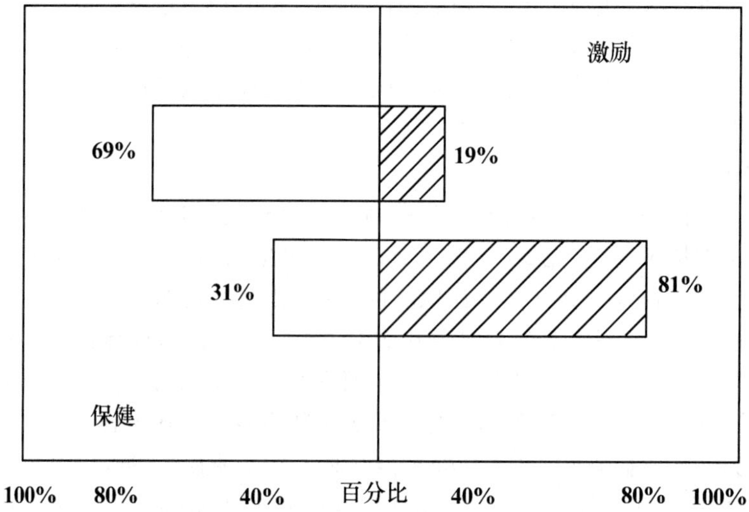

图 10–4　激励因素和保健因素的作用比较

从内容来看，赫茨伯格的双因素理论与马斯洛的需要层次理论是相容并蓄的。马斯洛的理论是研究需要的阶梯，而赫茨伯格的理论是研究满足这些需要的目标和诱因。赫茨伯格的保健因素相当于马斯洛的较低层次需要，而激励因素则相当于其较高层次的需要，如自尊及自我实现的需要。

赫茨伯格的双因素理论，实际上是把影响职工积极性的因素分为了两类：保健因素和激励因素。要调动和维持员工的积极性，首先要注意保健因素，以防止不满情绪的产生。但更重要的是要利用激励因素去充分地调动员工的积极性，使之持久地保持工作热情。在调动工作积极性方面，双因素理论比需要层次理论更简单可行、便于操作。

不过，赫茨伯格的双因素理论也存在许多缺陷。像在研究方法的可靠性问题、满意和不满意的评价标准问题上，特别是他的研究样本的选择，显然不具有普遍性。另外，赫茨伯格讨论的是员工满意度与劳动生产率之间的关系，但他所用的研究方法只考察了满意度，并没有涉及劳动生产率。

3. 成就需要理论

美国心理学家大卫·麦克莱兰（David C. Mcclelland）及其学生们对成就需要这一因素做了大量研究，提出了成就需要理论（Three Needs Theory）。他们认为成就需要具有挑战性，引发人的快感，增加奋斗精神，对行为起主要影响作用。该理论主要研究在人的生理需要基本得到满足的条件下，人还有哪些需要。麦克莱兰认为，人们在生理需要得到满足后，还有三种基本需要，即成就需要、权力需要和社交需要。经过大量研究，麦克莱兰对这三类基本需要作了以下的描述：

(1) *成就需要* (Need for Achievement)

成就需要是指达到标准、追求卓越、争取成功的需要。有高度成就需要的人有以下主要特征：有个人承担责任、解决问题、寻求答案的需要；寻求挑战，并为自己设立既有一定难度又不是高不可攀的目标；希望自己所做的事情能得到快速且明确的反馈；对工作热诚，执著于所从事的工作。

(2) *权力需要* (Need for Power)

权力需要主要是指影响或控制他人且不受他人控制的欲望。具有高度权力欲望的人对施加影响和控制他人表现出极大的关切。这类人有以下主要特征：对领导地位有强烈的渴求，要求取得并行使权力；喜欢争辩，很健谈，直率、头脑冷静并善于提出要求；竞争意识很强，喜欢支配、教训人。

(3) *社交需要* (Need for Affiliation)

社交需要主要是指希望和他人建立友好亲密关系的愿望。有高度社交需要的人有以下主要特征：寻求建立并保持和他人的友谊和亲密的感情关系；希望自己获得他人的好感；喜欢参加各种社交活动，结交知心朋友；乐于帮助和安慰危难中的伙伴。

实际上，人们在不同程度上都有以上三种动机，但各种需要的强弱程度则因人而异，理想的管理者应是三种需要兼备的。

麦克莱兰认为，具有高度成就需要的人对于组织和国家都有重要的作用。组织拥有这样的人越多，发展就越快，效益就越高；国家拥有这样的人越多，就越发达。人的成就需要是可以通过教育和培养逐步发展的，甚至对于身处不同文化环境的人们也可同样传授。

怎样才能增进个人的成就需要呢？麦克莱兰提出了四个办法：

一是以成功人士为楷模，大力加以宣传，就会刺激起每个人也想取得成功的动机。

二是有意识地安排一些成功反馈。这也是计划工作的艺术。每过一个阶段，对于取得的成绩和进步应加以肯定，对每次成功都给予一定的奖励。

三是通过增强人的自信，促使人们相信通过个人的不懈努力都能取得成功，从而改变心态，成为一个有高度事业心和责任感的人。

四是经常用正面的思想鼓励自己，当人处于紧张状态时，可采用不断和自己对话的方式来克服消极的意识。

麦克莱兰以后的研究又发现，权力需要对管理人员来说是最为重要的。最为有效的管理者通常是那些有高度权力需要、适度成就需要和低度社交需要的人。

二、过程型激励理论

过程型激励理论注重从组织目标与个人目标的一致性的角度，研究激励实现的过程和机制，使管理者了解人们在实际工作中是如何选择其所要进行的行为过程，以及行为过程是怎样产生的，是怎样向一定的方向发展的，如何使这个行为保持下去，以及怎样结束行为的发展过程。其主要代表理论是期望理论、公平理论、波特-劳勒的激励模型等。

1. 期望理论

期望理论是美国心理学家弗鲁姆（Victor H. Vroom）在其1964年出版的《工作与激励》一书中提出的。这一理论认为，人是理性的人，对于生活与事业的发展，他们有既定的信仰和基本的预测；一个人决定采取何种行为与这种行为能够带来什么结果以及这个结果对他来说是否重要有关；人就是根据他对某种行为结果实现的可能性和相应奖酬的重要性的估计来决定其是否采取某种行为的。弗鲁姆的基本观点是，人之所以能够积极地从事某项工作，是因为这项工作或组织目标会帮助他们达到自己的目标，满足自己某方面的需求。

根据这一理论的研究，某一活动对某人的激发力量或激励力取决于他所能得到结果的全部预期价值乘以他认为达到该结果的期望概率，用公式表示为：

$$M=V\times E$$

式中：M——激发力量，这是指调动一个人的积极性、激发出人的内部潜力的强度；

V——效价，指活动的结果对个人的价值大小；

E——期望值，指个人对实现这一结果的可能性的主观判断。

这个公式是整个期望理论的核心内容。它指出了影响激励力的两个关键因素，即效价和期望值。所谓效价是指与组织目标连接的个人目标所能带来的个人需要满足的程度。这里的期望值包括两个方面：一是个人经过努力后能达到组织目标的概率；二是组织目标能实现个人目标的概率。期望值是这两个概率的乘积。

这一理论告诉管理者在进行激励时要处理好以下三方面的关系：

第一，努力与绩效的关系。人总是希望通过一定的努力能够达到预期的目标，一个人往往是根据过去的经验来判断一定行为能够导致某种结果或满足某种需要的可能性的大小的。如果个人主观认为通过自己的努力达到预期目标的概率较高，就会有信心，就可能激发出很强的工作力量。但是如果他认为目标太高，通过努力也不会有很好的绩效时，就失去了内在的动力，导致工作消极。所以，作为管理者在制订目标时，要注意目标实现的期望值。

第二，绩效与奖励的关系。人总是希望取得成绩后能够得到奖励，这种奖励是广义的，既有多方面的物质奖励，也包括精神方面的奖励，还包括像提拔到较重要的工作岗位上去等物质与精神兼而有之的奖励。如果他认为取得绩效后能够获得合理的奖励，就有可能产生工作热情，否则就可能没有积极性。

第三，奖励与满足个人需要的关系。人总是希望自己所获得的奖励能满足自己某方面的需要，然而由于人们在年龄、性别、资历、社会地位和经济条件等方面都存在着差异，他们对各种需要得到满足的程度就不同。效价这个指标可以反映这个问题。某人对某种结果越是向往，此结果对该人而言其效价就越接近于1；如果这一结果对于他来说无足轻重，他对结果也漠不关心，那么此结果的效价对他来说接近于0；如果他害怕这一结果的出现，那么效价就是负值。因而对于不同的人，采用同一种办法给予奖励能满足的需要程度不同，能激发出来的工作动力也就不同。

因此，期望理论的关键是，正确识别个人目标和判断三种关系，即努力与绩效的联系、绩效与奖励的联系、奖励与个人目标的联系。

弗鲁姆的期望理论较前述理论都有所发展，它有助于管理者理解和分析职工们的激励状况，并识别有关的变量因素。其对管理者的启示是：

首先，管理者不要泛泛地抓各种激励措施，而应当抓多数组织成员认为效价最大的激励措施。

其次，设置激励目标时应尽可能加大其效价的综合值，例如除了丰厚的物质报酬之外，还包括具有成就感的晋升、获得成果的机会等。

最后，适当控制实际概率与期望概率，期望概率不是越大越好，也不是越小越好，而是要适当。期望概率过高，容易产生挫折；期望概率太低，又会减小激发力量。但期望概率并不完全由个人决定，它与实际概率的大小有关，而实际概率在很大程度上是由组织或者领导者决定的。一般来说，实际概率应使大多数人受益，它最好大于平均的个人期望概率，让人喜出望外，而不要让人大失所望。但实际概率应当与效价相适应，效价大，实际概率可小些；效价小，实际概率可大些。

2. 公平理论

公平理论（Equity Theory）又称社会比较理论，是美国行为科学家亚当斯（J. S. Adams）在20世纪60年代提出来的一种激励理论，侧重研究工资报酬分配的合理性、公平性及其对员工产生积极性的影响。

公平理论的基本观点是，当一个人做出了成绩并取得报酬以后，他不仅关心自己所得报酬的绝对量，而且关心自己所得报酬的相对量。因此，他要进行种种比较来确定自己所得报酬是否合理，比较的结果将直接影响今后工作的积极性。

亚当斯提出了公平关系的方程式，描述员工在横向和纵向两方面对所获报酬的比较以及对工作态度的影响。

$$\frac{O_P}{I_P}=\frac{O_O}{I_O}$$

式中：O_P——对自己所获报酬的感觉；

I_P——对自己所付出的感觉；

O_O——对参照系的报酬的感觉；

I_O——对参照系的付出的感觉。

这里的报酬通常包括工资、晋升机会、工作地位、工作兴趣、上级赏识、人际关系及其心理上的报酬（如感到被承认，更安全，更快乐）等；付出可以包括时间的耗费、教育、经验、努力程度和负责精神等。应该指出的是，这里的报酬与付出都是个人的主观感觉，都是客观事物经过主观的加工处理后得到的印象。由于不同个体的感知精确度不同、判定标准的差异，所以，对于同一种报酬和付出会产生不同的感觉。

员工选择的与自己进行比较的参照类型有三种，分别是“他人”、“制度”和“自我”。“他人”包括在本组织中从事相似工作的其他人以及别的组织中与自己能力相当的同类人，包括朋友、同事、学生甚至自己的配偶等。“制度”是指组织中的薪金政策与程序以及这种制度的运作。“自我”是指员工自己在工作中付出与所得的比率。

所谓横向比较，就是将“自我”与“他人”相比较来判断自己所得报酬的公平性，从而对此做出相对应的反应。

如果这个等式成立，那么进行比较的员工觉得报酬是公平的，他可能会为此而保持工作的积极性和努力程度。

如果该等式不成立，就有两种情况发生。如果$\frac{O_P}{I_P}>\frac{O_O}{I_O}$，则说明此员工得到了过高的报酬或付出的努力较少。在这种情况下，一般来说，他不会要求减少报酬，而有可能会自觉地增加自我的付出。但过一段时间他就会因重新过高估计自己的付出而对高报酬心安理得，于是其产出又会回到原先的水平。如果$\frac{O_P}{I_P}<\frac{O_O}{I_O}$，则说明员工对组织的激励措施感到不公平。此时他可能会要求增加报酬，或者自动地减少付出以便达到心理上的平衡，也可能离职。

除了进行横向比较外，还存在着在纵向上把自己目前报酬与过去报酬进行比较。结果仍然有三种情况。如以O_{PP}代表自己目前所获报酬，O_{PL}代表自己过去所获报酬，I_{PP}代表目前的投入量，I_{PL}代表自己过去的投入量，则：

（1）$\frac{O_{PP}}{I_{PP}}=\frac{O_{PL}}{I_{PL}}$，此员工认为激励措施基本公平，积极性和努力程度可能会保持不变。

（2）$\frac{O_{PP}}{I_{PP}}>\frac{O_{PL}}{I_{PL}}$，一般来讲他不会觉得所获报酬过高，因为他可能会认为自己的能力和经验有了进一步的提高，其工作积极性不会因此而提高多少。

（3）$\frac{O_{PP}}{I_{PP}}<\frac{O_{PL}}{I_{PL}}$，此时他觉得很不公平，工作积极性会下降，除非管理者

给他增加报酬。

上述分析表明，公平理论认为组织中员工不仅关心从自己的工作努力中所得的绝对报酬，还关心自己的报酬与他人报酬之间的关系。他们对自己的付出与所得和别人的付出与所得之间的关系进行比较，做出判断。如果发现这种比率和其他人相比不平衡，就会感到紧张，这样的心理是进一步驱使员工追求公平和平等的动机基础。

公平理论对企业管理的启示是非常重要的，它告诉管理人员，工作任务以及公司的管理制度都有可能产生某种关于公平性的影响作用。而这种作用对于仅仅起维持组织稳定性的管理人员来说，是不容易觉察到的。员工对于工资提出增加的要求，说明组织对他至少还有一定的吸引力，但当员工的离职率普遍上升时，说明组织已经使员工产生了强烈的不公平感，这需要引起管理人员高度重视，因为它意味着除了组织的激励措施不当以外，更重要的是，组织的现行管理制度有缺陷。如美国航空公司一度大面积出现员工的离职和旷工，公司对此百思不得其解。在激励方面，公司为突出员工对航空公司的贡献率，贯彻了一种旨在降低工资率的显性双轨制度，主要表现在拉开新老员工的工资差距。但对员工的抱怨进行分析后，公司高级管理层发现，原来是这种显性的双轨制工资制度让员工普遍感到恼火，认为这是工资待遇不公平的制度形式。在同一工作岗位上的新老员工，工资差距很大，新员工难以忍受他们的低工资成为公开制度化的管理内容。结果是在公司内部，各个职能和团队的工作都面临巨大的协调困难。员工之间抵触情绪明显，消极怠工严重。找到这一原因，公司果断取消了这种显性工资差距，结果，员工抵触行为趋于缓和，离职率明显降低。

公平理论的不足之处，在于员工本身对公平的判断是极其主观的，这种行为对管理者施加了比较大的压力。因为人们总是倾向于过高估计自我的付出，而过低估计自己所得到的报酬，而对他人的估计则刚好相反。因此管理者在应用该理论时，应当注意实际工作绩效与报酬之间的合理性，并注意留心对组织的知识和积累有特别贡献的个别员工的心理平衡。

3. 波特–劳勒的激励模型

美国心理学家和管理学家波特和劳勒 1968 年在需要理论、期望理论和公平理论的基础上发展出来一个更加全面的激励模型，并把它用于对主管人员的研究，这一理论为人们分析和研究管理激励的一般过程和机制提供了一个清晰的综合性理论框架。

波特–劳勒模型认为，工作绩效是一个多维变量，除了受个人努力程度决定外，还受四个因素影响：①个人能力和素质；②外在的工作条件与环境；③个人对组织期望目标的感知和理解；④对奖酬公平的感知等。其模型如图 10–5 所示。

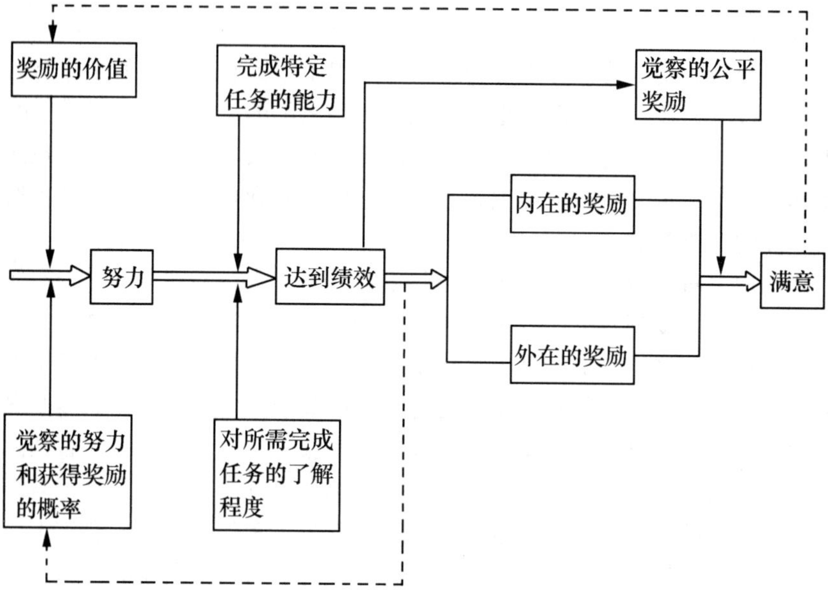

图 10-5 波特-劳勒的激励模型

从这个模型可以看出：

首先，个人是否努力以及努力的程度不仅取决于奖励的价值，还受到个人觉察出来的努力和受到奖励的概率的影响。个人觉察出来的努力是指其认为需要或应当付出的努力，受到奖励的概率是指其对于付出努力之后得到奖励的可能性的期望值。很明显，过去的经验、实际的绩效及奖励的价值将对此产生影响。如果个人确切知道，他有把握完成任务或者过去曾经完成的话，他将乐意做出努力并对奖励的概率更加清楚。

其次，个人实际能达到的工作的实际绩效取决于能力的大小、努力程度以及对所需完成任务了解的程度。特别是对于比较复杂的任务如高难技术工作或管理工作，个人能力以及对此项任务的理解较之其实际付出的努力对所能达到绩效的影响更大。

再次，个人所应得的奖励要以其实际达到的绩效为前提，尽量剔除主观评价因素。要使个人看到：只有当完成了组织的任务或达到目标时，才会受到精神和物质上的奖励。不应先有奖励，后有努力和成果，而应当先有努力和成果，再给予相应的奖励。这样，奖励才能成为激励个人努力达到组织目标的有效刺激物。

第四，个人对于所受到的奖励是否满意以及满意的程度如何，取决于受激励者认为获得的报酬是否公平。

最后，个人是否满意以及满意的程度将会反馈到其完成下一个任务的努力过程中。满意会导致进一步的努力，而不满意则会导致努力程度的降低甚至离开工作岗位。

波特-劳勒的激励模型是激励系统一个比较恰当的描述，较先前的激励理论更为复杂。它告诉我们激励并不是简单的因果关系，而是需要管理者全面评价报酬系统，综合考虑奖酬内容、制度、组织分工、目标设置、公平考核等综合因素以及人的满意度在激励过程中的反馈，依据组织目标的详尽计划，明确各岗位权责，将整个管理系统与努力—绩效—奖励—满意系统进行协调与整合。

波特和劳勒曾就如何激励职工来实现他们的期望目标，提出了几个具体的步骤：

第一，管理者应具体描绘出每个职工的行动成果的强度，即效价。

第二，管理者应具体规定要实现期望时所要求的行动表现的标准和要求。

第三，要说明所需要的行动表现的标准和要求是可以达到的。

第四，要使职工的行动表现与期望（目标）的实现紧密地结合起来。

第五，要认真分析妨碍职工实现目标过程中整个环境的各方面有关的因素，并为其创造有利的环境和条件。

第六，要确定优厚的报酬。

第七，有关制度对每个人都应该是公平合理的。

波特和劳勒的观点虽然被相当一部分人接受和采用，但要真正按其步骤去做还有许多具体困难。例如，要具体说明每个职工行动成果的强度和期望值等并不是件容易的事，同时对每个人的工作和报酬等都要进行平衡才能达到激励大家的作用等。

三、行为改造型激励理论

行为改造型激励理论的重点是研究人的行为怎样转化和改造、如何使人的心理和行为变消极为积极的理论，主要有强化理论、归因理论和挫折理论。

1. 强化理论

强化理论是由美国心理学家斯金纳（B F. Skinner）在 20 世纪 50 年代首先提出的。该理论认为人的行为是对其所获刺激的函数。如果这种刺激对他有利，则这种行为就会重复出现；若对他不利，则这种行为就会减弱直至消失。因此管理者要采取各种强化方式，以使人们的行为符合组织的目标。

强化是心理学术语，即通过不断改变外部环境的刺激因素来达到增强、减弱或消除某种行为的过程。这一理论运用于管理工作中，可通过如下四种方式进行：

（1）正强化

正强化又称为积极强化，就是奖励那些符合组织目标的行为，以便使这些行为得到进一步的加强，从而有利于组织目标的实现。属于正强化的有表扬、奖励、提薪、提升、给予培训机会、安排从事挑战性的工作、改善工作条件和人际关系等。在正强化下，员工因原有行为受到鼓励和肯定而自觉加强该行为。

(2) 负强化

负强化又称为消极强化，是指预先告知某种不符合要求的行为或不良业绩可能引起的后果，以使人们采取符合要求的行为或回避不符合要求的行为，从而避免或消除不良后果。例如，上课迟到的学生都受到了老师的批评，不想受到批评的学生就努力做到不迟到。通过负强化可以使员工感受到物质利益的损失和精神的痛苦，从而自动放弃不良行为。

(3) 自然消退

自然消退即对行为不施以任何刺激，任其反应频率逐渐降低，以至慢慢消失。它有两种方式：一是对某种行为不予理睬，以表示对该行为的轻视或某种程度的否定，使其自然消退；二是对原来用正强化建立起来的、认为是好的行为，由于疏忽或情况改变，不再给予正强化，使其出现的可能性下降，最终完全消失。虽然自然消退可以有效地减少员工的消极行为，但不能保证使企业希望的目标行为取代不合时宜的行为，因此应结合正强化策略，以使希望的行为替代要求消除的行为。

(4) 惩罚

这是指以某种强制性和威胁性的后果来表示对某种行为的否定，借以消除此种行为重复发生的可能性。惩罚的方式主要有：批评、记过、降职、降薪、罚款等。

在管理工作中运用强化理论时，应注意以下几点：

第一，明确强化的目的和目标，不断强化行为。

强化理论的研究结果表明，当人的行为得到及时的奖励和肯定，该行为出现的频率就会增强。根据这一规律，管理者对职工的要求或制订的目标及奖励的标准要具体、客观、适宜，使人易于理解，又便于衡量，才能激起人的行为动机，起到强化的目的，从而使预期的行为方向同组织的目标和目的相一致。

第二，奖励要及时，方法要创新。

现代心理学认为，当员工做出成绩时，如能给予及时的奖励，就可以使被强化者及时意识到强化与目标行为之间的联系，收到最佳奖励效果。如果时过境迁再给予奖励，甚至受奖者都忘了奖励从何而来，其激励作用就会大大降低。另外，同一种刺激如果多次重复，其作用就会衰减。因此，管理者要善于更新奖励方法和方式，利用新颖奇特的刺激来提高激励效果。

第三，强化措施要因人而异，选择合适的强化物。

每个人的需要不同，因而对同一种强化物的反应也各不相同。这就要求具体分析强化对象的情况，针对他们的需要确定强化物。只有如此，才能激起其行为动机，达到强化的目的。可以说，选准强化物可以使组织目标和个人目标统一起来，以实现强化的预期要求。

第四，以正强化为主，尽量避免运用惩罚的方式。

一般来说，正强化可使人产生一种积极的情绪，使人受到鼓舞，而批评和惩罚会引起被惩罚者心理上的创伤，引起对抗情绪，甚至采取欺骗、隐瞒等手段来逃避惩罚。所以，在实际的管理工作中，应采取表扬和批评相结合、以表扬为主的原则。

2. 归因理论

归因理论是由美国心理学家海德（Fritz Heider）在 1958 年研究社会知觉的试验中首先提出来的，后经美国斯坦福大学罗斯（Lee D. Ross）等人加以发展。归因理论认为，人们对过去的成功和失败，一般会有四种归因：努力程度（相对不稳定的内因）、能力大小（相对稳定的内因）、任务难度（相对稳定的外因）以及运气和机会（相对不稳定的外因）。这四种因素可以按照内外原因、稳定性和可控性三个纬度来划分。从内外原因方面来看，努力和能力属于内部原因，任务难度和机遇属于外部原因；从稳定性来看，能力和任务难度属于稳定因素，努力和机遇属于不稳定因素，因为一个人的能力和他面临任务的难度是很难改变的，而一个人的努力程度和是否遇到适当的时机是不断变化的；从可控性来看，努力是可控制的因素，而任务的难度和机遇都是不以人的意志为转移的。

人们把成功和失败归因于何种因素，对于以后的工作积极性有很大影响。美国心理学家韦纳（B. Weiner）的研究指出，不同的归因方式往往导致不同的行为或情绪上的不同结果。如表 10–2 所示。

表 10–2　不同的归因方式及其产生的结果

归因方式	结果
成功归结为内部原因（努力、能力）	满意和自豪
成功归结为外部原因（任务容易或运气好）	惊奇和感激
失败归于内因（努力、能力）	内疚和无助感
失败归于外因（任务容易或运气好）	气愤和敌意
成功归于稳定因素（任务难或运气不好）	会提高以后的工作积极性
成功归于不稳定因素（碰巧或努力）	工作的积极性可能提高也可能降低
失败归于稳定因素（任务难和能力弱）	会降低以后的工作积极性
失败归于不稳定因素（运气不好或努力不够）	可能提高以后的工作积极性

总之，归因研究虽然是管理心理学研究的新课题，但对管理实践具有重要的意义。了解人们的归因倾向，掌握人们的归因规律，就可以进一步按一定的规律指导和训练人们的正确归因倾向，有助于人们正确地总结工作中成功的经验和失败的教训，调动人们的工作积极性，提高工作效率。

3. 挫折理论

挫折理论专门研究人们遇到挫折后会有一些什么行为反应，管理人员应如何针对员工的挫折采取相应措施，以及如何引导员工走出挫折的阴影，积极努力地对待工作。挫折是指人们从事有目的的活动，在环境中遇到障碍和干扰，使需要和动机不能获得满足时的情绪。它是一种普遍存在的社会心理现象。任何人一生中都不可能事事一帆风顺，所以在人生历程中遇到一些障碍和干扰是难免的。某一目标能否实现，某一需要和动机能否得到满足，既取决于这种目标、需要和动机是否具备实现的客观条件，也取决于人们的主观认识与客观事物相吻合的程度。

引起挫折的原因是多种多样的，人们受挫的程度也各不相同，但总的来说，挫折不外乎是由主观因素和客观因素造成的。由主观因素引起的挫折叫做个人起因的挫折。例如，由于个人体力和智力的限制，不能达到目标；或由于个人健康状况不佳及生理上的缺陷，不能胜任某种工作；或经验不足、智力水平较差，在工作中遭到失败等。由客观因素引起的挫折叫做环境起因的挫折。这是由于外界事物或情况阻碍人们达到目标而产生挫折。历史发展的不平衡、社会变革的影响、新生事物发展的不完善、不良的社会风气、不良的小环境(如人们之间的关系紧张，工作岗位不能使人充分发挥才能，教育方法不当，管理方式不妥等)、偶然事件的发生等，都可能成为挫折的原因。

许多研究表明，受挫的大小与个体的动机密切相关，当重要动机受挫时，感受到的挫折就大，打击也大。由于心理发展层次的不同、认识方法的差异、抱负水准的高低等原因，不同个体具有不同的重要动机，因而，挫折的感受因人而异。一般来说，一个人遭受挫折后，在生理上、心理上均会产生种种反应，而反应的强烈程度和方式往往根据受挫的性质、强度及个体自身当时的情况而异。一个人的行为受挫后，目标不能达到，动机无法兑现，需要得不到满足，在个体和环境之间便产生了冲突，导致内心的紧张、心理上的不安，乃至陷入痛苦之中。此时，个体会自觉不自觉地采取一种防卫性的对抗行为，以适应行为受挫后的新情况。行为受挫后所产生的防卫行为，其效果可能是积积的、建设性的，也可能是消极的、破坏性的。

所以说，挫折既是坏事，又是好事。它一方面使人失望、痛苦、消极、颓废，甚至一蹶不振，也会引起粗暴的消极对抗行为，导致矛盾激化，还可能使某些意志薄弱者因此失去生活的希望等；另一方面，挫折又可能给人以教益，使人变得聪明起来，使犯错误的人猛醒，认识错误，接受教训，改弦更张，它还可以磨砺人的意志，使之更加成熟、坚强，它还能激发人的斗志，从逆境中奋起。

挫折理论对管理工作实践有较强的实用价值，作为管理者应耐心细致地帮助受挫折者分析挫折原因，及时给予他们关心、劝慰和鼓励，使他们重新振作精神，以利再战；当受挫折者的行为不理智时，要有容忍的态度，弄清事实真相，先缓解挫折因素，再分析他的防卫机制，以理服人；对犯错误的员工要创造一种情境，使他们感到集体的温暖，感到自己不会受到集体的排斥，可以成为集体的成员；可采取精神发泄方法，还可通过谈心活动等，使受挫折者自由表达他们受压抑的情感，从而摆脱阴影，由紧张情绪恢复到理智状态等。

第三节 激励方法

一、物质利益激励

1. 绩效工资

企业突出绩效工资意味着员工是根据他的绩效贡献而得到奖励的，因此这种工资一般又称为奖励工资。它实际上是激励的期望理论和强化理论的逻辑结果，因为增加工资是和工作行为挂钩的。通用汽车公司就曾大力推行这种激励形式。公司管理层在取消员工的年度生活补贴后，建立了一种绩效工资制度，通过涨工资刺激员工的工作。公司管理层分别对员工人数的上限10%、上中部25%、中部55%和下限10%强化工资差别。

2. 分红

分红是员工和管理人员在特定的单位中当单位绩效打破预先确定的绩效目标时，接受奖金的一项激励计划。这些绩效目标可以是细化了的劳动生产率、成本、质量、顾客服务或者利润。和绩效工资不同的是，分红鼓励协调和团队工作，因为全体员工都对经营单位的利益在做贡献。绝大多数公司都采用了某种精确的指定绩效目标和奖金的核算方法。

3. 员工持股计划

员工持股计划（Employee Stock Ownership Plans, ESOPs）指给予员工部分企业的股权，允许他们分享改进的利润绩效。相对而言，员工持股计划在小企业的管理中比较流行，但也有像宝洁公司（P&G）这样的大企业在采用这种激励形式。员工持股计划实际上是公司以放弃股权的代价来提高生产率。绝大多数企业主管发现这种激励形式的效果很不错。员工持股计划使员工们更加努力工作，因为他们是所有者，要分担企业的盈亏。但要使这种激励形式有效进行，管理人员必须向员工提供全面的公司财务资料，赋予他们参加主要决策的权力，以及给予他们包括选举董事会成员在内的投票权。

4. 总奖金

总奖金是以绩效为基础的一次性现金支付计划。单独的现金支付旨在提高激励的效价。这种计划在员工感到他们的奖金真正反映了公司的繁荣时才有效，否则，效果适得其反。

二、社会心理激励

社会心理激励，是指管理者运用各种社会心理学方法，刺激被管理者的社会心理需要，以激发其动机的方式与手段。这类激励方式是以人的社会心理因素作为激励的诱因的。主要包括以下一些具体形式：

1. 目标激励

目标激励即以目标为诱因，通过设置适当的目标，激发动机，调动积极性的方式。员工在管理中的自觉行为，都是追求目标的过程，正是一个个目标，引导着员工去采取一个又一个行动。因此，追求目标的实现是满足人的需要的重要途径，目标成为管理激励中极为重要的诱因。可用以激励的目标主要有三类：工作目标、个人成长目标和个人生活目标。管理者可通过对这三类目标的恰当选择与合理设置有效调动员工的积极性。运用这种方式时应注意以下几点：

(1) 尽可能增大目标的效价。根据弗鲁姆的期望理论，激发力量大小取决于效价及概率。管理者设置目标时，一要选择下级感兴趣、高度重视的内容，使所选择的目标尽可能多地满足下级的需要；二要使目标的实现与奖酬或名誉、晋升挂钩，加大目标实现的效价；三要做好说明、宣传工作，使下级能真正认识到目标的社会心理价值及其实现所带来的各种利益。

(2) 增加目标的可行性。只有通过努力实现的目标，才能真正起激励作用。目标水平要先进合理，要具备相应的实施条件，要具有可操作性，并做好必要的说明解释工作，使下级充分认识到实现的可能性。

2. 表扬与批评

表扬与批评是管理者经常运用的激励手段。要讲究表扬与批评的艺术，因为它将直接关系到表扬与批评的效果。运用这种方式时应注意以下几点：

(1) 坚持以表扬为主，批评为辅。表扬为主，能够满足人们尊重的心理需要，易于为下级接受，效果较好；但必要的批评也必须有，放弃了批评，就是对违纪的放纵，就是对权力的放弃。

(2) 必须以事实为依据。无论是表扬，还是批评，都必须尊重事实。如果失实，会造成南辕北辙的不良后果。

(3) 要讲究表扬与批评的方式、时机、地点，注重实际效果。例如，当众表扬与批评可能对别人的震慑作用大，教育效果明显；但当众批评也会引起受批评者的强烈反感。管理者要根据问题的性质、表扬与批评对象的身份与心理特点，科学地选择适宜的方式。此外还要注意进行的时机与场合等因素。

(4) 批评要对事不对人。针对某人的过失批评，他会心服口服，而如果因一个过失，就批评这个人本身，指责其人格，甚至斥责其在动机上是故意的，则极易引起受批评者反感，从而引起对立与冲突，使批评失败。

(5) 尽量减少批评的次数，否则，会冲淡教育效果。同时，要一事一评，切不可批评一次，将过去发生的多个问题来个算总账，这样，不但重点不突出，而且还会引起受批评者的反感和抵触。

(6) 批评与表扬的适当结合。当批评一个人的缺点时，应首先肯定其优点与成绩，这样，受批评者觉得受到公平对待，容易接受批评。如有必要，在表扬一个人的时候，也可以提示一下其缺点，这样可使其心悦诚服地克服缺点。

3. 感情激励

感情激励即以感情作为激励的诱因，调动人的积极性。现代人对社会交往和感情的需要是强烈的，感情激励已成为现代管理中极为重要的调动人的积极性的手段。感情激励主要包括以下几方面内容：

(1) 在上下级之间建立融洽和谐的关系。这就要求管理者要高度重视与下级的个人关系，使关系融洽，或有较深的友谊，以增强亲和影响力。

(2) 促进下级之间关系的协调与融合。组织中各成员之间的关系会影响到组织目标的实现，需要对非正式组织关系进行积极引导，以尽可能满足各成员社会交往的需要。

(3) 营造健康、愉悦的团体氛围，满足组织成员的归属感。管理者应注意以维系感情为中心，组织开展各种健康、丰富多彩的组织文化活动，营造愉悦的团体氛围，使每个成员以置身于这一团体感到满意和自豪，满足其归属感，创造一种高质量的社会生活，从而实现有效激励，令其自觉地、心情愉快地为实现组织目标努力工作。

4. 尊重激励

随着人类文明的发展，人们越来越重视尊重的需要。管理者应利用各种机会信任、鼓励、支持下级，努力满足其尊重的需要，以激励其工作积极性。尊重激励主要包括以下几方面内容：

(1) 尊重下级的人格。上下级只是管理层次和职权的差别，彼此之间是平等的。管理者应尊重自己的下级，特别是尊重其人格，使下级始终获得受到尊重的体验。

(2) 尽力满足下级的成就感。要尊重下级自我实现的需要，创造条件鼓励和支持下级实现自己的工作目标，追求事业的成功，以满足其成就感。

(3) 支持下级自我管理，自我控制。管理者要授权于下级，充分信任他们，放手让下级实行自我管理，自我控制，以满足其自主心理。

5. 参与激励

参与激励即以让下级参与管理为诱因，调动下级的积极性和创造性。下级参与管理，有利于集中群众意见，以防决策的失误；有利于满足下级受尊重的心理需要，从而受到激励；有利于下级对决策的认同，从而激励他们积极自觉地去推进决策的实施。支持下级参与管理或称民主管理，应注意以下几点：

(1) 增强民主管理意识，建立参与的机制。管理者与被管理者双方都要树立民主管理既是员工政治权利、又是现代管理方式的意识，自觉地推进其实施。同时，要建立科学、可行的员工参与管理的制度、结构、程序和方法，从制度、方法、体系上保证民主管理的实施。

(2) 真正授权于下级，使下级实实在在地参与决策和管理过程。绝不能把民主管理作为摆设、走过场，而必须充分发挥员工民主管理的作用。

(3) 有效利用多种参与形式，鼓励全员参与。在我国国有企业中，民主管理的形式主要有：职工代表大会、合理化建议制度、目标管理、基层民主管理活动等，要依实际需要加以运用。同时，采取措施激励全体员工在各个管理层次和各个环节上，全面参与管理活动，以最大限度地开发员工的潜能，调动其积极性和创造性。

6. 榜样激励

"榜样的力量是无穷的"，管理者应注意用先进典型来激发下级的积极性。榜样激励主要包括以下两方面：

(1) 先进典型的榜样激励。管理者要注意发现和总结先进事迹和先进人物，以他们的感人事迹来激励下级。应用中，要注意事迹的真实性、与下级人员工作的可比性、可学性等，真正令下级服气、感动并激励下级。

(2) 管理者自身的模范作用。即管理者号召和要求下级做到的，自己首先要做到，应身先士卒，率先垂范，以影响、带动下级。实践中，一定要做实实在在的事，而不要做表面文章；要始终如一，而不要一时心血来潮。

7. 竞赛（竞争）激励

人们普遍存在着争强好胜的心理，这是由人谋求实现自我价值、重视自我实现需要所决定的。管理者结合工作任务，组织各种形式的竞赛，鼓励各种形式的竞争，就会极大地激发员工的热情、工作兴趣和克服困难的勇气与力量。在组织竞赛、鼓励竞争的过程中，应注意以下几方面：

(1) 要有明确的目标和要求，并加以正确的引导。这样，确保竞赛与竞争能沿着正确的轨道进行，防止偏离组织目标。

(2) 竞争必须是公平的。竞争的基础、条件、起点、过程、成果衡量与对待，都必须是公平合理的。

(3) 竞赛与竞争的结果要有正确的评价和相应的奖励，并尽可能增加竞争结果评价或奖励的效价，以加大激励作用。

三、工作激励

按照赫茨伯格的双因素理论，最有效的激励因素来自于工作本身，即满意于自己的工作是最大的激励。因此，管理者必须善于调整和调动各种工作因素，做好工作设计，设法使下级满意于自己的工作，以实现最有效的激励。实践中，一般有以下几种途径：

1. 工作的适应性

即工作的性质和特点与从事工作的员工的条件与特长相吻合，能充分发挥其优势，引起其工作兴趣，从而使员工高度满意于工作。既定的一批不同性质的工作岗位，与既定的一批不同素质、特点的员工，如果组合好了，就会使大家都满意于工作，积极性高涨；如果组合不好，人的长处与兴趣都受到压抑，则大家都不满意于工作，工作情绪低落。可见，科学合理的人与事的配合是有效激励的重要手段。管理者要善于研究人和工作的性质与特点，用人之所长，用人之兴趣，科学调配与重组，实现人与事的最佳配合，尽可能地使下级满意于工作。

2. 工作的意义与工作的挑战性

员工怎样看待自己所从事的工作，直接关系到其对工作的兴趣与热情，进而决定其工作积极性的高低。人们愿意从事重要的工作，并愿意接受具有挑战性的工作，这反映了人们追求实现自我价值，渴望获得别人尊重的需要。因此，激励员工的重要手段就是向员工说明工作的意义，并增加工作的挑战性，从而使员工更加重视和热衷于自己的工作，达到激励的目的。

3. 工作的完整性

人们愿意在工作实践中承担完整的工作。从一项工作的开始到结束，都是由自己完成的，工作的成果就是自己努力与贡献的结晶，从而可获得一种强烈的成就感。管理者应根据工作的性质与需要以及人员情况，尽可能将工作划分成较为完整的单元分派给员工，使每个员工都能承担一份较为完整的工作，为他们获得完整工作成果创造条件与机会。

4. 工作的自主性

人们出于自尊和自我实现的需要心理，期望独立自主地完成工作，而自觉不自觉地排斥外来干预，不愿意在别人的指使或强制下被迫工作。这就要求管理者能尊重下级的这种心理，通过目标管理等方式，明确目标与任务，提出规范与标准，然后大胆授权，放手使用，让下级进行独立运作，自我控制。工作成功了，完全归功于下级的自主运作。这样，下级将受到巨大激励，会对自主管理的工作高度感兴趣，并以极大的热情全身心投入，以谋求成功。

5. 工作的扩大化

影响工作积极性的最突出原因是员工厌烦自己所从事的工作，而造成这种现象的基本原因之一就是工作的单调乏味或简单重复。为解决这一问题，管理者应开展工作设计研究，即如何通过工作调整，克服单调乏味和简单重复，千方百计地增加工作的丰富性、趣味性，以吸引员工。工作扩大化旨在消除单调乏味状况，增加员工工作的种类，令其同时承担几项工作或周期更长的工作。具体形式有：

(1) 兼职作业，即同时承担几种工作或几个工种的任务。

(2) 工作延伸，即前向、后向地接管其它环节的工作。

(3) 工作轮换，即在不同工种或工作岗位上进行轮换。这样，既有利于增加员工对工作的兴趣，又有利于促进人的全面发展，这是重要的工作激励手段。

6. 工作的丰富化

工作的丰富化指让员工参与一些具有较高技术或管理含量的工作，即提高其工作的层次，从而使职工获得一种成就感，使其尊重的需要得到满足。具体形式包括：

(1) 将部分管理工作交给员工，使员工也成为管理者。

(2) 吸收员工参与决策的计划，提升其工作层次。

(3) 对员工进行业务培训，全面提高其技能。

(4) 让员工承担一些较高技术的工作，提高其工作的技术含量等。

工作扩大化是指从横向上增加工作的种类，而工作丰富化则是从纵向上提高工作的层次，两者的作用都在于克服工作的单调乏味，拓展工作的内涵和外延，增加员工的工作兴趣。

7. 及时获得工作成果反馈

人们对于那种工作周期长、长时间看不到或根本看不到成果的工作很难有大的兴趣。而对于只要有投入立即就能看到产出的工作则兴趣较浓，这也是人们成就感的一种反映。管理者在工作过程中，应注意及时测量并评定、公布员工的工作成果，尽可能早地使员工得到工作的反馈。员工们及时看到他们的工作成果，这就会有效地激发其工作积极性，促使其努力扩大战果。

本章提要

★激励就是组织通过运用某些手段或方法（如物质激励或精神激励）激发和鼓励成员朝着组织所期望的目标表现出积极主动的、符合组织要求的行为。激励过程的基本要素包括需要、动机、外部刺激、行为等。需要和刺激结合引发动机，动机导致行为，行为指向目标。

★内容型激励理论主要强调被激励对象的需要，着重研究需要的内容、结构特征及其动力作用。主要包括马斯洛的需要层次理论、赫茨伯格的双因素理论、麦克莱兰的成就需要理论等。

★过程型激励理论主要注重从组织目标与个人目标一致性的角度来研究激励实现的过程和机制。主要包括亚当斯的公平理论、弗鲁姆的期望理论以及波特-劳勒的激励模型。

★行为改造型激励理论的重点是研究人的行为怎样转化和改造，如何使人的心理和行为变消极为积极的理论。主要有斯金纳的强化理论、海德的归因理论以及挫折理论。

★激励思想的运用主要体现在激励方法的选择上。激励方法主要有物质利益激励、社会心理激励、工作激励三大类。其中，物质利益激励分为绩效工资、分红、员工持股计划、总奖金四种；社会心理激励的具体形式有目标激励、表扬与批评、感情激励、尊重激励、参与激励、榜样激励、竞赛激励等；工作激励主要通过工作的适应性、工作的意义与工作的挑战性、工作的完整性、工作的自主性、工作的扩大化、工作的丰富化、及时获得工作成果反馈等几种途径来实现。

本章思考题

1. 什么是激励？激励的基本要素有哪些？过程是怎样的？

2. 比较需要层次理论和赫茨伯格的双因素理论，为什么后者的理论更受欢迎？

3. 比较弗鲁姆的期望理论和波特–劳勒的激励模型有何不同。

4. 根据强化理论，管理人员不应该惩罚员工，但在我国许多企业中都有罚款制度，你如何解释这一现象？

5. 根据公平理论，你认为公司应如何设置自己的薪酬制度才能更好地激励自己的员工？

6. 激励的基本方法是什么？举例说明如何运用各种激励方式。

本章案例

工资全额浮动为何失灵？

WH 建筑装饰工程总公司是国家建设部批准的建筑装饰施工一级企业，实力雄厚，经济效益可观。

铝门窗及幕墙分厂是总公司下属最大的分厂，曾经在一线工人和经营人员中率先实行工资全额浮动，收到了不错的效果。为了进一步激发二线工人、技术人员及分厂管理干部的积极性，该分厂宣布全面实行工资全额浮动。决定宣布后，连续两天，技术组几乎无人画图，大家议论纷纷，抵触情绪很强。经过分厂领导多次做思想工作，技术组最终被迫接受了现实。

实行工资全额浮动后，技术人员的月收入，是在基本生活补贴的基础上，按当月完成设计任务的工程产值提取设计费。如玻璃幕墙设计费，基本上按工程产值的 0.27%提成，即设计的工程产值达 100 万元，可提成设计费 2700 元。当然，技术人员除了画工程设计方案图和施工图外，还必须作为技术代表参加投标，负责计算材料用量以及加工、安装现场的技术指导和协调工作。分配政策的改变使小组每日完成的工作量有较大幅度提高。组员主动加班加点，过去个别人“磨洋工”的现象不见了。然而，随之而来的是，小组里出现了争抢任务的现象，大家都想搞产值高、难度小的工程项目设计，而难度大或短期内难见效益的技术开发项目备受冷落。

彭工原来主动要求开发与自动消防系统配套的排烟窗项目，有心填补国内空白，但实行工资全额浮动三个月后，他向组长表示，自己能力有限，希望放弃这个项目，要求组长重新给他布置设计任务。

李工年满 58 岁，是多年从事技术工作的高级工程师。实行工资全额浮动后，他感到了沉重的工作压力。9 月，他作为呼和浩特某装饰工程的技术代表赴呼市投标，因种种复杂的原因，该工程未能中标。他出差了 20 多天，刚接手的另一项工程设计尚处于准备阶段，故当月无设计产值，仅得到基本生活补贴 78 元。虽然在随后的 10 月，他因较高的设计产值而得到 1580 元的工资，但他依然难以摆脱强烈的失落感，他向同事们表示他打算提前申请退休。

尽管技术组组长总是尽可能公平地安排设计任务，平衡大家的利益，但是意见还是一大堆。小组内人心浮动，好几个人有跳槽的意向，新分配来的大学生小王干脆不辞而别。组长感到自己越来越难做人了。

(资料来源：罗帆：工资全额浮动为何失灵？企业管理，2002 年第 4 期)

讨论题

1. 该企业中技术人员的需要层次有何特点？实施工资全额浮动后有什么变化？

2. 试用赫茨伯格的双因素理论解释工资全额浮动失灵的原因。

第十一章 领导

学习目标

1. 理解领导的定义与作用，了解领导者权力的来源。
2. 理解领导与管理之间的差异。
3. 掌握领导特性理论的主要观点。
4. 掌握领导行为理论的主要观点。
5. 掌握领导权变理论的实质，懂得如何灵活运用权变理论。
6. 熟悉管理中的主要领导艺术。

领导是管理过程的一个重要环节，也是一种重要的管理职能。领导职能是连接计划、组织、控制等各个职能的纽带，是实现组织目标的关键。

对于任何一个组织而言，领导的作用至关重要，特别是企业，领导的好坏更是关乎其生死存亡，这已由管理的历史所证实。要实施有效领导，必须研究领导科学，掌握领导规律。本章以企业领导为重点，具体阐述领导的概念、作用、领导理论、领导艺术和领导方法等内容。

第一节 领导的基本概念

一、领导的含义

关于领导的含义，历来有不同的解释：有人认为领导是一门促使下级以高度的热情和信心来完成他们的任务的艺术；也有人认为，领导是一项程序，它使人们在选择目标和达到目标的过程中受指挥者的导向和影响；还有人认为，领导是一种说服他人热心追求目标的能力等。

目前普遍认为领导的含义是：领导是影响个人或群体在某种特定条件下向目标迈进的行为或力量。

从领导的定义可以看出，领导也是一个系统，这个系统由以下要素构成：

(1) 领导行为的主体，这也就是我们常讲的领导者，它是一个人或一个集团，是实施领导的人或集团。领导主体在领导行为中起着关键的作用。

(2) 领导对象，即领导者的部下、追随者或者说是受领导行为的影响者，它也是人或由人组成的群体。

(3) 领导目的及实现目的的手段，目的就是领导目标的预期，其手段主要指指挥、激励、沟通以及领导艺术。

(4) 领导力量，指领导者拥有影响下属或追随者的能力，主要包括职权和个人影响力。

二、领导影响力

1. 领导影响力的基础

领导者要指挥下属促使下属向目标迈进，必须充分发挥其影响力。要有效地发挥其影响力，必须拥有一定的权力。任何一种领导行为都是以权力为基础，广泛运用有效的领导手段和艺术，以实现领导目标。如果失去权力，领导就无从谈起，领导行为也就不存在了。

2. 领导影响力的来源

领导影响力主要来自两个方面：

(1) 来自职位权力。这种权力由领导者在正式组织中的位置以及由组织或上级赋予的权力和责任决定。职位权力一般随职务变动而变动，在职就有权，不在职就无权。这种权力的特点是具有强制性的压力、习惯等。具体表现为惩罚权，使下级产生恐惧感，感到痛苦，不能满足某些需求等；奖赏权，让下级感到领导者有能力奖赏他，使其觉得愉快或满足某些需要；合法权，它来自下级传统的习惯观念，即下级认为领导者有合法的权力领导他、指挥他，他必须接受这种领导。

(2) 个人权力。这是一种影响力，它不是来自领导者在组织中的职位、职务，而是来自领导者自身的某些特殊条件，如高尚的品德、丰富的工作经验、卓越的才能、良好的人际关系、先进的思想，甚至令人愉快的外表都可以强化领导者的个人影响力。这种权力不随职位消失而消失，其特点是影响长远，使下属或追随者从内心深处受到影响，心甘情愿接受其影响。具体表现为模范权，即来自对领导者的信任，相信领导者具有他们需要的智慧和品质，具有共同的愿望和利益，愿意模仿和追随他；专长权，即来自对领导者的尊敬。领导者具有的某种专门知识、技能和专长，能帮助他指明方向，排除障碍，达到组织和个人目标。要提高领导者的素质，最主要的一条就是要通过学习、修养、实践不断提高其个人权力。

三、领导与管理的关系

领导是一种普遍的管理行为，领导和管理是密切相关的，但它们之间又有明显的区别，是两个不同的概念。

首先，我们看一看它们的共性。从行为方式看，领导和管理都是一种在组织内部通过影响他人的协调活动，实现组织目标的过程。从权力的构成看，两者也都是组织层级的岗位设置的结果。

其次，我们看一看它们之间的区别。从本质上说，管理是建立在合法的、有报酬的和强制性权力基础上的对下属命令的行为。而领导则是可能建立在合法的、有报酬的和强制性的权力基础上，也可能更多的是建立在个人影响权和专长权以及模范作用的基础上，且两者所担负的工作内容不同，如表 11–1 所示。

表 11–1　管理与领导的区别

	管理	领导
确定目标过程	编制计划与预算 ●为达到目标，制订出详细的步骤和计划进度 ●为达到预期目标，进行资源分配	指明方向、给出战略 ●展现未来的愿景与目标 ●指出达到愿景与目标的战略
开发实现目标所需的人力和网络结构	组织和配备人员 ●组建所需组织结构及配备人员 ●规定权责关系 ●制订具体政策和规程指导行动 ●建立系统和方法监督完工状况	指导人们 ●同协作者沟通，指明方向、路线 ●让人们更好地理解目标、战略及实现目标后的效益 ●指引人们根据需要组建工作组、建立合作伙伴关系
执行	控制和解决问题 ●通过具体详细的计划监督进程和结果	鼓动和激励 ●动员克服改革中的障碍 ●鼓动在初具条件的情况下，努力克服人力与资源的不足，实现改革
结果	●具有一定程度的预见并建立良好的秩序 ●得出各利益相关者如用户、股东期望的关键效果	●取得较大进展的改革 ●具备进一步改革如用户期望的新产品的潜力

四、领导的作用

在带领、引导和鼓舞部下为实现组织目标而努力的过程中，领导者要具体发挥指挥、协调和激励等三个方面的作用。

1. 指挥作用

在人们的集体活动中，需要有头脑清晰、胸怀全局，能高瞻远瞩、运筹帷幄的领导者帮助人们认清所处的环境和形势，指明活动的目标和达到目标的途径。领导者只有站在群众的前面，用自己的行动带领人们为实现集体目标而努力，才能真正起到指挥作用。

2. 协调作用

在许多人协同工作的集体活动中，即使有了明确的目标，但因个人的才能、理解能力、工作态度、进取精神、性格、作风、地位等不同，加上外部各种因素的干扰，人们之间在思想上发生各种分歧、行动上出现偏离目标的情况是不可避免的。因此就需要领导者来协调人们之间的关系和活动，把大家团结起来，朝着共同的目标前进。

3. 激励作用

在现代企业，尽管大多数人都具有积极工作的愿望和热情，但是这种热情也未必能自动地长久保持下去。这是因为劳动是谋生的手段，人们需求的满足还受到种种限制。如果一个人的学习、工作和生活遇到了困难、挫折或不幸，某种物质的或精神的需要得不到满足，就必然会影响工作的热情。在复杂的社会生活中，企业的每一个职工都有各自不同的精力，怎样才能使每一个职工都保持旺盛的工作热情，最大限度地调动他们的工作积极性呢？这就需要有通情达理和关心群众的领导者来为他们排忧解难，激发和鼓舞他们的斗志，发掘和加强他们积极进取的动力。

引导不同职工努力地朝向同一个目标，协调这些职工在不同时空的贡献，激发职工的工作热情，促使他们在企业经营活动中保持高昂的积极性，这便是领导者在组织和率领职工为实现企业目标而努力工作的过程中必须发挥的作用。

第二节　领导理论

领导理论是对领导问题进行广泛研究中提出解决有效领导的理论。西方管理学家和管理心理学家在对领导问题进行长期研究中，通过归纳概括形成了领导科学理论。按理论的时间和逻辑顺序，现有的领导理论可以分为三大类：领导特性理论、领导行为理论、领导权变理论或叫情境理论，如表 11–2 所示为三种领导理论各自的研究重点。

表 11–2　三种领导理论的比较

领导理论	基本观点	研究目的	研究结果
领导特性理论	领导的有效性取决于领导者个人特性	好的领导者应当具备怎样的素质	各种优秀领导者的描述
领导行为理论	领导的有效性取决于领导行为和风格	怎样的领导行为和风格是最好的	各种最佳的领导行为和风格描述
领导权变（情境）理论	领导的有效性取决于领导者、被领导者和环境的影响	在不同的情况下，哪一种领导方式是最好的	各种领导行为权变模型描述

一、领导特性理论

领导特性理论主要研究领导者的性格、品质方面的特征，它阐述的重点是领导者与非领导者之间在个人特征方面的差异。其基本思路是根据领导效果的好坏，找出好的领导人与差的领导人在个人品质或特性方面有哪些差异，由此确定优秀领导者应该具备的特性。反过来再根据成功领导者应具备的特点，考察某个领导者是否具备这些特点，据此断定他是不是优秀的领导者。领导特性理论的形成经历了传统特性理论和现代特性理论两个阶段。

1. 传统特性理论

传统的领导特性理论认为，领导者所具有的特性是天生的，由遗传决定，而不是后天造成的。那些被称为“伟大领袖”的领导者具有某些使他们必然成为伟人的特性，如能言善辩、智力超人、自信心强、勇敢等。早在20世纪30年代，心理学家们就进行了大量的研究，希望发现领导者与非领导者在个性、品质、社会、生理或智力等方面的差异。

(1) 天才领导特性理论观点

美国心理学家吉伯在1969年指出，天才的领导者应具备：善言辞、外表英俊潇洒、智力过人、具有自信心、心理健康、有支配他人的倾向等。

(2) 斯托迪尔的理论

心理学家斯托迪尔在1948年、1970年全面总结了领导特性方面的资料，并对领导者的特质进行研究之后，他认为成功领导者的特性有六类：

一是领导者的身体特征，如精力、外貌、身高等；

二是领导者的社会背景，如受过高深教育、良好的社会地位等；

三是领导者的智能特征，如知识、智商、判断能力、分析能力等；

四是领导者的个性特征，如热情、自信、独立、外向、机智、进取心等；

五是领导者与工作相关的特征，如责任心、首创性、毅力、事业心、追求成就的干劲等；

六是领导者的社交能力，如善交际、有行政能力、能与人合作等。

2. 现代特性理论

现代特性理论认为领导者的特性和品质是在实践中形成的，是可以通过教育训练培养的，这就否认了传统特性理论认为领导的特性是生而具有的观点。现代特性理论的研究者们，密切联系管理实践，改进研究方法，从动态的角度深入研究领导者的特性。

(1) 吉赛利的个性理论研究

20世纪60年代，著名的心理学家吉赛利在《管理才能探索》一书中提出了领导者所具有的8种个性特征和5种激励特征。

8种个性特征是：

①才智——语言与文字方面的才能；

②首创能力——开拓创新的愿望和能力；

③督察能力——指导监督别人的能力；

④自信心——自我评价高、自我感觉好；

⑤适应性——善于与下属沟通信息，交流感情；

⑥判断能力——决策判断能力较强，处事果断；

⑦性别——男性与女性有一定的区别；

⑧成熟程度——经验、工作阅历较为丰富。

5种激励特征是：对工作稳定性的需要、对物质金钱的需要、对地位权力的需要、对自我实现的需要、对事业成就的需要。

(2) 日本企业要求领导人应具备的十项品德和十种能力

十项品德是：使命感、责任感、信赖感、积极性、忠诚老实、进取心、忍耐性、公平、热情、勇气。

十种能力是：思维决策能力、计划能力、判断能力、创造能力、洞察能力、劝说能力、对人理解能力、解决问题能力、培养下级能力、调动积极性能力。

这十项品德和十种能力较符合我国情况，在十种能力中还应强调组织能力。

3. 对领导特性理论的评价

传统特性理论概括地描述了领导者的许多特性，认为有效领导与某些特质之间有联系，这无疑是一种进步。但是这种理论也有不足之处，主要是：

(1) 在观点上，过分强调领导者的天生特性，这就有可能导致遗传决定论，而忽视教育、环境等因素在形成、培养、发展和造就领导者中的作用。

(2) 在研究方法上，只是罗列了各种特性，没有指出各种特性的重要程度，以确定它们对有效领导的贡献有多大。

(3) 所列举的各种特性中有许多重叠的部分。

(4) 对个人特性的分析，没有指出哪些特性是谋取领导者地位所需要的，哪些特性是保持或维护领导者地位所必需的。

(5) 有时只能测出领导者与被领导者、有效领导与无效领导之间在特性上存在量的差别，而看不到有质的差异。

(6) 对领导特性的理论假定是，认为有效领导者的特性是各种毫无关联的品质的混合物，而不是在必要性和作用两方面都不断发展、变化的品质所结合成的一个有机的统一体。

现代特性理论认为，成功的领导者可以通过后天塑造，可以通过训练和培养加以造就，否认了领导特性生而具有的观点，从这个意义上讲，它比传统特性理论更进了一步。但现代特性理论如同传统特性理论一样脱离了被领导者的特性与工作环境的特性，孤立地研究领导者个人特性对领导工作效能的影响。因此，其结论不可避免地也是片面性的和不符合实际的。

尽管特性理论存在很多的片面性，但是我们仍旧应当看到特性理论为选拔和培训领导者提供了依据，到现在还没有研究证实哪些特性是成为成功领导者必备的条件。以上理论只是说明一个领导者具备哪些特征会有较大的机会有效地领导下属，领导的成败除了受领导者的特性影响外，还受各种环境因素影响。

二、领导行为理论

特性理论尤其是传统特性理论自20世纪30年代起，渐渐受到人们的怀疑。许多西方学者在调查研究中发现，领导活动的效能与领导者在领导过程中所采取的领导行为存在着密切的关系。于是，从20世纪40年代起，对领导有效性的研究，便转向了行为理论，集中研究领导者的工作作风和行为对领导有效性的影响，即从领导者的行为方式来探索成功的领导模式。

1. 领导方式的基本类型

领导方式是领导方法的一种表现，是领导过程中的领导者、被领导者及其作用对象相结合的形式。心理学家研究认为，不同领导方式对群体行为有不同的影响，要实施有效领导，必须选择恰当的领导方式。在领导方式中存在着三种基本方式：专权型领导、民主型领导和放任型领导。

所谓专权型领导，是指领导者个人决定一切，专断独行，以力服人。其特点是一切领导行为建立在职权基础上，靠纪律、法规、命令、程序、政策行事，要求下属绝对服从。

所谓民主型领导，是指领导者鼓励下属参与管理，共同商量，集思广益，以理服人。其特点是领导行为建立在个人权力基础上，充分发挥下属的潜能，照顾其兴趣爱好，在执行中也给下属灵活处理问题的权力。

所谓放任型领导，是指领导人撒手不管，下属愿意怎样做任其怎样做，权力完全给予个人，工作无计划，无规章制度。领导者的职责仅仅是为下属提供信息并与企业外部进行联系，以让下属更好地工作。

心理学家经试验发现，在专权型领导的团体中，成员关系较为紧张，互相提防，攻击多于信任；在民主型领导的团体中，成员间关系融洽，能友好相处，彼此信任，在有危机的情况下能保持一致，共度难关；三种方式中，放任型领导的团体工作效率最低，常完不成工作任务。

2. 领导行为理论

（1）密执安大学领导行为的研究

在20世纪40年代，密执安大学调查研究中心在大量调查研究的基础上，提出两种领导行为方式，即员工导向和生产导向。

员工导向也叫关系导向，这种领导行为表现为关心员工，并有意识地培养与高绩效的工作群体相关的人文因素，即重视人际关系。员工导向型领导者把他们的行为集中在对人员的监督上，而不是对生产的提高上。他们关心员工的需要、晋级和职业生涯的发展。

生产导向也叫工作导向，这种领导方式关心工作的过程和结果，并用密切监督和施加压力的办法来获得良好绩效、满意的工作期限和结果评估。对这种领导者而言，下属是实现目标和任务绩效的工具，而不是和他们一样有着情感和需要的人，群体任务的完成情况是领导行为的中心。

密执安大学的研究人员观察发现，在领导行为员工导向型的组织中，生产的数量要高于领导方式工作导向型组织的生产数量。另外，这两种群体的态度和行为也根本不同。在员工导向型的生产单位中，员工的满意度高，离职率和缺勤率都较低。在工作导向型的生产单位中，产量虽不低，但员工的满意度低，离职率和缺勤率都较高。

经研究得出的结论是，员工导向的领导者与高的群体生产率和高满意度成正相关，而生产导向的领导者则与低的群体生产率和低满意度正相关。

(2) 领导行为四分图理论

四分图理论是美国俄亥俄州立大学的专家们于 1945 年在列举了一千多种领导行为因子的基础上，最后归纳出“定规”维度和“关怀”维度这两大类后提出的。

定规维度（Initiating Structure）指的是为了达到组织目标，领导者界定和构造自己与下属的角色的倾向程度。它包括试图设立工作、工作关系和目标的行为。具有高定规特点的领导者会向小组成员分配具体工作，要求员工保持一定的绩效标准，并强调工作的最后期限。

关怀维度（Consideration）指的是一个人具有信任和尊重下属的看法与情感的这种工作关系的程度。高关怀的领导者帮助下属解决个人问题，他友善而平易近人，公平对待每一个下属，并对下属的生活、健康、地位和满意度等问题十分关心。

该项研究说明，一个领导者的行为在每一种维度中可以出现很大的变化。领导者在每种维度中的位置，通过对两种维度的问卷调查测度。根据这样的分类，领导者可以分为四种基本类型，即高关怀—高定规、高关怀—低定规、低关怀—高定规和低关怀—低定规。如图 11-1 所示。

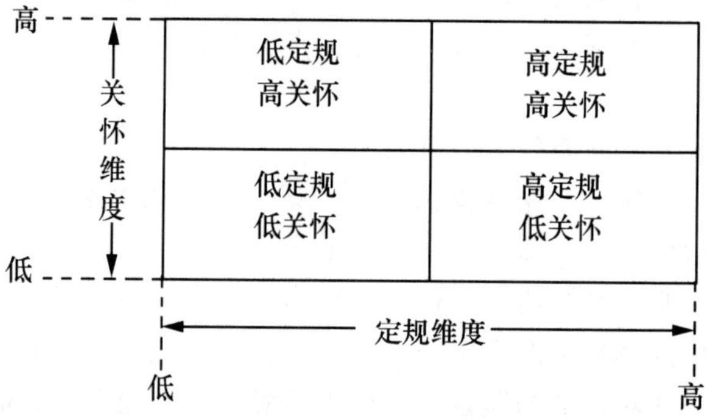

图 11-1 领导行为四分图

以这些概念为基础进行的大量研究发现，一个在定规和关怀方面均高的领导者（高—高型领导者）常常比其他三种类型的领导者（低定规、低关怀或二者均低）更能使下属达到高绩效和高满意度。但是，高—高型风格并不总是产生积极的效果。比如，当工人从事常规任务时，以高定规为特点的领导行为导致了高抱怨率、高缺勤率和高离职率，工作的满意度水平也很低。其它研究还发现，直接上级主管对领导者进行的绩效评估等级与高关怀性成负相关关系。总之，俄亥俄州立大学的研究说明，一般来说，高—高型风格能够产生积极效果，但同时也发现了足够的证据表明这一理论还需加入情境因素。

（3）管理方格理论

美国德克萨斯大学管理心理学家布莱克和莫顿两人发展了领导风格的两维度观点，在“关心人”和“关心生产”的基础上提出了管理方格理论，以图示和量表方式来衡量一个企业领导人的管理方式是否具有高效率。

管理方格图，如图 11–2 所示，图中横坐标为对生产的关心这一要素，纵坐标为对人的关心这一要素，而且又将这两个坐标轴分别划分出了 9 个等级，从而生成了 81 种不同的领导类型。根据对某位领导者关心生产和关心人的程度的评价，可以确定该领导的领导风格在图中所处的位置。

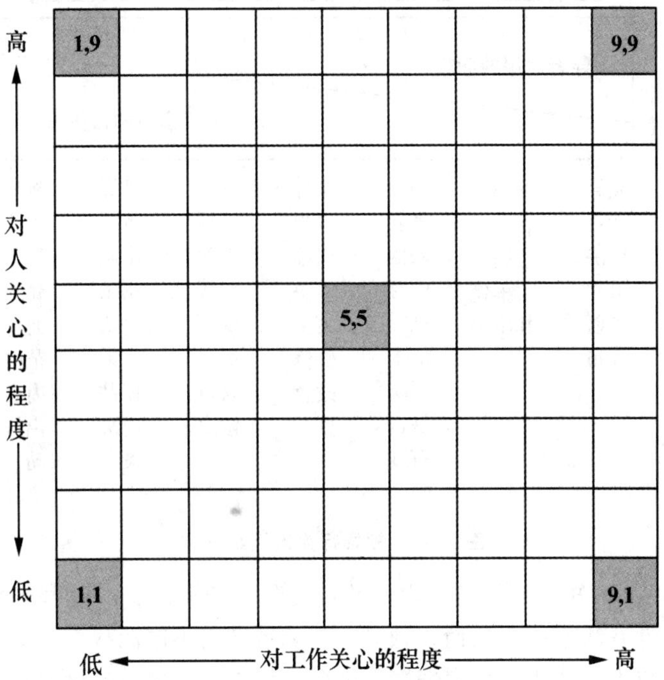

图 11–2 管理方格图

尽管在管理方格中存在 81 种类型，但布莱克和莫顿主要阐述了五种最具代表性的类型：

1，1 贫乏型管理：领导者付出最小的努力完成工作。

9，1 任务型管理：领导者只重视任务效果而不重视下属的发展和下属的士气。

1，9 乡村俱乐部型管理：领导者只注重支持和关怀下属而不关心任务效率。

5，5 中庸之道型管理：领导者维持足够的任务效率和令人满意的士气。

9，9 团队型管理：领导者通过协调和综合工作相关活动而提高任务效率与团队士气。

从这些发现中，布莱克和莫顿得出的结论是：9，9 风格的管理者工作为佳。遗憾的是，管理方格理论并未对如何培养管理者提供答案，只是为领导风格的概念化提供了框架。并且，也没有实质性的证据支持在所有情境下，9，9 风格都是最有效的方式。

(4) 领导连续统一体理论

领导连续统一体理论是坦南鲍姆（R. Tannenbaum）与施密特（W. H. Schmidt）提出的。这个理论认为专制和放任只是领导行为方式的两个极端情况，在此二者之间还存在许多领导行为，这诸多行为就构成了领导行为的连续统一体（见图 11–3）。

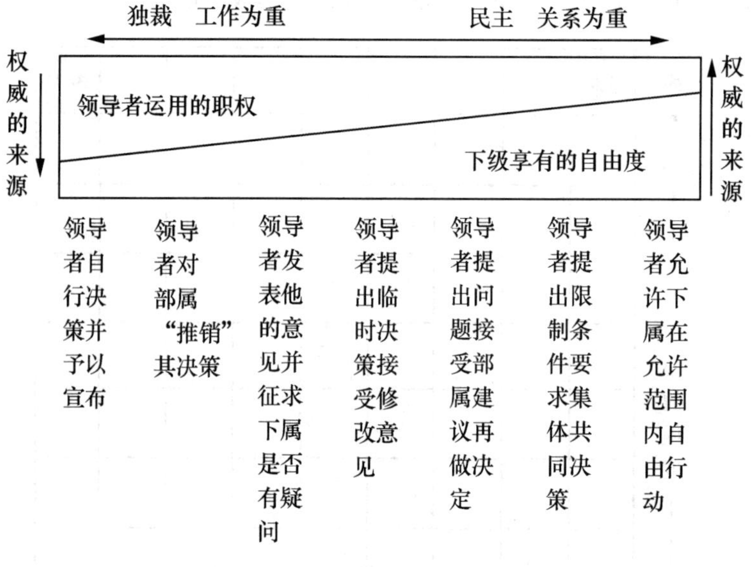

图 11–3 领导行为连续统一体

从图 11–3 可知：领导行为由独裁过渡到放任自由，一是基于领导人对权力来源和人性看法不同，从而在领导中就侧重使用不同的权力，如独裁领导主要运用职务权力，认为人生来懒惰，因而一切决策均由自己做出；而民主型领导则认为权力来源于下属，人受到激励就可以发挥创造力且有自治能力，因此决策可以公开讨论、共同做出。二是独裁型领导较重视工作而民主型领导则较重视群体关系。领导行为连续统一体从左至右，领导者运用职权逐渐减少，下属享有的自由逐渐增加。从左至右由工作为重逐渐转向以关系为重。

坦南鲍姆和施密特认为，说不上哪种方式最佳，这要根据具体情况，考虑各种因素而定。从这个意义上讲，这一理论也是一种情境理论。

领导行为连续统一体理论从权力来源、运用和下属参与决策的程度划出了多种领导行为，对于研究领导方式和进行实际管理是有重大意义的。

这一理论把独裁和以工作为重、把民主和以关系为重联系并等同起来，而且只从决策和下属参与决策两个方面来划分领导行为方式是不够全面的，决策只是领导行为的一部分。

3. 领导情境（权变）理论

(1) 菲德勒模型

菲德勒的领导权变理论是比较有代表性的权变理论。该理论认为各种领导方式都可能在一定环境内有效，这种环境是多种外部与内部因素的综合作用体。

菲德勒将权变理论具体化为三个方面，即职位权力、任务结构和上下级关系。所谓职位权力是指领导者所处的职位具有的权威和权力的大小，或者说领导的法定权、强制权、奖励权的大小。权力越大，群体成员遵从指导的程度越高，领导的环境也就越好；反之，则越差。任务结构是指任务的明确程度和部下对这些任务的负责程度。如果这些任务越明确，而且部下责任心越强，则领导环境越好；反之，则越差。上下级关系是指下属乐于追随的程度。如果下级对上级越尊重，而且乐于追随，则上下级关系越好，领导环境也越好；反之，则越差。

菲德勒相信影响领导成功的关键因素之一是个体的基本领导风格，因此他首先试图发现这种基本风格是什么。为此目的，他设计了 LPC（Least Preferred Coworker，最难共事者）问卷，如表 11-3 所示。问卷由 16 组对应的形容词构成。菲德勒让作答者回想一下自己共过事的所有同事，并找出一个最难共事者，在 16 组形容词中按 1~8 等级对他进行评估。菲德勒相信，在 LPC 问卷的回答基础上，可以判断出人们最基本的领导风格。

表 11-3 菲德勒的 LPC 问卷

快乐	8	7	6	5	4	3	2	1	不快乐
友善	8	7	6	5	4	3	2	1	不友善
拒绝	1	2	3	4	5	6	7	8	接纳
有益	8	7	6	5	4	3	2	1	无益
不热情	1	2	3	4	5	6	7	8	热情
紧张	1	2	3	4	5	6	7	8	轻松
疏远	1	2	3	4	5	6	7	8	亲密
冷漠	1	2	3	4	5	6	7	8	热心
合作	8	7	6	5	4	3	2	1	不合作
助人	8	7	6	5	4	3	2	1	敌意
无聊	1	2	3	4	5	6	7	8	有趣
好争	1	2	3	4	5	6	7	8	融洽
自信	8	7	6	5	4	3	2	1	犹豫
高效	8	7	6	5	4	3	2	1	低效
郁闷	1	2	3	4	5	6	7	8	开朗
开放	8	7	6	5	4	3	2	1	防备

如果以相对积极的词汇描述最难共事者（LPC 得分高），则作答者很乐于与同事形成友好的人际关系，也就是说，如果你把最难共事的同事描述得比较有利，菲德勒称你为关系取向型。相反，如果你对最难共事的同事看法不很有利（LPC 得分低），你可能主要感兴趣的是生产，因而被称为任务取向型。菲德勒运用 LPC 工具可以将绝大多数作答者划分为两种领导风格。当然，他也发现有一小部分人处于二者之间，菲德勒承认很难勾勒出这些人的个性特点。

菲德勒认为环境的好坏对领导的目标有重大影响。对低 LPC 型领导来说，比较重视工作任务的完成。如果环境较差，他将首先保证完成任务；如果环境较好，任务能够完成，这时他的目标将是搞好人际关系。对高 LPC 型领导来说，比较重视人际关系。如果环境较差，他将首先将人际关系放在首位；如果环境较好，人际关系也比较融洽，这时他将追求完成工作任务。如图 11–4 所示。

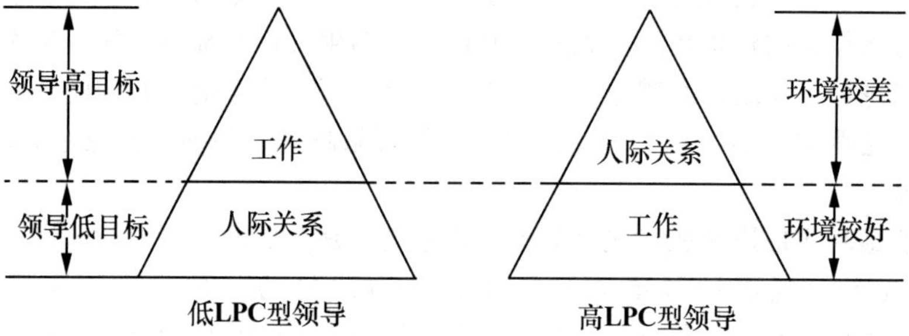

图 11–4　领导目标与环境关系示意图

菲德勒根据职位权力、任务结构和上下级关系三种权变因素，把领导人所处的环境从最有利到最不利分为 8 种类型，并对 1200 个团体的领导者进行调查，收集了将领导风格同领导环境因素联系起来的数据，并绘成图，这就是菲德勒模型，如表 11–4 所示。

表 11–4　菲德勒模型

关系导向 LPC 任务导向	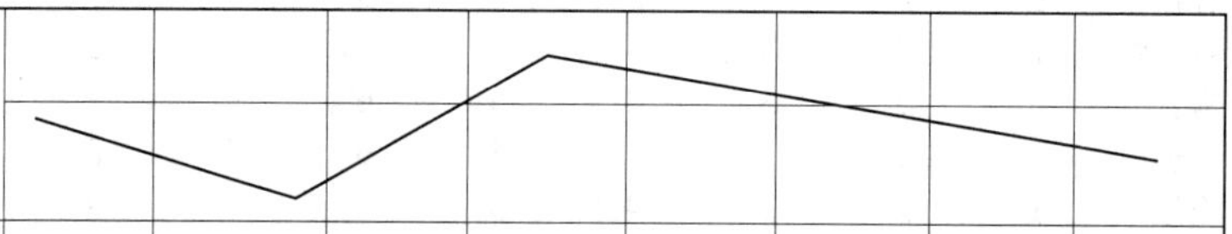							
上下级关系	好	好	好	好	差	差	差	差
任务结构	简单	简单	复杂	复杂	简单	简单	复杂	复杂
职位权力	强	弱	强	弱	强	弱	强	弱
自由环境种类	1	2	3	4	5	6	7	8
有效领导方式	任务导向			关系导向			任务导向	

研究的结果是：在对领导人最为有利和最不利的情况下（例如1、2、3、7、8型），采取任务导向，领导效果较好；在对领导人中等有利的情况下（如4、5、6型），采用关系导向，领导效果较好。

当然，菲德勒模型并非可以解决一切有关领导效能的问题，也有人对其方法提出过批评，如取样有限、计算误差等，但不管怎么说，这个模型都为研究领导效能提供了新的方向，如在实际情景中并不存在一个绝对好的领导形态，要根据情景不同选用领导人。菲德勒的观点指出，个体的领导风格是稳定不变的，因此提高领导者的有效性可以从两个途径入手：一是可以替换领导者以适应环境；二是改变情景以适应领导者。这些都是有益的探索，对于实际工作有积极的意义。

(2) 路径—目标理论

路径—目标理论是美国的管理学家罗伯特·豪斯（Robert House）提出的。该理论认为，领导者的工作是帮助下属达到他们的目标，并提供必要的指导和支持以确保各自的目标与群体或组织的总体目标相一致。“路径—目标”的概念来自于这样的观念，即有效领导者通过明确指明实现工作目标的途径来帮助下属，并为下属清理各项障碍和危险，从而使下属的相关工作容易进行。

根据路径—目标理论，领导者的行为被下属接受的程度，取决于下属是将这种行为视为获得当前满足的源泉，还是作为未来满足的手段。领导者行为的激励作用在于：① 使下属的需要—满足取决于有效的工作绩效；② 提供有效绩效所必需的辅导、指导、支持和奖励。
为考察这些陈述，豪斯确定了四种领导行为：

第一，指导型领导者让下属知道他对他们的期望是什么，以及他们完成工作的时间安排，并对如何完成任务给予具体指导，这种领导类型与俄亥俄州立大学的定规维度相似；

第二，支持型领导十分友善，表现出对下属需要的关怀，它与俄亥俄州立大学的关怀维度相似；

第三，参与型领导则与下属共同磋商，并在决策之前充分考虑他们的建议；

第四，成就导向型的领导设定富有挑战性的目标，并期望下属发挥出自己的最佳水平。

与菲德勒的领导方式学说不同的是，豪斯认为领导者是灵活的，同一领导者可以根据不同的情景表现出任何一种领导风格。

如图11-5所示，路径—目标理论提出了两类情景变量作为领导行为—结果关系的中间变量，即环境因素（任务结构、正式权力系统和工作群体）和下属的个人特点（控制点、经验和知觉能力）。控制点是指个体对环境变化影响自身行为的认识程度。根据这种认识程度的大小，控制点分为内向控制点和外向控制点两种。内向控制点是说明个体充分相信自我行为主导未来而不是环境控制未来的观念，外向控制点则是说明个体把自我行为的结果归于环境影响的观念。依此，下属分为内向控制点（Internal Locus of Control）和外向控制点（External Locus of Control）两种类型。环境因素和下属个人特点决定着领导行为类型的选择。这一理论指出，当环境因素与领导者行为相比重复或领导者行为与下属特点不一致时，效果皆不佳。

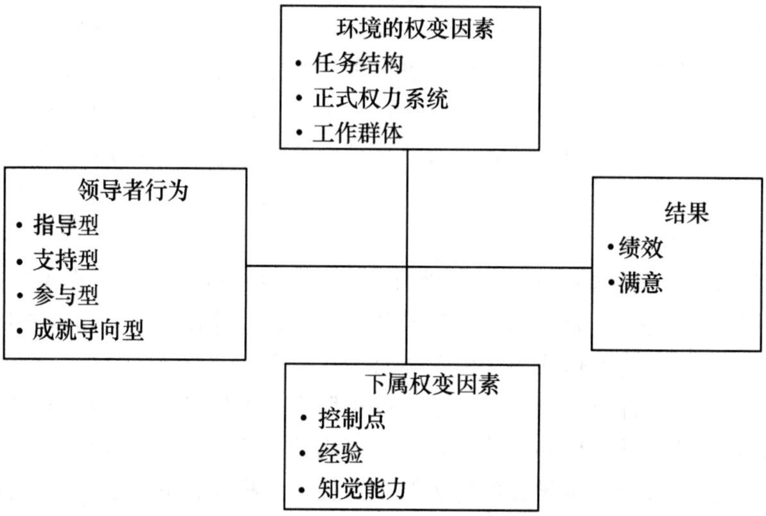

图 11-5 路径—目标理论

以下是路径—目标理论引申出的一些假设范例：

- 相对于具有高度结构化和安排完好的任务来说，当任务不明或压力过大时，指导型领导产生更好的满意度。
- 当下属执行结构化任务时，支持型领导导致员工高绩效和高满意度。
- 指导型领导不太适用于知觉能力强或经验丰富的下属。
- 组织中的正式权力关系越明确、越层级化，领导者越应表现出支持型行为，降低指导型行为。
- 内向型控制点的下属，比较满意于指导型风格。
- 当任务结构不清时，成就导向型领导将会提高下属的努力水平，从而达到高绩效的预期。

对这些假设的验证性研究的结果通常是令人振奋的。这些证据支持了理论背后的逻辑性。也就是说，当领导者弥补了员工或工作环境方面的不足，则会对员工的绩效和满意度起到积极的影响。但是，当任务本身十分明确或员工有能力和经验处理它们而无需干预时，如果领导者还花费时间解释这些任务，则下属会把这种指导性行为视为累赘多余甚至是无用。

(3) 领导生命周期理论

另外一种领导情景理论，是由美国管理学者保罗·赫塞（Paul Hersey）和肯尼斯·布兰查德（Kenneth Blanchard）提出的，这是一个重视下属的权变理论。赫塞和布兰查德认为，依据下属的成熟度水平选择正确的领导风格会取得领导的成功。这一理论把下属的成熟度作为关键的情景因素，认为在领导效果方面，是下属们接纳或拒绝领导者，无论领导者做什么，其效果都取决于下属的活动。然而这一重要维度却被众多的领导理论所忽视或低估。

赫塞和布兰查德把成熟度定义为：个体对自己的直接行为负责任的能力和意愿。它包括工作成熟度（Job Maturity）和心理成熟度（Psychological Maturity）。工作成熟度是下属完成任务时具有的相关技能和技术知识水平。工作成熟度高的个体拥有足够的知识、能力和经验完成他们的工作任务而不需要他人的指导。心理成熟度是下属完成工作任务的意愿和动机。心理成熟度高的个体不需要太多的外部鼓励，他们靠内部动机激励。

生命周期理论使用的两个领导维度与菲德勒的划分相同：任务行为和关系行为。但是，赫塞和布兰查德更向前迈进了一步，他们认为每一维度有低有高，从而组合成以下四种具体的领导风格：

- 指导型领导（S1 象限，高任务—低关系）。领导者定义角色，告诉下属应该干什么、怎样干以及何时何地去干。
- 推销型领导（S2 象限，高任务—高关系）。领导者同时提供指导性的行为与支持性的行为。
- 参与型领导（S3 象限，低任务—高关系）。领导者与下属共同决策，领导者的主要角色是提供便利条件与沟通。
- 授权型领导（S4 象限，低任务—低关系）。领导者提供极少的指导和支持。

图 11-6 概括了情景领导模型的各项要素。图中，S 代表四种领导方式，分别是指导（S1）、推销（S2）、参与（S3）和授权（S4），它们依赖于下属的成熟度 M，M1 表示低成熟度，M4 表示高成熟度。

这样一来，赫塞和布兰查德就把领导方式和员工的行为关系通过成熟度联系起来，形成一种周期性的领导方式。当下属的成熟度水平不断提高时，领导者不但可以不断减少对活动的控制，而且还可以不断减少关系行为。如指导型领导方式 S1，是对低成熟度的下属而言的，表示下属需要得到明确而具体的指导。在 S2 方式中，领导者需要采取高任务—高关系行为。高任务行为能够弥补下属能力的欠缺；高关系行为则试图使下属在心理上“领会”领导者的意图。在 S3 方式中可以运用支持性、非指导性的参与风格有效激励下属。最后，在 S4 方式中，领导者不需要做太多事，因为下属既愿意又有能力承担责任。

和非德勒的权变理论相比，领导方式生命周期理论更容易理解和直观。但它只针对了下属的特征，而没有包括领导者行为的其它情景特征。因此，这种领导方式的情景理论算不上完善，但它对于深化领导者和下属之间的研究，具有重要的基础作用。

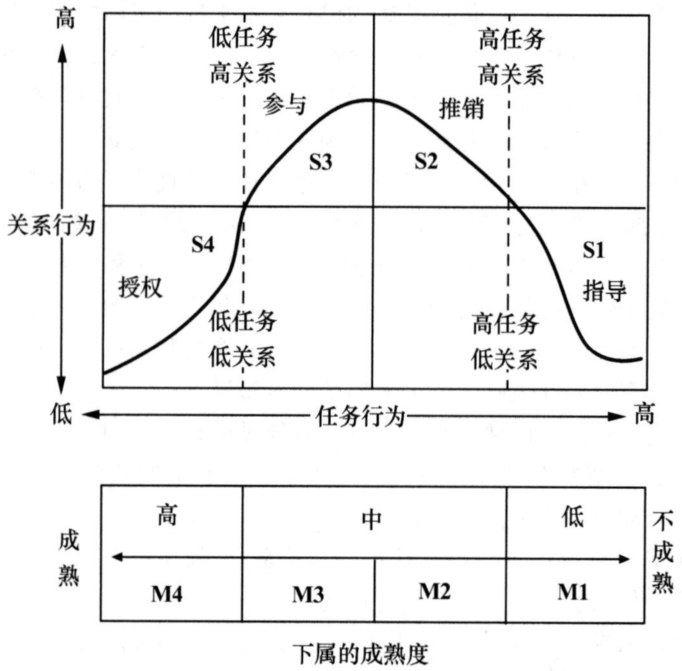

图 11-6　领导生命周期理论模型

第三节　领导方法与领导艺术

领导工作既是一门科学，也是一门艺术。作为一门科学，表明领导工作是有客观规律可循的，必须遵循规律，从实际出发，实事求是地开展工作；作为一门艺术，表明领导工作是一项创造性的工作，领导艺术就是一种富有创造性的领导方法的体现。因此，领导要卓有成效地工作，不仅需要科学的领导理论作指导，还要善于从实际出发，灵活运用有效的领导方法，讲究精湛高超的领导艺术。由于涉及领导方法和领导艺术的内容非常丰富，这里主要介绍常见的领导方法和艺术。

一、领导方法的主要内容

领导方法的主要内容主要体现在以下几个方面：

1. 充分发挥影响力

领导的本质在于组织成员的追随与服从，因此，有效地发挥领导者的影响力是领导的核心内容。要充分发挥领导者的影响力，要求做到以下几点：

(1) 正确使用权力

领导者在使用权力的过程中，要注意区别“正确使用权力”和“关于运用权术”的差别。“权术”是指依仗权势而玩弄计谋和手段。领导者使用权力发挥影响的最终目的是实现“组织效用最大化”，而不是追求领导者“个人效用最大化”。在领导过程中，领导者运用“权术”虽然可能会取得暂时的效果，但从长远来看则会失去成员的信任与爱戴。

(2) 有效地激励和鼓舞

合理、适度的激励和鼓舞能够调动下属的积极性，能够对下属的行为起到引导和强化作用，使领导者的意图得到有效的落实。

(3) 善于沟通

领导者发挥自身的影响力离不开有效的沟通。在沟通过程中，领导者要能够采取正确的态度，选择合适的沟通渠道，使用合适的沟通手段，将信息、思想和情感有效地传递给下属，使下属真正理解领导者的意图。同时，在沟通过程中，领导者也应该注意鼓励下属的上行沟通，并对下属的上行沟通予以有效的倾听和反馈。

2. 提高领导者的个人魅力

领导魅力是领导者个人特质在领导活动中的综合反映，是一种能对下属产生强烈吸引的力量。领导者借助特有的个人魅力，可以充分发挥自己的影响力，取得事半功倍的效果。领导魅力要通过领导者的工作、学识、性格、仪表和人格等方面表现出来。

(1) 工作魅力

工作魅力是领导者在工作中所产生的对下属的吸引力，它与一定的工作方法、工作艺术相关。不同的工作方法和工作艺术对下属的影响效果不同，但只要运用得当，都能对下属产生吸引力和感召力。领导者在工作过程中要急而不躁、忙而不乱、难而不倒，时刻成为下属的表率和依靠。

(2) 学识魅力

领导者的学识魅力与领导者本人的文化程度、知识水平密切相关。在知识经济时代，知识在领导活动中的作用越来越大。学识丰富、文化程度高的领导者对下属的感召力就大。

(3) 性格魅力

性格是指个人对现实的稳定态度和习惯化的行为方式。领导者具备良好的性格会使下属在与其相处中产生融洽、轻松的交往心情，使领导者更具亲和力。

(4) 仪表魅力

领导者的仪表魅力与领导者的容貌、衣着、举止、风度相联系。仪表是领导者自信心与自信力的表现，能够反映领导者的精神面貌和个人修养。拥有良好仪表的领导者会使下属产生信赖与尊重。

(5) 人格魅力

人格是一个人道德品质的总和，人格高尚的领导者才能够真正得到下属的尊敬和爱戴，才会真正拥有凝聚力和感召力。

3. 提高情绪智商

情绪智商（Emotional Quotient，简称 EQ）是个人情绪稳定性、自我激励及人际关系的总称，是通过控制情绪来提高生活、工作质量的才能。现代研究表明：能力差距不大的情况下，情绪智商的高低是决定人们工作绩效差异的主要原因之一。

相对于组织的一般成员而言，领导者承担着更重要的责任，面临着更大的压力，因此，领导者更需要提高情绪智商。同时，由于领导者在组织中发挥的巨大影响力，其一言一行也会对其他成员乃至整个组织产生重要影响。因此，提高领导者的情绪智商对于组织而言也有重要意义。

领导者提高情绪智商，就是要提高认识自我情绪的能力、自我调节能力、自我激励能力、认识他人情绪的能力和人际关系管理能力。

4. 正确处理与上级、同级、下级的关系

在处理与上级、同级、下级的关系时应做到：

对待上级：找准自己的角色和位置，努力而不越位；善于领会领导的意图；适应上级的特点和习惯来开展工作；在上级面前规矩而不拘谨；在多个上级之间，保持等距交往；努力做好自己的本职工作。

对待同级同事：积极配合而不越位擅权；明辨是非而不斤斤计较；见贤思齐而不嫉贤妒能；支持帮助而不揽功推过。

对待下级：知人善任，调动下级的积极性；善于批评教育；关心爱护下级，帮助下级发展。

5. 建设坚强的领导团队

在现代组织中，仅仅依靠一两个优秀领导者的个人努力往往无法有效地实现组织目标，拥有团结高效的领导团队使组织更容易取得成功。一般认为，高效的领导团队往往具有以下几个方面的特征：明确的目标；统一的价值观、规范和行为标准；良好的人际关系，成员相互信任和尊重；沟通渠道顺畅；强烈的归属感和认同感；团结合作、同心协力；勇于承担责任和技能上能够互补。

二、领导艺术的主要内容

领导艺术的主要内容主要体现在以下几个方面：

1. 决策艺术

决策，尤其事关组织大局和长远发展的战略决策，是领导者的责任和权力。作为最高决策者，首先应抓住战略决策和非程序化决策，亲自主持制订。其次，抓住确立目标和方案决断这两个关键环节。要有永不满足、自我超越的心态，勇于发现问题、善于分析问题，抓住机遇、迎接挑战，及时确立新的目标。要善于把定性和定量结合起来，对各种决策方案迅速做出决断。再次，在方案的设计与评估时，要吸引下属参与，听取群众意见，善于利用外脑。领导者既要创造一个让人敢于讲话、敢于创新的宽松环境，又要善于协调和集中各种不同意见，形成和确立最佳方案。

2. 用人艺术

组织目标能否实现，关键是人，执行决策的人。用人是领导者的最大学问。

领导者要有识人之眼，坚持用人标准，掌握各种考察别人的方法；善于发现每一个部下的可用之才，加以合理使用，从“小人物”中选拔大人才；敢于启用年轻人和新人。

领导者要有用人之能，了解每一个下属的所长和所短，将其放到合适的岗位上，扬长避短、化短为长；要建立一个科学的组织结构，在这个结构中，每个人既在年龄、性格、学识、能力、专长等方面各有所长，又在事业心、价值观方面有共同理想和标准，同中求异、异中求同，以达用长克短、互制互补之功效。

领导者要有容人之量，容得下各种人才，人才才能为你所用，有作为而又高明的领导者特别要容得下和敢于、善于任用有缺点的人才，比自己本事大的人才，反对过自己甚至反对错了的人才，被别人尤其是自己的“心腹”怀疑的人才。

领导者要有爱人之心，要时刻关心人，为下属人才提供尽可能好的工作条件和生活条件；要经常走访下属，了解他们的喜怒哀乐，帮助他们解决困难和问题；即使有些问题和困难现有条件无法解决，只要了解、理解他们，下属也会心平气顺，和组织同舟共济；要注意保护人才，人才也有缺点，尤其是人才的真知灼见，往往一时不能被大多数人接受，甚至遭受非议毁谤，这时领导应站起来，仗义执言，支持人才；当下属有过失时，领导应为他承担一些责任，尽量保护，不正当地打击一个人，将会寒了一片人的心；要舍得培养人才，人的知识才能是有限的，光使用不培养会造成人才枯竭，是一种“杀鸡取卵”的短视行为，尤其是知识更新速度不断加快的今天，培养人才已成为组织发展的基础工程。

3. 指导激励艺术

对下属进行工作指导，激励下属积极主动地完成任务是领导者的经常性职责。

首先，要正确运用职权，既要树立和维护领导者的权威，又要平易近人、和蔼可亲，让下属乐意接受你的指挥。

其次，要明确自己的职责范围，该自己负责的事，不拖延、不推诿、不矛盾上交、越级上报；不干预下属的工作职权，放手让下属独立自主地开展工作；不越级指挥，即使在深入基层时发现问题，也最好不要亲自处理，以保证指挥的统一。

再次，要在准确了解下属成熟度的基础上选择不同的指导方式，做到一把钥匙开一把锁，不同的人用不同的方式领导。

最后，要善于采用各种激励措施，恩威并施、赏罚分明，尤其要把激励的重点放到激发下属的主动性和创新精神上来；要掌握表扬与批评的技巧，多奖少罚，表扬中带有希望，批评时要有鼓励。

4. 沟通交往艺术

沟通交往包括对内与下属沟通和对外开展公关活动。不管对内对外，以下要求都是必须要注意的：

平等待人待己、协商一致，既不以上压下、以势欺人，也不要自贬身价，低声下气；不对别人威逼利诱，也不接受别人的威逼利诱。

要公正客观、与人为善，与人交往真诚善意，与人交谈和蔼可亲，尊重事实讲道理，不吹不捧、不贬不压，不先入为主、固执己见，不感情用事。

要以互利互惠、共同发展为目的，善于创造一个“双赢”的局面，不要损人利己，不要出现你败我胜、你失我得的结果。否则交往无法进行，已有的关系也会破裂。

承诺要慎重，一旦做出承诺，就要重约守信、说话算数，所以既不要信口开河，更不要背信弃义。

沟通交往要经常，关系要不断积累扩大，不能“平时不烧香，有事抱佛脚”，尤其是逢年过节和重要时日，更应走访或问候。

领导者与人沟通交往是正常的组织活动，决不能将其蜕变为庸俗关系学。在人际交往活动中，要有法纪意识，遵纪守法。尤其是在市场经济条件下，更要注意避免采用不正当的交往手段。

领导者在开展社交活动时，要充分发挥职能部门的作用，不必要什么人都亲自接待、亲自交谈，不要陷入没完没了的应酬中。领导者要掌握对组织发挥举足轻重的交往对象，下大力做好沟通交往工作。

领导者要掌握沟通交往的一系列技巧。诸如日常迎来送往的技巧，包括服饰仪表、言谈举止、见面问候、分手送别等礼节礼仪。还有公务活动的交往技巧，包括会见会谈、参加会议、谈判协商、处理纠纷等技巧。再有塑造形象的技巧，包括如何进行自身塑造、怎样进行形象定位，以及怎样将形象推出得到人们的认可等，还有与上级交往的技巧等。

5. 时间管理艺术

人类的一切活动都在时间中进行，都要占用一定的时间。但时间又是一个常数，且是不可逆的。时间对领导活动的意义在于是领导效率的决定因素。工作效率为工作成果和消耗时间的比。提高领导效率应从两个方面着手：一是真抓实干，在限定的时间内获得更多的效益；二是尽可能减少时间消耗。因此，科学管理时间、节约时间是重要的领导艺术。这方面的内容主要包括：

领导者要掌握时间管理的主动权，进行自我管理，不要把时间安排“交给”自己的下属，不要让别人随意打乱自己的时间安排。

领导者要对时间进行计划管理，应做到每天、每周、每月都根据自己的工作对时间进行合理安排、严格执行。

领导者要对时间进行集中管理。要对自己一段时间内的工作进行 ABC 分类。A 类为必须自己处理且抓紧处理的事务；B 类为可以自己处理也可以让别人处理、可以现在处理也可以推迟处理的事务；C 类为不必自己处理或马上处理的事务。要集中精力和时间办好 A 类事务；对于 B 类事务，有时间再酌情处理；对 C 类事务可以授权下属处理。

领导者要对时间进行授权管理。要敢于、善于把一些不必自己花时间处理的工作交由副手或下属去办，自己只需加以督促检查。这样可以腾出时间集中精力抓关系组织发展的重大问题。

领导者对时间要进行科学管理。提倡开短会、说短话、写短文，以节约时间；学会利用现代信息处理技术，以提高工作效率，能打电话就不必亲自前往，能传真就不必写信或拍电报，能开电话会议，就不必把人召集在一起开会等。另外，领导者还应对会议进行时间成本核算，提高开会的效果。

本章提要

★领导是影响个人或群体在某种特定条件下向目标迈进的行为或力量。领导者影响力的来源包括职位权力和个人权力。

★领导与管理是两个不同的概念，两者既有区别又有联系。

★领导在组织中具有指挥、协调和激励等方面的作用。

★现有的领导理论，按其发展阶段来看形成了三种理论：领导特性理论、领导行为理论、领导权变理论或叫情境理论。

★领导特性理论分为传统领导特性理论和现代领导特性理论。领导行为理论是领导者在特质、技巧和行为上的结合。领导方式的基本类型为专权型领导、民主型领导和放任型领导。领导行为理论影响最大的有密执安大学领导行为的研究、美国俄亥俄州立大学的四分图理论以及布莱克和莫顿的管理方格理论。领导权变理论包括菲德勒的权变理论、路径—目标理论和赫塞和布兰查德的领导生命周期理论。

★领导的方法与艺术是领导者在其领导活动中，为实现一定的目标所运用的各种手段、办法和程序的总和。领导方法的主要内容有：（1）充分发挥影响力；（2）提高领导者的个人魅力；（3）提高情绪智商；（4）正确处理与上级、同级、下级的关系；（5）建设坚强的领导团队。领导艺术的主要内容有：（1）决策艺术；（2）用人艺术；（3）指导激励艺术；（4）沟通交往艺术；（5）时间管理艺术。

本章思考题

1. 什么是领导？它与管理有什么异同？

2. 什么是管理方格理论？请将它的领导观与美国俄亥俄州立大学、密执安大学的领导观进行比较。

3. 在所学的所有领导行为理论中，你认为存在哪些相似之处？

4. 按照领导者参与模型，哪些权变因素决定了领导者实施参与的程度？

5. 请用菲德勒的权变模型分析一个具体的例子。

6. 领导生命周期理论有何实际意义？

7. 常见的主要领导方法与艺术有哪些？

本章案例

柳传志的领导观

柳传志 1984 年以 20 万元起家，1989 年成立联想集团。目前，联想集团已经发展为国内最大的 IT 产业集团；联想电脑在中国市场连续 4 年占有率位居第一，联想自行研制开发的电脑板卡达到世界先进水平，是世界 5 大板卡制造商之一；2000 年 6 月联想集团被《商业周刊》评为“全球最佳科技企业”第 4 名；2000 年 8 月 2 日起，联想集团有限公司被纳入香港恒生指数成分股，位居香港股市十大上市公司之列。柳传志本人先后荣获第二届全国科技实业家创业奖金奖第一名；中国改革风云人物；2000 年被《财富》杂志评选为“亚洲最佳商业人士”，被《商业周刊》评选为“亚洲之星”。

“怎样当好一个总裁”是他在北大国际 MBA 高级经理班所作的演讲。

总裁在企业里一般都要做两件事：第一是制订战略，并设计实行战略的战术步骤；第二是带好员工队伍，让你的队伍有能力按照这个战略目标去实施。这两件事做好了，企业就能向好处发展。但在做这两件事情之前，还有一件更重要的事要办，就是建班子。企业必须有一个好的领导班子，否则你把事情布置下去之后，后面的人未必照你的意思去做。有了好的班子才能群策群力，同时对第一把手也就有了制约。没有一个好的班子就制订不了好的战略，就带不好队伍，所以领导班子实际上是第一位的。联想把以上这些总结为管理的三个要素：建班子；定战略；带队伍。

在今天的中国当好总裁，还要有三要素以外的一个能力，就是对中国环境适应和改造的能力。社会主义初级阶段这句话的含义太丰富了，什么事情都是初级阶段，会有大量经济、企业之外的事情困扰着我们。因此总裁还要考虑到可不可以为了企业改造大环境？一般都改造不了，那能不能局部改造我们生存的小环境?如果还不行，我们可不可以适应现在这个环境？将来条件容许了能不能马上相应做大的动作?这是在中国做一个好总裁必须要考虑的问题。

机制问题往往也不是由总裁决定的。机制问题是搞好企业的一个必要条件，如果花了半生的精力把企业办大了，办好了，一退休就什么都没有你的份了，这将是很难接受的。于是就有了褚时健的59岁现象。这件事我有同情的一面，他犯法绝对是错误的，但是他犯法以前，做了18年好总裁，创造了上千亿元的利税，这是多大一笔钱啊!但18年中他个人的总回报只有80万元，这太不相称了，是不合理的。这件事是不合理在前，不合法在后；违法绝对是错误的，但是国家也应该反省，否则这种事情以后可能还会发生。

我们总结了国有经济的老板有4个方法跟国家斗：第一个就是褚时健这种做法，这是完全违法的，一旦被国家抓住，就彻底完了。第二个就是把企业变成一个联通管。好比说我在这里办国营企业，再让一个最得力的部下在别的地方办一个公司，然后我把好的业务往他那边介绍，利润全都到他那边去，那里有我的投资，或者不投资最后分红。这样做没犯法，但是这个企业能办好吗?第三种方法更被动一点，就是快退休的时候选择我看得上的人破格提拔来接我的班，这样可使我退休后的待遇能够继续保持下去。这种做法是最普遍、最经常的。但是老总这么做，党委书记也这么做，常务副总也这么做，企业里有两个这么做就会形成宗派，就无药可治了，最终是把企业弄得一塌糊涂。第四种状况就是当一天和尚撞一天钟，不给你好好干，明哲保身，这同样搞不好企业。所以机制的问题不解决确实是一个大的问题。

我们研究高科技企业要把好4个大关口：一是观念；二是机制；三是环境；四是管理。

管理固然重要，但在中国这种特殊环境中，老总不对前三个方面有研究，事情是做不好的。就此对老总有两个要求：第一是目标要高，要把办企业当成事业来干，这样才能受得住委曲，才能充满正气。第二是要有对环境一眼看到底的能力，要能审时度势，要把事情看清楚，知道办得办不得，后果会是怎么样。联想认真地研究了这个问题。我们专门有一个公关外联部，就是专门研究跟国家各个部委打交道，看怎么才能够保持我们企业正常运作，怎么能够尽量得到国家的支持。这是门学问，是中国的特殊情况，是哈佛课程里不会讲的。下面，我讲一下联想的管理三要素。

一、建班子

战略要靠班子来制订，队伍要靠班子来带，所以建班子是三要素中第一位的，班子不和，什么事都做不成。班子没建好有两种情况：一种是“1+1<1”，就是一个班子做事还不如一把手一个人做得好。主要原因是无原则纠纷和产生

宗派。第二种是“1+1=2”，就是有了这个班子之后确实比你一个人强了，但是远没有达到它应该发挥的能力。这主要是班子成员的积极性没有完全调动起来。怎么才能调动起来?积极性太高了以后怎样防止互相碰撞?

1. 如何防止班子产生宗派和无原则纠纷

这并不难，核心就是解决第一把手是不是把企业的利益放在第一位的问题。如果你主动自律，严格要求自己，就可以非常光明磊落地把一切问题放在桌面上来谈，就可以对有可能产生宗派的苗头、有可能产生无原则纠纷的苗头大胆地批评。联想为了防止这种事情，采取了一些听起来很土的措施。例如，我们不允许自己的子女进公司，以免形成一种管不了的力量。这里还有更深刻的意义。

比如我儿子是“北邮”学计算机的，后来在哥伦比亚大学读了硕士，如果他到联想来工作，就会大大影响别的年轻人积极性的发挥。如果有些领导部门和关系户推荐一些人到公司来，必须进行笔试，合格后要 3 个副总裁签字才允许这个人进来，绝不能形成哪个人同外边单独的关系。要表明这么一种正气。有一年春节家里人聚会，我一个姑姑就揶揄我，说她的孩子大学毕业之后想进联想还要考试，但是他们班的同学就是走后门进去的。我回去一了解，不但是，还有好几个。我发了火，逢会就讲，并进行了处理。

为了抑制无原则的纠纷，我们有一个规定：第一把手和第二把手或第三把手之间发生此类纠纷的时候，如果这个部门的工作业绩还可以，就无条件地调走第二把手，但对第一把手给予警告——换了人再出现这种情况说明你一定有问题，要提出制裁。这样一来大家就会非常小心。

2. 如何实现“1+1>2”

第一必须让班子成员明白他和整个战局的关系，还要讲清这件事情做好会怎么样，做不好会有什么后果，这对他的积极性就有了初步的调动。第二是凭什么说你做好了或做坏了，凭什么给你这种奖励或惩罚。如果这是规定好的，不是人为临时定的，积极性就会得到更大程度的调动。香港联想曾经有位总经理，分红权、认股证、期权都在他口袋里面，到时候他再宣布要给谁多少。今天看来给人家的东西并不少，但是没有人感谢，没有人真心被这个调动起积极性。第三是这个规则应是被承认的，是班子研究过的，这时积极性会得到更充分的调动。联想高层的班子是主发动机，下面各层的班子都是小发动机，而不是一些没有动力的齿轮。上上下下都在动，而且动得非常协调，感觉就非常好了。当然了，如果第一把手不把企业的利益放在第一位也不行。

3. 建班子的三大难题

这是大家都会遇到的 3 个难题。第一个难题是进了班子后不称职怎么把他请出去。解决这个难题要注意两点：一是所有进班子里的人要德才兼备，以德为主。这个极其重要，否则你就很难理直气壮地把不称职的人请出去。高层领导的德，就是要以企业利益为最高利益。二是话要放在桌面上讲。第一次他有事情做得不合适，就要对他提出批评。关着门两个人说也是放在桌面上讲，不能心里明白不跟他说。科学院撤换某一个公司的领导，他把公司办得一塌糊涂。撤换的时候，是用一种哄的方式把他给哄下来的，他不愿意，晚上喝酒多了就大骂。其实把公司做成这个样子，为什么不早点当面跟他说清?一次说清怕他受不了，为什么不早点一次一次地把话跟他说清?说一次就改最好。第二次说了还不能改就要公开批评。第三次再犯就撤换他。这样他还能有什么意见?话能不能放在桌面上讲，是一个班子团结和保持正气的关键。第一把手若真的把企业利益放在第一位了，就没有什么话不能公开说的。

第二个难题是重大问题有不同意见，两边的比例还差不多，怎么办?方法是先谈原则，第一把手先底下一个一个地谈话，不要谈具体的事，谈有关此事的最高原则。比如制订工资问题，要先谈制订工资是为了什么，是为了某些人之间的公平，还是为了让企业更好地发展?到底哪个先哪个后?把大原则定下来以后，再一步步定小原则，再谈具体问题，就好解决了。一把手用权要谨慎，当同下属意见不一致时，如果我对这个事也没把握，他很振振有词，那就照他的办，但事情办完后要进行总结。做好了我要思考一下当时我是怎么想的。同时，他应该受到表扬。做不好他也要说个道理。如果把事情想清楚了，认为真正对的事情，就下决心不必多做讨论。如果几次事都做得很正确，大家今后就容易同意你的意见了。我们公司里也有投票表决的制度，但还没用过，事情都是这么解决的，没有什么过不去的。

第三个难题是如何提高班子成员的素质。企业刚办，人员素质不高怎么办?这时第一把手要注意先集中后民主。就是我定规则大家做，取得别人的信任以后，逐渐提高素质，替换班子成员，一步一步实现由班子指挥。一把手工作方式有三种：指令性方式、指导性方式、参与性方式。到了指导性的时候，下面就都是发动机了。联想现在是处于指令性和指导性之间，要一步步来。如果你接手的是一个大公司，文化背景、员工素质都很好，就不是这样了。

建班子的另一个要点是：第一把手看重企业的长远利益，要长期办下去，所以要形成一个规则，形成一种议事的方法。美国花旗银行的董事长 3 年前跟我讲："对我的考核应该是看我退休以后花旗银行的股票价值，如果我退休 5 年后还很好，才说明我做得不错。"这话对我有极大的启发，我马上要退休了，也应接受这个考核标准。

二、定战略

制订战略的实质是确定目标，然后是怎么达到这个目标，怎么分解它。中远期目标、远期目标，我们要分阶段做。就此，我们确定了联想 5 步。

第一步是确定公司愿景。我们自己提出的口号是：联想要成为长期的、有规模的高科技企业。短期行为的事我们不做，非高科技企业里的事我们不做——我是指现在联想的上市公司，而不是控股公司。

第二步是确定中远期发展战略目标。公司目标的长短各有不同，我们认为现在的联想充其量只能制订5年的规划。因为计算机领域的一些核心技术还掌握在别人手里，我们只是跟风，制订不了更长的计划。

第三步是制订发展战略的总体路线。这是制订战略比较重要的部分，有很多具体步骤：(1) 制订前的调查和分析。首先是外部的调查分析——世界和地区的政治、经济方面的调查分析，本行业的状况和前景的分析。(2) 内部资源能力的审视，包括形成价值链各个环节的分析、核心业务流程的分析、核心竞争力的分析等。(3) 竞争对手的分析和比较。分析竞争对手的战略、实际情况等。调查分析之后就是制订路线。

第四步是确定当年的战略目标 (总部和各子公司的)，并分解成具体战略步骤操作实施。

第五步是检查调整，达到目标。

以联想制订并实现的1990年到2000年的5条路线为例。第一条是坚持信息产业领域内要多元化发展。我们定了一个长期发展的愿景以后，首先要做的事情都是能使我们长本事的事情。1993年~1995年，全国掀起来房地产的风潮，当时几乎所有的公司都往里钻。我们几次开会，分析以后认为坚决不能做这个事情。一次有可能做好，两次以后很可能栽下去了，除非对它进行了专门的研究，而我们主要研究的是高科技方面的事情。即使做一次挣了钱，但不长本事，干脆就不做这件事情。后来有几家中关村著名的大公司在房地产上栽了大跟头，引起了很多的矛盾，联想则避开了这个灾难。

第二条是国际国内同时发展，以国内市场为主。计算机领域在1992年以前是一个相当封闭的领域，关税极高，要有批文，外国企业的机器进不到中国来。1992年把批文去掉了，大大减低了关税，实际上那个时候中国在PC领域就相当于加入了WTO。1993年打开这个门以后，中国的计算机行业受到了极大的冲击，几家老的计算机企业如长城、浪潮、东海、联想被打得溃不成军，一塌糊涂。联想成立十几年来没有完不成任务的，那一年就没完成，我也急得大病一场，在医院住了3个月。这时候我们进行了认真的分析，到底中国的计算机能不能跟外国打这一仗，打不了干脆做代理。资金优势、管理优势、技术优势、人才优势全是人家的，我们的优势就是本土优势。于是我们重新整合了队伍，把以前的整个架构打乱，研究怎么去体现这个优势，并选择了一个最有能力的年轻人杨元庆来担任这个部门的负责人。1994年以后，联想在计算机方面的营业额和产量基本上每年以100%的速度增长；到1996年开始占据中国第一位。中国台湾在研发以及生产制造方面的整个水平很高，康柏、IBM的机器全是台湾人做的，设计都是台湾人设计的，但台湾人为什么不打自己的牌子呢？原因是台湾本土市场太小，出去打品牌战非常艰苦。中国内地有这么大的保底市场，为什么不在中国打好这场国际战争呢？以国内市场为主的问题是2000年联想做到30亿美元，2005年的目标是100亿美元，中间这70亿美元用什么东西来填补呢?一是把某一个领域的产品做到精专、纵深，向世界性发展。二是拓宽本土市场。产品不仅是PC，还有接入端的其它设备、网络设备，然后从产品品牌发展到信息服务领域。

第三条是走贸、工、技的道路。这一条外边争议很大，我们受到了不少的批评，一些有科学背景的老院士认为我们不重视技术。其实我们是非不为也，实不能也。不做贸易怎么生存，哪有钱来发展?通过贸易我们还学会了市场推广、企业管理等。

第四条是积极发展产品技术，以此为基础逼近核心技术。掌握了核心技术，利润就不是3%、5%，像毛巾拧水一样了。目标就在对岸，但我们过不了河，所以我这个战略路线里面强调的全是一些造桥和过河的方法。

第五条就是以充分利用股市集资作为实现2000年中期目标的融资手段。这里面学问也挺大。1994年上市时，我们选了一家财务顾问，不怎么样，使得我们对此一头雾水。后来我们受到汇丰银行一个投资部的总经理和现在我们的财务顾问高盛的指导，才豁然开朗。第一，想在股市融资就应老老实实把业绩做好，很多公司炒来炒去是绝对做不好的。第二，业绩方面要有较高的透明度。一般地，香港企业是半年宣布一次业绩，我们是3个月宣布一次业绩。因为宣布业绩的时候股东会提各种各样他觉得很难回答的问题，我便每年一至两次到欧洲、美国挨家介绍，回答他们各种各样的问题，让股东能够信得过我们。

制订了五条路线，接下来就是实施步骤。就是把长期目标分拆成今年要定什么目标，这个季度要定什么目标，为了实现这个目标要做哪些铺垫工作。1996年联想翻身，PC机连续4次大幅度降价，远远甩开了国外的企业，抢占了市场份额，变成了中国市场价格的领导。我们选了价格作为突破口，是因为其它方面很难超过别人。电脑最主要的成本是在几个重要部件上——CPU、硬盘、存储器。由于技术的不断发展，这三块每年都会大幅度降价，联想1995年大亏，实际上也是库存积压的问题。我们详细分析了影响库存的原因，研究怎么缩短订货周期、生产周期，怎么使得销售流畅，怎么扩大市场，把这些一个一个进行演练，演练成功了就对外宣布降价。战术步骤是要进行演练的。

调整更重要，很少有定下的目标一下就能达到的，一定要调整。我们在制订战略的时候，前面好像是草地、泥潭，要小心翼翼、反复琢磨、仔细观察，然后轻手轻脚地在上面走。走实了，是黄土地了，撒腿就跑。制订战略的过程是非常小心的过程。动起来要快，调整是动起来以后的事。

联想准备从一个纯粹产品的公司进入到一个产品和服务领域的公司，这里面有一个比较好的设计。前一段的“网络热”，使做服务的ICP、ISP的价格高得不得了，这里面有问题，是因为他们把长跑当成了短跑。其实网络公司是一个长跑，能够取得利润还早着呢，这是由环境决定的。短跑就是把上市、集资、融资的钱作为比赛的结果，比谁到股市拿钱快。作为网络服务性的公司，资金能不能支持是一个非常重要的因素。联想进入的时候想清楚了，我们做产品的时候有丰厚的利润，并且用我们的服务支持我们的产品销售。美国做手机是产品不要钱，服务要钱。我们恰恰相反，我们做ISP、做365网站接到中国电信不收钱，但产品卖得好了。今年第一季度与去年同一季度比，营业额增加了75%，扣除网站费用之后的利润增长了136%。

联想的战略总则是“以稳为主，稳中求快”。这是由我的性格特点和我下面用的人的性格特点决定的，不一定其它公司也这样办。大胆创新完全是可以的，我是想办长期性的公司，一次冒险能过，以后还能过吗?一开始我是很冒险的，后来变成了这样一个风格，不一定是好的风格，但我们是这样做的。

三、带队伍

带队伍要做好三件事：一是如何充分调动员工的积极性；二是如何提高员工能力；三是如何使机构有序、协调、效率高。这些就是组织、架构和规章制度要解决的事。

要做到，就要从规章制度上体现出来。联想以前有一个天条，就是不许谋取额外利益，为此我们进行了坚决斗争，使得公司保持了一个良好的风气。从1990年到现在共有5个年轻人被送到了检察院。几万块钱算什么?但在联想就是不行，发现了就要往检察院送。送去之后的第二件事就是尽力帮他减刑，因为法律规定贪污几万就是好几年，我们也可惜。联想还有一个小的规定，就是开会迟到要罚站。你迟到了，就站一分钟，所有人把会停下来，像默哀一样，非常难受，不管什么原因，请假除外。难度在于怎么把这个规定保持了这么多年。这是1989年制订的，头一次罚站的是我的一个老上级，但还是让他站了一分钟。我自己也被罚了3次，才3次，是很了不起了，我参加了那么多会议，天灾人祸的事情很多。

激励方面的核心是把员工的发展方向和追求与企业的目标融合在一起，这是我们最高的愿望。如果大家没有一个共同的利益，每个人都以己为本，就不成一个企业了。这一点我们叫入模子，不管是什么样的人进入到联想，都要熔化在这个模子里。你可以改造这个模子，比如说我们有些地方做得不好，大家提出了以后我们可以修改，但进来之后就要按这个做。

最后就是领军人物和骨干队伍的培养，这是最重要的。第一把手有点像阿拉伯数字的“1”，后面跟一个0就是10，跟两个0就是100，跟三个0就是1000。这些“0”虽然也很重要，但没有前面的“1”就什么都没有。我们对领军人物有“德”“才”两点要求。“德”就是要把企业的利益放在最高地位；“才”就是一定是个学习型的人。要善于总结，善于学习，善于把理论的东西拿去实践，善于把实践加以总结。企业里有的人工作积极性很高，但却没法重用，因为他总是把自己做的八分事看成十分，把别人做的八分事看成六分，这也是不善于总结。企业要不停地开各种研讨会，办各种各样的沙龙，让大家总结出规律性的东西，这一点极其重要。联想经常开这种研讨会，定下一个主讲人，而后小组讨论，每个小组都要派人上来讲对问题的看法。

最后作一个总结，做总裁第一点要知道企业管理、企业外部环境总体是怎么回事，粗细都要能够讲清楚，粗了一个小时，甚至5分钟就能谈出来，细了能谈一天，能写一本书。第二点是你自己和你手下的人是什么样的要清楚。第三点是要明白你想要什么样的人做这些事，这些人够不够格，理想的人选是什么样的。第四点是怎么培养这样的人。明白事，明白人，明白怎么把你身边的人变成这样的人，这差不多就是个好总裁了。

（资料来源：赵玉平：《比强者更强》，清华大学出版社，2004）

讨论题

1. 柳传志的领导观有何特点？
2. 从本案例中你可以得到什么启示？

第十二章　团体与沟通

学习目标

1. 理解团体的概念、作用以及团体与个人行为的关系。
2. 理解沟通的含义、作用和过程。
3. 掌握沟通的类型和方式。
4. 掌握组织沟通的类型和组织沟通的形式。
5. 掌握有效沟通的原则。
6. 掌握有效沟通的障碍与方法。
7. 认识组织冲突及对冲突的管理。

第一节　团体

团体是个人与组织之间的媒介。为了完成组织的目标，作为管理者不仅要了解作为组织个体的员工的心理需要，而且要了解组织中团体产生的原因以及运作的方式，并通过团体去影响乃至改变个人的行为。了解团体中及团体之间的冲突，预防冲突的发生，解决已经发生的冲突，建立有效而运转良好的沟通渠道，以统一思想，充分发挥团体的力量。因此，团体和沟通在人们的社会生活中起着很重要的作用，研究组织中的团体与沟通具有非常重要的意义，是管理者的一项重要任务。

一、团体的概念与分类

团体是由两个或两个以上的人组成的，团体内的成员在心理上彼此依赖、相互影响，在行为上有共同的规范。可以说，它是由具有共同目标的一种介于组织与个人之间的人群集合所构成的。

团体是个人与组织的媒介。团体与组织的划分并非绝对的，当组织中包含许多机构,这些机构又可作为一个小的组织对待时，团体与组织同义。如果将组织看做一个完整的人体，则团体便是构成人体的各类系统（如消化系统、循环系统等），而个人则是最基本的细胞或团体的细胞。一般来说，团体不一定是组织，组织也不一定是团体，但组织一般是由团体构成的。此外，从心理角度看，团体强调心理上彼此的联系和作用，有明显的认同感，而组织则强调一定的职权分工和合作。

根据对团体的认识，组织中有正式团体和非正式团体之分。正式团体是为了完成组织赋予的任务和实现组织的目标而建立的。它的组织形式、任务和成员的权力、义务都是由组织自上而下确定的。非正式团体一般是由于某种相同的利益、观点、社会背景及习惯、准则等原因而产生的。成员之间的相互关系带有明显的个人色彩，并依此作为成员行为的依据。

根据其它一些原则还可把团体作如下的划分：根据团体的发展水平和团体成员关系的紧密程度，分为松散团体、合作团体和集体三种；根据团体所起的作用和影响，分为一般团体和参照团体；根据团体的规模大小，可分为小团体和大团体；根据团体是否真实存在，可分为假设性团体和实际存在团体。

二、团体的作用

概括来说，团体具有两方面的作用：一是执行组织的任务；二是满足成员的心理需要。

团体对组织的主要作用是完成组织赋予的任务，它是执行组织任务的有效工具。一个庞大的组织要想有效地达到其目标，必须分工合作，把最终目标分成若干分目标，分配给团体，并将任务和责任落实到个人。因此正式团体的功能便是承担组织分配下来的职责，执行任务，提供主意，负责联络等。非正式团体对于组织任务的完成也有其贡献。上级经理人员利用非正式团体的消息传递渠道，可以很快了解组织内各部分的状况，由此可以获悉许多通过正式渠道无法获取的信息。

团体对个人的主要作用是满足其心理的需要。团体可以满足成员的如下需求：

（1）获得归属感。个人只有归属于团体时，才能免除孤独的恐惧感，获得心理上的安全感。

（2）增加力量感。在对付共同的敌人或某种威胁时，团体可以增加个人的安全感和力量感，团体的力量可以击败权威的行使。

（3）满足社交的需要。在团体中，个人可以与别人联系、交往、沟通，获得友情和支持。

（4）满足自尊和成就的需要。通过团体参与，一个人不但可以体会自己是社会的一分子，而且可以确认自己在社会中的地位。在团体中，个人因其地位而受人欢迎，受人尊敬，可以满足其心理的自尊需要。

（5）增加自信。在团体中通过大家交换意见，提出一致的结论，可以增加个人对社会情景中某些不明确、无把握看法的理解和信心。

(6) 团体还可以满足其它属于个人的个别需要，协助个人解决困难。

三、团体与个人行为的关系

团体是由个人组成的，并且会对个人的行为产生影响。个人的价值观、态度与团体成员所共有的价值观、态度有密切的关系。由于个人对团体怀有忠诚等情感，因此通过改变团体的态度、价值观来影响、改变个人的行为，往往会产生事半功倍的效果。

为了团体的利益，团体一般制订一些需要团体成员为其做出巨大牺牲的行为标准、价值观和信念，并通过团体压力促使团体成员遵从之。团体对背离者会施加压力。

通常团体施加压力的过程有四个阶段：

(1) 理性讨论阶段。如果个体与团体持有不同观点，其他团体成员首先会友好地劝说。

(2) 情感的引导阶段。其他成员会采取感情亲近的策略提醒背离者：团体对他具有重要的价值。

(3) 直接攻击阶段。团体力量试图击败背离者，使其归顺。

(4) 开除背离者阶段。如果前面的措施都不能使背离者回归，则团体会将背离者清除出团体。

团体压力的积极作用有两方面：一是统一团体的思想和行为，避免分裂，使整体发挥团队优势，更好地完成组织目标；二是影响个体行为，使其符合或趋向团体的期望。团体压力的作用有时会大于规章制度和领导的个人影响。团体的消极作用是容易压制、打击不同意见，影响组织的变革。此外，还可能由于表面的一致掩盖了矛盾，引导决策者做出错误的决策。

第二节　沟通概述

任何一个组织的运行都离不开组织成员的分工与合作，以有效地达到组织的既定目标，组织成员的分工合作以及行为协调有赖于相互之间传递信息，并了解这些信息表达的意思。组织成员之间若没有这种相互间的信息沟通，不但不能进行协调与合作，还会给组织运行造成障碍，甚至导致组织失败。

一、沟通的概念

沟通也称为沟通联络，即信息交流。对于沟通的概念有很多不同的理解，美国管理学家孔茨认为，沟通是“信息从发送者转移到接收者那里，并使后者理解该项信息的含义”。西蒙认为“信息沟通是指一个组织成员向另一个组织成员传递决策前提的过程”。纽曼（Newman）和萨默（Summer）则把沟通解释为“在两个或更多人之间进行的在事实、思想、意见和情感等方面的交流”。斯蒂芬·罗宾斯和玛丽·库尔特则把沟通看做是意义的传递和理解。此外，沟通还被解释为用语言、书信、信号、电讯等方式进行的交往，是在组织成员之间取得共同的理解和认识的一种方法。综观以上界定，可以看出对沟通的理解至少包括以下三个基本条件：

（1）沟通必须涉及两个或两个以上的人。其中两个人的含义也有不同，例如两个管理人员在办公室商讨管理工作是沟通，同样，一个学生在图书馆阅读200年前某位作家写的作品，这也是沟通。

（2）沟通必须有一定的沟通客体或内容，即信息情报等。沟通是传达思想和信息的过程，如果在传达和交流的过程中没有相应的内容，则沟通是无效的。

（3）沟通必须有传递信息情报的途径，如语言、书信等。

根据以上三个要素，我们可以把沟通定义为信息或思想在两个或两个以上人群中的传递并理解的过程。需要注意的一点是，良好的沟通常常被错误地理解为沟通双方达成一致的意见。当一场争论持续了很长的时间，旁观者往往断言这是由于缺乏沟通所导致的。这种想当然的认识，反映了一种错误的倾向，即认为有效的沟通等同于意见一致。实际上，争论谈判也是一种沟通，通过多种方式的沟通，每个人都能充分了解对方的观点和见解，问题是人们把有效沟通和意见一致混淆了。

二、沟通的过程

人际沟通过程是指一个信息的传送者通过选定的渠道把信息传递给接收者的过程。当人们之间需要进行沟通时，沟通的过程就开始了。人与人之间的交流是通过信息的互相传递及了解进行的，因此人际沟通实际上就是互相之间的信息沟通。信息沟通过程开始于需要沟通的主动者，即信息的发送者。沟通过程的一般模式如图 12-1 所示。

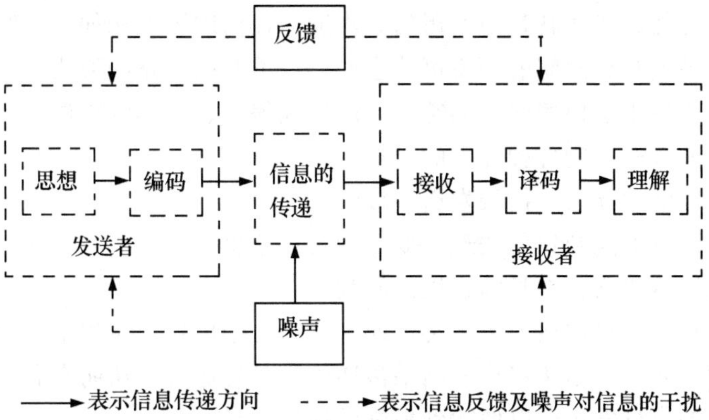

图 12-1 沟通过程的一般模式图

1. 信息发送者

信息发送者即需要沟通的主动者，他要把自己的某种思想或想法（希望他人了解的）转换为信息发送者自己与信息接收者双方都能理解的共同“语言”或“信号”，这一过程就叫做编码。没有这样的编码，人际沟通是无法进行的，就像不会讲英语的人无法与只会讲英语的人进行沟通一样。一个组织中，如果组织的成员没有共同语言，组织成员之间的有效沟通就失去了良好的基础；如果通过翻译进行沟通，有可能翻译会导致原来信息的失真。

2. 信息传递渠道

编码后的信息必须通过一定的信息传递渠道才能传递到接收者那里，没有信息传递渠道，信息就不可能传递出去，沟通也就成了空话。信息传递渠道有许多种，如书面的备忘录、计算机、电话、电报、电视、互联网等。选择什么样的信息传递渠道，既要看沟通的场合、沟通双方互相同意和方便以及所处环境、拥有的条件等，也与选择所用渠道的成本有关。各种信息沟通渠道都有利弊，信息的传递效率也不尽相同。因此，选择适当的信息沟通渠道对实施有效的信息沟通是极为重要的。

3. 信息接收者

信息接收者先接收到传递而来的共同“语言”或“信号”，然后按照相应的办法将此还原为自己的语言，这一过程即“译码”，这样就可以理解收到的信息了。当信息接收者需要将他的有关信息传递给原先的信息发送者时，他自己就变成了信息的发送者。在接收和译码的过程中，接收者的教育程度、技术水平以及当时的心理活动，均会导致其在接收信息时发生偏差或疏漏，也会导致在译码过程中出现差错，这样就会使信息接收者产生一定的误解，从而不利于有效的沟通。实际上，即便上述情况不发生，也会因为信息接收者的价值观与理解力与传送者不同而导致理解信息发送者真正想法的误差。

4. 噪声与反馈

人们之间的信息沟通还经常受到“噪声”干扰。无论是在发送者方面，还是在接收者方面，噪声就是指妨碍信息沟通的任何因素。例如：

(1) 噪声或受到限制的环境可能会妨碍一种明确思路的形成。

(2) 由于使用了模棱两可的符号可能造成编码、译码的错误。

(3) 传递过程中的各种外界的干扰。

(4) 心理活动导致了错误发送或接收。

(5) 价值观不同导致无法理解双方的真正意思。

(6) 信息传递渠道本身的物理性问题。

反馈是检验信息沟通效果的再沟通。反馈对于信息沟通的重要性在于它可以检查沟通效果，并迅速将检查结果传递给信息发送者，从而有利于信息发送者修正自己的信息发送，以便达到最好的沟通效果。

人们通常将沟通过程描绘成一个静态不变的过程。而实际上，在沟通中所有的事物都处于连续不断的运动过程中。另外，沟通过程不仅存在信息的交流，也包括情况、思想、态度、观点的交流，沟通双方对信息的理解和接受程度受到专业水平、知识水平、工作经验以及社会文化背景等诸多方面因素的影响，对同一个信息会有不同的看法，从而造成信息传递上的失真和编码、译码、释义上的失误。因此，有必要深入地了解和研究信息沟通中的复杂性和动态性。

三、沟通的类别

根据划分方式的不同，沟通可以分为很多种不同的类别，与组织联系紧密的主要有以下几种：

1. 按照组织系统的不同划分

按照组织系统，沟通可分为正式沟通和非正式沟通。

一般来说，正式沟通指正式组织通过正规渠道进行的信息传递。非正式沟通指通过组织正式途径以外的渠道进行的信息传递与交流。

2. 按照沟通的行为主体不同划分

按照行为主体来划分，沟通可以分为个体间沟通与群体间（或团队间）沟通。组织成员是组织活动的基本单元，任何个人都是在与组织中其他成员的协作下完成组织规定的任务的，离开其他成员的配合，个人在组织中可能一事无成。为了实现与其他成员的成功协作，每一个组织成员都需要研究如何借助合理的形式和手段准确地向其他人传递与自己的思想、情感以及行为有关的各种信息，并准确地理解他人发出的各种信息。群体或部门间的关系也是如此。只有通过有效的沟通才能实现相互间在了解与理解基础上的合作，以整合各自在组织活动中不同时空的贡献，促进组织目标的有效达到。

3. 按照信息传递方向的不同划分

按照信息传递的方向，沟通可分为下行沟通、上行沟通和平行沟通。下行沟通指上级将信息传达给下级，是由上而下的沟通。上行沟通指下级将信息传达给上级，是由下而上的沟通。平行沟通指同级之间横向的信息传递，这种沟通也称为横向沟通。

4. 按照是否有反馈划分

按照是否进行反馈，沟通可分为单向沟通和双向沟通。

一般来说，单向沟通指没有反馈的信息传递。单向沟通比较适合下列几种情况：

（1）问题比较简单，时间比较紧；

（2）下属易于接受解决问题的方案；

（3）下属不了解情况，无法对方案提供任何信息；

（4）上级缺乏处理反馈的能力，容易感情用事。

双向沟通指有反馈的信息传递，是发送者和接收者相互之间进行信息交流的沟通。它比较适合于下列几种情况：

(1) 时间比较充裕，问题又比较棘手；

(2) 下属对方案不接受或有争论；

(3) 下属能对解决问题提供有价值的信息和建议；

(4) 上级习惯于双向沟通，并且能够建设性地处理反馈。

5. 按照沟通所借助的媒介和手段不同划分

按照所借助的媒介和手段划分，沟通可分为口头沟通、书面沟通、非语言沟通（体态语言沟通、语调沟通）和电子媒介沟通等。这些沟通方式的比较如表 12–1 所示。

表 12–1　不同沟通方式的比较

沟通方式	举例	优点	缺点
口头	交谈、讲座、讨论会、电话	快速传递、快速反馈、信息量很大	传递中经过层次愈多信息失真愈严重、核实愈困难
书面	报告、备忘录、信件、文件、内部期刊、布告	持久、有形，可以核实	效率低、缺乏反馈
非语言	声、光信号、体态、语调	信息意义十分明确，内涵丰富，含义隐含灵活	传递距离有限，界限模糊，只能意会，不能言传
电子媒介	传真、闭路电视、计算机网络、电子邮件	快速传递、信息容量大、远程传递一份信息可同时传递给多人、廉价	单向沟通，电子邮件可以交流，但看不见表情

四、沟通的目的和作用

组织内人际沟通的目的，从根本上说是在组织内通过成员间的相互沟通，增进互相了解，有效判断自己的行为活动状况，从而进行行为协调，形成巨大合力，有效实现组织既定的目标。从这一根本目的出发，沟通实际上可以起到以下几方面的作用：

1. 能创造一个和谐的氛围

一个组织是否吸引人，组织的成员在其间是否具有向心力，并不仅仅在于是否有一个宏伟诱人的愿景，还在于这个组织内是否具有一种和谐的人际氛围。所谓和谐的人际氛围就是指人际关系的和谐，即组织成员间友好相处、彼此和平敬重，即便出现了一些矛盾，也会以一种平和的心态对待，相互交流，增进理解。人际关系的和谐尽管首先与组织成员的素质修养有很大关系，但没有良好的沟通渠道和沟通方式，组织内和谐的氛围也难以维持。通过沟通使成员相互了解，进而调整自己的行为，就容易友好相处、共同工作。中国古代管理思想的“和为贵”就说明人际关系和谐是组织工作高效的关键。

2. 能上行下达使管理有效率

管理是一种以行政机制配置资源的方法，它对资源整合的效率表现在这种行政机制的有效性上。在现实的组织中，行政机制的有效性取决于：（1）组织规模大小所导致的管理层次的多少；（2）信息沟通渠道的设置与运行的有效性。管理层次越多，组织内上行下达的命令、请示、反馈等信息的传递就越需要经过多层次传送，不仅传送过程会导致信息失真，而且层层传递要耗费大量时间，导致组织运作行为迟钝，效率低下。信息沟通需要渠道，没有渠道就没有办法进行沟通。当渠道不多、不够宽甚至有障碍时，高层领导的指挥命令就难以迅速传达给下级，下级的行为偏差上级也无法及时知道，这样就有可能使组织发生偏差。

3. 能使决策更加合理和有效

主管人员要根据情报做出决策，任何组织机构的决策过程，都是把情报信息转变为行动的过程，而情报信息可靠而迅速的收集、处理、传递和使用是决策的基础。在决策前，信息由基层向上传输，各部门的主管人员把收到的信息进行总结、消化，并在自己的职权范围内采取行动。然后，他们又把信息向更高一级传输，在那里进行总结，采取行动，并传输到最高主管部门，最高主管部门对收到的信息进行归纳总结，并用来进行决策。在决策后，由上而下地传输信息要考虑传输的时间、范围和方法，通过各级组织层次由上而下地传递情报要花费时间，而延误时间会铸成大错。

总之，对组织内部来说，信息沟通是使组织成员团结一致、共同努力来达到组织目标的重要手段。如果没有信息沟通，一个群体的活动也就无法进行，既不能实现互相协调合作，也不可能做出必要及时的协调和变革。因此，沟通对于协调组织内部、外部以及各个部门、各个人，从而有效地完成组织目标，有着重要的意义。通过有效的信息沟通，可以使组织内部分工合作更为协调一致，保证整个组织体系统一指挥，统一行动，实现高效率的管理；也可以使组织与外部环境做到更好的配合，增强应变的能力，从而保证组织的存在与发展。所以，良好的信息沟通是组织达到协调状态的重要基础，是组织完成其目标的必要条件。

第三节　组织沟通

在一个正式组织中，成员间所进行的沟通，可分为正式沟通与非正式沟通两种。正式沟通是通过组织正式结构或层次系统运行的；非正式沟通则是通过正式系统以外的途径来进行的。

一、正式沟通

正式沟通一般指在组织系统内，依据组织明文规定的原则进行的信息传递与交流。例如组织与组织之间的公函来往、组织内部的文件传达、召开会议、上下级之间的定期情报交换等。

1. 正式沟通渠道

正式沟通的方式主要包括自上而下的沟通、自下而上的沟通、横向沟通和斜向沟通四个方面。

(1) 自上而下的沟通

自上而下的沟通是指信息在组织内部从较高的组织级别层次，按照组织间的上下隶属关系和等级层次，向较低的组织级别层次传递的沟通过程，它可以表现为上级的命令、指示、指导、文件和规定等。自上而下的沟通往往带有指令性、法定性、权威性和强迫性，容易引起重视，并严肃对待，它有助于下级了解组织的总体情况和自己应完成的任务，并努力让下属负责任地完成工作。这种自上而下的沟通的主要目的是使员工了解组织的经营目标，改变员工的态度以及形成与组织目标一致的观点并加以协调，从而消除员工的疑虑和不稳定心理。如果员工未能从组织中获得及时充分的信息，就会从其它渠道获取信息，或者产生猜忌行为，进而对公司的生产经营活动采取抵制或消极态度。

自上而下的沟通在传统组织内是最为主要的沟通流向，但这种沟通存在许多问题，诸如传递路线过长，太费时间，信息在传递过程中经常发生遗漏和曲解，甚至有些人只注意直接上司的指示，而对更高层次的要求不予理睬。另外，上层的信息传到底层时，也会因和底层情况不合而遭到抵制。这些情况通常可以通过以下三种方法来加以缓解：

第一，保障组织结构设置合理化，尽量减少信息传递环节，从而缩短信息传递时间，减少信息扭曲的概率。

第二，改善信息传递技术，如面对面交谈总是要比通过电话交谈或小组讨论的效果好。

第三，信息本身内容要明确、简洁，要让下属严肃对待，这样才能让下属正确领悟信息内容并给予高度重视。

(2) 自下而上的沟通

自下而上的沟通指的是信息在组织内部从较低的组织级别，按照组织的上下级隶属关系和等级序列，向较高的组织级别传递的沟通过程。它通常表现为下级对上级进行信息反馈和下层向上级反映情况，它具有非命令性、民主性、主动性和积极性，是上级掌握基层动态和下级反映个人愿望的必要手段。

自下而上的沟通体现的是一种信息的反馈。很多组织更加重视自上而下的沟通，而忽视自下而上的沟通，使得向上沟通效率低下。组织忽视自下而上的沟通主要表现在：

①规模和生产经营复杂性程度越高，向上沟通障碍也就越多。

②存在不现实的假设。许多管理者将信息发送给下属后，就主观地认为下属已经收到并确切地了解其所要表达的意图而不愿去核实，而实际上在信息发

送者和接收者间往往存在严重差异，管理者向下传递信息所花费的时间和精力大大超过了用于反馈意见的收集和处理上。

③筛选和曲解。在向上沟通的每一环节上，每一个组织层级都被赋予了一定程度的筛选权力。当中层管理者认为一切良好而将一些自认为无中生有的反馈筛除后，在传递给上一层管理者时就造成了信息曲解。

④害怕暴露坏消息。在许多组织中，中层管理者往往有拖延向上层传递坏消息的倾向，他们总是希望在不得不向上传递之前，这些坏情况最好已经被解决或减轻了。

⑤害怕受到惩罚。下级人员往往担心受到惩罚而隐藏或歪曲他们的真实感情和重要信息。

⑥竞争的原因。为了谋求更高的社会地位或升迁、加薪，许多人不愿向上层领导传递不利于自己的信息或有利于竞争对手的信息。

针对以上影响自下而上传递信息的因素，各组织根据自身存在的问题及组织机构的特点，通常采取座谈会、意见箱、接待日或社会专职机构和专门制度等方式来消除以上问题。但在此过程中，领导者也要避免对下级信息不加甄别地盲目采用。

(3) 横向沟通

横向沟通是指发生在组织内部同一层次成员之间的信息传递行为，其目的是谋求相互之间的了解和工作上的协调配合。它常常有非命令性、协商性和双向性。在一个金字塔形的组织结构中，越是在底层的员工彼此间的距离越大，对信息的需求也就越强烈，因此横向沟通在组织信息沟通中具有特殊的作用。

横向沟通过程中最大的障碍是由企业内部的部门化造成的。另外，个人之间的冲突也会影响横向沟通。要促进横向沟通可以从以下几方面入手：

①确定组织机构关系，明确各部门之间的职责划分，减少部门之间、员工之间不必要的臆测。

②个人工作描述要精确，使每个员工准确地知道应该做什么和如何做，明确彼此间的权力和义务。

③鼓励例行会议和沟通，在组织中要定期召开不同部门之间的会议，加强信息沟通。

④加强冲突管理，教会下属各种必要的沟通技能，以增强下属间的沟通需求。

(4) 斜向沟通

斜向沟通是指发生在组织内部既不属于同一隶属序列，又不属于同一等级层次之间的信息沟通，这样做有时也是为了加快信息的交流，谋求相互之间必要的合作和支持。这种沟通往往具有协商性和主动性。

正式沟通渠道的优点是沟通效果好，比较严肃，约束力强，易于保密，可以使信息沟通具有权威性。组织中的重要信息和文件等的传递一般采取这种形式。正式沟通的缺点在于，因为依靠组织系统层层传递，所以比较刻板，沟通速度很慢，此外也存在着信息失真或扭曲的可能。

2. 正式沟通的具体形式

据研究，以五个人（A、B、C、D、E）为一个群体为例，正式沟通基本上可有五种基本形态，即链（Chain）式、环（Circle）式、Y（Y）式、轮（Wheel）式和全通道（All Channels）式（如图 12-2 所示）。

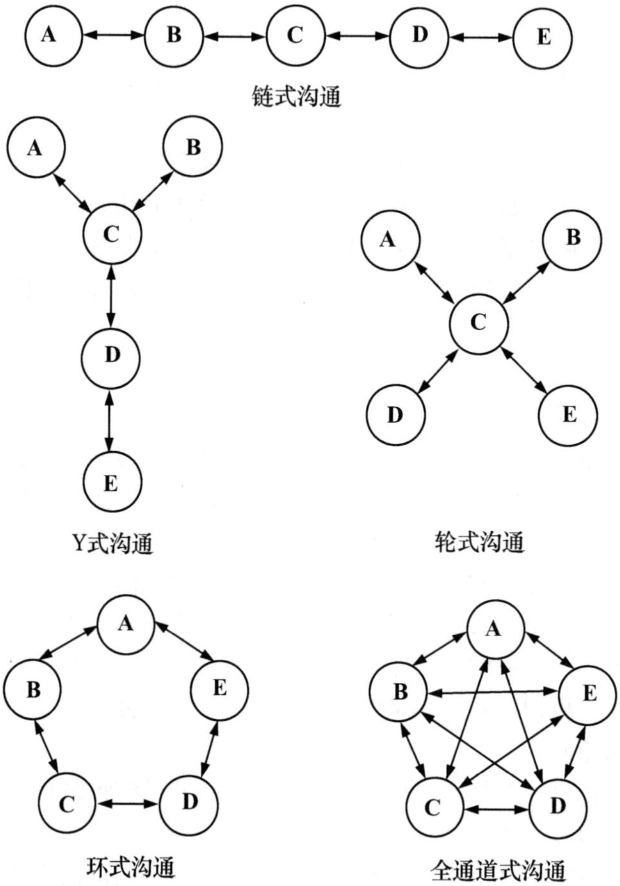

图 12-2　正式沟通的五种形态

（1）链式沟通

这是一个平行网络，其中居于两端的人只能与内侧的一个成员联系，居于中间的人则可以分别与两个人沟通信息。在一个组织系统中，它相当于一个纵向沟通网络，代表一个五级层次，逐渐传递，信息可自上而下或自下而上进行传递。在这个网络中，信息经层层传递、筛选，容易失真，各个信息传递者所接收的信息差异很大，平均满意度有较大差距。此外，这种网络还可表示组织中主管人员和下级部属之间存在若干管理者，属控制型结构。在管理中，如果某一组织系统过于庞大，需要实行分权管理，那么，链式沟通网络是一种行之有效的方法。

(2) 环式沟通

此形态可以看成链式形态的一种封闭式控制结构，表示五个人之间依次联络和沟通。其中，每个人都可同时与两侧的人沟通信息。在这个网络中，组织的集中化程度和领导人的预测程度都较低，畅通渠道不多，组织中成员具有比较一致的满意度，组织士气高昂。如果在组织中需要创造出一种高昂的士气来实现组织目标，环式沟通是一种行之有效的措施。

(3) Y 式沟通

这是一个纵向沟通网络，其中有一个成员位于沟通网络的中心，成为沟通的媒介。在组织中，这一网络大体相当于从参谋、咨询机构到组织领导，再到下级主管人员或一般成员之间的纵向关系。这种网络集中化程度高，解决问题速度快，组织中领导人员预测程度高。此网络适用于主管人员的工作任务十分繁重，需要有人选择信息，提供决策依据，而同时要对组织实行有效的控制的情况。此网络容易导致信息曲解或失真，影响组织中成员的士气，阻碍组织提高工作效率。

(4) 轮式沟通

属于控制型网络，其中只有一个成员是各种信息的汇集点与传递中心。在组织中，大体相当于一个主管领导直接管理几个部门的权威控制系统。此网络集中化程度高，解决问题的速度快。主管人（C）的预测程度很高，而沟通的渠道很少，组织成员的满意度低，士气低落。轮式网络是加强组织控制、争时间、抢速度的一个有效办法。如果组织接受紧急攻关任务，要求进行严密控制，则可采用这种沟通网络。

(5) 全通道式沟通

这是一个开放式的网络系统，其中每个成员之间都有一定的联系，彼此了解。此网络中组织的集中化程度及主管人的预测程度均很低。由于沟通渠道很多，组织成员的平均满意程度高且差异小，所以士气高昂，合作气氛浓厚。这对于解决复杂问题，增强组织合作精神，提高士气均有很大作用。但是，由于这种网络沟通渠道太多，易造成混乱，且又费时间，影响工作效率。

以上种种沟通形态和网络，各有优缺点，它们对组织内群体行动的影响差异见表 12–2。表 12–2 显示，如果管理者看重解决问题的速度，那么使用轮式和全通道式是最好的；如果看重信息传递的精确度，那么链式、Y 式和轮式是最好的；如果看重领导者的产生，则需要用轮式沟通模式；如果要通过信息沟通来增加员工的满足感，则最好使用环式和全通道式。

表 12-2 五种沟通形态的比较

评价标准	链式	轮式	Y 式	环式	全通道式
集中性	适中	高	较高	低	很低
速度	适中	① 快(简单任务) ② 慢(复杂任务)	快	慢	快
正确性	高	① 高(简单任务) ② 低(复杂任务)	较高	低	适中
领导能力	适中	很高	高	低	低
全体成员满足	适中	低	较低	高	高
示例	命令链锁	主管对四个下属	领导 任务繁重	工作任务 小组	非正式沟通 (秘密消息)

二、非正式沟通

与正式沟通不同，非正式沟通是通过组织正式途径以外的渠道进行的信息传递和交流。非正式沟通是人性的内在需求，与组织内部的规章制度无关。它的沟通对象、时间以及内容等都是未经计划的，随机性较大。而且这种沟通带有一定的感情色彩，犹如林中蜿蜒的小道盘旋在整个组织机构内，其分支伸向各个方向，缩短了正式的垂直和水平交流的路线，这使管理者控制的难度加大。而非正式沟通对正式组织具有重要的影响，做好非正式沟通是形成良好组织氛围的必要条件。因此，管理者必须重视非正式沟通的作用。多数情况下，来源于非正式沟通的信息更易于被接收者重视。因为这种沟通以闲聊的口头方式进行，不留证据，不负责任，许多正式沟通中不便传递的信息却可以在非正式沟通中透露。一般把闲聊时传递的信息称为传闻或小道消息。关于传闻或小道消息的正确程度，现在尚未取得统一结论，有的专家认为非正式沟通传递信息的准确度只有 50%，有的认为准确度有 75%甚至 95%。

1. 非正式沟通的特点

与正式沟通相比，非正式沟通有下列几个特点：

(1) 非正式沟通的信息交流速度较快。由于这些信息与职工的利益相关或者是他们比较感兴趣的，再加上没有正式沟通那种程序，信息传播速度大大加快。

(2) 非正式沟通的信息比较准确。据国外研究，它的准确率可高达 95%。一般来说，非正式沟通中信息的失真主要来源于形式上的不完整，而不是提供无中生有的谣言。人们常常把非正式沟通（俗称小道消息）与谣言混为一谈，这是缺乏根据的。

(3) 非正式沟通效率较高。非正式沟通一般是有选择的、针对个人的兴趣传播信息。正式沟通则常常将信息传递给本不需要它们的人，如企业管理人员的办公桌上往往堆满了毫无价值的文件。

(4) 非正式沟通可以满足员工的需要。由于非正式沟通不是基于管理者的权威，而是出于员工的愿望和需要，因此，这种沟通常常是积极的、卓有成效的，并且可以满足员工们安全的、社交的和尊重的需要。

(5) 非正式沟通有一定的片面性。非正式沟通中的信息常常被夸大、曲解，因而需要慎重对待。

非正式沟通形式多样，直接明了，速度很快，容易及时了解到正式沟通难以提供的“内幕新闻”和原发性信息等。其缺点表现在：非正式沟通难以控制，传递的信息不确切，容易失真，且可能导致小集体的产生，有可能干扰和影响组织的计划和目标实现。作为管理者，对此必须高度重视，不仅要消除小道消息的消极作用，同时还要利用非正式沟通为实现组织目标服务。

2. 非正式沟通的类型

基思·戴维斯（Keith Davis）根据研究将非正式沟通划分为四个基本形态（如图 12–3 所示），依照其使用频率可顺次分为：

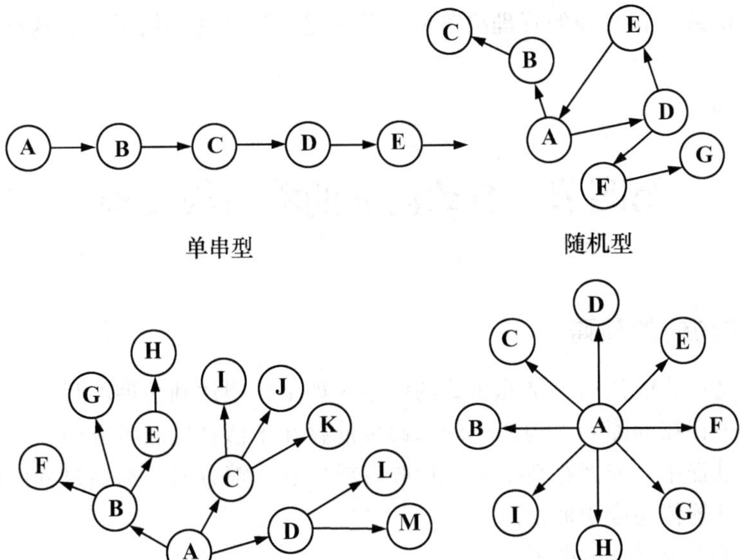

图 12–3 非正式沟通的类型

(1) 单串型，就是信息在非正式渠道中依次传递，即由一个人转告另一个人，后者也再只转告一个人，这种情况最为少见。

(2) 随机型，即碰到什么人就转告什么人，并无一定中心人物或选择性。

(3) 集合型，在沟通渠道中有几个中心人物（A、B、C、D、E），由他们转告其他若干人，且有某种程度的弹性。

(4) 饶舌型，即信息由一个人告知其他所有人，如发布独家新闻，这个发出信息的人是非正式渠道的关键人物。

3. 非正式沟通的管理

非正式沟通是组织中的一种客观存在，是组织沟通的重要组成部分，管理者应该正确对待并善于利用。非正式沟通有助于管理者识别出员工普遍关注但感到疑惑的那些问题以及由此而产生的焦虑。它既是信息的过滤器，也是一个信息反馈手段，使员工认为与其有关联的问题能凸现出来。更为重要的是，从管理者立场看，对非正式沟通网络传播的信息，管理者也是能够做出分析的，如正在传播什么消息，按什么样的方式传播，谁是其中的关键人物，等。了解非正式沟通网络的信息流动及传播方式，管理者就能掌握员工们的关注点，并利用非正式沟通网络传播一些重要的信息。管理者应当将非正式沟通作为一个重要的信息网络加以“管理”，这样才能提高管理成效，有助于组织目标的实现。

需要指出的一点是，通过非正式沟通网络传播的谣言，也是不可能完全清除的。管理者应当做的是，通过限定其传播的范围和影响力度，尽量减少谣言的负面作用。具体方法可以考虑与员工进行开放、全面、坦诚的沟通，特别是在所提议的或正在实施的管理决策或行动不受员工欢迎的情形下，这种沟通更为必要。

第四节　有效沟通的障碍与改善

一、有效沟通的障碍

无论是正式的沟通还是非正式的沟通，如果希望达到预期的目标，就必须克服沟通中存在的障碍。沟通中的障碍可能存在于信息发送者方面，也可能存在于传递过程中，或者存在于信息接收者或信息反馈方面。沟通过程中的障碍会阻止信息的传递或歪曲信息。

1. 信息发送方面的障碍

信息发送者出现的沟通障碍也称为原发性障碍。这类障碍一般是由于对信息涵义理解不同、表达不清、编码失误等原因造成的。

(1) 信息表达不清

在信息传递过程中，常存在一些措辞不当、语句结构不连贯等情况，导致语义表达得含混不清或晦涩难懂。这种表达不清、不准往往会导致理解上的歧义，纠正这种错误需要花费较高的代价。

(2) 信息编码不适当

处于企业沟通中心的主管人员，起着接收和传递信息的作用，他要接收从上级、同级和下级送来的各种信息，然后再把这些信息改编成适合于他们的语言向他们传递。照本宣科地传递信息往往是行不通的，必须把文件改编成适合接收者需要的形式，必须使接收者能够理解信息所传递的意义。这样做需要熟练的技巧，而这种技巧是很难把握的，因此在信息编码的过程中经常会存在引起歧义的因素。

(3) 信息发送者信誉不佳

有时在信息沟通过程中，由于信息发送者的信誉不佳，结果导致接收者对其人品、经验或能力等不信任，甚至厌恶，使发送者发送的信息不被接收者所重视，结果导致沟通出现障碍。广为流传的“狼来了”的故事，正充分说明了信息发送者的信誉在沟通过程中的重要性。

(4) 社会文化系统的负面影响

社会文化系统会通过对信息发送者的地位、威信、信仰或价值观的影响而影响人际沟通行为与过程。比如在“报喜不报忧”现象盛行的社会文化环境中，信息发送者可能会对信息进行有意识的过滤、选择，故意操纵信息，从而导致所发送的信息失真，进而影响沟通过程。例如，在我国有些地方，当下级向上级汇报工作时，有意选择上级领导爱听的话进行汇报，或为了强调自己的政绩，有意隐瞒对自己政绩不利的信息，结果导致沟通障碍。再如，由于文化传统或风俗习惯的差异，发送者发送信息时用了在接收者看来可能与真实意思相反的词语，结果导致沟通出现障碍。

(5) 时间紧迫

这也是造成沟通障碍的一个重要因素。事务繁忙的上级没有时间同下属会面或进行充分的交谈，忙于工作的下级也没有时间和意愿去向上级详细地汇报每一个问题的具体细节，这些都会使沟通发生障碍。所以，上级要给下级充裕的时间来领会其真实的意图，在下级未真正领会上级的指示精神前，不要强制其执行，否则会使下级产生抵触情绪，影响工作。

2. 信息传递过程方面的障碍

信息传递往往要通过合适的通道并通过特定的网络连接方式进行，而在信息传递过程中，往往因为通道问题而使信息传递失真。

(1) 时机不适当

信息发送的时机会增加或减少信息的沟通价值。在不适当的时机发送信息，对于接收者的理解将产生严重影响，从而影响沟通的有效性。

(2) 媒介障碍与方式不当

这是指传递信息的媒体选择不适当，导致信息不能准确、及时地被接收者所接收，如向不懂英语的人用英语表达信息，向盲人用书面通知发送信息等。

(3) 地理位置过远或分散

如果信息发送者与接收者之间的地理位置过于遥远或接收者所处的地理位置过于分散，都会影响信息在其间的有效传递，从而使沟通变得困难。

(4) 信息超负荷

这是指所传递的信息量过大，导致有些信息在传递过程中被丢失或被损坏；同时信息量过大，有时也会使信息接收者无视某些信息，拖延处理或干脆不处理等。

(5) 缺乏沟通网络

有时信息沟通需要借助一定的沟通网络，如在组织内部上级与下级之间的沟通就需要借助一定的沟通网络。有研究表明，组织中的许多决策信息都来自组织的较低层次，如果沟通出现障碍，许多基层的信息就很难传递到组织上层，因此，在组织内部建立良好的沟通网络就成为一项十分重要的管理工作。

3. 信息接收方面的障碍

即使发送者发送的信息准确无误，信息传递过程也不存在任何问题，但在信息接收过程中也可能出现问题，从而影响沟通的有效性。

(1) 接收者缺乏技能

这是指信息接收者由于知识、语言、经验等的欠缺，导致其在信息解码、逻辑推理、理解等方面出现问题。如信息接收者不具备相当的知识水平或对字词的理解存在一定程度上的差异，都会导致其对信息的不正确理解。

(2) 接收者的选择性知觉

这是指在信息沟通过程中，接收者有时会根据自己的需要、动机、态度、经验、背景或主观好恶有选择地接收信息，从而影响有效沟通。

(3) 接收者的态度偏差

有时，信息接收者可能对信息发送者或信息本身怀有成见、缺乏信任或嫉妒、恐惧等，这都会导致其对信息的误解，甚至是故意曲解，这种沟通就会影响信息沟通的效果。

4. 来自组织自身的障碍

(1) 地位差异

这种障碍是由于上下级在组织机构中所处的相对地位不同而引起的。在正式组织机构里，管理者经常用地位象征标志来显示自己的地位。所谓地位象征标志，就是只有在组织中有地位的人才能使用和拥有的代表性物品。在不同的组织中，地位象征标志是不同的，它可以是办公室里比较高级的陈设，也可以是只有高级管理人员才使用的办公室。由于这些外在的地位象征标志是下属所不熟悉或不常使用的，如果组织中过分强调地位象征标志，就会使下级明显地感到在组织中的差距，在这种场合下进行沟通会使他们产生强烈的紧张感，从而加深上下级相互交往中的鸿沟。

(2) 组织中非正式团体的存在

几乎所有的组织中都存在某种非正式团体，为了某种利益而存在的结盟关系，会把组织分成若干块。他们为了维护自身的利益而扭曲信息、掩盖信息，甚至伪造信息，使信息变得混乱而不真实，导致信息可信度下降、组织涣散。

在这种情况下，高层发出的信息并不一定受到重视，而圈子内的管理人员发出的信息反而很有影响力，这就是“县官不如现管”的道理。

5. 来自外界环境的障碍

环境的噪音或其它的干扰也是导致人际沟通障碍的重要原因。沟通过程的障碍可能是由于媒介选择与信号选择不匹配而导致无法有效传递，或信息传递渠道过差而导致传递信息的速度下降以致丧失迅速决策的时机，或因为传递的技术有问题导致信息传递失误等。沟通过程中这些障碍如果出现了，那么信息沟通就会有问题，有时甚至会出现“差以毫厘，失之千里”的重大问题，这将给组织带来巨大的损失。

6. 来自反馈过程中的障碍

反馈在决定沟通的有效性方面扮演着极为重要的角色，因为沟通过程中的障碍不可能完全没有，因此在沟通双方或诸方之间建立一个信息反馈渠道，以修正大家的行为从而使沟通向更加有效的方向演化，是非常必要的。一般而言，不设反馈的沟通称为单项沟通，设有反馈的沟通是双向沟通。有研究表明，单项沟通速度较快、较有规律，对发送者威胁不大。而双向沟通更准确、有效，也更具挑战性。反馈过程中出现的障碍常表现在反馈渠道设置和有效运作上，如有的企业设置了领导信箱，但从来不打开，这样的反馈渠道还不如不设；反馈过程中还可能出现信息失真，传递技术和编译码存在问题等。如有人利用反馈渠道反馈虚假信息，个别人“打小报告”等，都会造成许多沟通上的障碍。

二、有效沟通的原则

1. 准确性原则

当信息沟通所用的语言和传递方式能被接收者所理解时，信息才是准确的信息，这个沟通才是有意义的。沟通的目的是让接收者明确地理解发送者的信息，信息发送者的责任是对信息进行整理，无论是笔录或口述，都要用容易理解的方式表达。这看起来似乎很简单，但在实际工作中，接收者常会对发送者发出的非常严谨的信息缺乏足够的理解。为此，要求信息发送者要有较高的语言或文字表达能力，熟悉下级、同级和上级所用的语言，对表达不当、解释错误、传递错误及时给予澄清。只有这样，才能克服沟通过程中的各种障碍。当然，在注意了准确性原则之后，沟通并不一定能正常进行，这是由于要注意的信息太多，人的注意力有限，所以接收者必须集中精力，克服思想不集中、记忆力差等问题，才能够对信息有正确的理解。

2. 完整性原则

完整性原则强调的是管理沟通过程的完整无缺。企业在设置管理沟通模式时，必须注意使每一个管理沟通行为过程要素齐全、环节齐全，尤其是不能缺少必要的反馈过程。只有管理沟通的过程完整无缺，管理信息的流动才能畅通无阻，管理沟通的职能才能够充分实现。

3. 及时性原则

在沟通的过程中，不论是管理人员向下沟通信息，还是下级主管人员或员工向上沟通信息以及横向沟通信息，除注意到准确性和完整性原则外，还应注意及时性原则。这样可以使组织新近制订的政策、组织目标、人员配备等情况尽快得到下级管理人员或员工的理解和支持，同时可以使管理人员及时掌握其下属的思想、情感和态度，从而提高管理水平。

4. 正式与非正式沟通渠道相结合原则

只有当管理人员使用非正式的组织来补充正式组织的信息沟通时，才会产生最佳的沟通效果。非正式组织传递信息的最初缘由，在于一些信息不适合由正式组织来传递。所以，在正式组织之外，应该鼓励非正式组织传达并接受信息，以辅助正式组织做好组织的协调工作，共同为达到组织目标做出努力。

一般来说，非正式渠道的消息，对完成组织目标有不利的一面，“小道消息”盛行反映了正式渠道的不畅通。因而加强和疏通正式渠道，在不违背组织原则的前提下，尽可能通过各种渠道把信息传递给员工，是防止那些不利于或有碍于组织目标实现的“小道消息”传播的有效措施。

三、促进组织有效沟通的方法

要完全消除信息沟通的障碍是不大可能的，但是尽量地克服障碍、改进信息沟通进而提高组织成员间的沟通效果不仅是可能的，也是必要的。克服沟通中的障碍，提高沟通水平，可以从以下几方面入手：

1. 明确沟通的重要性，正确对待沟通

管理者十分重视计划、组织、领导和控制，对沟通常有疏忽，认为信息的上传下达有了组织系统就可以了，对非正式沟通中的“小道消息”常常采取压制的态度，这表明企业管理层没有从根本上对沟通给予足够的重视。

2. 养成良好的倾听习惯

对管理者来说，要养成良好的倾听习惯却并不是一件容易的事情，要成为一位好的“倾听者”，也就是要积极倾听。一般来说积极倾听要注意以下这些要点：和说话者进行正常的目光接触；为澄清事情问一些必要问题；通过确认直接表示关注；复述说话人的一些话，以表示自己已经理解；首先设法去理解别人，然后是自己被别人理解；平静地控制情绪；如果合适的话，能用微笑、点头、皱眉或接触等非语言方式来做出反应；集中精力，不让精力分散；能主动地对听到的信息做出回应；不轻易改变主题，如有必要对重要的事项要认真记录。

3. 沟通前要澄清自己的想法

管理者首先必须对自己所要沟通的问题和想法反复考虑，弄得十分清楚，然后才能进行有效沟通。同时还要考虑接收者的目标、态度和反应。

4. 慎选用语

要把自己的想法用语言精确地表达出来，而且要使接收者从沟通的语言中得到所期待的理解，这是很不容易做到的。汉语中存在着大量的多音多义字，理解起来也存在一定的难度，所以，发出信息时要慎重地选择用语，使语言精确，尽量避免引起误解。如果发送者熟悉接收者所习惯使用的语言，用这种语言进行沟通是最理想的做法。

5. 要选择适当的时机、方式和环境

管理者在沟通一项信息时，必须对沟通的时间、地点、条件都进行充分考虑，使之适应于信息的性质特点，这样可以增强沟通的效果，提高沟通成功的可能性。改善沟通环境，尽量避免外界环境的干扰，提高沟通的有效性。

6. 重视非语言沟通手段

在进行沟通时，除注重语言的精确性之外，还要重视非语言沟通手段的运用，如手势、表情等。有时这些非语言沟通手段对接收者产生的影响更为强烈。

7. 缩短信息传递链，拓宽沟通渠道，保证信息的畅通无阻和完整性

信息链过长，减慢了流通速度并造成信息失真，这是人所共知的事实。减少组织机构重叠和层次过多之类的问题，确实是必须要做的事情。此外，在利用正式沟通渠道的同时，可开辟高级管理人员至基层管理人员的非正式直接沟通渠道，以便于信息的传递。

8. 建立特别委员会，定期加强上下级的沟通

特别委员会由管理人员和基层员工组成，定期相互讨论各种问题，国外的特别委员会通常每年碰头二至六次，并且会前有正式的会议议题，会后公开讨论结果。

9. 加强平行沟通，促进横向交流

一般来说，企业内部的沟通以垂直的命令链形式居多，部门间横向交流很少，而平行沟通却是加强横向合作所必需的。具体来说，可以定期举行由各部门负责人参加的工作会议，其主题是允许他们相互汇报本部门的工作、提出对其它部门的要求等，以便强化横向合作。

第五节 组织冲突与管理

一、认识组织冲突

冲突是一个行为主体为谋求自身利益而与其他行为主体之间的对立、对抗和斗争。它普遍存在于社会关系的各个领域，是人类社会关系的一个组成部

分。组织冲突（Organizational Conflict）是指组织内部成员之间、不同部门之间、个人与组织之间由于在工作方式、利益、性格、文化价值观等方面的不一致性所导致的彼此抵触、争执甚至攻击行为。

对于组织冲突有着三种不同观点：

第一种观点认为，冲突本身意味着组织内部的机能失调，冲突会给组织带来消极影响，危害组织健康发展，因此，应当尽量避免冲突。我们称这种观点为冲突的传统观点。

第二种观点认为，冲突是任何组织不可避免的产物，冲突不可能被消除，有时甚至会为组织带来好处，因此，应当接纳冲突。我们称这种观点为冲突的人际关系观点。

第三种观点认为，冲突是组织发展的内在动力，管理者应当维持组织适度的冲突水平，保持组织旺盛的生命力。我们称这种观点为冲突的相互作用观点。

概括地说，传统观点排斥冲突，人际关系观点接纳冲突，而相互作用观点则利用冲突。

组织中的冲突水平与组织绩效有着重要的关系，图 12–4 表示了组织冲突和组织绩效之间的关系。在 A 点，几乎没有冲突，组织的绩效也很低。组织缺乏冲突往往表明管理者压制新观点，组织对环境变化反应迟钝，强调统一，不愿变革等。冲突水平从 A 点升到 B 点，组织的绩效随之提高。当组织中存在适当的冲突水平时（图中的 B 点），管理者可能比较开放，想方设法努力改进组织的功能和效果，鼓励争论以求获得有效决策。当冲突水平从 B 点继续增加到 C 点时，组织的绩效再次下降。这时过度的冲突导致组织功能失调，管理者可能更关心如何在政治斗争中获胜，原则将成为利益的筹码，管理者可能会通过损失效率来达到他们自己的目的。对于组织而言，冲突需要适度的控制和利用。管理者无法解决所有的冲突，但应当努力将冲突保持在一个适当的水平，以促进组织的变革并使组织受益。

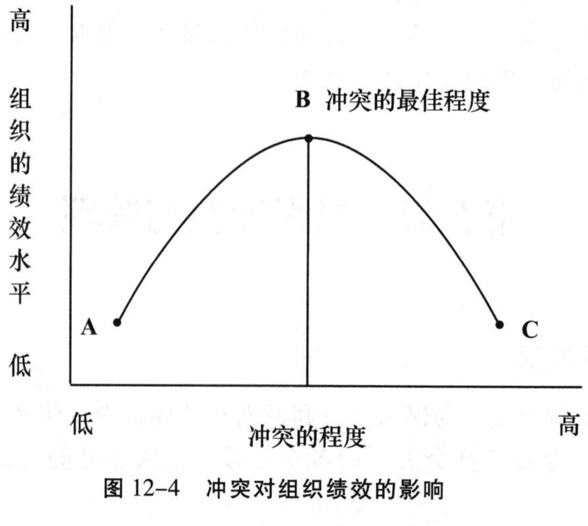

图 12–4　冲突对组织绩效的影响

按照给组织造成后果的不同，冲突分为建设性冲突和破坏性冲突两种类型。建设性冲突可以使组织中存在的不良功能和问题充分暴露出来，防止事态进一步演化；同时，可以促进不同意见的交流和对自身弱点的检讨，有利于促进良性竞争。破坏性冲突是指由于认识上的不一致、组织资源和利益分配方面的矛盾，导致员工发生相互抵触、争执甚至攻击等行为。破坏性冲突能够造成组织资源极大的浪费和破坏，这种内耗会影响员工的工作热情，严重降低组织的凝聚力，从根本上妨碍组织任务的顺利完成，导致组织效率下降，并最终影响到组织发展。

不同的环境、不同的层次水平存在不同类型的冲突，如个体内部的心理冲突、组织内个人之间的冲突、不同部门之间的冲突等。其中以组织内的非正式组织与正式组织之间、直线与参谋之间以及团队内部的冲突最为典型。

1. 角色冲突

由于正式组织与非正式组织之间的成员是交叉混合的，非正式组织的存在必然要对正式组织的活动产生影响。当非正式组织的目标与正式组织相冲突时，则可能对正式组织的工作产生负面影响。特别是在强调竞争的情况下，非正式组织可能会认为这种竞争会导致成员间的不合，从而抵制这些竞争。

2. 权力冲突

组织中的管理人员一般是以直线主管或参谋这两类不同身份出现的。直线关系是一种指挥和命令的关系，具有决策和行动的权力；而参谋关系则是一种服务和协调的关系，具有思考、筹划和建议的权力。实践中，保证命令的统一性往往会忽视参谋作用的发挥；参谋作用发挥失当，又会破坏统一指挥的原则。这就使直线人员和参谋人员有可能相互指责、互相推诿。

3. 目标冲突

团队是一种组织工作的形式，它起到了汇聚各种信息、加强人员交流、协调部门关系等重要作用。在团队中每个成员都有发言的权力，而这些成员既有个人的行为目标，也会代表不同集团和部门的利益。在资源有限、利益目标又很难取得一致的情况下，团队成员之间就容易产生矛盾和冲突。冲突会影响团队的统一行动，导致组织效率的下降。

二、冲突的管理

1. 个人冲突管理策略

（1）分析冲突原因

许多冲突是因为缺少有效的沟通或相互误解引起的。管理者可以通过增加人们对冲突原因的认识而有效地解决冲突。如风险厌恶型的员工可能会抱怨那些风险偏好者的行为不可理喻；而喜欢冒险的人则抱怨他们古板的同伴不思进取。当大家知道他们的冲突只是因为基本的理解方式不同时，他们可以采取合作态度修改各自的方案。

(2) 了解冲突当事人

处理冲突问题，花时间仔细了解当事人是十分重要的。什么人卷入了冲突？冲突双方的兴趣和利益在哪里？各自的价值观、人格特点以及资源因素如何？如果能够看清楚这些问题，并且能够站在双方的立场上秉公处理，则成功的可能性就会大大提高。

(3) 选择自己的立场

根据冲突的不同情况，管理者可以选择回避、迁就、强制、妥协和合作等五种方法来进行处理。

回避（Avoidance），即采取无视或者漠视的态度从冲突中抽身而出或者置身于冲突之外，等待时机成熟时再对冲突进行处理。当冲突双方情绪激动，需要时间恢复平静，或者处理冲突带来的潜在危害超过冲突解决后获得的利益时，这一策略十分有效。

迁就（Accommodation），指一方放弃自己的利益来满足另一方的需要，以维持双方关系的方法。当争端的问题不太重要，或者需要为以后的工作树立信誉时，选择这种方法很有价值。

强制（Forcing），指通过行政的压力迫使一方或双方让步，以满足组织需要的做法。这是一种管理者利用职权解决争端的做法。当管理者需要对重大事件迅速做出决断，或者处理冲突的方式别人赞同与否并不重要时，这种方式会取得很好的效果。

妥协（Compromise），这种方式要求双方都做出一定的让步。当冲突双方势均力敌，或时间要求过紧，以及希望一项复杂的问题得以尽快解决时，这是一项很好的权宜之计。

合作（Collaboration），指冲突双方通过认真分析，深入沟通，最后重新选择了双方都能够接受的方案，这是一种双赢的冲突解决方式。当问题非常重要不可能妥协折中，或者没有什么时间压力，双方都能很理性地看待问题时，合作是最佳策略。

2. 组织冲突管理策略

冲突能反映组织的结构或文化中存在的问题。管理者可以通过变革的方法来有效地解决冲突。

(1) 强化信息交流

组织内部公共关系最重要的形式是双方信息交流，其主要内容就是组织领导层与广大员工的沟通。它是搞好组织内部公共关系的首要前提。据美国民意调查公司的一项调查，只有1%的员工认为公司的事与己无关，而99%的员工都渴望知道公司的最新动态，希望了解公司内情。员工是企业的一分子，如果对企业的情况不了解，特别是对与员工切身利益相关的动态毫无所知或一知半解，便会产生猜疑、烦恼、恐惧、对抗的心理或行为。如果在组织内部能做到信息共享，员工了解组织目标，明确努力方向，同时也知晓组织面临的问题，使员工感到自己是组织的主人，那么员工会积极参与组织的活动，与组织共度难关。

(2) 优化人群关系

员工是组织的基础。组织的管理者无论多么卓越，如果离开了支持组织成功的基础也将一事无成。因此，组织应肯定员工的人生价值，建立他们的主人翁意识，从而激发他们的工作热情和主动性、创造性；发动全体员工参与管理，使员工产生归属感，加强组织的向心力；与员工利益共享，使员工成为组织的一部分，做到治人先治心。

(3) 满足职工需要

内部公关工作包含着对员工的尊重。在内部公关过程中，必须倾听员工的心声，解决员工的困难，关心员工的疾苦。每一位员工都有其生活的环境，关心员工的生活条件，满足他们的迫切需要，解决他们遇到的各种困难，可使员工们解除后顾之忧，感到组织的温暖，一心一意扑在工作上，并在对组织的感激中忘我地工作。

(4) 丰富职工文化生活

人的需求是多方面的，组织内的员工也不例外。为使组织赢得更多的支持，组织应时常满足职工文化生活方面的需求。通过举办多种活动，使其业余生活过得丰富、充实，始终保持旺盛的精力，更好地投入生产、工作，为主体目标的实现而努力。

本章提要

★团体是由两个或两个以上的人组成的，团体内的成员在心理上彼此依赖、相互影响，在行为上有共同的规范。团体是个人与组织的媒介。

★团体具有两方面的作用：一是执行组织的任务；二是满足成员的心理需要。

★团体对背离者会施加压力。通常团体施加压力的过程有四个阶段：

(1) 理性讨论阶段；

(2) 情感引导阶段；

(3) 直接攻击阶段；

(4) 开除背离者阶段。

★沟通是指信息或思想在两个或两个以上人群中的传递并理解的过程，是一个信息的传送者通过选定的渠道把信息传递给接收者的过程。沟通对于协调组织内部、外部以及各个部门、各个人，从而有效地完成组织目标，有着重要的意义。通过有效的信息沟通，可以使组织内部分工合作更为协调一致，保证整个组织体系统一指挥，统一行动，实现高效率的管理；也可以使组织与外部环境做到更好的配合，增强应变的能力，从而保证组织的生存与发展。

★沟通，按照组织系统可分为正式沟通与非正式沟通两种。正式沟通是通过组织正式结构或层次系统运行的，主要有链式沟通、环式沟通、Y式沟通、轮式沟通、全通道式沟通等方式；非正式沟通则是通过正式系统以外的途径来进行的，分为单串型、随机型、饶舌型、集合型。

★有效沟通的原则：准确性原则、完整性原则、及时性原则、正式与非正式沟通渠道相结合原则。要克服沟通中的障碍，提高沟通水平，促进组织有效沟通，可以从以下几方面入手：1. 明确沟通的重要性，正确对待沟通；2. 养成良好的倾听习惯；3. 沟通前要澄清自己的想法；4. 慎选用语；5. 要选择适当的时机、方式和环境；6. 重视非语言沟通手段；7. 缩短信息传递链，拓宽沟通渠道，保证信息的畅通无阻和完整性；8. 建立特别委员会，定期加强上下级的沟通；9. 加强平行沟通，促进横向交流。

★冲突是一个行为主体为谋求自身利益而与其他行为主体之间的对立、对抗和斗争。组织冲突是指组织内部成员之间、不同部门之间、个人与组织之间由于在工作方式、利益、性格、文化价值观等方面的不一致性所导致的彼此抵触、争执甚至攻击行为。冲突分为建设性冲突和破坏性冲突两种类型。

本章思考题

1. 什么是沟通？为什么要沟通？沟通的基本步骤有哪些？
2. 区分沟通的类别，解释企业中的沟通网络。
3. 进行有效沟通需遵循哪些原则？
4. 有效沟通的障碍有哪些？如何克服？
5. 如何正确理解冲突？冲突管理的方法主要有哪些？

本章案例

一次战略方案制订引起的风波

天讯公司是一家生产电子类产品的高科技民营企业。近几年，公司发展迅猛，然而，最近在公司出现了一些传闻。公司总经理邓强为了提高企业的竞争力，在以人为本、创新变革的战略思想指导下，制订了两个战略方案：一是引人换血计划，年底从企业外部引进一批高素质的专业人才和管理人才，给公司输入新鲜血液；二是内部人员大洗牌计划，年底通过绩效考核调整现有人员配置，内部选拔人才。邓强向秘书小杨谈了自己的想法，让他行文并打印。中午在公司附近的餐厅吃饭时，小杨碰到了副总经理张建波，小杨对他低声说道："最新消息，公司内部人员将有一次大的变动，老员工可能要下岗，我们要有所准备啊。"这些话恰好又被财务处的会计小刘听到了。他又立即把这个消息告诉他的主管老王。老王听后，愤愤说道："我真不敢相信公司会做这样的事情，换新人，辞旧人。"这个消息传来传去，2 天后又传回邓强的耳朵里。公司上上下下员工都处于十分紧张的状态，唯恐自己被裁，根本无心工作，有的甚至还写了匿名信和恐吓信对这样的裁员决策表示极大的不满。

邓强经过全面了解，终于弄清了事情的真相。为了澄清传闻，他通过各部门的负责人把两个方案的内容发布给全体职工。他把所有员工召集在一起来讨论这两个方案，员工们各抒己见，但一半以上的员工赞同第二个方案。最后邓强说："由于我的工作失误引起了大家的担心和恐慌，很抱歉，希望大家能原谅我。我制订这两个方案的目的就是想让大家来参与决策，来一起为公司的人才战略出谋划策，其实前几天大家所说的裁员之类的消息完全是无稽之谈。大家的决心就是我的信心，我相信公司今后会发展得更好。谢谢！关于此次方案的具体内容，欢迎大家向我提问。"

通过民主决议，该公司最终采取了第二个方案，由此，公司的人员配置率得到了大幅度的提高，公司的运作效率和经营效益也因此大幅度地增长。

（资料来源：余敬，刁凤琴：《管理学案例精析》，中国地质大学出版社，2006）

讨论题

1. 案例中的沟通渠道或网络有哪些？请分别指出，并说出各自的特点。
2. 案例中邓强的一次战略方案的制订为什么会引起如此大的风波？
3. 如果你是邓强，从中应吸取什么样的经验和教训？

第十三章　控制

学习目标

1. 理解控制的含义。
2. 描述控制的一般过程。
3. 了解控制的类型。
4. 了解并掌握一些控制技术与方法。
5. 了解管理控制中面临的主要挑战和问题。

控制是管理的重要职能之一。从某种意义上讲，管理就是一个控制过程。控制首先与计划密不可分。在管理者做出决策、制订计划后，更重要的是决策的落实和计划的实施。离开了控制，一切计划都只能成为空想。同时，控制与组织中的其它各项活动也是分不开的，没有控制就难以保证一切活动按计划进行，就无法实现组织的目标。因此，在组织各个层次的管理中，控制都起着重要的作用。在复杂多变的环境下，管理者如何采取有效的控制技术和手段，保证实际工作与计划一致，以确保组织目标的实现，这是控制职能所要解决的主要问题。

第一节　控制的基本概念

一、控制的含义

所谓控制，就是监督各项活动，以保证它们按计划进行并纠正各种偏差的过程。这个定义包含了如下三个要点：（1）控制有很强的目的性，即控制是为了保证组织中的各项活动按计划进行；（2）控制是通过监督和纠偏来实现的，控制的主要任务是监督计划执行的情况和纠正计划执行过程中的偏差；(3) 控制是一个过程。在实践中，几乎所有的管理者都必须完成控制的职能，因为要保证组织活动按照计划进行，控制是必不可少的。

“控制”一词，最初来自由美国数学家、生物学家、通讯工程师诺伯特·维纳（Norbert Wiener, 1894—1964）提出的“控制论”。在控制论中，控制是指人们根据给定的条件和预定的目的，改变和创造条件，使事物沿着可能性空间中确定的方向（或状态）发展。前苏联的控制论专家列尔涅夫认为控制是“为了改善某个或某些受控现象的功能与发展，需要获得并使用信息，以这种信息为基础而选出的，加于该对象上的作用”。简单地说，控制就是控制者对控制对象施加某种主动的影响，以保持控制对象状态的稳定性或促使事物从一种状态向另一种状态的转换。

在管理学中，关于控制的定义有不同的说法，但其本质内容是相同的。法约尔对控制的定义是“控制包括核实发生的每一件事是否符合所制订计划所发布的指标，所建立的原则，以便指出实施计划中的缺点和错误，加以纠正和预防其再度出现”。哈罗德·孔茨认为“管理工作的控制职能是对业绩进行衡量与矫正，以确保企业目标能够实现和为达到目标所制订的计划能够得以完成”。这些定义均强调，控制是为了保证计划与目标的实现，按照计划的要求，监督计划执行情况和纠正计划执行中偏差的过程。

二、控制的重要性

在管理实践中，人们深切地体会到，如果没有控制，就很难保证计划顺利执行，而如果各个计划都不能顺利执行，则组织的目标就无法实现，因此控制职能在管理活动中起着非常重要的作用。

在复杂多变的环境下，特别是在许多不确定因素的干扰下，组织的计划常常偏离预期的轨道，从而影响组织目标的实现。影响计划顺利实施的原因有如下两个方面：(1) 组织内部因素的改变。这是指组织中的人、财、物等资源供给配置的状况，或者人员行为的结果等与计划中预设的条件不符，具体包括人员能力、资金供给、部门配合等组织内部的因素。这些因素与计划中的条件或假设不符就会导致计划不能顺利实施。(2) 外部环境因素的影响。即使组织内部各项因素运行正常，但由于外部环境的变化，包括政治、经济、社会、技术等环境的变化，同样也会影响计划的实施，使得计划执行的实际过程和结果与计划目标不符。

控制作为管理的一个职能，或者说控制作为一种技术和方法，其最主要的功能就是保证计划的实施。控制工作与其它职能紧密联系，使管理过程形成一个封闭的系统，确保其它职能的有效实施。而且，控制不仅维持管理的其它职能，必要时也改变其它职能的活动。从这个意义上讲，其地位是无可替代的。

三、控制的内容

根据控制对象的不同，可将控制的内容归纳为人员、财务、作业、信息和组织绩效等五个方面。

1. 对人员的控制

组织的目标是要由人来实现的，员工应该按照管理者制订的计划去工作，为了做到这一点，就必须对人员进行控制。对人员控制最常用的方法是直接巡视，发现问题马上解决；另一种有效的方法是对员工的表现进行评估，通过评估，对表现好的予以奖励，使其维持和加强良好表现；对表现差者采取相应的措施，以纠正其行为偏差。

2. 对财务的控制

为保证企业获取利润，维持企业的正常运作，必须进行财务控制。这主要包括审核各期的财务报表，以保证充足的现金流量，防止债务负担过重，确保各项资产的有效利用等。预算是最常见的财务控制衡量标准，因此也是一种有效的控制工具。

3. 对作业的控制

所谓作业，是指从劳动力、资金、原材料等资源（输入）到最终产品和服务（输出）的转换过程。组织中的作业质量很大程度上决定了组织提供的产品和服务的质量，而作业控制就是通过对作业过程的控制，来评价并提高作业的效率和效果，从而提高产品和服务质量的过程。常见的作业控制包括生产控制、质量控制、原材料采购控制、库存控制等。

4. 对信息的控制

随着人类进入信息社会，信息在组织运行中的地位越来越高，不精确、不完整、不及时的信息会大大降低组织效率。因此，在现代组织中对信息的控制显得尤为重要。对信息的控制需要我们充分利用先进的信息技术，建立组织的信息管理系统，使其能够及时地为管理者提供充分、可靠的信息。

5. 对组织绩效的控制

组织绩效是高层管理者的主要控制对象，组织目标的达到与否都从这里反映出来。无论是组织内部的人员，还是组织外部的人员和其它组织，如投资者、贷款银行、供应商以及政府部门都十分关心组织的绩效。组织绩效控制的关键是科学地评价、衡量组织的绩效。一个组织的整体绩效很难用一个指标衡量，生产率、产量、市场占有率、员工薪酬福利、组织的成长性等都可能成为衡量指标，关键是看组织的目标取向，即要根据组织完成目标的实际情况，并按照目标设置的标准来衡量组织绩效。

四、关键控制点和标准

在计划的全部内容中，能够作为衡量标准的指标很多，而计划执行过程中需要控制的内容也很多。即使是一项简单的计划，管理者也很难将所有的结果与标准进行对照衡量。而且，在很多情况下，衡量所有的活动不仅不现实，而且也没有必要。所以，管理者要做的不是去观测所有的活动，而是选择一些关键的控制点，通过它们对全部活动进行控制。

关键控制点指那些在根据各种计划评价业绩时，对评价过程和结果有关键影响的因素。它可能是组织活动中的一些限定因素，也可能是能够使计划更好地发挥作用的因素。计划中的每一项内容都可能成为不同情况下的关键控制点，在实际工作中，关键控制点大致有以下几种：

1. 实物标准

实物标准是非货币衡量的标准，在耗用原材料、雇用劳动力、提供服务以及生产产品等操作层中运用，比如单位产品工时数、货运吨千米数、产品的寿命、原材料的质量等。实物标准可以反映数量，也可以反映质量。

2. 成本标准

成本标准是用货币衡量的标准，像实物标准一样，也适用于操作层。它以货币形式来表示经营费用，比如每小时的人工成本、每万元销售额的销售费用等。

3. 资本标准

资本标准只与企业投入的资本有关，而与经营费用无关。对于一笔新的投资和总体控制而言，使用最广泛的标准是投资报酬率。

4. 收益标准

收益标准指以货币衡量的销售额，如企业的单位产品销售收入，在一定市场范围内的人均销售额等。

5. 计划标准

计划标准是以管理者编制的计划质量作为衡量标准，如计划完成时间、可行性程度、员工忠诚度以及与实际执行情况的吻合程度等。

6. 无形标准

无形标准指难以确定的、既不能用实物又不能货币衡量的标准，如员工潜力的发挥、员工的忠诚度以及一项公关活动策划受欢迎的程度等。

7. 指标标准

指标标准指以可以考核的数量或质量目标作为标准。在工商企业中，目前的趋势是要在各级管理部门建立一个指标标准的整体网络，以实施有效控制。

五、控制机制

控制机制指组织进行控制的方法。常用的控制机制有三种：市场控制、官僚控制、小集团控制。

1. 市场控制

市场控制是一种自我控制，系统通过使用市场机制进行相关的控制，通过市场自发来确定控制标准，利用价格或其它的机制来进行控制。一般运用的机制有价格机制、供求机制、市场的占有率与份额等。

2. 官僚控制

官僚控制是按照组织的层次与等级来进行控制，强调组织特别是领导的权威性，更多的是依靠组织的规则、制度、纪律与组织的政策等对系统进行有效控制。官僚控制是对组织整体进行的控制，强调组织自上而下的等级控制，更体现了系统控制的完整性与一致性。

3. 小集团控制

小集团控制主要是针对非正式组织而言。因为非正式组织是一个小集团，其通过共同的价值观、利益、规范、信念与文化等方面的追求形成小集团的利益诉求。官僚控制对他们来说，控制效果不佳。小集团控制针对非正式组织的特点运用他们所共同依靠的东西进行控制，达到有效的控制。

第二节 控制过程

尽管控制的内容各有不同，每项控制工作的关键控制点和标准也可能不一样，但控制的基本过程基本是一致的，大致可分为三个步骤：首先确定衡量绩效的标准；然后衡量绩效并将实际绩效与标准进行比较；最后采取管理行动纠正偏差。

一、确定标准

这里所说的标准，是指衡量绩效的尺度。根据标准，管理者无需亲历管理的全过程就可以了解整个工作的进展情况。标准是控制的基础，离开了标准就无法对工作进行评估，控制工作也无从谈起。所以，确定控制标准，是控制过程的逻辑起点，也是进行控制的必要条件。

严格地讲，确定标准应该属于计划职能的范畴，但由于计划的详细程度和复杂程度不一，其标准不一定适合控制工作的要求。而且，控制工作需要的不是计划中的全部指标和标准，而是其中的关键点。因此，管理者实施控制的第一步就是以计划为基础，制订出控制工作所需要的标准。

标准的类型很多，可以是定量的，也可以是定性的。一般情况下，标准应尽量数字化和定量化，以保证控制的准确性。以企业为例，常见的标准包括：产量标准、质量标准、时间标准、成本标准、行为标准等。此外，对不同的组织、不同的计划和不同的控制环节，控制标准也有所不同。

常用的制订标准的方法有三种：

(1) 统计方法：根据组织中相关工作和指标的历史数据记录，用统计学的方法确定标准。

（2）工程方法：运用技术方法，以准确的技术参数和实测的数据为基础制订标准，比如生产定额标准的制订。

（3）经验方法：由经验丰富的管理者根据自己的经验制定标准。

二、衡量绩效

衡量绩效是根据所确定的控制标准对实际工作的执行结果进行评价，将评价结果与标准进行比较，对工作绩效做出客观的考核与评价。一般来说，管理者用来衡量绩效的信息来源和方法主要有：

1. 个人观察

个人观察提供了关于实际工作的最直接的第一手资料，这些信息未经过第二人而直接反映给管理者，避免了可能出现的遗漏和信息的失真。特别是对基层工作人员工作绩效的衡量，个人观察是一种非常有效、无法替代的衡量绩效的方法。当然，个人观察方法也有许多局限。首先，这种方法费时费力，需要耗费管理者的大量劳动。其次，仅凭个人观察往往不能全面了解各个方面的工作情况。最后，工作在被观察时和未被观察时往往不一样，管理者有可能得到的只是假象。

2. 统计报告

统计报告就是将实际工作中采集到的数据以一定的统计方法进行加工处理后而得到的报告。统计报告可以根据管理者的要求列出各种数据以及数据之间的关系，并且可以图表和图形等直观的形式提供给管理者，具有准确、科学和直观的优点。实际中，制约统计方法应用的因素主要有两个：一是其真实性，即统计报告所采用的原始数据是否正确，使用的方法是否恰当，管理者往往难以判断；二是其全面性，即统计报告中是否全部包括了涉及衡量绩效的重要方面，是否遗漏或掩盖了其中的一些关键点，管理者也难以肯定。

3. 口头汇报

这种方式的优点是快捷方便，而且能够得到立即的反馈。其缺点主要是口头汇报不便于存档和以后重复使用，而且报告内容也容易受报告人的主观影响。

4. 抽样检查

在工作量比较大而工作质量又比较平均的情况下，管理者可以通过抽样检查来衡量工作绩效。这种方法最典型的应用是产品质量检验。

在选取上述方法衡量工作绩效时，要特别注意所获取信息的质量问题，即信息的准确性、及时性、可靠性和适用性。

三、纠正偏差

控制过程的最后一项工作就是采取管理行动，纠正偏差。偏差是指标准与实际工作结果的差距。纠正偏差的目的是使控制对象的实际行为恢复到计划或标准的轨道上来。

纠正偏差首先是在衡量绩效的基础上，找到发生偏差的环节与阶段，根据偏差的严重程度及对组织的影响程度，对偏差进行分类，并标示发生偏差的环节与阶段。最好是可以定量化表示，使发生偏差的环节与严重程度更直观。找到偏差后，就对产生偏差的原因进行认真的分析。发生偏差的原因是多方面的，可能是因为外部环境变化，可能是因为管理人员渎职或不负责，还可能是因为标准不合适，亦或是计划有缺陷。对造成偏差的原因进行深入分析，找出其根本原因，以便制订正确有效的措施。最后也是最重要的一步就是针对偏差及其原因，制订并采取有效的措施。不同的偏差，不同的原因，要求制订不同的措施，这样才能保证措施的针对性。由于控制与其它管理职能紧密相连，制订措施纠正偏差要综合考虑并结合其它的管理职能。管理人员可以调整计划或目标即改变导向来纠正偏差，也可以运用组织任务重新分派或明确职责进行纠正，当然也可以从人员配备、有效领导等方面入手进行纠正。

控制过程不是单向的信息传达，它强调双向循环的信息反馈，形成循环的闭环系统。纠正偏差只能是暂时解决某个环节方面的问题。要保证组织持续发展，就需要不断进行“确定标准→衡量绩效→纠正偏差”的循环，不断减少偏差，以保证计划目标的实现。

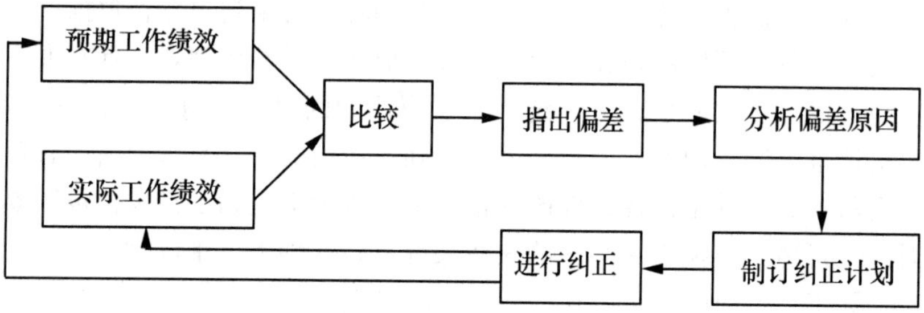

图 13-1 控制过程

第三节 控制的类型

根据控制时点的不同可以将控制分为反馈控制、同期控制和前馈控制（如图 13-2）。

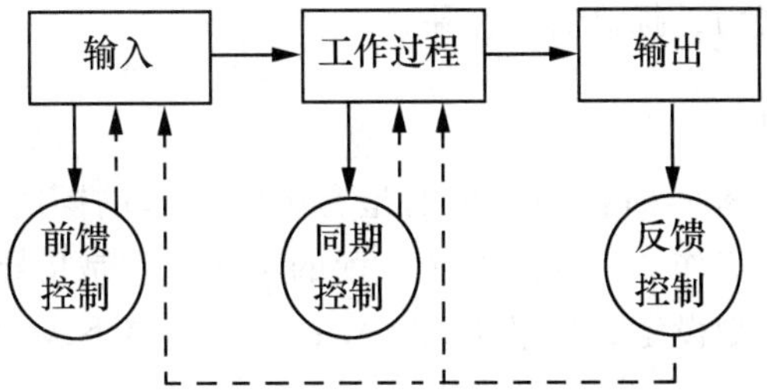

图 13-2 控制的类型

一、反馈控制

反馈控制又称事后控制，是指计划完成以后，分析工作的结果，并把执行结果与事先确定的标准进行比较，找出二者之间的偏差，并分析原因，找出相关对策与措施，总结工作的经验教训，为防止偏差的扩大及以后的再度发生而提供借鉴。反馈控制是通过事后的不断反馈，使组织不断提高的过程。其特点是把注意力集中在历史结果上，作为纠正将来行为的基础。

反馈控制的最主要特点是控制进行的依据是组织输出的结果与时滞信息，例如生产消费品的企业要对其成品进行质量方面的控制，其反馈控制过程为：首先根据生产计划与产品计划制订出产品成品的质量标准，再对生产出来的成品进行质量统计，并把统计结果与预先标准进行比较，找出偏差，采取相应的措施。质量统计结果对质量控制来说是时滞信息,因为产品质量是已确定的输出结果。质量统计结果是对一系列产品，经过一段时期的检测、分析、整理而获得的信息。而且这信息是在产品已经形成之后才能获得的。这一结果与标准比较，发现偏差寻求原因，并进一步采取对策。因此可知，反馈控制是“亡羊补牢”式的控制方法，其目的是防止偏差继续存在并扩大或再度发生。

反馈控制相对而言较为滞后，因为它是事后控制。但反馈控制运用广泛，组织中的大部分的控制工作都是反馈控制。这主要是因为主管人员所得到的信息都是在计划执行结果的基础提炼的时滞信息。现在许多公司为了弥补反馈控制的缺点，一方面缩短信息反馈的时间，一方面采用前馈控制的方法，从而使反馈控制导致的不足得以弥补。

反馈控制既可控制最终结果，如产量、销售收入、利润等，也可控制中间执行结果如生产计划、生产过程、工序质量等。在管理控制中应用较多的反馈控制方法是：财务报告分析、成本分析、质量控制分析、工作人员成绩评定。当然，随着科学技术的发展、自动化数字与电子技术的发展，反馈控制方法不断改进，如 MIS、DSS、ERP 等的应用，使控制更有效、管理更顺畅。

反馈控制在控制系统中地位比较高，是管理控制的主要方式。这不仅因为反馈控制应用广泛，而且反馈控制更贴近于管理控制工作过程。控制工作过程的三个步骤及相关的细节，均可在反馈控制中找到。另外，反馈控制能对决策计划进行评价，对前馈控制和同期控制进行评价，这有利于提高管理人员的认识，增强管理能力，提高管理水平。

二、同期控制

同期控制又称实时控制，指的是在下级工作的同时，管理人员的直接指挥、监督等控制工作。它涉及两个方面的工作：一是指导下级员工按正确程序与方法，依据计划设定的标准进行工作；二是监督下级的工作过程以保证工作取得预期的效果。

组织实施同期控制时，常有这样一个疑问：有无必要采用同期控制？这取决于两个方面：一是工作的性质；二是同期控制的效益和成本的比较。工作的自动化程度越高，现场控制的必要性就越小。现在的机器人流水线装配线，可能就需要极少员工进行操作，则实施控制显得多余；而对劳动密集型的手工劳动或个体劳动，管理者必须花费大量的时间与精力指导并监督下级的工作。另一方面要明确节省的时间成本能否与实施同期控制的费用相抵。同期控制需要相关管理人员收集同期信息，需要对同期信息进行分析处理，而这些组织活动要花费一定的费用。当然，同期控制也能一定程度上减少偏差的出现，保证组织工作符合计划与组织目标。最直观的效益是可以减少一些纠正偏差的费用，还有纠正偏差的时间。这就要求对同期控制的成本与效益进行比较，并结合组织性质及现状来决定是否进行同期控制，如航空公司的业务就有必要进行同期控制，而一家生产重点国防设备的厂家，进行同期控制就得不偿失。

同期控制的关键在于同期信息的取得。同期信息指事情发生当时的信息。传统控制中同期信息的取得，收集信息的手段、技术与信息的范围、信息量均受到技术的影响。随着计算机对数据收集、存储、处理等技术的广泛应用，使同期信息的获得更容易、更可行，如超市的 POS 机，生产企业的销售和库存数据库等的应用，使得管理人员能及时获得相关的同期信息，也为进行同期控制提供了便利条件。

三、前馈控制

管理控制过程中出现的时滞，尤其是信息反馈的滞后性，使得传统系统控制失效。如果要使控制有效，控制就应面向未来，消除时滞。在管理控制中，面向未来的控制是常常被忽视的，因为人们更倾向于通过已知的资料与信息进行控制。由此可知，在管理中进行前馈控制显得很重要。

前馈控制是这样一种控制系统：它能在来得及采取纠正措施时就告诉主管人员信息，使他们知道如再不采取行动，就会使执行结果发生偏差。前馈控制的目的是使未来的运行结果有可能达到预定的标准，包括对人力、物质、财力的投入实施有效的控制。其重要的环节是防止组织中所使用的资源在质和量上发生偏差。也就是说，通过把握并控制资源，通过对信息进行预测，把预测结果与计划进行对比分析，找出偏差并提出相应的对策措施，调整投入及计划的实施活动。前馈控制强调事先的控制，它建立在对未来的预测的基础上，是一种指导未来的控制。

实施前馈控制的步骤包括：

(1) 认真地分析计划及控制系统；

(2) 制订适用于所有系统的模型；

(3) 对系统模型定期检查更新；

(4) 收集相关变量的原始数据输入系统；

(5) 比较评估实际输入数据与计划输入数据的不同；

(6) 分析差异，提出措施，积极改进。

前馈控制对应于管理中的前馈系统，这在系统控制中有所论述。从本质上讲，前馈也是一种反馈系统，所不同的是前馈的信息反馈是在投入一端，是在控制信号输出之前进行的。

前馈控制多适用于原材料的控制、库存的控制、现金投入的控制等管理方面。此外，前馈控制也用于对设备、资金、物资的投入等企业行为的有效控制。

第四节 有效控制的要求

控制工作要有效发挥，应特别注意以下几个方面的要求。

1. 控制标准应尽量客观化、定量化

有效的控制工作要求客观的、准确的、有效的、适当的标准。管理人员在进行控制时，主观判断难以避免，这时其本身的个性及主观认识会影响做出准确判断。若能定期、定量客观地进行控制，控制更有说服力、更有效。客观标准是定量的，关键是标准要有可测定与可考核性。

2. 控制系统应符合主管人员的个性与性格偏好

控制系统与信息只有为主管人员所理解明白时，才能有效地使用。就信息而言，不同的主管人员能接受的信息形式不同，如会计师喜欢报表，技术主管偏好图形数据。就某个主管人员，提供信息应注意形式要符合其个性偏好。这有利于管理人员的理解与控制。控制系统也是如此，一个合适的系统比一个完美的系统更有效。

3. 控制应具有灵活性

面对计划的变动，如出现意料不到的情况或计划失败，控制也应当能发挥其作用。这种情况要有效控制，就要求控制具有灵活性。组织根据销售额的预测来制订营销费用，往往营销费用有一定的额度及浮动范围。但由于不可控因素导致销售额大降，势必要大量增加营销费用以挽回市场份额。这时，原来的预算变得无效,灵活的预算控制变得必要。

4. 控制工作应与组织相匹配

这里强调两点：一方面，控制工作必须适应组织文化，不同组织文化对控制的要求不同。强调参与管理的组织，不适合用严格的控制系统；而参与管理要求不强的组织，适合用明确标准及方法进行控制。另一方面，控制要与组织的计划及其他职能相适应。控制系统与技术反映所制订的计划，计划提供控制所用的标准。同时，控制与职位要相适应，不同的职位所接受的控制信息不同，掌握并利用的控制技术方法不同。因此，控制愈能反映组织结果状况，反映组织文化及个性，反映计划内容目标，体现职位的独特性，则愈能使管理人员有效控制。

5. 控制应具有经济性

对组织进行控制，其费用支出一定要合理、经济。管理人员虽然难以确定哪个控制系统更经济，但可以根据业务活动的重要性、规模等条件，找出相对经济的控制系统。这也决定了主管人员只能在其认为重要的业务领域选择关键因素进行控制。控制技术与方法如果能够以最低的费用来揭露造成实际偏离计划的原因或有可能偏离计划的原因，则它们是有效的。

6. 控制应能导出纠正措施

控制只有在揭示偏差、找出原因并提出纠正措施时才能体现其有效性。控制系统如果不能通过计划、组织、人事配备、领导等工作来纠正偏差，其有效性令人置疑。

7. 控制应具有全局性、系统性

控制不能只着重于本部门的目标和利益，控制应从组织的全局入手，围绕组织目标进行工作。由于控制与其它的管理职能穿插形成一个系统，进行控制时就应遵循系统思想。

8. 控制应注重关键点上的例外情况

在实际工作中，例外原则必须与控制关键点的原则并举。仅注意例外情况是不够的，必须注意关键点上的例外。管理人员愈把控制工作集中于例外，控制愈有效。

第五节　控制技术和方法

常用的控制技术和方法包括预算控制、财务控制、信息控制和标杆管理等。

一、预算控制

1. 预算控制的概念

预算控制是管理控制中运用最广泛的控制方法，是一种传统的控制方法。预算是以数字方式编制的未来某个时期的计划。这种计划涉及财务方面的，如收入、费用、支出等方面的预算，也涉及非财务方面的，如材料、工时等方面的预算。传统上，预算分为财务预算、经营预算和非货币预算三大类。其中，财务预算包括收支预算、现金预算；经营预算包括销售预算、费用预算、利润预算；而非货币预算有生产预算、劳动力预算、工资预算等。也有人把预算分为四大类：收支预算，时间、场地、原材料和产品质量预算，资本支出预算和现金预算。此外，从范围上看，预算分为组织的预算与部门的预算。从时间上看，预算分为年度预算、季度预算和月度预算。

预算控制的目的和作用：有利于管理者有效协调有限资源的配置；有利于明确表示配置资源的效用；有利于管理者事先确立有效的控制标准；有利于管理者事后准确评价各部门工作者的工作情况；有利于用数字进行客观的人力资源管理，如明确奖罚标准等。

2. 预算编制

传统情况下，预算由高层主管和控制人员制订再层层传达到基层管理人员。随着组织结构扁平化的趋势，许多基层管理人员逐渐参与预算编制。预算编制的一般步骤为：

第一步，各职能部门制订自己本部门的预算方案，呈请批准；

第二步，各主管领导收集各下属部门的方案，综合平衡制订其管辖范围的总预算方案；

第三步，各主管领导把总预算方案呈交上级预算委员会；

第四步，预算委员会审查各主管领导的总预算方案，并综合平衡；

第五步，预算委员会与高层领导协商，并拟订整个组织的预算方案；

第六步，预算委员会把整个组织的预算方案呈交总经理或董事会审批，审批后再逐级返回落实。

这种自下而上的预算方案，相对其它预算编制方案，得到较多企业的认可。因为这种预算编制方法，强调基层管理人员参与，执行时压力与动力更大，便于预算的实施。

预算编制中常常出现一些弊端和不足：编制过于详细，剥夺了基层管理人员的自由；预算过于烦琐，使组织无灵活性；预算代替了企业目标，忽视企业的计划与组织目标；预算流于形式，效能低下；预算失真，成为懒散部门的保护伞。企业在编制预算时，要注意克服这些弊端和不足。

3. 预算控制方法

(1) 弹性预算

弹性预算又称变动预算、滑动预算，是在变动成本法的基础上，以未来不同业务水平为基础编制预算的方法。弹性预算指以预算期间可能发生的多种业务量水平为基础，分别确定与之相应的费用数额而编制的、能适应多种业务量水平的费用预算，以便分别反映在各业务量的情况下所应开支 (或取得) 的费用 (或利润) 水平。用弹性预算的方法来编制成本预算时,其关键在于把所有的成本划分为变动成本与固定成本两大部分。变动成本主要根据单位业务量来控制，固定成本则按总额控制。

编制弹性预算的步骤如下：

第一步，选择和确定各种经营活动的计量单位消耗量、人工小时、机器工时等。

第二步，预测和确定可能达到的各种经营活动业务量。在确定经济活动业务量时，要与各业务部门共同协调，一般可按正常经营活动水平的 70%~120% 之间范围确定，也可按过去历史资料中的最低业务量和最高业务量为上下限，然后再在其中划分若干等级，这样编出的弹性预算较为实用。

第三步，根据成本性态和业务量之间的依存关系，将企业生产成本划分为变动和固定两个类别，并逐项确定各项费用与业务量之间的关系。

第四步，计算各种业务量水平下的预测数据，并用一定的方式表示，形成某一项的弹性预算。

弹性预算的优点在于：一方面能够适应不同经营活动情况的变化，扩大了预算的范围，更好地发挥了预算的控制作用，避免了在实际情况发生变化时，对预算作频繁的修改；另一方面能够使预算对实际执行情况的评价与考核建立在更加客观可比的基础上。

(2) 零基预算

零基预算法，又称零底预算，其全称为“以零为基础编制计划和预算的方法”，简称零基预算，最初是由德州仪器公司开发的，是指在编制预算时对于所有的预算支出，均以零为基底，不考虑以往情况如何，从根本上研究分析每项预算有否支出的必要和支出数额的大小。这种预算不以历史为基础作修修补补，在年初重新审查每项活动对实现组织目标的意义和效果，并在成本-效益分析的基础上，重新排出各项管理活动的优先次序，并据此决定资金和其它资源的分配。

零基预算法与传统的调整预算法截然不同，有以下三个特点：首先，预算的基础不同。调整预算法的编制基础是前期结果，本期的预算额是根据前期的实际调整确定的；零基预算的基础是零，本期的预算额是根据本期经济活动的重要性和可供分配的资金量确定的。其次，预算编制分析的对象不同。调整预算法重点对新增加的业务活动进行成本效益分析，而对性质相同的业务活动不作分析研究；零基预算法则不同，它要对预算期内所有的经济活动进行成本-效益分析。最后，预算的着眼点不同。调整预算法主要以金额高低为重点，着重从货币角度控制预算金额的增减；零基预算除重视金额高低外主要是从业务活动的必要性以及重要程度来分配有限的资金。

零基预算编制有以下五个步骤：

第一步，划分和确定基层预算单位。企业里各基层业务单位通常被视为能独立编制预算的基层单位。

第二步，编制本单位的费用预算方案。由企业提出总体目标，然后各基层预算单位根据企业的总目标和自身的责任目标出发，编制本单位为实现上述目标的费用预算方案，在方案中必须详细说明提出项目的目的、性质、作用，以及需要开支的费用数额。

第三步，进行成本-效益分析。基层预算单位按下达的“预算年度业务活动计划”，确认预算期内需要进行的业务项目及其费用开支后，管理层对每一个项目的所需费用和所得收益进行比较分析，权衡轻重，区分层次，划出等级，挑出先后。基层预算单位的业务项目一般分为三个层次：第一层次是必要项目，即非进行不可的项目；第二层次是需要项目，即有助于提高质量、效益的项目；第三层次是改善工作条件的项目。进行成本-效益分析的目的在于判断基层预算单位各个项目费用开支的合理程度、先后顺序以及对本单位业务活动的影响。

第四步，审核分配资金。根据预算项目的层次、等级和次序，按照预算期可动用的资金及其来源，依据项目的轻重缓急次序，分配资金，落实预算。

第五步，编制并执行预算。资金分配方案确定后，就制订零基预算正式稿，经批准后下达执行。执行中遇有偏离预算的地方要及时纠正，遇有特殊情况要及时修正，遇有预算本身问题要找出原因，总结经验加以提高。

与传统预算编制方法相比，零基预算具有以下优点：首先，有利于提高员工的“投入-产出”意识。传统的预算编制方法，主要是由专业人员完成的，零基预算以“零”为起点观察和分析所有业务活动，并且不考虑过去的支出水平，因此，需要动员企业的全体员工参与预算编制，这样使得不合理的因素不能继续保留下去，从投入开始减少浪费，通过成本-效益分析，提高产出水平，从而能使投入-产出意识得以增强。其次，有利于合理分配资金。每项业务经过成本-效益分析，对每个业务项目是否应该存在、支出金额若干，都要进行分析计算，精打细算，量力而行，能使有限的资金流向富有成效的项目，所分配的资金能更加合理。再次，有利于发挥基层单位参与预算编制的创造性。在零基预算的编制过程中，企业内部情况易于沟通和协调，企业整体目标更趋明确，多业务项目的轻重缓急容易得到共识，有助于调动基层单位参与预算编制的主动性、积极性和创造性。最后，有利于提高预算管理水平。零基预算极大地增加了预算的透明度，预算支出中的人头经费和专项经费一目了然，各级之间争吵的现象可能缓解，预算会更加切合实际，会更好地起到控制作用，整个预算的编制和执行也能逐步规范，预算管理水平会得到提高。

零基预算的不足是，由于一切工作从“零”做起，因此采用零基预算法编制工作量大、费用相对较高；分层、排序和资金分配时，可能有主观影响，容易引起部门之间的矛盾；任何单位工作项目的“轻重缓急”都是相对的，过分强调当前的项目，可能使有关人员只注重短期利益，忽视本单位作为一个整体的长远利益。

(3) 项目预算

项目预算即“按计划编制”预算法，又称“项目-计划-预算编制(Program-Planning-Buldgeting, PPB)”，这是一种主要应用于政府和公共事业单位的计划工作和控制活动的工具，是一种把计划与预算结合在一起的系统控制方法。项目预算于20世纪60年代由美国国防部首创，主要用于解决美国国防部的军事计划与预算工作相互脱节的问题。

项目预算是一种为了有效完成企业目标，为优化企业资源配置而提供系统方法的预算手段。它根据组织现有资源的状况，侧重于目标及目标的选择，通过评估成本与数量的可取性，为实现目标选择最佳方案。它不同于零基预算，项目预算强调按规则和目标进行资金分配，克服各种预算手段会计期限限制的缺陷。

项目预算法强调实现目标的最优化路径和最佳方案，因此需对各种方案进行成本-效益分析。通过数学模型把不同方案的成本和效果进行综合对比分析，根据成本最小化和效果最优化的标准选择最佳方案。项目预算法摒弃会计科目对分配经营的限制，而根据规划的不同阶段进行分配。根据项目的不同阶段对资金的需求，对项目所需资金进行分配。项目预算法适用于政府部门及事业单位，也适用于大型企业。它针对的主要是组织中存在制订计划与制订预算脱节的问题。通过项目预算，可使组织在一定程度上改善状况，解决问题。

项目预算在实施中没有获得想象中的效果，往往产生许多问题。究其原因，主要是实施组织本身的问题。首先，组织往往缺少明确规定的目标，目标不确定使得规划、计划、预算难以编制；其次，预算人员受传统的影响，不愿放弃旧有的观念和程序；最后，项目预算与传统的预算科目比较相抵触。改造传统预算科目难度很大，而建立配套账目又增加了成本，而且还必须建立两套账目的转化关系。

二、财务控制

1. 财务控制的含义

财务控制，是指按照一定的程序与方法，确保企业及其内部机构和人员全面落实和实现财务预算的过程。财务控制是内部控制的一个重要组成部分，是内部控制的核心，是内部控制在资金和价值方面的体现。

财务控制是指对企业的资金投入及收益过程和结果进行衡量与校正，目的是确保企业目标以及为达到此目标所制订的财务计划得以实现。现代财务理论认为企业理财的目标以及它所反映的企业目标是股东财富最大化（在一定条件下也就是企业价值最大化）。财务控制的总体目标是在确保法律、法规和规章、制度贯彻执行的基础上，优化企业整体资源综合配置效益，厘定资本保值和增值的委托责任目标与其他各项绩效考核标准来制订财务控制目标，是企业理财活动的关键环节，也是确保实现理财目标的根本保证，所以财务控制将服务于企业的理财目标。从工业化国家发展的经验来看，企业的财务控制存在着宏观和微观两种不同模式。其中财务的宏观控制主要借助于金融、证券或资本市场对被投资企业直接实施影响来完成，或者通过委托注册会计师对企业实施审计来进行，前者主要反映公司治理制度、资本结构以及市场竞争等对企业的影响，后者实际是外部审计控制。

财务控制的特征：以价值形式为控制手段；以不同岗位、部门和层次的不同经济业务为综合控制对象；以控制日常现金流量为主要内容。

2. 财务控制的方法

财务控制要消除隐患，规范经营，提高效率，必须采用多变、灵活、综合的控制方式和手段，并不断进行创新。财务控制方式与手段有概括性的，有操作性的，具体包括：

（1）全方位控制。它强调财务控制应渗入企业的每个部门结构，每个过程，每个环节，每个员工，形成全方位、多层次、渗透性的财务控制。

（2）多方面的监控控制。这既包括事前监控，又包括事后事中控制，既包括财务指标、会计报告，又包括人事委派、价格转移等方面，是多方面的控制形式。

（3）多道财务控制防线。综合运用控制手段方式，形成多道财务防线，使财务控制发挥实效。如企业可以通过票据、合同等文件在相关部门进行财务控制，同时又可通过审计部门对部门活动进行定期审计、检查，这就形成了两道财务防线，使企业部门的活动规范有效。

（4）财务总监委派制。组织通过向企业委派财务总监，同期监督控制经营者的财务活动和财务收支过程。

（5）授权书控制。企业事前通过授权书明确授权及资金的使用规模，并下达至各部门，形成一种授权控制，使组织活动按规定程序合理合法地进行。这种财务控制方式强调通过事先规定进行控制，但控制仅限于授权范围内的事项，具有局限性。

（6）预算管理。这里所讲的预算管理为财务预算，通过财务预算使企业的财务目标与决策得以落实。

（7）财务结算中心。这是办理内部成员现金收付与往来结算的机构，主要集中管理各部门的现金收入，统一拨付货币资金，办理往来结算，实施财务控制，对增加企业活力、控制财务收支等方面有很大的作用。

（8）业绩评价体系。指运用数理方法，对企业期间的经营状况、企业业绩等进行考核分析，进行综合评价，以便于对企业进行相关的控制。在财务预算执行中，通过业绩评价进行信息反馈，及时发现偏差并予以纠正，从而实现对财务经营活动过程的控制。

控制方式不应孤立地运用，在实际执行中应综合、系统地加以运用，形成系统化的财务控制，即整合各种控制方式，使财务控制发挥实效。

3. 财务控制权

财务控制权是指现代公司具有表决权并可以决定公司的财务方针，控制财务决策和盈余分配等方面的权力。这是一种对公司财务方面的决定权。财务控制权一般掌握在公司的经营者即 CEO 的手中，但公司的大股东可以通过参与决策来影响控制权，并获得控制权。财务控制权的取得及变更，不再是一种财务运作，而是一种对经营者的制约体制。财务控制权的获得与变更，有利于财务控制客观公正，有利于企业的有效控制。

4. 内部会计控制

内部会计控制是财务控制的一种控制方式，是实现控制目标的途径，它包括基本控制、组织纪律控制、实体控制三个部分。基本控制通过会计方法记录经济业务，并及时发现偏差予以纠正。它通过凭证控制、账簿控制、报表控制、核对控制等进行控制，前三种主要用于记录业务，核对控制用于发现偏差。组织纪律控制通过内部牵制与审核来确保基础控制的实施。这主要用于发现偏差，通过内部制约监督、内部审计及自我审计等进行财务核对。实体控制通过出入库管理、保管制度、财产清查制度、档案保管制度等以确保实物财产的安全，从而对企业的实物进行控制。这三个部分通过相互联系相互支持，使内部会计作用有效发挥，从而使企业的财务控制发挥实效。

三、信息控制

1. 信息

信息一般是指具有新内容、具有可用性的消息。信息本身是一系列的数值数据和文本数据，它是经过加工处理后对组织的管理决策和管理目标的实现有价值的数据。信息能影响企业的发展，对企业发展带来收益，但获得信息需要花费成本。信息强调及时，有些信息及时获得会带来很大的效益，但信息滞后却有害而无益。信息的捕捉还要考虑其成本-效益分析，达到以最小的成本获得最多的信息捕捉的最优目标。

信息控制要有效，还必须对信息进行科学的分类。依据信息的层次性，信息可分为计划信息、控制信息和现场作业信息。计划信息是通过对企业内外环境的预测分析，与确定目标、战略、计划、规划等有关的信息。控制信息是中层职能部门制订计划并核查执行结果的内部信息。现场作业信息是基层人员使用的关于日常作业活动的相关信息。

依据信息的稳定性可分为固定信息与可变信息。固定信息在一段时期内相对稳定，可以重复利用，如一些合同信息、标准信息，相对稳定。可变信息是随着企业发展不断变换的信息。这类信息流动性较强，时效性很强。这种信息的获得是控制生产经营活动的重要手段。

企业中进行信息控制，一是对固定信息进行收集、处理、管理，因为固定信息在组织信息中占很大的比例；二是对可变信息进行获取，并及时分析。随着信息的爆炸性涌现，互联网的发展，这种固定与可变的区分已经不再明显。信息的爆炸性出现，加大了管理人员的信息负担，使得管理人员处理信息的压力更大。组织实践日益表明，要想提高企业管理的效率，信息控制与管理尤为重要。

2. 信息控制

信息控制是通过对信息的收集、分析、处理，选出适合企业需要的信息，并对企业的各项活动进行信息方面的评价，找出偏差予以纠正。信息管理的主要任务是识别使用者的信息需要，对相关数据进行收集、加工、存储和检索，对信息的传递加以规划，将数据转化为信息，并将这些信息及时、准确、适用、经济地提供给组织的各级主管人员，以及其他相关人员。信息管理为信息控制提供信息，信息控制强调运用信息对组织活动进行控制。

信息控制作为一种控制的技术与方法，与预算控制、财务控制综合对企业的组织活动进行控制。现在提倡学习型企业、知识型企业，这也使信息控制对知识与数据的应用更广泛，信息控制也更重要。

3. 信息技术

管理信息系统是向组织内各级部门主管提供信息的系统，这些信息是通过及时有效的收集、综合、比较、分析、处理的企业内外信息。管理信息系统通过提供信息为组织的计划、组织、人员配备、领导、控制职能服务，使组织与内外环境及时进行信息沟通。管理信息系统通过其核心数据库对数据进行处理，提供集中统一的信息，便于组织的信息管理与信息控制。管理信息系统集中管理信息，加强了对企业生产经营活动的控制，加强了信息控制，提高了组织的效率。经过不断发展，管理信息系统已成为包括 OAS、EIS、DSS 等的大系统。特别是网络的应用，使管理信息系统进入新的发展阶段，从而使管理提高到一个新的水平。

信息技术面临两方面的挑战。一是信息的利用不充分。信息时代信息的迅猛发展，大量需要处理的信息使管理人员难以处理。管理人员往往陷于各种形式的文件与报告之中，忽略其本来承担的任务与职责。更令人失望的是管理人员要么没时间阅读文件，要么难以理解文件的意思。这不仅会使重要的信息难以被注意到，而且造成信息的延误，即典型的信息消化不良。二是加大信息选择与分类的成本。信息技术带来了大量信息，而在其中选择适合需要的信息费时费力。对大量信息分类也有问题：一是分类标准难以确定；一是分类费时费力，难以达到预期效果。

四、标杆管理

1. 标杆管理的含义

标杆 (Benchmarking) 管理就是将本企业各项活动与从事该项活动的最佳者进行比较，从而提出行动方法，以弥补自身的不足。标杆管理是将本企业经营的各方面状况和环节与竞争对手或行业内外一流的企业进行对照分析的过程，是一种评价自身企业和研究其它组织的手段，是将外部企业的最优业绩作为自身企业的内部发展目标并将外界的最佳做法移植到本企业的经营环节中去的一种方法。实施标杆管理的公司必须不断对竞争对手或一流企业的产品、服务、经营业绩等进行评价来发现优势和不足。

标杆管理起源于施乐公司，施乐曾是复印机的代名词，但日本公司在第二次世界大战以后，勤奋不懈地努力，在诸多方面模仿美国企业的管理、营销等操作方法。日本竞争者介入、瓜分市场，从 1976 年到 1982 年之间，使施乐的产品占有率从 80%降至 13%。施乐于 1979 年在美国率先执行标杆管理，总裁柯恩斯 1982 年赴日学习竞争对手，买进日本的复印机，并通过“逆向工程”，从外向内分析其零部件，并学习日本企业以全面质量控制（Total Quality Control, TQC）推动全面质量管理，从而在复印机上重新获得竞争优势。

标杆管理可以分为四个类型：内部标杆管理、竞争标杆管理、职能标杆管理、流程标杆管理。内部标杆管理指在企业内部确立标杆管理的目标，确认内部最佳职能与流程，并推广到组织的其它部分。竞争标杆管理是确立竞争者为标杆，从而不断改进赶超竞争者。职能标杆管理是以行业领先者或其它企业的优秀职能作为标杆，强调通过合作共享进行标杆管理。流程标杆管理是以最佳工作流程为标杆，通过对流程的详细了解进行标杆管理。

2. 标杆管理的实施

标杆管理的基本过程与步骤与前面所述的施乐案例大致相同。首先是以行业领先企业或竞争力强企业的职能、流程等为标杆，树立学习追赶目标；其次是通过收集资料，把标杆企业与本企业的实际状况进行量化比较与评估，找出差距，分析原因；最后，在对造成差距原因分析的基础上采取措施，如改进流程，改变职能结构等策略，追赶标杆企业。

标杆管理在实施时应注意一些关键因素：收集标杆的详细资料与自己企业的详细资料；确立法则，并使相关人员参与；了解自己企业的流程并量化以进行比较，与标准标杆管理企业进行信息分享。当然，还有许多因素关系着标杆管理的成功实施，应加以重视。

3. 标杆管理的作用

标杆管理能够为企业提供明确、触手可及的目标，给予改进的思路，促使企业能够持续改进，带来巨大的实效。

标杆管理的作用主要有：

（1）标杆管理使企业能够有效评估自己的企业。在确定标杆时，通过优秀企业的最佳绩效及实践过程，可以评估自己的定位，找出自己企业需要改进的地方，制订或调整有效的企业发展战略。

（2）标杆管理促使企业形成一种动态的良性的改进循环，持续改进企业不足之处。

（3）标杆管理有助于不断提高企业的绩效。标杆管理带来持续改进，不断改进的做法使企业的绩效不断提高。

（4）标杆管理有利于更好地对企业进行控制。标杆管理的实施，使企业对产品、服务、流程进行检验，有利于有效控制。

（5）标杆管理是全面质量管理的主要工具。企业要实施全面质量管理，标杆管理是一项主要内容。

（6）标杆管理有利于更好地制订企业战略。标杆企业的业绩及实践，使企业重新审视自己的战略，重新制订适合企业的、更好的战略。

（7）标杆管理的实施使企业不断增进学习，形成学习型组织，追赶标杆的做法，使企业克服不足不断学习。

（8）标杆管理使企业更关注顾客需要。通过与各类标杆企业比较，不断追踪把握外部环境的发展变化，更好地满足客户需求。

4. 实施标杆管理应注意的问题

（1）实施标杆管理，往往会涉及企业伦理道德方面的问题。如企业收集的信息是否涉及企业的机密，企业是否应该向标杆企业索要敏感性数据或是否使用了不道德的手段获取标杆企业的资料。

（2）实施标杆管理，合作双方在所有者信息、知识产权、交易诽谤等方面会涉及一些法律问题。合作双方应事先对这些问题进行讨论，避免以后出现法律方面的纠纷。

（3）实施标杆管理，需要花费一定成本，企业应事先做好预算和准备，并尽可能合理筹划以降低标杆管理的成本。

（4）实施标杆管理，过分相信数据，将关注点集中于数据。数据是必要的，但应重视数据来源的可信度。更重要的是，重点应在了解产品绩效数据的流程上，这才是学习标杆企业的重中之重。

（5）实施标杆管理，不能偏离顾客与员工。既要满足顾客需要，又要安抚员工的抵触情绪，实施标杆管理既要减少阻力又要达到效果。

（6）实施标杆管理，要注重持续性。标杆管理不是一次性的学习，而是不断的持续的学习过程，是长期的管理活动。

标杆管理的本质就是确立企业在产品、服务、流程方面的标准，并持续改进以达到或超过这些标准。标杆管理在组织的文化变革中不断发展，展示了其有效性。企业要在日益激烈的竞争中生存发展，并获得持续的竞争优势，就应全面实施标杆管理。

第六节　管理控制面临的挑战和问题

在新的时期，管理控制面临的挑战和问题包括：工作场所隐私、员工不道德行为、工作场所暴力等。认识这些问题，寻求解决措施，关系管理控制的有效性。

一、工作场所隐私

工作场所隐私问题，经常成为报纸或杂志的头版头条。随着信息技术的发展，工作场所隐私已成为公司员工经常提起的主题。美国国家工作权利协会法律总监杰里米·格鲁贝有一句话“事实上，你在办公室电脑干的事情没有一件是不能被监控的”，形象地展示了工作场所隐私问题的状况。波士顿本特利学院商业伦理中心的一份调查显示：10 个公司老板有 9 个会监视员工电脑上的行为。另一份来自美国管理协会和电子规划学会的报告显示：76%的老板会查看员工的上网记录，36%的老板会追踪员工在电脑上的查询内容。这种工作场所监控，是企业正常的控制行为，还是触犯员工在工作场所的隐私，颇有争议。

1. 隐私和隐私权

隐私被称为私人秘密，是一种独立于公共利益，当事人不愿意他人知道的个人信息，当事人不愿别人干涉的个人私事，及当事人不愿意别人侵入的个人领域。隐私的具体内容视不同国家、不同时代、不同文化而定，但都包括私生活秘密与私人秘密。

隐私权是指自然人的享有隐私依法受法律保护，不被他人非法侵扰、知悉、搜集、利用和公开的一种人格权。而且自然人对别人的介入程度与范围有决定权。隐私权定义包括三个主要要素：主体是公民，即自然人，客体包括个人活动、个人信息、个人领域，隐私权保护的范围受公共利益的限制。

隐私权通常指四种权利：

（1）隐私保密权，指主体有对自己的隐私保密使其不为人知的权利。无论是个人信息、个人行为，还是个人领域，主体有权进行保密保护；

（2）隐私自我使用权，隐私权主体有权自我使用个人隐私，以满足自身的物质、精神需要，当然这种利用应在公共利益与社会道德范围之内；

（3）隐私自我支配权，主体有权支配个人隐私，有准许别人知道或利用的权利；

（4）隐私自我维护权，主体在自己隐私受到别人侵害时，有权寻求法律保护,以维护自己的合法权益。

隐私权受法律保护，但在现实社会中有许多侵犯隐私权的行为，因为隐私权为绝对权，侵犯隐私权行为为违法行为。侵犯隐私权的方式，主要有侵入、侵扰、监听、监视、刺探、搜查、干扰、披露、公开或宣扬等方式。其中监听、监视是侵犯工作场所隐私最常用的方法。

2. 工作场所隐私

工作场所隐私是在工作场所范围内，员工拥有的个人隐私、个人私事、个人领域。隐私权是自然人拥有的最基本的人权，员工在工作场所也有隐私权，工作场所隐私权受法律保护。员工与用人单位的关系也是按照法律规范形成的权利与义务关系，员工与用人单位分别享有相应的权利，承担相应的义务。但劳资关系的双方具有不平等性，企业为了管理控制的需要，有对员工相关信息的知情权，这与员工的隐私权常发生冲突。矛盾冲突的集中在于工作场所隐私的问题，员工极力维护自己在工作场所的隐私，而企业却通过知情权触犯员工的隐私权。

员工在工作场所中的隐私权受到侵犯在现实中是经常发生的事，企业对员工的隐私权漠视不管，认为在工作场所内员工不存在隐私。甚至有的企业有极端表现，使员工完全处于企业的监督控制之下。尽管大多数企业在其员工手册中都明确表示，公司坚信尊重员工隐私的必要。而在现实中，企业侵犯员工隐私权的行为却比较常见。工作场所介于私人住所与公共场所之间。既不能如在私人住所那样保护隐私，也不像在公共场所那样复杂。员工在工作场所中，既要受监督控制，隐私受限制，也有必要保留自己的私人隐私。这就可以从两个角度进行分析。

从公司老板来说，为了维护公司利益，保证安全生产，提高劳动生产率，往往采用监视、监听的功能方式对员工进行监督控制，例如在办公室里安装摄像头，防止员工的盗窃行为；防止员工的偷懒行为，运用软件监督来往电子邮件，防止商业秘密泄露。

从员工来说，员工的隐私应得到尊重与维护。他们希望工作场所是一个相对安宁、保护个人隐私不受侵犯、可以自由工作的氛围。员工在工作场所可能有些个人事情，可能有个人物品，可能有私人信息的存在。这种心理要求是正常员工所必需的，应在法律上确认与保护。

企业应认真考虑组织的监控行为，是否会使员工的隐私受到极大的侵扰，对实施监控要慎重。企业在工作场所安装监控设备，除了要申请批准外，应事先让员工知晓，其监控而得的相关资料，也应为了企业的利益的正常目的，不能公开或泄露。组织出现例外情况，需搜查员工时，除非有十分重要的事由，否则不得搜身。一旦组织超过其正常范围或违反相关规定，则构成对员工隐私的侵犯。

3. 侵犯员工工作场所隐私的方式

（1）安装监视设备，安装监视软件

企业对工作场所的监视，有其必要性，可以了解情况，保证安全。但这种监视应在正常的劳动范围之内，超出限度，就会构成对员工隐私的侵犯。现在企业中很多监视设备没有经过法定程序安装，甚至有的企业不仅在工作场所安装，在餐厅、厕所、员工寝室也安装监视设备，这无疑是对员工隐私的侵犯。

（2）安装监听设备，包括电话监听和监视设备同样的监听设备

企业对员工的言语监听本来目的是为了企业的利益，许多企业对员工在工作场所进行电话监听，以达到对员工的服务态度、语言的监管。但是监听往往会超出这个范围，涉及员工的个人隐私。监听系统不仅监控其电话时间，甚至要追踪其详细的记录，这往往会涉及员工的隐私问题。

（3）电脑监控，包括翻查上网记录，偷窥电子邮件

企业为了防止员工利用单位电脑做不利于企业的事，常常通过监控软件对电脑进行监控。企业的本意可能是对的，但电脑上除了企业的信息，还有大量员工的信息，如邮箱中有大量个人信件。因此，这种电脑监控是涉及员工隐私的主要手段。如美国一家电脑公司总经理通过"网络冲浪管理系统"软件，可以发现员工经常浏览的网页与经常浏览的信息，并对员工进行监控。同时该软件可以根据关键词来筛选你的电子邮件，当然包括对个人邮件的筛选。

（4）搜查

搜查是企业对员工工作场所隐私严重侵害的行为。企业会因为重要资料丢失、财产丢失等原因，对员工进行搜查。搜查包括对员工身体的搜查，办公地点的搜查，衣柜住所的搜查等，其最严重的是对身体的搜查，常会引起对员工隐私权的严重侵犯。

4. 工作场所隐私的保护措施

（1）要具备自我保护意识

当出现侵害行为时，员工应自主与企业进行协商，解决纠纷。由于企业的一些侵犯行为可能是无意的，经过协商可以妥善解决。当受侵害人为数较多时，一是要团结一致；二是要发挥工会的作用，通过工会来进行自我保护，解决侵害隐私的问题。

（2）行政介入

员工发现隐私被侵害时，可以通过向劳动行政主管部门举报，并由其通过介入调查，解决纠纷。劳动行政部门可通过对企业的一些处罚行为进行警示教育，以保护员工在工作场所的隐私。

（3）民事诉讼

员工发现受到比较严重的不法侵害时，可以到法院进行民事诉讼。员工要注意搜集侵害行为的相关证据包括物证与人证，以证明企业对其的侵权行为。若员工证据充分，法律会通过停止侵害、消除影响、恢复名誉、赔礼道歉、赔

偿损失等手段对企业予以惩罚。

(4) 刑事诉讼

当员工在工作场所遇到恶意搜查、恶意侵犯通信自由等行为时，可以运用刑事诉讼来保护自己的权益。刑事诉讼这一手段，一般用于非常严重的非法搜查与非法通信自由侵权，而员工在工作场所的日常行为中，则很少运用这一手段。

(5) 员工在工作场所应自律

在工作场所内，尽量少接听或拨打个人电话，少用企业的邮件系统，也尽量少浏览不健康的网页及做个人的私事。在工作期间，尽量少暴露自己的隐私，以免受到不法侵害。

(6) 员工在商业秘密、知识产权等方面，应严格尊重公司的相关规定

在公司规定之内，企业尽量重视员工的隐私，给员工提供一个安全、健康、合理的工作场所。这样可以相对减少侵害员工隐私的行为。

员工在工作场所隐私被侵犯，由于难以举证，败诉比较多。因此，在保护个人隐私时，自我保护意识一定要充分。工作场所隐私方面法律并不规范，取证又比较困难，员工的起诉很难获胜。保护个人隐私，特别是在工作场所的隐私，就尤为重要。

二、员工的不道德行为

企业的运营中，经常会发生员工有不道德行为，这些行为危害企业的利益。究其原因不外乎企业缺乏相关的控制机制，企业重才轻德式的激励方式或过高期望激励，企业的目标制订不合理。由于这些原因，员工为了自身的利益，就会采取不道德的行为。

1. 员工的不道德行为方式

(1) 弄虚作假捏造数据

目标制订不合理时，员工通过努力接近了目标，但又达不到目标。这时，员工可能会采取作假的行为，伪造业绩来达到目标，如销售人员上报的假销售数据，生产人员将不合格产品发货，维修中心拖延维修时间，财务人员为迎合股票市场而冒险等行为均是弄虚作假。

(2) 不道德的信息收集

企业重视业绩的物质奖励，使员工采取不道德行为获取信息提高业绩。如员工通过刺探别人隐私来获取需求信息来达到业绩。

(3) 不道德的员工盗窃行为

例如办公室用品被员工带回家；费用报告列有从未消费的餐费；货品无原因地消失；耐用物品、原材料等被员工搬回家；资金被挪用或支出却不知其用途等，都是员工的一些隐蔽的盗窃行为。组织应明确组织自身的情况，对类似的员工不道德行为加以防范与控制。

2. 员工不道德行为的控制措施

(1) 建立有效的内部控制机制

加强财务管理控制，因为这儿是容易受到攻击的地方。完善会计控制系统，其与其它业务系统相关性强，可以对不道德行为进行交叉检查。制订计划时将运营职责在各部门间相互分离，避免员工产生共谋的机会。负责内部机制的主管，应胜任其责，有能力、有效率地加强控制。组织所有交易记录与资产监管分开，专人管理，可以防范资产由于被不道德盗窃而流失。

(2) 招聘时注重道德方面的审查，招募符合组织道德准则的人才

通过道德门槛，将一些道德素质不高的人挡在门外，使这些不道德的人没有机会进入公司。

(3) 建立明确可行的道德标准

明确道德准则，使员工明白应以什么样的态度对待工作，应有什么样的价值观。

(4) 高层领导以身作则

高层通过自身的道德实践形成模范，使员工有表率、有标准，以便提高自己的道德素质，规范不道德行为。

(5) 目标制订应可行，符合员工的实际

不现实的目标，往往会鼓励员工产生不道德行为。

(6) 明确奖惩制度

组织对员工遵守道德准则的行为，予以奖励；对员工的不道德行为，予以处罚。绩效考核时，不仅注重成果，也应考察员工获得成果的方式方法，对采取不道德行为获得成果的员工，应给予处罚。

(7) 保护机制的建立

这一机制使面临道德困境的员工在不用担心受到斥责与报复的情况下诉说道德问题，如任命道德顾问，以解决处于道德困境的员工的问题，并组织专门渠道使员工揭发有不道德行为的人。

(8) 加强道德教育

道德教育的加强，特别是诚信教育的加强，可以提高员工的道德素质。组织通过教育使员工遵守道德准则，追求诚信，提高道德情操。定期进行相关的道德培训，使员工意识到不道德行为的危害，自觉进行道德规范。

三、工作场所暴力

1. 工作场所暴力的含义及类型

工作场所暴力是指员工在他们工作的相关环境中遭受来自外界或内部的对他们安全、健康等构成威胁的攻击、虐待、骚扰事件。工作场所暴力多发生于医疗行业、警察、保安等部门，常常表现为暴力性质的攻击。其中警察、医护人员遭受的工作场所暴力较多。如医护人员因工作场所开放、时间长、处理的

是大量危险、重大及突发事件,及病人求医心切，个人素质的差异及媒体的负面报道等方面，常常成为工作场所暴力的高危人群。有一位医护人员这样说：每个从业时间不论长短的医护人员都在工作中亲身经历或耳闻目睹过工作场所暴力。现在日益增多的工作场所暴力事件，使得工作安全问题越来越受到社会的关注。工作场所暴力不仅影响当事人双方，而且影响双方家庭，也涉及企业的利益,如因暴力引起设备损坏，不安全因素对员工的影响等，进而影响企业的生产效率。当然由暴力事件引起的隐形成本也不可忽视，其成本远高于显形成本。

工作场所暴力行为表现方式比较多。一般情况下，工作场所暴力可表现为几种常见形式：恃强凌弱的欺负、性骚扰、人身攻击、虐待。恃强凌弱的欺负指强者对弱者在言语、身体上的欺负，一般程度较轻。但对员工心理、人格、尊严的影响较大。长时间受欺负容易形成心理压抑，一旦爆发会形成不良后果。性骚扰指一方对另一方在言语、身体性方面的侵犯，通过黄色笑话、短信、图片及不良的动作对别人进行性侵犯。性骚扰成为办公室女员工常遭受的工作场所的暴力形式。人身攻击指内部或外部人员对员工进行身体上的打击行为，常伴随着身体的伤害，如警察和医护人员常遭受这种暴力侵害。虐待指有暴力倾向者对别人进行的暴力性质的对待，是持续性的。工作场所暴力主要表现为这四种形式。但不同企业有不同的具体表现形式。但不论哪种暴力，均会对员工造成身心伤害，对企业的发展造成负面影响，应坚决予以抵制。

2. 工作场所暴力的现状

工作场所暴力已成为全球范围内经理、主管人员最大的忧虑。在过去的几年里，工作场所暴力的增加速度是惊人的。国际劳工组织（ILO）最近发布的研究报告称，工作场所暴力在世界各国蔓延，特别是在工业化国家已达到“泛滥程度”。该研究认为，恃强凌弱、性骚扰和人身攻击等工作暴力造成的损失，可能占这些国家国民生产总值的0.5%至3. 5%。据该研究得到的不完整数据显示，恃强凌弱、性骚扰和胁迫工人的趋势明显上升，影响了逾10%的欧洲劳动者。在中国，虽然缺乏数据支持，但这几年工作场所暴力的报道日益增多，也说明工作场所暴力在中国的情况不容乐观。

中国工作场所暴力产生的原因有特殊性，其原因可归为几类：

(1) 独生子女的增多

独生子女在中国家庭养尊处优，有自我主义比较强、难与别人相处、不能吃苦、爱面子等性格缺陷。独生子女进入工作场所后，遇到不公平或受气时，往往会冲动、产生暴力倾向。

(2) 工作压力不断加大

市场竞争日益激烈，就业问题日益突出。越来越少的终身雇佣，越来越不稳定的就业环境，职业安全危机越来越大，使得员工工作压力比较大，这使员工产生心理疲惫，易诱发工作场所暴力事件。

(3) 工作时间长，经常加班

由于这个原因，员工在工作中比较疲惫，易心烦气躁，从而加大了工作场所暴力事件发生的概率。

(4) 社会压力与家庭问题

社会的许多无形的压力，如家庭问题的增加，使许多年轻人以及低工资的员工心理压力很大。特别是现在物价上涨过快，房价、药价、学费等费用的快速上涨，使员工成为经济压力的奴隶，容易造成心理方面的负担，容易由外界问题引发工作场所暴力。

(5) 个性员工的招募

企业招聘的员工，特别是年轻员工，往往个性较强，性格暴躁。他们遇到受气或不公平事件时，可能会诱发怒火，产生工作场所暴力。

3. 防范工作场所暴力的举措

企业为了防止工作场所暴力，确保工作场所的安全，应积极采取各种措施来应对工作场所暴力。下面提出一些可行的建议：

(1) 工作场所暴力应争取得到企业高层的重视

防范工作场所暴力，首要的是让企业管理人员认识到这个问题的重要性。当然，这对没有经历过暴力事件的企业来说是一个挑战。高层领导要重视工作场所暴力，并着手收集公司各种事件的信息和其它公司有关工作场所暴力的案例。如果高层重视，就会有防范意识，在出现类似事件时能迅速有效地应对。

(2) 招募员工时进行人格测试

组织可以通过人格测试软件，对招聘的员工提前进行必要的测试。尽量减少有暴力倾向的员工进入，预先减少以后可能出现的工作场所暴力。

(3) 对员工进行相应的教育和培训

有些员工出于好奇或表现欲望，使自己看起来是一个有暴力倾向的人，这虽是个假象，但可能会使别的员工产生不安情绪，因此通过培训与教育可以减少个人的怪异行为。当然，培训与教育最重要的目的是教员工在出现暴力行为时如何求助。如索尼公司要求经理参加 4 小时的工作场所暴力事件室内培训，员工则参加一个若干小时的内部会议。通过这些会议、培训，使员工积极寻求帮助，同时减轻他们在处置突发事件上的负担。通过培训交谈，帮助员工处理个人压力、家庭问题。另外，管理人员也可以从中学会识别潜在的暴力事件，并阻止其恶化。

(4) 反省并重视企业现有的各项政策

审视企业的政策，以确保公司的政策不会对员工产生负面影响。现实中，许多工作场所暴力事件中，施暴人员都认为自己在企业不受重视、缺乏价值。因此企业应杜绝歧视政策，杜绝不合理政策，杜绝没有预警的解雇政策。特别是在解雇员工的问题上，尽一切可能减少员工的不安情绪，解决好其相关问题，防止暴力事件。

(5) 创建开明沟通的企业文化

企业文化开明沟通，员工可以在处于困境时寻求帮助，解决可能出现的暴力征兆。同时，任何员工在发现潜在暴力事件时可以及时上报，通过一些专门渠道确认，并及时采取措施予以制止。开明的企业文化中，员工的沟通顺畅，利于降低发生工作场所暴力的可能性，由沟通不畅引起的暴力行为就不会发生。

(6) 建立发泄室或设置发泄设备

在工作过程中，领导的一些做法可能会让下层觉得不公平、压抑、心理紧张。有的性格较强的人会发怒，并与领导理论争吵。这不仅使问题难以解决，还会激化矛盾。引发工作场所暴力事件。日本一家企业，在公司设立“发泄屋”，以使员工发泄心中的怒气，减少心理压抑。特别是随着员工的压力不断增加，这一举措可以缓解员工和领导之间的矛盾，缓解员工心理压抑，减少工作场所暴力。

(7) 建立突发事件应对小组，建立处理工作场所暴力的应急机制

突发事件小组负责对事件的跟踪、处理、调查、记录。可以及时解决工作场所暴力，并把其负面影响降到最低限度。工作场所暴力难以完全避免，企业可以建立应急机制来提前进行预警，并有一套机制保证突发事件小组可以灵活有效地处理工作场所暴力。

中国有句古训“凡事预则立，不预则废”。无论企业是否有过工作场所暴力事件，都应有预见性。在工作场所暴力日益增多的今天，企业越能预先了解其相关情况，越能预先学会如何避免工作场所暴力的发生，越能有效减轻工作场所暴力的危害，企业就越拥有较强的竞争力。

本章提要

★所谓控制，就是监督各项活动，以保证它们按计划进行并纠正各种重要偏差的过程。控制和计划密不可分。

★控制的对象主要包括人员、财务、作业、信息和组织绩效等五个方面。

★根据控制时点的不同，将控制分为反馈控制、同期控制和前馈控制三种类型。

★完整的控制过程包括三个步骤：确定标准、衡量绩效和纠正偏差。

★完善的控制系统必须是一个闭合的系统，组织中的任何人（包括监控人员）都不能游离于这个系统之外。

★常用的控制技术和方法有：预算控制、财务控制、信息控制和标杆管理等。

★管理控制面临的新的挑战和问题包括：工作场所隐私、员工不道德行

为、工作场所暴力等。

本章思考题

1. 根据控制的性质和内容，阐明控制在组织中的重要性。
2. 三种控制类型各有什么优缺点？有效的控制应该满足哪些要求？
3. 结合控制的过程，谈谈影响控制有效性的关键因素。

本章案例

格雷格的困惑

格雷格担任这家工厂的厂长已经一年多了。他刚看了工厂有关今年实现目标情况的统计资料。厂里各方面的进展出乎意料，他为此而气得说不出一句话来。记得他任厂长后第一件事是亲自制订工厂一系列工作的计划目标。具体地说，他要解决工厂的浪费问题，要解决职工超时工作的问题，要减少废料的运输费用问题。他具体规定：在一年内，要把购买原材料的费用降低 10%~15%；把用于支付工人超时工作的费用从原来的 11 万美元减少到 6 万美元，把废料运输费用降低 3%。他把这些具体的目标告诉了下属有关方面的负责人。

然而，他刚看到的年终统计资料却大大出乎他的意料。原材料的浪费比去年更严重，浪费率竟占总额的 16%。原材料费用同比还稍有增长；职工超时工作费用也只降到 9 万美元，远没达到原定的目标；而运输费用根本就没有降低。

他把这些情况告诉负责生产的副厂长，并严肃地批评了这位副厂长。而副厂长则争辩说："我曾对工人强调过要注意浪费的问题，我原以为工人会照我的要求去做的。"人事部门的负责人也附和着说："我们已经为削减超时工作费用尽了最大的努力，只对那些必须支付的款项才支付。"而负责运输方面的负责人则说："我对未能把运输费用减下来并不感到意外，我已经想尽了一切办法。我预测，明年的运输费用可能要上升 3%~4%。"

在分别与有关方面的负责人交谈以后，格雷格又把他们召集起来布置新的要求，他说："生产部门一定要把原材料的费用降低 10%；人事部门要把职工超时工作费用降到 7 万美元；即使运输费用要提高，但也决不能超过今年的标准。这就是我们明年的目标。我到明年再看你们的结果。"

（资料来源：骆建彬：《提升中层执行力》，北京交通大学出版社，2004）

讨论题

1. 格雷格的困惑是什么？
2. 如何解决格雷格的困惑？

第十四章　创新

学习目标

1. 了解创新的含义与特点。
2. 了解创新与维持的关系。
3. 掌握管理创新的含义与特点。
4. 了解管理创新的内容。
5. 掌握创新的过程和创新活动的组织。

第一节　管理创新概述

一、创新的含义

最早论述创新的学者是美国哈佛大学教授、著名的经济学家约瑟夫·熊彼特。他在1912年出版的名著《经济发展理论》一书中，首先确定了创新的定义，并将创新概念纳入到经济发展理论之中，论证了创新在经济发展过程中的重大作用。熊彼特认为，创新是企业家的职能，企业家之所以能成为企业家，是因为他们拥有创新精神并实际地组织了创新。根据熊彼特的观点，一个国家或地区的经济发展速度和水平，在很大程度上取决于该国或该地区拥有创新精神的企业家的数量以及这些企业家在实践中的创新努力。在熊彼特的创新理论中，创新是对"生产要素的重新组合"，这种意义下的创新概念包含以下几个方面的内容：

（1）生产一种新的产品，也就是顾客还不熟悉的产品，或一种产品新的特性；

（2）采用一种新的生产方法；

（3）开辟一个新的市场；

（4）获取或控制原材料和半成品的一种新的供应来源；

(5) 实现一种新的工业组织，比如造成一种垄断地位（例如通过“托拉斯化”），或打破一种垄断地位。

同时，熊彼特在其创新理论中强调了组织创新、管理创新、制度创新、社会创新和技术创新之间的联系，他认为，“创新是新的、重新组合的或再次发现的知识被引入经济系统的过程”，“创新才是资本主义增长的主要源泉”。创新理论的提出既是对成功企业经验的总结，又为进一步发展经济、提高生产力及改善人民生活提供了真正的驱动力。

本书认为，创新是指人们运用已有的知识，对现有的资源或工作加以改造，从而以尽可能少的投入获取最大限度产出的一种实践活动。按此定义，创新具有三个特点：第一，创新是任何人都可以进行的活动，而并非创业家或企业家所特有的行为；第二，创新的目的是获得最大限度的利益，它既可指经济利益，也可指社会利益；第三，创新的工具是知识和学问。

二、创新与维持的关系

作为管理的基本内容，维持与创新对组织的生存与发展都是非常重要的。如果说创新是对旧事物、旧制度的否定，是企业的活力之源，生命之本，那么维持则是保证组织活动顺利进行的基本手段，也是组织中大部分管理人员，特别是中层和基层的管理人员要花大部分精力从事的工作。

作为管理的两个基本职能，维持和创新相互联系、不可或缺。创新是维持基础上的发展，而维持则是创新的逻辑延续；维持是为了实现创新的成果，而创新则是为更高层次的维持提供依托和框架。维持使组织保持稳定性，创新使组织具有适应性。任何管理工作，都应围绕着组织运转的维持和创新而展开。只有创新没有维持，组织会呈现无序的混乱状态，而只有维持没有创新，组织则缺乏活力，适应不了任何外界变化，最终会被环境所淘汰。卓越的管理是实现维持与创新最优组合的管理。

三、管理创新的含义与特点

熊彼特的“创新理论”产生了深远影响。继熊彼特之后，研究管理领域创新问题已经引起学者广泛的关注。1974 年美国著名管理学家彼得·德鲁克在《管理：任务、责任、实践》一书中将创新定义为“一项赋予人力和物质资源以更强地创造财富能力的任务”。他还指出：“管理者必须把社会的需要转变为企业的盈利机会，那也是创新的一种定义。”德鲁克的定义赋予了创新重要的地位，同时这一定义也指出创新本身就是一项管理职能。

从创新演化我们不难看出，创新内涵在逐渐丰富，其外延在不断扩大。从技术创新到管理创新，人们已经向管理深层次进行了大胆的、有益的探索。那么，何谓管理创新呢？

管理创新是对组织内外环境改变的自适应行为，是为了达到组织（这里主要指企业)的社会效益、经济效益和生态效益等组织目标而进行的一种创造过程，它包括一系列变革：管理思想、管理方法、管理理论、组织结构、组织方式、产品、技术等诸多方面。管理创新的目的不是一般地实现管理的目标和责任，而是发现“创新机会”。它可以为组织带来潜在利益，不创新就不能获得这些机会。在此意义上，管理效率服从于效益。

综上所述，管理创新就是为了在市场竞争中赢得管理优势、重组管理资源，并通过更有效的管理行为取得创新效益的过程。

管理创新除了具有创新的一般特点之外，还具有自身明显的特点：

1. 创造性

以原有的管理思想、方法和理论为基础，充分结合实际工作环境与特点，积极地吸取外界的各种思想、知识和观念，在吸取合理内涵的同时，创造出新的管理思想、方法和理论。其重点在于突破原有思维定势和框架，创造具有新属性的、增值的东西。

2. 长期性

管理创新是一项长期的、持续的、动态的工作过程。我们知道，运动是绝对的，而静止是相对的。环境总是在变化之中，这种变化将使原先合理的变为不合理的，使原先存在的变为不合时宜的，所以，创新将随时间与环境变化而不断赋予新的内容。管理创新必将表现为动态性与长期性，组织要想生存与发展，必须以更新、更先进的创新活动来推动。

3. 风险性

管理创新并不总能获得成功，创新作为一种具有创造性的过程，包含着许多可变因素、不可知因素和不可控因素，这种不确定性使得创新必然存在着许多风险。这就是创新的代价之所在。事实上，不存在风险的事几乎没有，管理创新不是一味地去冒险，去做无谓的牺牲，而是理性地看待风险，充分认识不确定性因素，尽可能规避风险，使成本付出最小化，获得管理创新更大概率的成功。

4. 效益性

创新并不是为了创新而创新，而是为了更好地实现组织的目标，取得效益和效率。企业通过技术创新可以提高产品技术含量，使其具有技术竞争优势，获取更高利润。企业通过管理创新，可以建立新的管理制度、新的组织模式以及新的资源整合，从而建立起企业效益增长的长效机制。

5. 艰巨性

管理创新以其综合性、前瞻性和深层次，增加其难度。由于人们观念、知识、经验等方面的局限性，在认识上有较大的差距。而思想的扭转本身就是一个痛苦的过程。管理创新要涉及组织目标、组织结构、组织制度，关系到人的意识、权力、地位、管理方式和资源的重新配置，这必然会涉及各个层面的利益，使得管理创新在设计与实施中会遇到诸多“麻烦”。

第二节　管理创新的内容

一、组织目标创新

特定的组织环境，要求有特定的组织目标与之相适应，组织只有通过对环境需求的满足，才能实现自身发展，这也是现代管理和营销的重要思想。

企业是在一定的经济环境中从事经营活动的，特定的环境要求企业按照特定的方式提供特定的产品。当环境发生变化时，企业的生产方向、经营目标以及企业的生产过程中与其它社会经济组织的关系就要进行相应的调整。比如，我国的社会主义工业企业，在高度集权的计划经济体制背景下，必须严格按照国家的计划要求来组织内部的活动。经济体制改革以来，企业与国家和市场的关系发生了变化，企业必须通过其自身的活动来谋求生存和发展。因此，在新的经济背景中，企业的目标必须调整为“通过满足社会需求来谋求利润”。至于企业在各个时期的具体经营目标，则更需要适时地根据市场环境和消费要求的特点及变化趋势加以整合，每一次调整都是一种创新。

二、技术创新

技术创新是企业创新的主要内容，企业中出现的大量创新活动是有关技术方面的，因此，有人甚至把技术创新视为企业创新的同义语。

现代工业企业的一个主要特点是在生产过程中广泛运用先进的科学技术。技术水平是反映企业经营实力的一个重要标志，企业要在激烈的市场竞争中处于主动地位，就必须顺应甚至引导社会技术进步的方向，不断地进行技术创新。由于一定的技术都是通过一定的物质载体和利用这些载体的方法来体现的，因此企业的技术创新主要表现在要素创新、要素组合方法创新以及产品创新三个方面。

1. 要素创新

企业的生产过程是一定的劳动者利用一定的劳动手段作用于劳动对象使之改变物理、化学形式或性质的过程。参与这个过程的要素包括材料、设备以及企业员工三类。

(1) 材料创新

材料是产品的物质基础，材料费用在产品成本中占很大比重，材料的性能在很大程度上影响产品的质量。材料创新的内容包括：开辟新的来源，以保证企业扩大再生产的需要；开发和利用量大价廉的普通材料（或寻找普通材料的新用途），替代量少价昂的稀缺材料，以降低产品的生产成本；改造材料的质量和性能，以保证和促进产品质量的提高。现代材料科学的迅速发展，为企业的原材料创新提供了广阔的前景。

(2) 设备创新

现代企业在生产过程中广泛地利用了机器和机器设备体系，劳动对象的加工往往由机器设备直接完成，设备是现代企业进行生产的物质技术基础。马克思曾经说过："各种经济时代的区别，不在于生产什么，而在于怎样生产，用什么劳动资料生产。"设备的技术状况对企业生产力水平具有决定性的意义。因此，不断进行设备的创新，对于改善企业产品的质量，对于减少原材料、能源的消耗，对于节省活劳动的使用都有着十分重要的意义。

设备创新主要表现在下述几个方面：第一，通过利用新的设备，减少手工劳动的比例，以提高企业生产过程的机械化和自动化的程度；第二，通过将先进的科学技术成果用于改造和革新原有设备，延长其技术寿命，提高其效能；第三，有计划地进行设备更新，以更先进、更经济的设备来取代陈旧的、过时的老设备，使企业建立在先进的物质技术基础之上。

(3) 人事创新

任何生产手段都需要依靠人来操作和利用，企业在增加新设备、使用新材料的同时，还需要不断提高人的素质，使之符合技术进步后生产与管理的要求。

企业的人事创新，既包括根据企业发展和技术进步的要求不断地从外部取得合格的新的人力资源，而且更应注重企业内部现有人员的继续教育，用新技术、新知识去培训、改造和发展他们，使之适应技术进步的要求。

2. 要素组合方法创新

利用一定的方式将不同的生产要素加以组合，是形成产品的先决条件。要素的组合包括生产工艺和生产过程的时空组合两个方面。

生产工艺是劳动者利用劳动手段加工劳动对象的方法，包括工艺过程、工艺配方、工艺参数等内容。工艺创新既要根据新设备的要求，改变原材料、半成品的加工方法，也要在不改变现有设备的前提下，不断研究和改进操作技术和生产方法，以求使现有设备得到更充分的利用，使现有材料得到更合理的加工。工艺创新与设备创新是相互促进的，设备的更新要求工艺方法做出相应的调整，而工艺方法的不断完善又必然促进设备的改造和更新。

生产过程的组织包括设备、工艺装备、在制品以及劳动在空间上的布置和时间上的组合。空间布置不仅影响设备、工艺装备和空间的利用效率，而且影响人机配合，从而直接影响工人的劳动效率；各生产要素在时空上的组合，不仅影响设备、工艺装备、在制品的占用数量，从而影响生产成本，而且影响产品的生产周期。因此，企业应不断地研究和采用更合理的空间布置和时间组合方法，以提高劳动生产效率、缩短生产周期，从而在不增加要素投入的前提下，提高要素的利用效率。20 世纪最伟大的企业生产组织创新，莫过于福特将泰罗的科学管理原理与汽车生产实践相结合而产生的流水生产线。流水生产线的问世引起了企业生产效率的革命。

3. 产品创新

生产过程中各种要素组合的结果是形成向社会贡献的产品。企业是通过生产和提供产品来求得社会承认、证明其社会存在的价值，也是通过销售产品来补偿生产消耗、取得盈余、实现其社会存在的。产品是企业的生命，企业只有不断地创新产品，才能更好地求得生存与发展。

产品创新包括许多内容，这里主要分析物质产品本身的创新。关于产品使用价值在实现过程中的创新，我们在“环境创新”中分析。物质产品创新主要包括品种和结构的创新。

品种创新要求企业要根据市场需求的变化，根据顾客偏好的转移，及时地调整企业的生产线和生产结构，不断地开发出受顾客欢迎的适销对路的产品。

产品结构的创新在于不改变原有品种的基本性能，对现在生产的各种产品进行改进和改造，找出更加合理的产品结构，使其生产成本更低、性能更完善、使用更安全，从而更具市场竞争力。

产品创新是企业技术创新的核心内容，它既受制于技术创新的其它方面，又影响其它技术创新效果的发挥。新的产品、产品新的结构，往往要求企业利用新的机器设备和新的工艺方法，而新设备、新工艺的运用又为产品的创新提供了更优越的物质条件。

三、组织制度创新

要素组合的创新主要是从技术角度分析了人、机、料各种组合方式的改进和更新，而制度创新则需要从社会经济角度来分析企业系统中各成员间的正式关系的调整和变革。

组织制度是对组织基本方面规定的活动框架、调节集体协作行为的制度。组织制度创新包括组织行为规范的调整，各部门的职权、职责的重新界定，信息沟通、命令服从关系的改变等。

制度是组织运行方式的原则规定。企业制度主要包括产权制度、经营制度和管理制度三个方面的内容。

1. 产权制度

产权制度是决定企业其它制度的根本性制度，它规定着企业最重要的生产要素的所有者对企业的权力、利益和责任。不同时期，企业各种生产要素的相对重要性是不一样的。在主流经济学的分析中，生产资料是企业生产的首要因素，因此，产权制度主要指企业生产资料的所有制。目前存在的相互对立的两大生产资料所有制——私有制和公有制（或更准确地说是社会成员共同所有的“共有制”）——在实践中都不是纯粹的。私有制正越来越多地渗入“共有”的成分，被“效率问题”所困扰的公有制则正或多或少地添进“个人所有”的因素

(如我国目前试行中的各种形式的"股份制")。企业产权制度的创新应朝着寻求生产资料的社会成员"个人所有"与"共同所有"最适度组合的方向发展。

2. 经营制度

经营制度是有关经营权的归属及其行使条件、范围、限制等方面的原则规定。它表明企业的经营方式，确定谁是经营者，谁来组织企业生产资料的占有权、使用权和处置权的行使，谁来确定企业的生产方向、生产内容、生产形式，谁来保证企业生产资料的完整性及其增值，谁来向企业生产资料的所有者负责以及负何种责任。经营制度的创新方向应是不断寻求企业生产资料最有效利用的方式。

3. 管理制度

管理制度是行使经营权、组织企业日常经营的各种具体规则的总称，包括对材料、设备、人员及资金等各种要素的取得和使用的规定。在管理制度的众多内容中，分配制度是极重要的内容之一。分配制度涉及如何正确地衡量成员对组织的贡献并在此基础上如何提供足以维持这种贡献的报酬。由于劳动者是企业诸要素的利用效率的决定性因素，因此，提供合理的报酬以激发劳动者的工作热情，对企业的经营就有着非常重要的意义。分配制度的创新在于不断地追求和实现报酬与贡献在更高层次上的平衡。

4. 三者间的关系

产权制度、经营制度、管理制度这三者之间的关系是错综复杂的（实践中相邻的两种制度之间的划分甚至很难确定）。一般来说，一定的产权制度决定相应的经营制度。但是，在产权制度不变的情况下，企业具体的经营方式可以不断进行调整；同样，在经营制度不变时，具体的管理规则和方法也可以不断改进。而管理制度的改进一旦发展到一定程度，则会要求经营制度进行相应的调整；经营制度的不断调整，则必然会引起产权制度的变革。因此，反过来，管理制度的变化会反作用于经营制度，经营制度的变化会反作用于产权制度。

我国企业制度的改革正是循着这条路线进行的。企业改革首先开始于内部的管理制度改革（企业整顿），管理改革的深化引起了经营制度的调整（"松绑放权"，使企业从"产品生产者"成为"相对独立的商品生产者"），而经营方式的进一步改革（从"日常经营权"到"战略经营权"）则要求产权制度的完善（从"相对独立的商品生产者"转向"完全独立的商品生产者"，从纯粹的"公有制"趋向"股份制"）。

企业制度创新的方向是不断调整和优化企业所有者、经营者、劳动者三者之间的关系，使各个方面的权力和利益得到充分的体现，使组织的各种成员的作用得到充分的发挥。

四、组织结构创新

企业系统的正常运行，既要求具有符合企业及环境特点的运行制度，又要求具有与之相应的运行载体，即合理的组织形式。因此，企业制度创新必然要求组织形式的变革和发展。

从组织理论的角度来考虑，企业系统是由不同的成员担任的不同职务和岗位的结合体。这个结合体可以从机构和结构这两个不同层次去考察。所谓机构指企业在构建组织时，根据一定的标准，将那些类似的或与实现同一目标有密切关系的职务或岗位归并到一起，形成不同的管理部门。它主要涉及管理劳动的横向分工的问题，即把企业生产管理活动分成不同部门的任务；而结构则与各管理部门之间、特别是与不同层次的管理部门之间的管理有关，它主要涉及管理劳动的纵向分工问题，即所谓的集权和分权（管理权力的集中或分散）问题。不同的机构设置，要求不同的结构形式；组织机构完全相同，但机构之间的关系不一样，也会形成不同的结构形式。由于机构设置和结构的形成要受到企业活动的内容、特点、规模、环境等因素的影响，因此，不同的企业有不同的组织形式，同一企业在不同的时期，随着经营活动的变化，也要求对组织的机构和结构不断调整。组织创新的目的在于更合理地组织管理人员的努力，提高管理劳动的效率。

五、环境创新

环境是企业经营的土壤，同时也制约着企业的经营。环境创新不是指企业为适应外界变化而调整内部结构或活动，而是指通过企业积极的创新活动去改造环境，去引导环境朝着有利于企业经营的方向变化。例如，通过企业的公关活动，影响社区、政府政策的制订；通过企业的技术创新，影响社会技术进步的方向等。就企业来说，环境创新的主要内容是市场创新。

市场创新主要指通过企业的活动去引导消费，创造需求。新产品的开发往往被认为是企业创造市场需求的主要途径。其实，市场创新的更多内容是通过企业的营销活动来进行的，即在产品的材料、结构、性能不变的前提下，或通过市场的地理转移，或通过提出产品新的物理使用价值，来寻找新顾客，或通过广告宣传等促销工作，来赋予产品以一定的心理使用价值，影响人们对某种消费行为的社会评价，从而诱发和强化顾客的购买动机，增加产品的销售量。

六、观念及文化创新

实际上，上述几个方面的创新，都是以观念的创新为先导的。组织内外部条件的变化，首先要求组织上下必须改变原有落后的观念，只有进行了正确的思想转变，组织的各项活动才有正确而明确的指导思想，并辅之以良好的组织文化环境，这样，组织的其它几个方面的创新才能得以顺利地进行。

作为重要的管理原理，创新已成为组织发展的重要保证，是组织的灵魂。在管理实践中，各种组织既要牢固树立创新的思想，又要采取切实步骤进行创新活动；既要看到创新为组织发展提供了强大的动力，又要注意分析和防范创新的风险，没有无风险的创新。另外，还要将创新纳入组织制度的体系，使其有章可依，获得保障。

第三节　创新的过程和组织

要有效地组织系统的创新活动，就必须研究和揭示创新的规律。

一、创新的过程

创新有无规律可循？对这个问题是有争议的。美国创新活动非常活跃，从事经营成功的3M公司的一位常务副总裁在一次讲演中甚至这样开头："大家必须以一个坚定不移的信念作为出发点，这就是：创新是一个杂乱无章的过程。"

创新在本质上是杂乱无章的，是因为创新是对旧事物的否定，是对新事物的探索。对旧事物的否定，创新者必须要突破原先的制度，破坏原先的秩序，必须不遵守原先的章程；对新事物的探索，创新者只能在不断的尝试中去寻求新的程序、新的方法，在最终的成果取得之前，可能要经历无数次反复，无数次失败。因此，它看上去是杂乱的，但这种"杂乱无章性"是相对于旧制度、旧秩序而言的，是相对于个别创新而言的。就创新的总体来说，它们必然遵循一定的步骤、程序和规律。

总结众多成功企业的经验，成功的创新要经历"寻求机会、提出构思、迅速行动、坚持不懈"这样几个阶段的努力。

1. 寻求机会

创新是对原有秩序的破坏。之所以要打破原有秩序，是因为其内部存在着或出现了某种不协调的现象。这些不协调对系统的发展提供了有利的机会或造成了某种不利的威胁。创新活动正是从发现和利用旧秩序内部的这些不协调现象开始的，不协调为创新提供了契机。

旧秩序中的不协调既可存在于系统的内部，也可产生于对系统有影响的外部。

(1) 系统外部

就系统的外部说，有可能成为创新契机的主要变化有：第一，技术的变化，从而可能影响到企业资源的获取、生产设备和产品的技术水平。第二，人口的变化，从而可能影响到劳动市场的供给和产品销售市场的需求。第三，宏观经济环境的变化，迅速增长的经济背景可能给企业带来不断扩大的市场，而整个国民经济的萧条则可能降低企业产品需求者的购买能力。第四，文化与价值观念的转变,从而可能改变顾客的消费偏好或劳动者对工作及其报酬的态度。

(2) 系统内部

就系统内部来说，引发创新的不协调现象主要有：

①生产经营中的瓶颈，可能影响劳动生产效率的提高或劳动积极性的发挥，因而始终困扰着企业的管理人员。这种卡壳环节，既可能是某种材料的质地不够理想，且始终找不到替代品，也可能是某种工艺、加工方法的不完善，或是某种分配政策的不合理。

②企业意外的成功和失败，如派生产品的销售额或其利润贡献不声不响地、出人意料地超过了企业的主营产品；老产品经过精心整顿改进后，结构更加合理、性能更加完善、质量更加优异，但并未得到预期数量的订单等。这些出乎意料的成功和失败，往往可以把企业从原先的思维模式中驱赶出来，从而可以成为企业创新的一个重要源泉。

企业的创新，往往是从密切地注视、系统地分析社会经济组织在运行过程中出现的不协调现象开始的。

2. 提出构想

敏锐地观察到了不协调现象的产生以后，还要透过现象究其原因，并据此分析和预测不协调的未来变化趋势，估计它们可能给组织带来的积极或消极的后果，并在此基础上，努力利用机会或将威胁转化为机会，可采用头脑风暴法、德尔菲法、畅谈会等方法提出多种解决问题、消除不协调、使系统在高层次实现平衡的创新构想。

3. 迅速行动

创新成功的秘密主要在于迅速行动。提出的构想可能还不完善，甚至可能很不完善，但这种并非十全十美的构想必须立即付诸行动才有意义。“没有行动的思想会自生自灭”，这句话对于创新思想的实践尤为重要，一味追求完美，以减少受讥讽、被攻击的机会，就可能坐失良机，把创新的机会白白送给自己的竞争对手。彼得斯和奥斯汀在《志在成功》一书中介绍了这样一个例子：20世纪70年代，施乐公司为了把产品搞得十全十美，在罗彻斯特建造了一座全由工商管理硕士（MBA）占有的29层高楼。这些MBA们在大楼里对第一件可能开发的产品设计了拥有数百个变量的模型，编写了一份又一份的市场调查报告。然而，当这些人继续不着边际地分析时，当产品研制工作被搞得越来越复杂时，竞争者已经把施乐公司的市场抢走了50%以上。创新的构想只有在不断的尝试中才能逐渐完善，企业只有迅速地行动才能有效利用“不协调”提供的机会。

4. 坚持不懈

构想经过尝试才能成熟，而尝试是有风险的，是不可能“一打就中”的，是可能失败的。创新的过程是不断尝试、不断失败、不断提高的过程。因此，创新者在开始行动以后，为取得最终的成功，必须坚定不移地继续下去，决不能半途而废，否则便会前功尽弃。要在创新中坚持下去，创新者必须有足够的自信心，有较强的忍耐力，能正确对待尝试过程中出现的失败，既为减少失误或消除失误后的影响采取必要的预防或纠正措施，又不把一次“战役”（尝试）的失利看成整个“战争”的失败，知道创新的成功只能在屡屡失败后才姗姗迟来。伟大的发明家爱迪生曾经说过：“我的成功乃是从一路失败中取得的。”这句话对创新者应该有所启示，创新的成功在很大程度上要归因于“最后五分钟”的坚持。

二、创新活动的组织

系统的管理者不仅要根据创新的上述规律和特点的要求对自己的工作进行创新，而且更重要的是要组织下属的创新。组织创新，不是去计划和安排某个成员在某个时间去从事某种创新活动——这在某个时候也许是必要的，但更要为部属的创新提供条件、创造环境，有效地组织系统内部的创新。

1. 正确理解和扮演“管理者”的角色

管理人员往往是保守的。他们往往以为组织雇用自己的目的是维持组织的运行，因此自己的职责首先是保证预先制订的规则的执行和计划的实现，“系统的活动不偏离计划的要求”便是优秀管理的象征。因此，他们往往自觉或不自觉地扮演现有规章制度守护神的角色。为了减少系统运行中的风险，防止大祸临头，他们往往对创新尝试中的失败吹毛求疵，随意惩罚在创新尝试中遭到失败的人，或轻易地奖励那些从不创新、从不冒险的人等。在分析了关于管理的维持与创新职能的作用后，再这样来狭隘地理解管理者的角色，显然是不行的。管理人员必须是自觉带头创新的人，并努力为组织成员提供和创造一个有利于创新的环境，积极鼓励、支持、引导组织成员进行创新。

2. 创造促进创新的组织氛围

促进创新的最好方法是大张旗鼓地宣传创新，激发创新，树立“无功便是有过”的新观念，使每一个人都奋发向上、努力进取、大胆尝试。要造成一种人人谈创新、时时想创新、无处不创新的组织氛围，使那些无创新欲望或有创新欲望却无创新行为的无所作为者感觉到在组织中无立身之处，使每个人都认识到组织聘用自己的目的不是要自己简单地用既定的方式重复那些重复了许多次的操作，而是希望自己去探索新的方法，找出新的程序，只有不断地去探索、去尝试，才有继续留在组织中的资格。

3. 制订有弹性的计划

创新意味着打破旧的规则，意味着时间和资源的计划外占用，因此，创新要求组织的计划必须具有弹性。

创新需要思考，思考需要时间。把每个人的每个工作日都安排得非常紧凑，对每个人的每时每刻都实行“满负荷工作制”，则创新的许多机遇便不可能被发现，创新的构想也无条件产生。美籍犹太人官凯尔博士对日本人的高节奏工作制度就不以为然，他说：“一个人整天在街上奔走，或整天忙于做某一件事，没有一点空闲的时间可供他去思考，怎么会有创见?”他认为，每个人每天除了必要的工作时间外，必须抽出一定时间去供思考用。美国成功的企业，也往往让职工自由地利用部分工作时间去探索新的设想。据《创新者与企业革命》一书介绍，IBM、3M、奥尔-艾达公司以及杜邦公司等都允许员工利用5%~15%的工作时间来开发他们的兴趣和设想。同时，创新需要尝试，而尝试需要物质条件和试验场所。如果要求每个部门在任何时间都严格地制订和执行严密的计划，则创新会失去基地，而永无尝试机会的新构想就只能留在人们的脑子里或图纸上，不可能给组织带来任何实际的效果。因此，为了使人们有时间去思考、有条件去尝试，组织制订的计划必须具有一定的弹性。

4. 正确地对待失败

创新的过程是一个充满失败的过程。创新者应该认识到这一点，创新的组织者更应该认识到这一点。只有认识到失败是正常的，甚至是必需的，管理人员才可能允许失败，支持失败，甚至鼓励失败。当然，支持失败、允许失败，并不意味着鼓励组织成员去马马虎虎地工作，而是希望创新者在失败中取得有用的教训，学到一点东西，变得更加明白，从而使下次失败到创新成功的路程缩短。美国一家成功的计算机设备公司在它那只有五六条的企业哲学中甚至这样写道：“我们要求公司的人每天至少要犯 10 个错误，如果谁做不到这一条，就说明谁的工作不够努力。”

5. 建立合理的奖酬制度

要激发每个人的创新热情，还必须建立合理的评价和奖酬制度。创新的原始动机也许是个人的成就感、自我实现的需要，但是如果创新的努力不能得到组织或社会的承认，不能得到公正的评价和合理的奖酬，那么继续创新的动力会渐渐失去。

促进创新的奖酬制度至少要符合下述条件：

(1) 注意物质奖励与精神奖励的结合

奖励不一定是金钱上的，而且往往不需要是金钱方面的，精神上的奖励也许比物质报酬更能满足驱动人们创新的心理需求。从经济意义角度考虑，物质奖励的效率要低于精神奖励，金钱的边际效用是递减的，为了激发或保持同等程度的创新积极性，组织不得不支付越来越多的奖励。对创新者个人来说，物质上的奖酬只在一种情况下才是有用的：奖金的多少被视为衡量个人工作成果和努力程度的标准。

(2) 奖励不能视为“不犯错误的报酬”

奖励应是对特殊贡献甚至是对希望做出特殊贡献的努力的报酬，奖励的对象不仅包括成功以后的创新者，而且应当包括那些成功以前甚至没有获得成功的努力者。就组织的发展而言，也许重要的不是创新的结果，而是创新的过程。如果奖酬制度能促进每个成员都积极地去探索和创新，那么对组织发展有利的结果是必然会产生的。

(3) 奖励制度要既能促进内部之竞争，又能保证成员间的合作

内部的竞争与合作对创新都是重要的。竞争能激发每个人的创新欲望，从而有利于创新机会的发现、创新构想的产生，而过度的竞争则会导致内部的各自为政、相互封锁；协作能综合各种不同的知识和能力，从而可以使每个创新构想都更加完善，但没有竞争的合作难以区别个人的贡献，从而会削弱个人的创新欲望。要保证竞争与协作的结合，在奖励项目的设置上，可考虑多设集体奖，少设个人奖，多设单项奖，少设综合奖；在奖金的数额上，可考虑多设小奖，少设甚至不设大奖，以给每一个人都有成功的希望，避免“只有少数人才能成功的超级明星综合症”，从而防止相互封锁和保密、破坏合作的现象。

本章提要

★创新是指人们运用已有的知识，对现有的资源或工作加以改造，从而以尽可能少的投入获取最大限度产出的一种实践活动。创新的特点主要有三个：创新是任何人都可以进行的活动，而并非创业家或企业家所特有的行为；创新的目的是获得最大限度的利益，它既可指经济利益，也可指社会利益；创新的工具是知识和学问。

★作为管理的两个基本职能，维持和创新相互联系、不可或缺。创新是维持基础上的发展，而维持则是创新的逻辑延续；维持是为了实现创新的成果，而创新则是为更高层次的维持提供依托和框架。维持使组织保持稳定性，创新使组织具有适应性。

★管理创新就是为了在市场竞争中赢得管理优势、重组管理资源、以更有效的管理行为取得创新效益的过程。管理创新除了具有创新的一般特点之外，还具有自身明显的特点：创造性；长期性；风险性；效益性；艰巨性。

★管理创新的内容主要包括：组织目标创新；技术创新；组织制度创新；组织结构创新；环境创新；观念及文化创新。

★创新的过程是：寻求机会；提出构想；迅速行动；坚持不懈。

★创新活动的组织主要表现为：正确理解和扮演“管理者”的角色；创造促进创新的组织氛围；制订有弹性的计划；正确地对待失败；建立合理的奖酬制度。

本章思考题

1. 何谓创新？创新的特点有哪些？

2. 简述创新与维持的关系。
3. 简述管理创新的含义和特点。
4. 简述管理创新包含哪些内容。
5. 简述创新管理的过程。
6. 如何进行创新活动的组织？

本章案例

海尔的竞争优势在于创新

一、创新就是创造一种资源

海尔集团只有16年的历史。16年前，是一个亏空147万元、资不抵债的集体企业，而2000年1~10月份海尔实现工业销售收入218亿元，创汇237亿美元，全球营业额发展到331亿，利税13个多亿，产品出口160多个国家和地区。16年来，海尔平均每年增长速度为81.6%。

创新对海尔的发展是至关重要的。对于创新，海尔理解为可以创造一种新的资源，创造一种新的市场。在发展过程当中，海尔没出现大起大落的局面，基本上保持持续高速增长，从只生产一个型号的电冰箱，到现在可以生产58个系列9200多种家电产品。冰箱、空调、洗衣机、微波炉、电视机、电脑、手机……几乎所有的电器产品都能生产。

根据国家统计局中怡康讯的调查统计，2000年9月份海尔在家电市场的占有率为：冰箱占31.78%，空调器占28.09%，洗衣机占30.80%，冰柜占37.9%，四种主要产品连续9个月列同行业首位。

1997年，美国《家电》杂志公布全世界范围内增长速度最快的家电企业，海尔超过GE、西门子等世界名牌，名列榜首。

1998年英国《金融时报》公布"亚太地区声望最佳企业"排名，在前十名当中，海尔是第七名，也是进入前十名的唯一的一个中国企业。因为海尔认为最宝贵的就是获得市场资源，只要能够在市场上得到用户的肯定，海尔的市场肯定会越来越大。

1999年12月7日，英国《金融时报》公布"全球30位最受尊重的企业家"排名，海尔首席执行官张瑞敏居第26位，这是中国企业家在世界范围内获得的最高声誉。2000年5月19日，海尔因出色的经营业绩被美国科尔尼管理顾问公司、《财富》杂志等评选为"全球最佳运营公司"，成为亚太地区企业唯一得主。

2000年10月7日，张瑞敏首席执行官在瑞士洛桑国际管理学院的演讲——“海尔管理创新”再次引起国际管理界的强烈反响。张瑞敏首席执行官是首位登上瑞士国际管理学院讲台的亚洲企业家。

二、战略创新

海尔的飞速发展经过了三次战略创新：第一步是从1984年到1991年的名牌战略阶段，创出海尔名牌；第二步是从1991年到1998年的多元化战略阶段，从一个冰箱扩展到所有的家电产品；第三步是从1998年以来海尔推行的国际化战略阶段。

1. 名牌战略

从1984年到1991年的第一个7年海尔只做冰箱，并通过名牌战略为多元化战略积聚管理、人才等优势。海尔是专心致志做冰箱，把冰箱做成中国的世界名牌。

海尔在名牌战略阶段主要改变人员的质量观念，树立了“有缺陷的产品就是废品”的观念。海尔在发现76台有质量缺陷的冰箱之后，把这些冰箱集中起来，谁干的就由谁把冰箱砸掉，通过这件事把全厂职工的质量观念树立起来。美国《远东经济评论》的记者来海尔采访时说这把大铁锤是海尔发展的功勋，应该把它展览起来。现在海尔展览馆里就放着这把砸冰箱的大铁锤。

2. 多元化战略

海尔做了7年的冰箱，将冰箱做成了世界名牌。现在要从冰箱扩展到其它的家电产品。1992年邓小平同志发表南巡讲话，海尔抓住机遇开始建设海尔工业园；1997年国家政策鼓励兼并，海尔抓住机遇兼并了18个企业。发生东南亚金融危机的时候，海尔在印度尼西亚、马来西亚、菲律宾都有工厂，那时的海尔也是非常困难的，但海尔分析东南亚的消费者不是不需要家电产品而是在东南亚金融危机期间持币待购，所以海尔抓住机遇，在很多国际大企业撤走广告时海尔进去做宣传，广告费用的投入不到东南亚金融危机之前的三分之一，但效果良好，所以现在东南亚经济回升之后海尔的销量也大幅度地增长。

3. 国际化战略

海尔的国际化战略大致分三个阶段：播种阶段，扎根阶段，结果阶段。

播种阶段就是使国际市场认同海尔这个品牌。海尔采取的战略就是出口创牌而不仅仅是出口创汇。“先难后易”，先到要求最严格的国家去，后到发展中国家去。1990年海尔为了进入德国市场，做了一年半的认证工作，通过认证之后，拿到德国去。德国经销商认为中国刚刚会做冰箱，不可能会进入到德国市场。海尔就把运到德国的4台冰箱的商标揭掉，把德国冰箱的商标也揭掉，在没有商标的情况下让经销商挑，最后没有看出哪台不好，经销商这才订货。海尔冰箱出口德国市场后，正好碰上德国的检测机构对德国市场上的国产冰箱和进口冰箱进行质量检测，检测结果显示海尔是第一位，他们一共检测5个项目，每个项目最多就是两个加号，海尔一共得了8个加号，第二名得了7

个加号。海尔在这个阶段不是靠低价格打进国际市场而是靠当地的消费者认同海尔品牌。

第二个阶段就是扎根阶段，海尔叫做当地生产当地销售。在美国现在已经做到这一点，现在海尔冰箱已占美国 200 升以下冰箱市场份额的 22%。在这种情况下，海尔在美国南卡州设立了一个工厂，这是中国在美国投资最大、占地面积最大的一个企业。同时海尔在洛杉矶设立中心，按照美国本土化的要求进行设计，在美国纽约设立营销中心。营销中心发展速度非常快，1999 年销售额同比增长 1 倍，2000 年 1 季度同比增长 2 倍，已经进入美国五大连锁店。

第三个阶段是结果阶段，海尔叫做当地融资，利用当地的人力资源和资本。这时，“海尔”已不再是青岛的海尔，设在中国的总部也不再仅仅是向全世界出口的一个产品基地。中国海尔也将成为国际化海尔的一个组成部分，还会有美国海尔、欧洲海尔、东南亚海尔等，国际化海尔是三位一体的海尔，即设计中心、营销中心、生产制造中心三位一体，并最终成为一个具备在当地融资、融智功能的本土化的海尔。在美国的海尔就是这样一个三位一体的本土化的海尔，营销中心设在纽约、设计中心设在洛杉矶、生产中心设在南卡州。

三、组织创新

海尔集团组织创新的集中体现是市场链，就是把外部竞争的环境转移到内部来，对他的市场负责。并且所有人之间的关系都是一种市场的关系，人人都有一个市场，下道工序就是你的市场，你是上道工序的市场。这里有两个原则必须遵守，第一个是闭环的原则，从下达指标到完成形成闭环。第二个原则就是不断优化，今天做好了明天要把它做得更好。具体做法就是 SST 机制，我给你提供了更好的服务，你应该给我更多的报酬，如果我干得不好，下道工序应该向我索赔，如果既不索赔也不索酬，第三方就会跳闸，查出问题所在。海尔的最后目标是变成自我经营，把自身的价值充分体现出来。职能和流程最大的区别在于：职能是静态的,不是对市场负责的；流程是动态的，是对市场负责的。现在每个员工分两端，一端是输入，叫做负责经营，给他一个市场目标，这个市场目标对他来讲是一个负债，他做的结果要比目标好，输出就应是很好，这样使每个人都成为一个经理，成为一个老板。

四、技术创新

海尔集团 1999 年申报各类专利 582 项，是中国申报专利最多的企业。1999 年，海尔平均每个工作日开发 12 个新产品，保持了持续高速的创新水平。

海尔认为：技术创新首先是观念的创新，海尔企业文化的核心也是创新。怎么才算创新呢？发明不一定是创新，发明者也不一定是创新者，只有能把发明转化为社会的经济活动，而且能发挥显著经济效益的发明才是创新。

1. 打飞靶——市场的难题就是创新的课题

市场的难题是科研的课题，课题应当围绕市场来做。

20 世纪 40~50 年代的市场是美国人的天下，那时瞄准市场就如同射击中的打固定靶，市场是固定的,只要把成本降下来就行。到了 60 年代，日本开始崛起，他们把市场细分化，就如同射击中的打游动靶，你的产品跟着变化着的市场转。现在即将进入知识经济时代，瞄准市场就如同打飞靶，需要有超前性，有提前量。必须不断创新才可能有生命力。所以海尔要求技术人员明白，设计的价值就是来为市场服务，市场的难题就是设计的课题。关起门来搞创新，创新就失去了方向，创新的第一要求就是和市场结合。

2. 市场是检验创新的唯一标准

技术创新最重要的是要有市场效果，这是检验技术创新成果成功与否的唯一标准，通过技术创新开发的新技术、新成果最终要通过商品化回到市场。

海尔集团 1999 年完成新产品、新技术 287 项，有 278 项成果实现商品化，商品化率达 90%。如在家电产品健康技术这一国际家电发展趋势课题的研究上，海尔没有满足于在技术理论上攻克这一难题，而是将这一技术迅速应用到系列家电产品上，海尔抗菌家电的面市带动了国内家电消费的新趋势。

市场又是在不断变化的。所以海尔认为创新的成果都是暂时的，是相对的，今天的成果明天不一定是成果，只有自己先否定自己，自己不断打倒自己，才能永远不被别人打倒。海尔的小小神童出来以后马上有人模仿，所以海尔很快推出了第二代，不等你学第二代，我又推出第三代，现在已开发了九代小小神童，没有这九代小小神童的不断超越，怎么可能有小小洗衣机的上百万销量，而且如果被动地打专利保护官司的话，不一定能打赢，打赢了也不一定能执行。

由此，海尔认为技术含量的高低应由市场来检验，应由消费者来评定。消费者不认可，技术含量再高有什么用?

1998 年 1 月，海尔集团在中国科技产业化的道路上首次推出了由企业控股以资本为纽带的全新的科企联手方式——控股经营国家级科研机构——工程塑料国家工程研究中心，双方都实现了投入少产出高的目的；4 月海尔以同样的方式与国家广电总局广播科学研究院合资成立海尔广科数字技术有限公司；6 月与北航、美国 MOLD 公司合资组建北航海尔软件有限公司，海尔成为家电企业中第一个以企业、院校、国外大公司三方联手模式进军软件行业的企业。

海尔同国内外大公司、科研机构、大学，以项目牵头的形式进行联合研究，成立了 48 个联合研究中心，合作方有东芝、飞利浦、迈兹、朗讯等，大大提高了海尔自身的应变能力。

海尔在发达国家和地区建立了由 10 个信息中心构成的信息网，及时地获取国际最新的科技信息、市场信息并充分了解当地市场的需求信息，这些机构用的都是当地的科技人才。现在海尔出口美国的冰箱都是由设在洛杉矶的设计分部开发研制的。

1998年，海尔成立了中央研究院，中央研究院的任务是要达到三性：超前性、整体性、国际性，即对集团的发展有超前性，对集团各部分的发展要有整合性，对集团的横向发展要有国际性。1999年，包括美国海尔工业园、海尔信息产业园、海尔开发区工业园及海尔大学校部在内的“三园一校”正式启动，一年时间，海尔由一个工业园“克隆”了三个海尔工业园，为新世纪的腾飞奠定了坚实基础。

五、创新是海尔企业文化的灵魂

海尔认为：企业在市场中的位置如同斜坡上的小球，要使小球不下滑就须对小球有个止动力，但仅有止动力只能使小球维持原来的高度，而唯有打破平衡，创造新动力，才能带动企业攀上新的台阶，这就需要企业的每一个人都保持创新精神。创新是海尔文化的灵魂。海尔企业文化最外层的是物质文化，中间是制度行为文化，最里面的就是海尔的价值观。海尔企业文化的价值观就是创新。国际上认为，20世纪80年代企业应该以品质作为企业主题，那时候海尔抓住了质量；90年代应该是以企业流程再造为主，海尔也是把企业的整个机构整个规模都做出来，并且实现了业务流程的再造；2000年应该是速度，具体到海尔就是国际化。所以海尔的战略和国际上推崇的管理思想是相吻合的。作为一个企业如果战略不明确，定位不明确，它就很难发展。

现在，新经济对海尔提出了一个更大的挑战。海尔认为一个企业肯定要进军电子商务，不搞电子商务就没有出路，但是电子商务并不代表把原来的报纸变成在网上B2B或B2C的工作，而是应该真正满足消费者个性化的需要，把电子商务拆开来看，应该是电子技术加上商务技术。在中国最缺乏的是商务技术，如果没有很好的生产设计，没有很好的配送，搞了电子商务也没有用处。有一个用户在网上对海尔提出要求，希望有一台三角形的冰箱，这就是个性化。一个企业上网以后，就暴露在全世界竞争对手面前，也暴露在全世界的消费者面前，海尔内部叫做两个J，一个是全球网络的供应链JNS，一个是全球网络的消费者JNC，这就对企业提出了很高的要求，对组织体系来说，用户提出什么必须能马上反映出来；对设计体系来说，必须能够根据用户的要求进行设计；对生产机构来说，必须能够生产满足用户需要的产品。海尔创新的目标是进入世界500强。放眼全球，长寿的企业产品各异，风格各异，但有一条是一致的。大凡百年企业，他的价值观、企业精神都是一致的，那就是两个字——创新。创新是海尔的灵魂，是进军世界500强的不竭动力。

（资料来源：张瑞敏：海尔的竞争优势在于创新.社会主义论坛，2001年第1期）

讨论题

1. 为什么说海尔的竞争优势在于创新?
2. 创新是海尔企业文化的灵魂，你怎样认识?
3. 新经济对海尔提出的机遇与挑战有哪些?

参考书目

[1] 包国宪，钟占国，等. 管理学——理论与方法[M]. 兰州：兰州大学出版社，1998.
[2] 成刚. 组织与管理[M]. 上海：上海人民出版社，2002.
[3] 弗雷德·R.戴维. 战略管理[M]. 北京：经济科学出版社，2006.
[4] 高金章. 管理学[M]. 上海：立信会计出版社，2008.
[5] 海因茨·韦里克，哈罗德·孔茨. 管理学——全球化视角[M]. 北京：经济科学出版社，2004.
[6] 贾旭东. 现代企业战略管理——思想、方法与实务[M]. 兰州：兰州大学出版社，2006.
[7] 焦强. 基础管理学[M]. 成都：四川大学出版社，2007.
[8] 李维刚，白瑗峥，等. 管理学原理[M]. 北京：清华大学出版社，2007.
[9] 迈克尔·A.希特，R.杜安·爱尔兰，罗伯特·E.霍斯基森. 战略管理——竞争与全球化[M]. 北京：机械工业出版社，2006.
[10] 芮明杰主编. 管理学：现代观点[M]. 上海：上海人民出版社，1999.
[11] 斯蒂芬·罗宾斯，玛丽·库尔特. 管理学[M]. 北京：中国人民大学出版社，2004.
[12] 宋晶，郭凤侠. 管理学原理[M]. 大连：东北财经大学出版社，2007.
[13] 谭力文，徐珊，李燕萍. 管理学[M]. 武汉：武汉大学出版社，2000.
[14] 王庆海. 管理学概论[M]. 北京：清华大学出版社，2008.
[15] 席酉民. 管理研究[M]. 北京：机械工业出版社，2000.
[16] 徐国华，张德，赵平. 管理学[M]. 北京：清华大学出版社，1998.
[17] 余敬，刁凤琴，成中梅. 管理学[M]. 武汉：中国地质大学出版社，2006.
[18] 张扬. 管理学[M]. 成都：西南财经大学出版社，2006.
[19] 周三多，陈传明. 管理学[M]. 北京：高等教育出版社，2000.
[20] 周三多，陈传明，鲁明泓. 管理学——原理与方法[M]. 上海：复旦大学出版社，2004.
[21] 陈晓萍，徐淑英，樊景立. 组织与管理研究的实证方法[M]. 北京：北京大学出版社，2008.
[22] 李怀祖. 管理研究方法论[M]. 西安：西安交通大学出版社，2004.

推荐阅读书目

[1] 彼得·德鲁克. 组织的管理[M]. 上海: 上海财经大学出版社, 2003.
[2] 彼得·德鲁克. 21世纪的管理挑战[M]. 北京: 机械工业出版社, 2006.
[3] 彼得·德鲁克. 动荡时代的管理[M]. 北京: 机械工业出版社, 2006.
[4] 彼得·德鲁克. 管理:任务、责任和实践(共三部)[M]. 北京: 中国社会科学出版社, 2008.
[5] 彼得·德鲁克, 约瑟夫·马恰列洛.德鲁克日志[M]. 上海: 上海译文出版社, 2006.
[6] 彼得·圣吉. 第五项修炼——学习型组织的艺术与实务[M]. 上海: 三联书店, 1994.
[7] 丹尼尔·A.雷恩. 管理思想的演变[M]. 北京: 中国社会科学出版社, 1997.
[8] 弗雷德里克·泰罗. 科学管理原理[M]. 北京: 机械工业出版社, 2007.
[9] 弗里蒙特·卡斯特. 组织与管理: 系统方法与权变方法[M]. 北京: 中国社会科学出版社, 1985.
[10] 郭咸纲. 西方管理思想史[M]. 北京: 经济管理出版社, 2004.
[11] 赫伯特·A.西蒙. 管理行为[M]. 北京: 机械工业出版社, 2007.
[12] 亨利·法约尔. 工业管理与一般管理[M]. 北京: 中国社会科学文献出版社, 1998.
[13] 亨利·明茨伯格. 经理工作的性质[M]. 北京: 团结出版社, 1999.
[14] 加里·哈默, 比尔·布林. 管理大未来[M]. 北京: 中信出版社, 2008.
[15] 玖·笛德, 约翰·本珊特. 创新管理: 技术变革、市场变革和组织变革的整合[M]. 北京:清华大学出版社, 2004.
[16] 克里斯·阿吉里斯. 组织学习[M]. 北京: 中国人民大学出版社,2004.
[17] 罗伯特·布莱克, 简·莫顿. 新管理方格[M]. 北京: 中国社会科学出版社, 1986.
[18] 马克斯·韦伯. 新教伦理与资本主义[M]. 上海: 三联书店, 1987.
[19] 迈克尔·C.杰克逊. 系统思考——适于管理者的创造性整体论[M]. 北京: 中国人民大学出版社, 2005.
[20] 迈克尔·波特. 竞争优势[M]. 北京: 华夏出版社, 2007.
[21] 迈克尔·波特. 竞争战略[M]. 北京: 华夏出版社, 2007.
[22] 切斯特·巴纳德. 经理人员的职能[M]. 北京: 机械工业出版社, 2007.
[23] 孙耀君. 西方管理名著提要[M]. 南昌: 江西人民出版社, 1995.

[24] 汤姆·彼得斯. 追求卓越(实践版)[M]. 北京: 中信出版社, 2008.
[25] 威廉·大内. Z 理论——美国企业界怎样迎接日本的挑战[M]. 北京: 中国社会科学出版社, 1984.
[26] 小艾尔弗雷德·D.钱德勒. 看得见的手——美国企业的管理革命[M]. 北京: 商务印书馆, 1987.
[27] 小艾尔弗雷德·D.钱德勒. 管理学历史与现状[M]. 大连: 东北财经大学出版社, 2001.
[28] 徐淑英，张维迎主编. 管理科学季刊最佳论文集[M]. 北京: 北京大学出版社, 2005.
[29] 徐淑英，张维迎主编. 美国管理学会学报最佳论文集萃[M]. 北京: 北京大学出版社, 2006.
[30] 约翰·科特. 企业文化与经营业绩[M]. 北京: 华夏出版社, 1997.
[31] 约翰·科特. 现代企业的领导艺术[M]. 北京: 华夏出版社, 1997.
[32] 约翰·科特. 变革的力量——领导与管理的差异[M].北京:华夏出版社, 1998.
[33] 詹姆斯·马奇. 决策是如何产生的[M]. 北京: 机械工业出版社, 2007.
[34] 詹姆斯·马奇，赫伯特·西蒙. 组织[M]. 北京: 机械工业出版社，2008.
[35] 张钢编选. 管理学基础文献选读[M]. 杭州: 浙江大学出版社, 2008.